Gerrit Heinemann

Der neue Online-Handel

D1717496

Gerrit Heinemann

Der neue Online-Handel

Erfolgsfaktoren und Best Practices

3., überarbeitete Auflage

GABLER

Bibliografische Information der Deutschen Nationalbibliothek
Die Deutsche Nationalbibliothek verzeichnet diese Publikation in der
Deutschen Nationalbibliografie; detaillierte bibliografische Daten sind im Internet über
<http://dnb.d-nb.de> abrufbar.

Prof. Dr. Gerrit Heinemann ist Professor für Betriebswirtschaftslehre, Management und Handel an der Hochschule Niederrhein, Mönchengladbach.

1. Auflage 2009
2. Auflage 2010
3. Auflage 2010

Alle Rechte vorbehalten
© Gabler Verlag | Springer Fachmedien Wiesbaden GmbH 2010

Lektorat: Barbara Möller | Jutta Hinrichsen

Gabler Verlag ist eine Marke von Springer Fachmedien.
Springer Fachmedien ist Teil der Fachverlagsgruppe Springer Science+Business Media
www.gabler.de

Das Werk einschließlich aller seiner Teile ist urheberrechtlich geschützt. Jede Verwertung außerhalb der engen Grenzen des Urheberrechtsgesetzes ist ohne Zustimmung des Verlags unzulässig und strafbar. Das gilt insbesondere für Vervielfältigungen, Übersetzungen, Mikroverfilmungen und die Einspeicherung und Verarbeitung in elektronischen Systemen.

Die Wiedergabe von Gebrauchsnamen, Handelsnamen, Warenbezeichnungen usw. in diesem Werk berechtigt auch ohne besondere Kennzeichnung nicht zu der Annahme, dass solche Namen im Sinne der Warenzeichen- und Markenschutz-Gesetzgebung als frei zu betrachten wären und daher von jedermann benutzt werden dürften.

Umschlaggestaltung: KünkelLopka Medienentwicklung, Heidelberg
Druck und buchbinderische Verarbeitung: Ten Brink, Meppel
Gedruckt auf säurefreiem und chlorfrei gebleichtem Papier
Printed in the Netherlands

ISBN 978-3-8349-2312-7

Vorwort zur 3. Auflage

Alle Prognosen deuten darauf hin, dass der Internet-Boom auch in den kommenden Jahren anhalten wird und vor allem der stationäre Einzelhandel davon stark profitieren könnte. Noch vor zehn Jahren gingen Wissenschaft und auch Praxis davon aus, dass sich über das Netz vornehmlich klar typisierbare Waren gut verkaufen lassen, etwa Bücher oder Software. Die Entwicklung im Online-Handel hat mittlerweile etwas ganz anderes gelehrt: Jede Produktkategorie lässt sich über das Internet vertreiben, und je sperriger und beratungsintensiver die Produkte sind, umso erfolgreicher sind diese offensichtlich im Netz. Der Bedarf an aktuellen Informationen über den Online-Handel ist folglich hoch und die Zahl an aktuellen Quellen, in denen man sich über die neuesten Entwicklungen im Netz informieren kann, angesichts der Dynamik des Internet immer wieder schnell veraltet und dadurch gering.

Die erste und zweite Auflage dieses Werkes hat in Wissenschaft und Praxis gleichermaßen gute Resonanz gefunden. In der vorliegenden dritten Auflage wurden die zugrunde gelegten Zahlen aktualisiert und ergänzt sowie die Best Practices auf den neuesten Stand gebracht. Weiterhin wurde im letzten Kapitel dem Aspekt der Transformation ein besonderer Stellenwert eingeräumt.

Gerrit Heinemann

Vorwort zur 1. Auflage

Zwei Geburtstage in 2008: Das World Wide Web (WWW) ist fünfzehn Jahre alt geworden und mit ihm zusammen feiert „die revolutionärste Erfindung seit Gutenbergs Buchdruck", die Suchmaschine Google, ihr zehnjähriges Jubiläum. Gleichzeitig erreichen die Mitgliederzahlen der Online-Netzwerke Größenordnungen in nie da gewesener Dimension („Web-2.0"). Das Zauberwort für die Medienwelt heißt heute Community-Building. Es geht darum, das Web-2.0 als Werbeplattform und zur Kundengewinnung zu nutzen. Gewinner sind schon jetzt die Internet-Händler, die es verstanden haben, das Web-2.0 zur Kundenakquisition oder dessen Prinzip im eigenen Community-Building weitgehend zu nutzen. Dieses deutet auf eine Zeitenwende im Internet-Handel hin: Mit der Kombination aus „sozialer" Vernetzung, fortgeschrittener DSL-Breitbandvernetzung, mobiler Supervernetzung, digitaler Produktentwicklung, neuer Browser-Technologie, innovativer Anwendung und Fernsehen über Internet-Protokoll sowie akzeptierter Interaktivität, optimierter Usability, beschleunigter Abwicklung, revolutionierter Darstellungsform und erhöhter Sicherheit, ist der Online-Handel in eine neue Phase eingetreten („Der neue Online-Handel"). Das Buch nimmt diese Entwicklung zum Anlass, das Thema „Online-Handel der neuen Generation" zu platzieren.

Der Online-Handel vollzieht aber nicht nur einen Generationenwechsel, sondern erlebt auch einen dritten Frühling, denn nach dem Niedergang der New Economy und ihrer Wiederauferstehung wächst der Internet-Handel so schnell wie nie zuvor. Dieses hat zugleich auch einen weitreichenden „Nebeneffekt", denn durch den Online-Boom wird der seit Jahren rückläufige Versandhandel wiedergeboren. „Der zweite Aufschwung", so titelt die FAZ vom 8. Januar 2008 über den Versandeinzelhandel, der durch das Internet beflügelt wird, und zwar „gleich auf zweifache Weise": Auf der einen Seite konnte sich der Versandhandel einen modernen, zusätzlichen Bestellweg erschließen, auf der anderen Seite ist er damit auch für neue Anbieter wieder interessant geworden. Folglich boomt in Deutschland der Verkauf über den Distanzhandel, während der stationäre Einzelhandel seit Jahren nur auf der Stelle tritt. Eine Steigerung der Online-Anteile an den Einzelhandelsumsätzen ist offensichtlich auch für die nächsten Jahre sichergestellt. Dieses setzt allerdings voraus, dass der Online-Handel den aktuellen Generationenwechsel tatsächlich vollzieht und sich an den zugrunde liegenden Erfolgsfaktoren ausrichtet. Die mittlerweile über dreizehnjährige Erfahrung im Online-Handel lässt es heute zu, Empfehlungen für eine erfolgreiche Neugründung oder aber auch (Neu-)Ausrichtung von Online-Handelssystemen zu geben. Hier setzt das vorliegende Buch an, das acht zentrale Erfolgsfaktoren für den Online-Handel der neuen Generation aufzeigt und um internationale Best-Practice-Beispiele aus diesem Bereich ergänzt. Für die Pure-Online-Händler entpuppen sich dabei vor allem Online-

Bekleidungs- und Online-Modehändler als Erfolgsbeispiele. Die identifizierten Best Practices wurden praktisch erst nach dem Hype der „New Economy" als „Unternehmen der zweiten Stunde" aus der Taufe gehoben oder gerade gegründet, als die Internet-Blase in 2000 platzte. Die Frage, wie der Online-Handel der Zukunft aussehen sollte, orientiert sich stark an diesen Best Practices und soll mit dem vorliegenden Buch bestmöglich beantwortet werden.

Die Idee für dieses Buch entstand während des „Online-Handelskongresses 2008", den ich am 30. und 31. Januar 2008 in Wiesbaden besucht und auf dem ich für Management Forum das Referat „Erfolgsfaktoren im Multi-Channel-Handel" gehalten habe. Die Erfahrungsberichte auf der Veranstaltung machten deutlich, dass der Internet-Handel in die dritte Generation geht. Diese Erkenntnis traf auf „innere Vorbereitung", denn es lag umfassendes Forschungs- und vor allem Erfahrungsmaterial vor: Bereits 1996 durfte ich als Mitglied im Geschäftsleitungskreis der Douglas-Gruppe an Diskussionsrunden zum Thema „Douglas online?" teilnehmen. Als Leiter des Competence-Centers Handel der Droege & Comp. Unternehmensberatung wurde ich von 1997 bis 2003 mit den Themen E-Commerce und Online-Handel in nahezu allen Handelsprojekten konfrontiert. Unvergessen bleiben die Projekterlebnisse beim „Der Club"-Bertelsmann und BOL während des „Hypes" der „New Economy". Nachhaltige Wirkung für dieses Buch hinterlassen hat aber auch die Interimsgeschäftsführung von 2001 bis 2002 beim „Multi-Channel-Pionier" Kettner, der alle Fehler begangen hat, die im Internet-Handel nur denkbar sind. Meine wichtigsten „Online-Handels-Lehrjahre" stammen aus den Jahren 2003 bis 2004, in denen ich gemeinsam mit Philipp Humm, ehemaliger Geschäftsführer von Amazon Deutschland, als Gründungspartner der H&P-Consulting-for-Consumer-Goods beratend tätig war.

Mein Dank gebührt Frau Barbara Roscher, Frau Jutta Hinrichsen und Frau Barbara Möller vom Gablerverlag für die „Initialzündung" zu diesem Buch sowie die bisher ausgezeichnete Zusammenarbeit. Ohne meine Frau Kirsten, die mir während der Entstehungsphase den Rücken freigehalten hat, wäre das Buch allerdings nicht so reibungslos und schnell fertig geworden, wofür ich ihr ganz besonders danken möchte. Dank schulde ich auch meinem Bruder Rolf Heinemann, der auf Internet-Recht spezialisierten ANWALTSKANZLEI HEINEMANN aus Magdeburg sowie Frau Nora Gundelach und Herrn Matthias Witek für die kritischen und schnellen Durchsichten des Manuskriptes und die wertvollen Anregungen. Abschließend möchte ich gerne darauf verweisen, dass es mein vordringlichstes Anliegen war, mit diesem Buch wiederum eine Brücke zwischen Theorie und Praxis zu bauen und dieses benutzerfreundlich zu gestalten. Sollte ich diesem Anspruch jedoch nicht genügt haben, bitte ich um Nachsicht, aber auch um entsprechendes Feedback.

Gerrit Heinemann

Inhaltsverzeichnis

Abkürzungsverzeichnis

1 Online-Handel im Wandel – Revolution statt Evolution

1.1 Online-Handel der neuen Generation

Online-Handel findet heute im Gegensatz zu den Anfangsjahren des E-Commerce auf einer höheren Evolutionsstufe statt. Diese zeichnet sich insbesondere durch die freiwillige und aktive Einbeziehung der Kunden in den Verkaufsprozess in Form von zum Beispiel Rückmeldungen an den Verkäufer, Empfehlungen an andere Interessenten und öffentliche Produktbewertungen, sowie auch durch die Bildung sozialer Gemeinschaften und sozialer Interaktionen im Internet aus. Rund 26 Millionen Deutsche waren bereits im dritten Quartal 2009 in sozialen Netzwerken aktiv und berücksichtigen bei ihrer Kauf vorbereitenden Informationssuche zunehemend Kommentare aus Diskussionsforen oder Meinungen von anderen Internet-Nutzern (vgl. Höfling 2009, S. 54; Hornig/Müller/Weingarten 2008, S. 82; FAZ 2008 Nr. 245, S. 19). In der Welt des „social networking" werden sowohl positive als auch negative Kauferlebnisse ungefiltert ausgetauscht und verbreiten sich damit in Windeseile im Netz. Dabei wird gleichermaßen auch über Unternehmen gesprochen, die noch nicht online sind. Egal ob offline oder online, das Web-2.0 ist folglich auch in Hinblick auf Kaufentscheidungen zur dominierenden Kraft im Internet geworden und hat den Online-Handel der neuen Generation bereits nachhaltig geprägt.

Mit der stark zunehmenden Nutzung des Internet als Informationsmedium und massenhaften Verlagerung sozialer Beziehungen ins Netz steigen die Umsätze im Online-Handel rasant (vgl. Abbildung 1-1). Laut Bundesverband des Deutschen Versandhandels (BVH) lagen allein die Erlöse mit physisch vorhandenen Waren im vergangenen Jahr um rund 16 Prozent über dem Vorjahr und erreichten 15,5 Mrd. €, während der gesamte Einzelhandel im Krisenjahr 2009 um 2,4 Prozent auf rund 391 Mrd. € schrumpfte (vgl. Welt Online 2010). Inklusive Dienstleistungen wie z. B. Ticketverkäufe erzielte der Online-Handel sogar 21,7 Mrd. € (vgl. Wilhelm 2010, S. 5). Damit ist das Netz der Vertriebskanal mit der höchsten Wachstumsdynamik. In den kommenden Jahren wird nach Expertenmeinung das Handelswachstum primär im Online-Sektor stattfinden. Was 1995 mit amazon.com begann, ist somit zu einem bedeutenden Teil des Einzelhandels geworden. Der Online-Handel tritt als sogenannte Meta-Betriebsform in Wettbewerb zu den traditionellen Meta-Betriebsformen des Einzelhandels, zu denen der stationäre Handel, der Katalogversandhandel, das Teleshopping sowie der ambulante Handel zu zählen sind. Das Internet bildet mittlerweile einen neuen Massenmarkt mit hohem Zielwachstum.

Abbildung 1-1: *Umsatzentwicklung Online-Handel*

Quelle: Eigene/ GfK-Webscope/ BVH/ HDE 2010

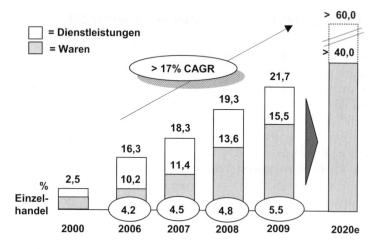

*ohne KFZ und Apotheken, Prognose mit 2% Inflation angenommen

---

Zwar wird diese Entwicklung maßgeblich durch die stark wachsende Anzahl der Nutzer mitgetragen, aber auch bei abflachendem Wachstum der Nutzerzahl ist ein weiterer Anstieg der Online-Umsätze absehbar. Denn für die bestehenden Online-Kunden nimmt der Nutzen des Internet durch Medienvernetzung und neue Verbindungen stetig zu. Darüber hinaus werden durch den Austausch von Anbieter- und Nutzererfahrungen zunehmend Verbesserungen und Innovationen ermöglicht, die den Nutzerkomfort weiter erhöhen. Bereits heute ist absehbar, dass zum Teil noch bestehende Barrieren für das Internet-Shopping durch die fortlaufende Entwicklung des Internet überwunden werden können. Hinzu kommt, dass sich in den vergangenen Jahren der Komfort bei der Internet-Nutzung und die Geschwindigkeit durch den spürbaren Kapazitätsaufbau bei Servern und Netzen sowie der Breitbandübertragung zwar verbessert haben, jedoch in den nächsten Jahren noch erheblich mehr verbessern werden. Vor allem aber zeichnet sich eine nachhaltige Qualitätssteigerung der Online-Angebote auf Handelsseite durch die Weiterentwicklung des Internet-Kanals ab. Inhalt und Design der Websites werden nicht nur ausgefeilter und attraktiver, sondern erleben regelrechte „Innovationsschübe" (vgl. Boersma 2010, S. 23 ff.). Dieses ist wesentliches Kennzeichen des Online-Handels der neuen Generation. Insofern benötigen

Handelsunternehmen mehr denn je eine Internet-Strategie, auch wenn diese beinhaltet, vorerst nicht im Online-Handel aktiv werden zu wollen.

Folgende Faktoren begründen die Notwendigkeit, sich als Handelsunternehmen mit dem „New Online-Retailing" auseinanderzusetzen (vgl. Hurth 2002, S. 1):

■ Der Online-Handel wächst weiter. Daraus ergeben sich Wachstumschancen, die der traditionelle Handel so nicht mehr hat.

■ Unabhängig vom eigenen Internet-Standpunkt sind alle Handelsunternehmen durch die veränderten Kundenwünsche und durch Aktivitäten des Wettbewerbs gezwungen, sich zumindest dem Thema zu stellen und Position zu beziehen.

■ Hat ein Handelsunternehmen die Entscheidung getroffen, mit Internet-Retailing zu starten, ist die Frage zu beantworten, wie der neue Kanal in die bestehenden Absatzsysteme zu integrieren ist.

Deswegen wird der Online-Handel auch in den nächsten Jahren eine herausragende Rolle spielen.

Nichtdigitale Warengruppen im Online-Handel sind die Gewinner

Insbesondere die Brancheneignung des Internet ist immer wieder Gegenstand reger Diskussionen. Im Raum steht die These, dass die Branchen jeweils unterschiedlich geeignet sind für den Internet-Verkauf. Aussagefähige Kriterien zur Spezifikation dieser Branchen sind dabei das Transaktionskostensenkungspotenzial sowie die Autonomie des Käufers (vgl. Meffert 2001, S. 167). Tendenziell gilt, dass eine Brancheneignung um so eher gegeben ist, je größer das Einsparpotenzial bei der Durchführung von Transaktionen über das Internet und je größer die Autonomie des Käufers bzw. das Selbstbedienungspotenzial sind. Auch wenn diesbezüglich digitalisierbare Leistungen offensichtlich die beste Brancheneignung aufweisen, weswegen z.B. das Internet im Retailbanking zu einem strategischen Muss geworden ist, so hat die Zahl der das Internet nutzenden Branchen unentwegt zugenommen. Dabei haben vor allem klassische Sortimente und allen voran Textil und Bekleidung stark wachsende Akzeptanz im Online-Handel gefunden. Für über 5,2 Milliarden € wurde in 2009 Textil und Bekleidung online gekauft, was einem Zuwachs von ca. 11,7 Prozent gegenüber 2008 entspricht (vgl. BVH 2010; Wilhelm 2010, S. 4). Insbesondere Designermode lässt sich online gut verkaufen. Ob als Concept-Store („www.openingceremony.us"), Shop für Biostoffe (www.unique-nature.com oder www.glore.de), Online-Boutique für deutsche Designer (www.styleserver.de) oder Online-Shop für skandinavische Mode (www.tresienshop.net), der Online-Einkaufsbummel bietet vielfältige Möglichkeiten.

Hinter Textil und Bekleidung folgt die Warengruppe Medien/Bild- und Tonträger mit knapp 2,3 Milliarden € (plus 19,1 Prozent), die zwar (noch) nach Stückzahlen vorne liegt, jedoch zunehmend von E-Contents substituiert wird. Auch Unterhaltungselektronik/Elektroartikel und Computer/Computerzubehör sind unter den Top 4 mit über 1,4 sowie 1,1 Milliarden € Umsatz (vgl. Abbildung 1-2). Nicht aufgelistet ist mit rund

Abbildung 1-2: *Online-Umsätze nach Warengruppen*

Quelle: BVH 2010

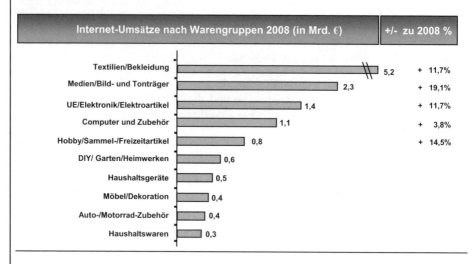

Internet-Umsätze nach Warengruppen 2008 (in Mrd. €)		+/- zu 2008 %
Textilien/Bekleidung	5,2	+ 11,7%
Medien/Bild- und Tonträger	2,3	+ 19,1%
UE/Elektronik/Elektroartikel	1,4	+ 11,7%
Computer und Zubehör	1,1	+ 3,8%
Hobby/Sammel-/Freizeitartikel	0,8	+ 14,5%
DIY/ Garten/Heimwerken	0,6	
Haushaltsgeräte	0,5	
Möbel/Dekoration	0,4	
Auto-/Motorrad-Zubehör	0,4	
Haushaltswaren	0,3	

120 Millionen € Umsatz die größte Einzelhandelskategorie, nämlich Lebensmittel. Im deutschen LEH standen bisher sicherlich eher andere Themen auf der Tagesordnung als die Entwicklung eines Online-Shops. Hier hat sich inzwischen aber zumindest die Erkenntnis durchgesetzt, dass es nicht ausreicht, den Kunden nur einen Einkaufskanal anzubieten. Die zunehmende Zahl von zum Beispiel Convenience-Shops in Tankstellen und Factory-Outlets verdeutlicht die Entwicklung weg vom traditionellen, stationären Handel mit starren Öffnungszeiten und traditionell gewachsenen Sortimenten und Serviceleistungen. Diese Art von Betriebstypendiversifikation oder auch Mehrkanalstrategie nutzt das Internet bisher allenfalls als Informationsmedium, aber nicht offensiv als Verkaufskanal, wie es zum Beispiel Tesco, der wohl erfolgreichste europäische Lebensmittel-Online-Händler, tut.

1.2   Privater Konsum zunehmend online

Keine andere Branche ist so sehr vom Internet betroffen wie der Einzelhandel. So dürfte in 2009 inklusive DSL bereits ein Umsatzvolumen von über 100 Mrd. € im privaten E-Commerce erzielt worden sein (vgl. FAZ 2010, Nr. 101, S. 12). Werden neben dem reinen Online-Handel auch Online-Reisen, Ausgaben für DSL-Verträge, KfZ und Gebrauchtwagen, Media-Contents und Downloads, Online-Banking und sonstige E-Vermittlungen wie Online-Apotheken oder Dating-Dienste mit einbezogen, dann lässt sich diese Zahl auf Basis des Monitoring-Report Deutschland Digital 2009 leicht hochrechnen (vgl. Monitoring-Report Deutschland Digital 2009, S. 64). Dies entspricht rund 10 Prozent des gesamten privaten Konsums in Deutschland ohne Wohnungsausgaben (vgl. Abbildung 1-3). Damit gehen die Privatausgaben zunehmend an dem ohnehin schrumpfenden stationären Einzelhandel vorbei. Vor allem, wenn dieser weiterhin den Online-Markteinstieg auf breiter Front verweigern sollte. Und dabei sind die Aussichten gerade für die stationären Händler eigentlich sehr gut: Alle Prognosen deuten darauf hin, dass der Internet-Boom auch in den kommenden Jahren anhalten wird und vor allem der angestammte Einzelhandel davon stark profitieren könnte (vgl. Heinemann 2010c, S. 12).

Abbildung 1-3:   *B2C E-Commerce-Umsätze in Deutschland*

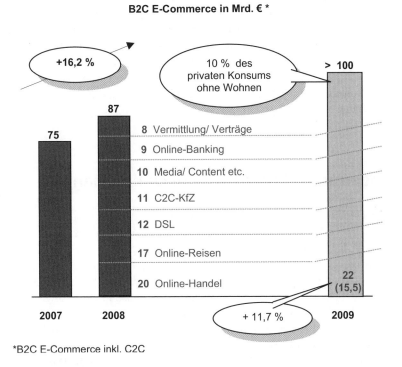

Denn noch vor zehn Jahren dachten alle, über das Netz lassen sich vornehmlich klar typisierbare Waren gut verkaufen, etwa Bücher oder Software. Die Praxis hat etwas ganz anderes gelehrt, denn mittlerweile lässt sich alles über das Internet vertreiben. Je sperriger und beratungsintensiver die Produkte sind, umso erfolgreicher sind diese offensichtlich im Netz. Die Baumarktkette Hagebau vertreibt z. B. in Mengen Schornsteine über den Online-Shop. Im letzten Weihnachtsgeschäft sollen es über 20.000

gewesen sein. Oder Autoreifen: Rund zehn Prozent des Autoreifen-Nachrüstgeschäftes in Deutschland gehen heute über den Internet-Kanal. Der Online-Reifenhändler Delticom.com aus Hannover gilt als internationales Erfolgsbeispiel in seinem Segment mit annähernd 300 Millionen Euro Umsatz im letzten Jahr. Auch Fahrräder, eine sehr beratungsintensive Warengattung, werden von immer mehr Kunden via Internet gekauft. Fahrrad.de zählt mittlerweile zu den größten Fahrradhändlern Deutschlands. Als beratungsintensiv gilt ebenfalls Bekleidung, mit über 5 Milliarden € Online-Umsatz mittlerweile die mit Abstand erfolgreichste Warengruppe im Netz. Von diesem Erfolg lassen sich erstaunlicherweise jedoch bisher nur wenige Textil-Filialisten anstecken. Gleiches gilt auch für alle anderen Handelsbranchen wie z.B. der Lebensmitteleinzelhandel, der in Deutschland nicht einmal 0,1 Prozent Online-Anteil erreicht, während Tesco international bereits über 5 Prozent seiner Umsätze über das Internet erzielt. Auch wenn der Online-Handel mit Lebensmitteln in Deutschland zur Zeit noch in den Kinderschuhen steckt und zu den eher langsam wachsenden Online-Segmenten gehört, erwarten Marktforscher eine deutliche Belebung in diesem Bereich. Denn auch der traditionell geprägte, stationäre LEH ist durch die neue Technologie herausgefordert. Nahezu jeder der großen deutschen Lebensmitteleinzelhändler beschäftigt sich inzwischen mit dem Thema der internetgestützten Bestellung und Belieferung privater Konsumenten (vgl. Heinemann 2008g, S. 12), allerdings nutzt bisher kaum einer von ihnen die gebotenen Online-Potenziale.

1.3 Ungenutzte Potenziale im Online-Handel

Einer aktuellen Trendstudie der Zeitschrift Shopaffairs aus dem August 2009 zufolge (vgl. Heinemann/Vocke 2010, S. 41) interessieren sich Internet-Nutzer in hohem Maße für Kosmetik- oder lebensmittelnahe Produkte im Netz: Unter den Top 10 der meist geforderten Produkte im Online-Handel (vgl. Abbildung 1-4) befinden sich neben Körperpflegeprodukten (61,5 Prozent), Zahnpflegeprodukten (54,2 Prozent) und alkoholfreien Getränken (49,0 Prozent) z.B. auch Milchprodukte (47,6 Prozent) sowie Haarpflegeprodukte (45,6 Prozent). Derartige Kundenwünsche können in Deutschland bisher jedoch online nicht befriedigt werden, denn es fehlen dafür die großen, bekannten Lebensmittel-Anbieter im Netz. Deswegen ist es auch nicht verwunderlich, dass hier zu Lande der Online-Anteil im Lebensmittelverkauf nur rund 10 Prozent des Versandhandelsumsatzes von insgesamt rund 1,2 Mrd. Euro erreicht. Damit kommt diese Sparte nicht annähernd an die Größenordnung anderer Warengruppen heran, die in der Regel über 50 Prozent ihrer Versandumsätze online abwickeln.

Ausländische Händler nutzen offensichtlich ihre Online-Potenziale besser. Im Gegensatz zum deutschen LEH boomt vor allem im englischsprachigen Raum Anzahl und Umsatz der Lebensmittelshops im Web. Ein Viertel der US-amerikanischen Haushalte hat schon einmal online Lebensmittel bestellt und dabei im vergangenen Jahr für mindestens 10 Mrd. US $ Food im Netz geordert, so die Marktforschungsgesellschaft PHAYDON. Und in Großbritannien dürften die Online-Lebensmittelumsätze im vergangenen Jahr die 3 Mrd. Pfund-Grenze überschritten haben. Zusammen mit seinen Non-Food-Artikeln erreicht alleine das UK-Handelsunternehmen TESCO 3 Mrd. Pfund Online-Umsatz. Die besten Konzepte der Online-Lebensmittelanbieter, zu denen deswegen auch nicht ohne Grund TESCO zählt, sind den Multi-Channel-Systemen zuzuordnen. Diese zeigen einen hohen Integrationsgrad ihrer Absatzkanäle. Der empfundene Kundennutzen zwischen den Kanälen ist annähernd identisch in Bezug auf Preispolitik, Kernsortimente und Service-Levels. Zugleich werden die spezifischen Vorteile der unterschiedlichen Verkaufsformen herausgestellt, wie z.B. im Online-Kanal die modernen Instrumente des Web-2.0. Dabei wächst der Online-Kanal in der Regel deutlich schneller als die anderen Kanäle, in vielen Fällen um mehr als 40 Prozent im Jahr.

Abbildung 1-4: *Beliebteste Produkte im Netz*

Quelle: Arbeitsgemeinschaft Online-Forschung e.V. (AGOF) 2009

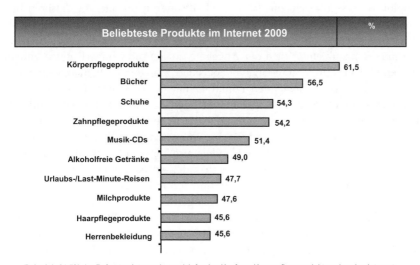

Beispiel: 61,5% der Befragten interessieren sich für den Kauf von Körperpflegeprodukten über das Internet.

* Nachgefragte Produkte im Internet in den letzten 12 Monaten (Angaben in Prozent)

Diese Wachstumschance bleibt nicht nur vom deutschen Lebensmitteleinzelhandel ungenutzt. Auch die Top-Herstellermarken scheinen das Online-Zeitalter noch nicht erkannt zu haben und – wie in anderen Branchen üblich – als Vertikalisierungsinstrument zu nutzen. So ist es zwar erklärte Zielsetzung der großen Markenartikelanbieter, den persönlichen Kontakt zu den Verbrauchern zu suchen, um so Einblicke in ihre Wünsche und Bedürfnisse zu erhalten. Und zugleich sollen die Marken in großen

Flagship-Stores und Marken-Häusern, also in direkter Interaktion mit den Kunden, erlebbar gemacht werden. Faszination beim Einkauf ist jedoch nicht mehr nur ein rein „stationäres" Thema: Einprägsame und interaktive Erlebnisse werden den Kunden heutzutage vor allem im E-Commerce und anknüpfenden Communities geboten. Neben der Gründung einer eigenen Internet-Gemeinschaft, in der die Kunden sich ihr Konsumerlebnis teilen können, rückt dabei zunehmend auch die Nutzung externer Internet-Gemeinschaften für Markforschung, Werbezwecke und Kundenakquisition in den Fokus. Die freiwillige und aktive Einbeziehung der Kunden in den Verkaufsprozess beispielsweise in Form von Rückmeldungen an den Verkäufer, Empfehlungen an andere Interessenten und öffentliche Produktbewertungen, sowie auch die Bildung sozialer Gemeinschaften und sozialer Interaktionen im Internet, stellt zweifelsohne die hohe Schule des „Online-Marketing der neuen Generation" dar.

Ungenutzte Online-Potenziale im stationären Handel

Eine Erhebung der Hochschule Niederrhein unter den größten deutschen Einzelhandels-Filialisten deckt auf, dass die Mehrzahl von ihnen noch überhaupt keinen Online-Shop betreibt. Dieses gilt nicht nur für den LEH, sondern für alle Handelsbranchen gleichermaßen. Und selbst wenn solche Shops existieren, werden diese vorwiegend als „starrer" Online-Kanal genutzt, um entweder alte Ware zu verramschen oder magere Rumpfsortimente anzubieten. Viele der Angebote quälen die Online-Kunden zudem mit schweren Websites und damit langen Ladezeiten, mangelnder Bedienungsfreundlichkeit („Usability") sowie fehlenden Funktionalitäten. Die langen Ladezeiten sind auch deswegen kritisch, weil Schnelligkeit im Online-Geschäft das alles entscheidende Kriterium ist. Wenn die Kunden auf eine angeklickte Seite zu lange warten müssen, suchen sie sich ein neues Ziel und sind für den Anbieter mit der langen Ladezeit verloren. Online-Handel ist „die schnellste Handelsform". Das gilt auch für die Bearbeitungs- und Lieferzeiten. Damit tut sich sicherlich der ein oder andere stationäre Einzelhändler schwer, der in seinen saisonalen und routinisierten Abläufen schnellstes Handeln vielleicht nicht gewohnt ist. Nur wenige der Online-Shops der Filialisten erreichen ein akzeptables Niveau, das allerdings bei Weitem nicht an das der internationalen Best Practices heranreicht. Derartige Online-Unternehmen finden sich kaum im deutschsprachigen Raum. Und auch die so genannten Multi-Channel-Anbieter, die in der Kombination von Offline- und Online-Kanälen ihren Kunden Channel-Hopping-Möglichkeiten bieten könnten und denen das größte Online-Potenzial beigemessen wird, tun dieses hierzulande bisher kaum. So sind im deutschen Handel bis auf ganz wenige Ausnahmen keine voll integrierten Multi-Channel-Konzepte anzutreffen, die losgelöst vom stationären Geschäft („Lead-Channel" bzw. Leitkanal) den Online-Shop wirklich als strategische Wachstumschance nutzen und zu einem gleichberechtigten Kanal ausbauen. Nur Globetrotter kann in Deutschland vielleicht als echter Multi-Channel-Händler bezeichnet werden. Jedoch kein Dax-Handels-konzern erreicht – sofern bei ihm eine stationäre Vertriebsschiene um einen Online-Shop ergänzt wird – nennenswerte Online-Anteile im zweistelligen Bereich. Diese „Internet-

Zurückhaltung" ist höchst bedenklich. Echte, voll integrierte Multi-Channel-Systeme inklusive Stationärgeschäft, in denen alle Kanäle gleichberechtigt betrieben und Internet-Anteile im hohen zweistelligen Bereich erreicht werden, sind praktisch nur im englischsprachigen Raum anzureffen. Interessanterweise erwirtschaften diese Handelsunternehmen traumhafte Umsatzrenditen, die im deutschsprachigen Einzelhandel so nicht erreicht werden. Die besten Konzepte der Multi-Channel-Player, zu denen die britischen Handelsunternehmen Argos, Next und Top-Shop zählen, zeigen einen hohen Integrationsgrad ihrer Absatzkanäle. Der empfundene Kundennutzen zwischen den Kanälen ist annähernd identisch in Bezug auf Preispolitik, Kernsortimente und Service-Levels. Zugleich werden die spezifischen Vorteile der unterschiedlichen Verkaufsformen herausgestellt, wie z.B. im Online-Kanal die modernen Instrumente des Web-2.0 (Kundenforen, Communities, Verlinkung zu sozialen Netzen etc.). Dabei wächst der „bewegte" Online-Kanal in der Regel deutlich schneller als die anderen Kanäle, in vielen Fällen mehr als 50 Prozent im Jahr. Diese Erfolgsbeispiele verdeutlichen, dass Faszination beim Einkauf nicht mehr nur ein rein „stationäres" Thema sein muss, wie viele Traditionshändler in Deutschland immer noch meinen. Einprägsame und interaktive Erlebnisse können den Kunden heutzutage auch im E-Commerce und den anknüpfenden Communities geboten werden. Und wenn die Kunden demnächst im Internet im 3-D-Verfahren ihre Produkte aussuchen und über berührungsempfindliche Bildschirme bestellen können, dürfte hier sogar eine neue Dimension des Einkaufserlebnisses eingeläutet werden. Der typische Einwand deutscher Händler – „Die Investitionen sind nicht zu stemmen" – kann widerlegt werden. Die erfolgreichsten Online-Händler sind „naked companies", also extrem schlanke Unternehmen, die keine eigene Infrastruktur aufbauen, sondern auf professionelle Fulfilment-Provider zurückgreifen. Die können es in der Regel besser und günstiger. Hinzu kommt, dass der Startzeitpunkt derzeit günstig ist, wie sich im Folgenden belegen lässt.

1.4 Günstiger Startzeitpunkt für den Online-Handel

Im Zusammenhang mit neuen Technologien sind das Timing des Markteinstiegs und die richtige Markteintrittsplanung die alles entscheidenden Kriterien. Pioniere bezahlen ihren Pioniergeist häufig mit viel Lehrgeld und verausgaben sich nicht selten, bevor sie Geld verdienen. Und wer zu spät kommt, den bestrafen die erfolgreichen Vorreiter, denn dann sind häufig schon die Marktanteile aufgeteilt und Markteintrittsbarrieren errichtet. Diese gängigen Managementregeln müssten eigentlich auch für die Internet-Technologie gelten. Für den Start in den Online-Handel sind jedoch die üblichen Entscheidungskriterien außer Kraft gesetzt. Man kann hier sogar von einer historisch einmaligen Chance sprechen, die derzeit ein strategisches Fenster für den Einzelhandel öffnet. Denn auf der einen Seite wurde das Lehrgeld der Internet-

Pioniere mit dem Zusammenbruch des ersten Internet-Hype bereits gezahlt: Die erfolgreichen Online-Händler von heute wurden praktisch erst nach der Anfangsphase der „New Economy" als „Unternehmen der zweiten Stunde" aus der Taufe gehoben oder gerade gegründet, als die Internet-Blase in 2000 gerade platzte. Sie standen dadurch bei den Kapitalgebern und deren „Cash-Burn"-Erfahrungen unter erheblich stärkerer Kontrolle als die vielen „verbannten Start-Ups der ersten Stunde" und haben aus den Fehlern der Internet-Pionierzeit gelernt. Auf der anderen Seite sind die Pfründe des Online-Marktes noch lange nicht verteilt und für den Start mit dem Internet-Verkauf ist jetzt ein günstiger Zeitpunkt: So steht nach Expertenmeinung der ganz große Boom im Online-Handel erst noch bevor und Markteintrittsbarrieren gibt es eigentlich keine. Während andere Branchen wie etwa die Reiseveranstalter bereits mehr als ein Drittel ihrer Umsätze online erzielen, erreicht der Online-Anteil im Einzelhandel gerade mal rund 5 Prozent. Selbst in der eher als konservativ geltenden Bankenwelt wird im Gegensatz zum Einzelhandel eine ganz andere Internet-Durchdringung erreicht, denn mehr als 42 Prozent aller Giro-Konten sind bereits online. Das wichtigste Argument für einen Online-Markteintritt liefert aber die Kundenseite: Immer mehr Verbraucher informieren sich vor ihrem Kauf im Internet über die gewünschten Produkte. Mehr als ein Viertel aller stationären Käufer tun dies bereits und fordern zunehmend von ihren Händlern eine „Channel-Hopping-Möglichkeit" (vgl. Heinemann 2010c, S. 12). Vorsichtige Schätzungen gehen davon aus, dass bis 2015 voraussichtlich mehr als 40 Prozent aller stationären Einzelhandelskunden ihre Käufe im Netz vorbereiten werden. Dabei zeigen Studien, dass gerade die Kunden besonders wertvoll und loyal sind, die zwischen den verschiedenen Handelskanälen hin und her springen und auf allen Kanälen kaufen können. Von dieser Wechselwirkung kann vor allem der „krisengeschüttelte" stationäre Einzelhandel profitieren. Denn die Gewinner im E-Commerce werden insbesondere Multi-Channel-Händler sein, die in der Kombination von Filialgeschäft und Online-Handel ihren Kunden das „Channel-Hopping" ermöglichen und ihnen dadurch einen echten Kundenmehrwert bieten können. Das ist auch der Grund dafür, dass jetzt auch zunehmend Online-Händler in das Stationärgeschäft einsteigen, so wie neuerdings Lascana und BonPrix bzw. seit längerem Argos in Großbritannien. Aber vor allem Stationärhändler können nicht mehr verhindern, dass auch die stationären Kunden zunehmend das Internet zur Kaufvorbereitung nutzen.

1.5   Internet-Einfluss verändert Kaufverhalten grundlegend

Informationen aus dem Web bestimmen zunehmend die Entscheidung der Kunden für ein Produkt. „Kaufentscheidungen werden im Internet getroffen" (FAZ 2008, Nr. 245, S. 19). Herausragende Bedeutung haben Suchmaschinen, Vergleichsseiten und

Kommentare anderer Nutzer, während Werbung Kaufentscheidungen nur selten beeinflusst (vgl. FAZ 2008, Nr. 144, S. 21). Wie die Marktforschungsgesellschaft Harris Interactive mit einer Befragung von 5.000 Europäern herausgefunden hat, beeinflusst kein anderes Medium so stark die Entscheidungen europäischer Konsumenten wie das Internet. Der Kauf einer Kamera, die Suche nach dem billigsten Stromlieferanten, die Frage nach dem besten Hotel, die Wahl des Arztes, bei all diesen Entscheidungen ist mittlerweile der Einfluss des Internet weitaus größer als erwartet, und ebenfalls viel größer als derjenige aus klassischen Medien (FAZ 2008, Nr. 138, S. 19).

Abbildung 1-5: *Internet-Einfluss auf Kaufentscheidungen*

Quelle: FAZ 2008, Nr. 144, S. 21

Internet-Einfluss auf Entscheidungen

Entscheidungsarten (Angaben in Prozent)

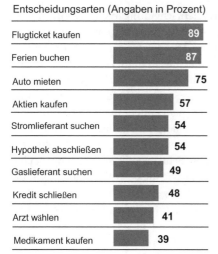

Stärke der Einflussarten

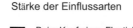
Beim Kauf eines Flugtickets
Beim Kauf eines Fernsehers

Demnach haben Suchmaschinen, Anbieterseiten, Kommentare anderer Nutzer, Produktvergleichsseiten und die Online-Werbung für deutsche Kunden mittlerweile eine doppelt so hohe Bedeutung für Kaufentscheidungen wie das Fernsehen. Während erwartungsgemäß Kaufentscheidungen für Reisen und technische Produkte sehr häufig mit Hilfe des Internet getroffen werden, nehmen 65 Prozent der deutschen Konsumenten bei der Kaufentscheidung für eine Autoversicherung das Internet zu Hilfe. Bei der Auswahl des Stromversorgers liegt die Zahl bei immerhin 63 Prozent, während 47 Prozent ihren Kreditgeber im Internet recherchiert haben (vgl. FAZ 2008, Nr. 144, S. 21).

Die Nutzung der Online-Informationsquellen schwankt stark nach Produktart, wobei die Internet-Relevanz umso geringer ist, je etablierter eine Marke und die dazugehörige Internet-Seite sind. Vor allem bei technischen und komplexen Produkten werden Kommentare anderer Konsumenten gelesen. Harris Interactive hat einen digitalen Entscheidungsindex ermittelt. Dieser setzt sich zusammen aus der Zeit, die ein Konsument mit einem Medium verbringt, sowie dem Einfluss des Mediums auf seine Entscheidung. Aus der entsprechenden Studie geht hervor, dass das Internet mit 40 Prozent Anteil deutlich vor dem Fernsehen mit 22 Prozent Anteil liegt, gefolgt von Zeitungen mit 14 Prozent, Radio mit 13 Prozent und Magazinen mit 11 Prozent Anteil (vgl. FAZ 2008, Nr. 144, S. 21). Aufgrund des großen Kaufeinflusses des Internet ist zu erwarten, dass die Marketingbudgets zunehmend in diese Richtung umgeschichtet werden. „Werbung ist das Modell von gestern. Online-Konversationen, Suchmaschinenoptimierung und eine starke Internet-Seite werden immer wichtiger", so Fleischman Hillard (vgl. FAZ 2008, Nr. 138, S. 19).

In Abbildung 1-5 ist der Internet-Einfluss auf Kaufentscheidungen dargestellt. Auf der linken Seite ist der Internet-Einfluss nach Entscheidungsarten quantifiziert, der bei Flugtickets mit 89 Prozent am höchsten sowie bei Medikamenten mit 39 Prozent am geringsten ist. Auf der rechten Seite ist am Beispiel eines Flugticketkaufs sowie eines Fernsehkaufs exemplarisch skizziert, wie stark die Einflusskriterien jeweils wirken. Demnach haben beim Kauf eines Fernsehgerätes die Suchmaschinen und die Produkt- oder Preisvergleichsseiten einen hohen Einfluss. Demgegenüber üben hier Kommentare anderer Nutzer sowie die Internet-Seite des Herstellers einen mittleren Einfluss aus, während die Online-Werbung schließlich fast keinen Einfluss mehr auf die Kaufentscheidung hat. Aber auch beim Flugticket liegen die Schwerpunkte ähnlich, wobei hier die Unternehmensseite und die Suchmaschine die wichtigste Rolle spielen. Online-Werbung und Kommentare anderer Nutzer sind dagegen für den Flugticketkauf kaum von Bedeutung. „Was kostet das Flugticket? Wie wird das Wetter? Wie ist der Wechselkurs? Das Internet hat alle Antworten. Nicht nur Flüge, Hotels, Mietwagen, Pauschalreisen können rund um die Uhr online gebucht werden, im Netz gibt es auch Informationen zu wichtigen Themen" (Warnholz 2008, S. 91). Ob Hotelbewertungen (www.holidaycheck.de), Flugsicherheit (www.luftfahrtbundesamt.de), Reiserecht (www.adac.de), Urlaubswetter (www.earthcam.com oder www.wetter.de), günstige Ticketpreise (www.swoodoo.de), Internet-Anschluss (www.worldofinternetcafes.de) oder Währungsrechner (www.bdb.de/hmtl/reisekasse/waehrungsrechner.de), nahezu alle kaufrelevanten Informationen sind jederzeit online abrufbar. Aber auch im Einzelhandel selbst ist der Einfluss des Internet auf Kaufentscheidungen mittlerweile offensichtlich. Dieses zeigt sich nicht nur in der Bedeutung des Internet zur Kaufvorbereitung, sondern vor allem auch in seiner Rolle als Einkaufskanal, die in einer aktuellen Studie des E-Commerce-Center Handel (ECC) der Universität Köln untersucht wurde. Dabei wurden im September 1.000 Internet-Nutzer mit Wohnsitz in Deutschland befragt, die hinsichtlich soziodemographischer Merkmale für Online-Besucher ab 14 Jahren repräsentativ quotiert wurden. Diese wurden zu ihrer letzten Bestellung im

Internet, ihrem letzten Kauf im stationären Handel sowie ihrer letzten Bestellung aus einem Print-Katalog befragt. Dabei standen physische Produkte im Fokus, allerdings ohne Lebensmittel. Auch der Kauf über elektronische Marktplätze, wie z.B. eBay, wurde ausgeschlossen (vgl. van Baal/Hudetz 2008, S. 12ff.). Um den Einfluss eines Internet-Kanals auf den Umsatz eines Handelsunternehmens zu bestimmen, wurde zunächst die Frage untersucht, in wieweit sich Online- und Offline-Kanäle gegenseitig beeinflussen bzw. inwiefern es sich bei den Kanalumsätzen jeweils um Zusatzumsätze handelt, die in einem Einzelkanal so nicht generiert worden wären. Da das Ausmaß dieser Transaktionswirkungen entscheidend von den Konsumenten bestimmt wird, wurden diese danach gefragt, ob sie ihren Kauf in Vertriebskanal A in einem anderen Absatzkanal B desselben Händlers getätigt hätten, wenn dieses Handelsunternehmen den Kanal A nicht betreiben würde. In Abbildung 1-6 sind die Transaktionswirkungen zwischen den untersuchten Vertriebskanälen dargestellt (vgl. van Baal/Hudetz 2008, S. 80). Die stärkste Transaktionswirkung findet dabei zwischen den B2C-Distanz-Vertriebskanälen Online-Shop und Print-Katalog statt. So wären zum Beispiel 51,6 Prozent der Orders aus Print-Katalogen im Internet-Kanal desselben Anbieters getätigt worden, wenn der Anbieter keinen Print-Katalog anbieten würde, wobei diese Umsätze 53,2 Prozent des Print-Katalogumsatzes entsprechen.

Abbildung 1-6: *Transaktionswirkungen des Internet auf andere Absatzkanäle*

Quelle: Van Baal/Hudetz 2008, S. 80

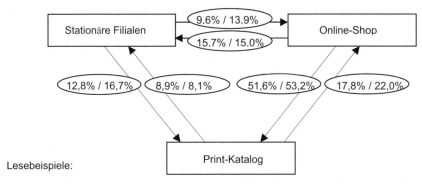

Lesebeispiele:

9,6 Prozent der Transaktionen in Online-Shops von Multi-Channel-Anbietern stellen eine Kannibalisierung von Käufen in stationären Geschäftsstellen dar; diese Käufe entsprechen 13,9 Prozent des Umsatzes in Online-Shops.
15,7 Prozent der Käufe in stationären Geschäftsstellen von Multi-Channel-Anbietern stellen eine Kannibalisierung von Käufen in Online-Shops dar; diese Käufe entsprechen 15,0 Prozent des Umsatzes in stationären Geschäftsstellen.

Weniger stark ausgeprägt, allerdings immer noch recht hoch, ist die Transaktionswirkung zwischen den Distanzkanälen und den stationären Läden. So wären mehr als 9,6 Prozent der Online-Bestellungen und damit 13,9 Prozent des Internet-Umsatzes in stationären Geschäftsstellen zustande gekommen, wenn das Unternehmen keinen Online-Kanal betreiben würde. Allerdings darf im Umkehrschluss nicht übersehen werden, dass der restliche Anteil der Käufe und damit des Umsatzes eines Vertriebskanals zusätzlich zu den anderen Kanälen generiert wird. Insofern sind 86,1 Prozent des Online-Umsatzes echter Zusatzumsatz, der im stationären Geschäft alleine so nicht erzielt worden wäre (vgl. Baal/Hudetz 2008, S. 80ff.). Außerdem lässt sich der Beweis antreten, dass sich Online-Handel trotz vorliegender Kannibalisierungseffekte auf alle Fälle auch für Stationärhändler lohnen kann, wenn die Informationswirkungen auf Kundenseite mit ins Kalkül einbezogen werden.

Die Ergebnisse der ECC-Studie zeigen auch auf, wie sich die Kunden vor dem Kauf in einem Kanal informieren. Beispielsweise werden bei 27,2 Prozent der Orders in Online-Shops vorher stationäre Geschäfte des Anbieters besucht sowie in 29,1 Prozent der Fälle zuvor Print-Kataloge herangezogen. Beim Kauf in den stationären Filialen informieren sich 15,2 Prozent der Kunden vorher in Print-Katalogen und 23,4 Prozent im Online-Shop. Hier ist die Informationswirkung also etwas geringer, jedoch immer noch beträchtlich. Beachtlich mit einem Wert von 38,2 Prozent ist die vorherige Information beim Online-Shop, wenn anschließend aus Print-Katalogen bestellt wird (vgl. Baal/Hudetz 2008, S. 34ff.). Dieses stützt die Eingangsthese, dass Informationssuche und Kauf eines Produktes häufig in unterschiedlichen Vertriebskanälen desselben Handelsunternehmens erfolgen. Diese Wechselwirkung ist verständlicherweise zwischen Online-Shop und Print-Katalog am stärksten und erklärt auch den Internet-Erfolg der klassischen Versender, da hier „pure Substitution" stattfindet. So informieren sich bei 29,9 Prozent der Bestellungen aus Print-Katalogen die Kunden vorab im Online-Shop desselben Unternehmens. In umgekehrter Richtung benutzen die Online-Käufer eines Internet-Shops in 21,6 Prozent der Fälle bei Bestellungen vorher einen Print-Katalog desselben Anbieters. Solche Wechselwirkungen sind auf stationärer Ebene zweifelsohne geringer, aber immer noch recht deutlich. Hier informieren sich die Kunden bei 9,3 Prozent der stationären Käufe vorher im Online-Shop desselben Anbieters (vgl. van Baal/Hudetz 2008, S. 34ff.).

Die Frage, ob sich der Online-Kanal rechnet, muss sicherlich den informatorischen Wert dieses Mediums Internet und dessen Stellenwert im Rahmen von Kaufprozessen berücksichtigen. So ist der These nachzugehen, dass die Informationssuche in einem Kanal den Impuls zu einem Kauf bei diesem Unternehmen in einem anderen Absatzkanal liefert. Auch diesem Aspekt ist die ECC-Studie nachgegangen und kommt wiederum zum Ergebnis, dass die Wechselwirkungen diesbezüglich zwischen Print-Katalog und Online-Shop am stärksten sind. Bei 14,9 Prozent der Bestellungen im Internet-Shop stammt der Impuls zur Wahl eines Anbieters aus dessen Print-Katalog. Umgekehrt sind es 19,0 Prozent der Bestellungen. Die Bedeutung der kanalübergreifenden Kaufimpulse wird im stationären Handel besonders deutlich, da hier 4,5 Prozent der Käufe durch einen Print-Katalog desselben Unternehmens und weitere 6,4 Prozent der Kaufimpulse durch dessen Online-Kanal ausgelöst werden (vgl. van Baal/Hudetz 2008, S. 36ff.).

Abbildung 1-7:   Einfluss des Internet auf stationäre Kaufentscheidungen

Quelle: ECC 2008, S. 94ff.

Kaufvorbereitung im Internet			Wechselseitige Kaufimpulse
Produktgruppe	Info-Suche	Kauf-impuls	
Mode/Sport	20,0%	12,3%	
Haushaltswaren	39,0%	18,7%	
Elektroartikel	41,0%	18,1%	
Mediengüter	27,1%	14,4%	
Sonstige Produkte	17,1%	5,5%	
Gesamt	23,4%	10,7%	

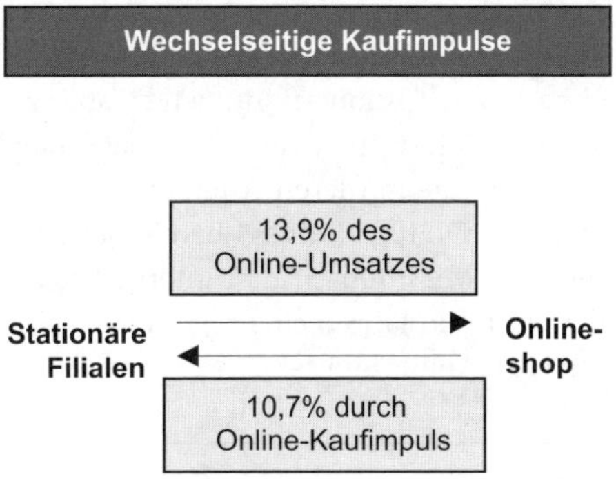

Wechselseitige Kaufimpulse

13,9% des Online-Umsatzes

Stationäre Filialen → Online-shop

10,7% durch Online-Kaufimpuls

Noch ausgeprägter ist die Umsatzwirkung, da die Kaufbeträge mit kanalübergreifender Informationssuche deutlich höher sind als bei Einkanalkäufen:

▪ 24,7 Prozent des Umsatzes in Internet-Shops stehen in Verbindung mit vorherigen Kaufimpulsen in Print-Katalogen.

▪ 10,7 Prozent des Umsatzes der stationären Geschäftsstellen werden durch Kaufimpulse im Online-Shop desselben Anbieters ausgelöst.

▪ 21,9 Prozent des Umsatzes aus Print-Katalogen sind auf Kaufimpulse aus dem Online-Shop des Anbieters zurückzuführen.

Verantwortlich für den Kanalwechsel ist in den meisten Fällen die Suche der Channel Hopper nach Preisinformationen. Ferner stehen Convenience-Ansprüche im Vordergrund (z.B. detaillierte Information, jederzeitige Bestellmöglichkeit, Zustellung etc.). Der Einfluss des Internet auf Kaufentscheidungen wird dabei immer größer (vgl. Abbildung 1-7), aber auch die Umsätze im Internet-Kanal selbst nehmen rasant zu.

1.6   Digital Natives im Anmarsch

Schon alleine aufgrund der demographischen Entwicklung sollten die Handelsunternehmen schnellstens umdenken, um nicht schon bald abgehängt zu werden. So wachsen in den kommenden Jahren die internetaffinen Zielgruppen der „Pre-Digitals" überproportional stark nach. Diese Menschen können sich zwar noch gut an eine Zeit ohne Internet erinnern, nutzen es aber zunehmend. Sie wachsen immer stärker in die älteren Zielgruppen der „Internet-Analphabeten" hinein, die noch nie im Internet waren. In die mittleren Altersgruppen der „Pre-Digitals" wächst wiederum die große Flut der „Digital Natives" herein, jene Menschen, die schon mit dem Web aufgewachsen sind. Mit ihrem primär internetbasierten Einkaufsverhalten dürfte diese Gruppe in den nächsten Jahren eine regelrechte „Revolution der Informationsgewinnung" auslösen (vgl. Abbildung 1-8).

Abbildung 1-8:   *Digital Natives im Anmarsch*

Quelle: In Anlehnung an Backhaus 2009, S. 11

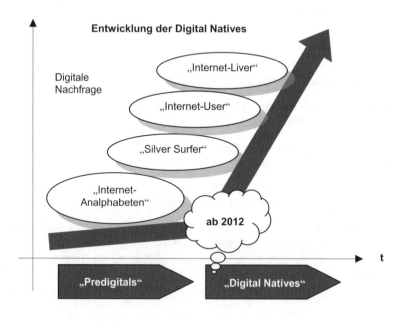

Es dauert schließlich nur noch ein paar Jahre, dann sind diese jungen Menschen geschäftsfähig. Der erste Online-Händler, Amazon, wird 2010 gerade einmal 15 Jahre alt. Die derzeit noch deutlich jüngeren „Digital Natives", die mit diesem Angebot aufgewachsen sind, werden zunehmend diejenigen Händler abstrafen, die das Online-

Zeitalter unverständlicher Weise bisher ignorieren. Insbesondere aufgrund der heranwachsenden Flut der Digital Natives ist das Wachstum im E-Commerce nicht mehr zu stoppen. Hinzu kommt folgende Erkenntnis, die zunehmend stationäre Händler zum Nachdenken zwingt: Sind die stationären Kunden, die ihren Kauf im Internet vorbereiten wollen, aber doch schon auf der Homepage eines Einzelhandelsgeschäfts, lässt man sie doch nicht wieder laufen, ohne ihnen Ware anzubieten. Deshalb sollte der Netzauftritt kein Standbild sein, sondern den Weg zum sofortigen Geschäft ebnen. Insofern stellt sich die Frage „Online-Handel ja oder nein?" eigentlich schon gar nicht mehr.

1.7 Schnelle Breitbandvernetzung pusht Online-Wachstum

In Hinblick auf die zukünftigen Online-Potenziale wird schnell übersehen, dass Deutschland die Entwicklungsmöglichkeiten bei Weitem nicht ausschöpft und schon jetzt ins Hintertreffen geraten ist. Zwar betrug hierzulande nach neuesten Zahlen von GIA das E-Commerce-Wachstum stattliche 16,2 Prozent. Demgegenüber legten die E-Commerce-Umsätze in den EU-15 Ländern jedoch durchschnittlich um 20 Prozent, weltweit sogar um 33 Prozent zu. Mit rund 65 Prozent ist die Internet-Durchdringungsrate in Deutschland auf den ersten Blick im Ländervergleich durchaus akzeptabel. Allerdings weist der von der Deutschen Card Services publizierte neueste E-Commerce-Report 2009 für Deutschland eine Rate an schnellen Breitband-Anschlüssen von nur rund 27 Prozent aus, die auch der Münchener-Kreis bestätigt (vgl. E-Commerce-Report 2009, S. 14; FAZ 2009, Nr. 295, S. 14). Im Vergleich dazu kommen kleine Länder wie Dänemark oder die Niederlande auf deutlich über 36 Prozent. Die schnellen VDSL-Verbindungen des Netzmonopolisten Deutsche Telekom erreichen gerade mal zehn Millionen Haushalte in den 50 größten Städten Deutschlands. Der Rest der Republik guckt sprichwörtlich in die Röhre. Deswegen erreicht das deutsche Breitbandnetz auch nur eine durchschnittliche Übertragungsrate von nicht mal einem MBit/Sekunde für stationäre Nutzung. Das stellt im internationalen Quervergleich einen katastrophal schlechten Wert dar.

Die langen Übertragungszeiten bedeuten auch lange Wartezeiten, und dies ist auch deswegen bedenklich, weil Schnelligkeit im Online-Geschäft das alles entscheidende Kriterium ist. Insofern muss Deutschland erheblich aufholen, wenn es nicht hinter andere Wirtschaftnationen zurückfallen möchte. Das hat auch die Bundesregierung erkannt. So lautet das Ziel der Bundesregierung, bis 2014 mindestens 75 Prozent aller Haushalte mit 50 MBit/Sekunde ans schnelle Internet anzubinden (RP März 2010, S. B1). Aber auch hier gilt die leidige Erfahrung „Worte statt Taten". Denn obwohl für die Turbo-Vernetzung Deutschlands nach Experteneinschätzung eigentlich rund 40

Milliarden € investiert werden müssten, stellt die Bundesregierung gerade einmal 150 Millionen € bereit (FAZ 2009, Nr. 295, S. 14). Damit ist dem Staat der Ausbau des Turbo-Breitbands hierzulande umgerechnet nur rund 2 € pro Einwohner wert. Die anderen EU-Länder wenden dagegen im Durchschnitt 3 Euro auf. Die USA kommen umgerechnet auf 17 € pro Kopf der Bevölkerung beim staatlich geförderten Ausbau des Turbo-Netzes, Australien sogar auf 1100 €. Vielleicht leiden wir in Deutschland aber auch unter einer einzigartigen „Altlast": Wie nur in wenigen anderen Ländern sitzen in der deutschen Politik und Wirtschaft immer noch erschreckend viele „Internet-Analphabeten" an den Investitionshebeln. Diese Entscheider lassen häufig noch ihren kompletten E-Mail-Schriftverkehr von Sekretärinnen ausdrucken. Sie selbst haben das Internet niemals genutzt. Nur dieses Unverständnis gegenüber dem Internet kann erklären, warum das Web bei den letzten großen Subventionsentscheidungen nicht berücksichtigt wurde. Sowohl im Konjunkturpaket I mit seinen 31 Milliarden € als auch beim Konjunkturpaket II mit weiteren 50 Milliarden € und nochmals beim Wachstumsbeschleunigungsgesetz (8,5 Milliarden €) wurde der forcierte Ausbau des Turbo-Breitbandnetzes völlig ausgeblendet. Das Geld floss stattdessen in andere Kanäle. Doch wer vermag zu erklären, dass die Mehrwertsteuerabsenkung für Hotels mehr Wachstum beschleunigen soll als ein ausgebautes Turbo-Breitbandnetz, das weniger als die Hälfte als die beiden Konjunkturprogramme gekostet hätte (vgl. Heinemann 2010b, S. C 6). Zunehmend weisen aber Experten auf diesen Missstand hin und kennzeichnen Deutschland als Web-Entwicklungsland. Deswegen kann auch davon ausgegangen werden, dass in den nächsten Jahren der Druck auf die Politik steigen und dadurch die Netz-Infrastruktur forciert ausgebaut werden wird. Insbesondere für den mobilen Internet-Menschen ist durch den Ausbau des breitbandigen Mobilfunks Besserung zu erwarten: „Long Term Evolution" (LTE) ist ein Paradigmenwechsel, „es ist die vierte Mobilfunkgeneration, die alles besser machen soll: mehr Kapazität, höhere Bandbreiten, bessere Funkabdeckung – und das alles zu geringeren Kosten" (vgl. Spehr/Jörn 2010, S. T 1). Auch von dieser Seite ist deswegen davon auszugehen, dass das weitere Wachstum im E-Commerce in Deutschland nicht zu verhindern ist.

2 New Online-Retailing — Was ist das eigentlich genau?

2.1 Grundlagen des New Online-Retailing

Mit der Kombination aus Vernetzung, Internet-Penetration, Technologieentwicklung, Mobilität, Schnelligkeit, Mediennutzung, Kommunikationsveränderung, Interaktivität („Web-2.0") sowie Geschäftsmodellinnovation, ist das Internet in die nächste Phase eingetreten. „Vom Web-2.0 zum Web NG", so titelt die FAZ (FAZ 2008, Nr. 93, S. 25). Hand in Hand mit dem Internet der nächsten Generation ist auch der Online-Handel in neue Dimensionen vorgestoßen („New Online-Retailing"). Der Online-Handel stützt sich dabei im Wesentlichen auf technische, medienspezifische sowie geschäfts-spezifische Grundlagen (vgl. Kollmann 2007, S. 13 ff.).

2.1.1 Technische Grundlagen des Online-Handels

Die exponentiell steigende Rechnerleistung bei gleichzeitig sinkenden Hardwareprei-sen und zunehmender Miniaturisierung der Hardware unterstützt den weiteren Inter-net-Boom, da die Informationsübertragung auf diese Weise mobil und ohne zeitliche und räumliche Beschränkungen vollzogen werden kann (vgl. Kollmann 2007, S. 14). Dazu tragen auch zunehmende Speicherkapazitäten der verwendeten Speicherchips, immer schnellere und leistungsfähigere Prozessoren sowie steigende Taktfrequenzen dieser Prozessoren bei, da sie die weitere Digitalisierung fördern und einen größeren Datentransfer ermöglichen. In Abbildung 2-1 sind die technischen Schlüsselfaktoren des Internet-Wachstums dargestellt (vgl. Rayport/ Jaworski 2002, S. 52). Die Standards basieren auf dem Hypertext Transfer Protocol (http) und der Seitenbeschreibungs-sprache HTML (Hypertext Markup Language), mit denen es gelungen ist, trotz der anfangs stark limitierten Bandbreite des Internets grafische Oberflächen (Browser) mit einfacher Steuerung durch Mausklick sowie multimedialen Inhalten anzubieten. Standards und Browser sind die wesentlichen technischen Säulen des Internet-Wachstums, wobei das Internet seine große Bedeutung ohne Frage der Entwicklung des World Wide Web (WWW) verdankt, dessen globale Nutzung jedoch ohne Stan-dards (TCP /IP) nicht möglich wäre. Diese setzen wiederum eine weltweite Einigung (W3C) voraus. Der Durchbruch der Browser-Technologie ermöglicht dabei Geschwin-digkeit, unkomplizierten Download sowie Plattformenunabhängigkeit. Basierend auf den einheitlichen Standards konnte die Einfachheit für den Abruf und die Einstellung von Inhalten bei zugleich hohem Komfort durch Maussteuerung realisiert werden. In Hinblick auf den Content ist dabei die Entwicklung der Browser sowie die Multimediafähigkeit und technische Offenheit von zentraler Bedeutung für das Internet-Wachstum. Die Content-Nutzung setzt einfachen Zugang, Wegfall von spezifischen Kosten sowie Konvertierbarkeit voraus.

Abbildung 2-1:   *Schlüsselfaktoren des Internet-Wachstums*

Quelle: In Anlehnung an Rayport/ Jaworski 2002, S. 52

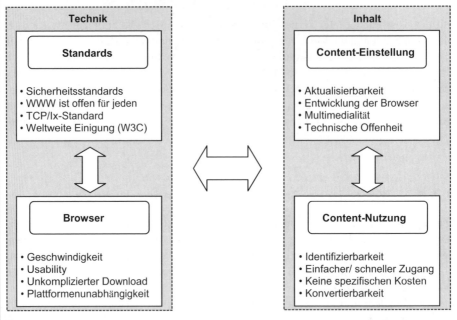

Das Mobile Commerce (M-Commerce) stellt eine Verschmelzung von Internet und Mobilfunk dar. Während sich die Geräte zunehmend den PCs annähern und insofern eine Art „Miniatur-PC mit Telefonie" darstellen, unterscheiden sich die Übertragungswege. So steht mit dem UMTS (Universal Mobile Telecommunication System) in Europa ein Mobilfunkstandard bereit, der sich in seiner Leistungsfähigkeit der Breitbandübertragung zunehmend annähert. Man spricht diesbezüglich auch von der dritten Mobilfunkgeneration (G3). Allerdings ist die Anzahl an mobilen Applikationen immer noch sehr gering, da sie derzeit noch keinen eindeutigen Mehrwert hinsichtlich des situativen Nutzens bieten. In Hinblick auf die zunehmende Mobilität möchte sich aber vor allem Google zukünftig unentbehrlich machen und über neue Funktionen „immer und überall ein Helfer im Alltag" sein. Zwar ist das Suchen im Internet über Mobilfunk noch immer nicht ein Vergnügen, da es immer noch mit längeren Wartezeiten verbunden ist. Google hat aber mit Android bereits eine Plattform für Mobil-Software entwickelt, zu der auch Handyhersteller (HTC, LG, Motorola und Samsung) sowie Telekommunikationskonzerne (T-Mobile, Telefonica, Telecom Italia und China Mobile) gehören. Mitglieder der Plattform sind außerdem eBay mit Skype sowie die Chiphersteller Intel, Texas Instruments, Qualcomm und Broadcom. Ziel ist es, auf Basis eines Betriebssystems für Handys, das alle Hersteller nutzen können, den Mobilfunk zu öffnen (vgl. Jüngling 2008, S. 62). Google möchte aber auch die Funktechnik Wi-MAX (Worldwide Interoperability for Microwave Access) weiterentwickeln, mit der Daten wesentlich schneller und weiter als mit UMTS übertragen werden können. Im Folgenden wird das M-Commerce auch dem Internet-Kanal zugeordnet, da die Übergänge zum E-Commerce von beiden Seiten aus fließend sind und beide Formen zukünftig immer weiter zusammenwachsen werden. Außerdem wird auch mit tragbaren PCs zunehmend „wireless" gearbeitet, wobei es sich im Falle eines Kaufes dann auch um eine Art des M-Commerce-Einkaufs handelt.

Ob fest oder mobil, der weiteren technischen Entwicklung sind keine Grenzen gesetzt. „Schnelles Internet für alle" (Fredrich 2008, S. C2), so können die in 2008 auf der weltgrößten Computer- und Technikmesse Cebit in Hannover präsentierten Innovationen zusammengefasst werden. Dabei lassen sich für Privatanwender folgende Entwicklungen aufzeigen (vgl. Fredrich 2008, S. C2/ eigene Einschätzung):

- **Trend 1 — Mobiles Supernetz und Flatrate in alle (Super-) Netze:** „Das mobile Supernetz kommt" (Fredrich 2008, S. B3). Demnach wird es in anderthalb Jahren Realität sein, mit dem Handy genauso schnell wie am heimischen Computer surfen zu können, wenn mit LTE (Long Term Evolution) der neue Datenturbo zum Einsatz kommen wird. Bis zu 100 MB in der Sekunde soll die neue Technik übertragen können, wobei noch höhere Bandbreiten im Gespräch sind. Damit werden drahtlose Breitbandnetze viel schneller als DSL. Weltweit sollen in naher Zukunft 600 Millionen Kunden mobile Breitbandnetze nutzen (FAZ 2008, Nr. 156, S. 19).

- **Trend 2 — Breitband überall:** Für die kommenden drei Jahre wird noch Wachstum im DSL-Geschäft erwartet, wobei die Preise deutlich langsamer fallen sollen. Komplettpakete aus Telefonie und Internet kosten mittlerweile weniger als 30 €. Das Problem der DSL-„Unterversorgung" insbesondere in ländlichen Gebieten ist erkannt und wird durch entsprechende Investitionen der großen Netzbetreiber derzeit behoben.

- **Trend 3 — IPTV und mobiles TV:** Als großer Hoffnungsträger der Telekommunikationsbranche gilt das Fernsehen über Internet-Protokoll (IPTV), womit Kunden vom klassischen Kabel- oder Satellitenempfang ins Internet gelockt werden sollen. Die Telekom plant, bis Jahresende mit ihrem Angebot 20 Millionen Haushalte zu erreichen. Eine entscheidende Rolle spielt die Vereinfachung der Bedienung. Künftig kann z.B. der Videorekorder per Internet programmiert werden. Auch soll mittels einer neuen Technik ermöglicht werden, dass sämtliche Anwendungen geräteunabhängig (Handy, PC, Fernseher) bedient werden können.

▣ **Trend 4 — Neue Anwendungen:** Vor allem der mobile Datentransfer wird gesteigert werden. Netzbetreiber und Handyhersteller setzen auf direkte Verbindungsbuttons auf der Handyoberfläche, die mit einem Klick zur Anwendung wie E-Mail-Flächen, Bilderportalen oder Communities leiten. Yahoos neue mobile Suche, mit der T-Mobile kooperiert, liefert direkt Bilder, Podcasts, Nachrichten und Links zu einem Suchbegriff ohne klassische Linkliste, die z.B. (noch) bei Google anzutreffen ist.

▣ **Trend 5 — Neue digitalisierte Produkte:** „Die Musikbranche hat sie hinter sich, der Buchindustrie steht sie unmittelbar bevor: Die Digitalisierung von Inhalten" (Der Spiegel 11/2009, S. 102), oder: „Das Buch der Zukunft ist digital" (Schröder 2008, S. A8). Für das elektronische Buch „Kindle" hält Amazon 150.000 Titel vor, die beim Herunterladen für das E-Book durchschnittlich 9,90 $ kosten. Während der Buchmesse 2009 in Leipzig stellte auch Sony seinen Reader vor. Das neue „E-Ink" oder „elektronisches Papier" genannte Gerät kommt ohne Hintergrundbeleuchtung aus und ist damit auch in der Sonne leicht zu lesen. Dabei kann es bis zu 200 Bücher speichern. Nach ersten Erfolgen in den USA glauben Branchenkenner, dass derartige Lesegeräte bei Preisen unter 200 € in größeren Stückzahlen zu verkaufen sind. Aber auch die Zeitungsarchive werden digital. Google plant ein Programm, mit dem Zeitungsseiten digitalisiert und für Nutzer kostenlos nutzbar gemacht werden sollen (vgl. FAZ 2008 Nr. 212, S. 17; FAZ 2009 Nr. 60, S. 22).

▣ **Trend 6 - Neue Browser-Technologie:** Seit Neustem bietet Google auf seiner Homepage einen neuen Browser „Chrome" zum kostenlosen Herunterladen an. Während bisher Browser nur Programme waren, mit deren Hilfe die Internet-Seiten sichtbar gemacht wurden, kann der neue Google-Browser alle derzeit üblichen Computer-Anwendungen ersetzen. Dabei plant Google, gängige Software-Produkte auf virtuellen Plattformen im Internet aufzubauen. Diese können dann über den neuen Chrome-Browser benutzt werden, der schneller, sicherer und nutzerfreundlicher sein soll als die gängigen Browser. Dabei können die Nutzer auf verschiedenen Seiten simultan surfen. „Chrome" soll als Open-Source-Programm erscheinen, so dass jeder Programmierer den Browser für sich weiterentwickeln kann (vgl. RP vom 3. Sept. 2008, S. B1).

Technisch gesehen kann heute jeder Rechner weltweit mit jedem anderen Rechner verbunden werden, wobei der Datenaustausch über die technologisch normierten Datenprotokolle erfolgt. Diese haben die Aufgabe, das Browser und Server unterschiedlicher Rechner eine gemeinsame Sprache sprechen. Dabei hat die kostenlose elektronische Post die jederzeitige und schnelle Kommunikation auch auf globaler Ebene möglich gemacht. Für eine weltweite Online-Verbindung sorgen derzeit rund 200 Seekabel. Das über 13.000 Kilometer lange Apollo-Kabel, das Europa mit Nordamerika mit bis zu 400 Gigabyte pro Sekunde verbindet, gilt als eines der modernsten Verbindungen. Interessanterweise spielt Ägypten eine zentrale Rolle im Internet, weil Leitungen von Europa nach Indien durch den Suezkanal führen. Doch wie vieles

Neue, bringt auch das Internet immer noch Probleme mit sich. So kommt es immer wieder zu Leitungsunterbrechungen, wie zum Beispiel im Februar 2008 im Mittelmeer, wodurch die arabische Halbinsel und Indien aus dem weltweiten Netz teilweise ausgeklinkt wurden (vgl. Jovanovic 2008, S. A7).

Abbildung 2-2: *DSL-Anschlüsse in Deutschland*

Quelle: FAZ 2009, Nr. 125, S. 20; Schmundt 2008, S. 170; FAZ 2009 Nr. 82, S. 19,
DSL-WEB Spezial 2010.

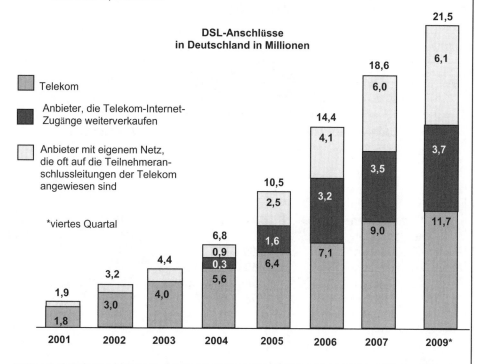

In Deutschland hätte ein derartiger Ausfall von Datenleitungen aber kaum Folgen, da es mit dem Telefonnetz schon lange vor dem Internet eine ausgebaute Infrastruktur gab, auf der moderne Online-Zugänge aufsetzen konnten. Außerdem verlagern sich E-Mails und Datentransfers zunehmend auf Handys und damit Mobilfunknetze. Ein aktuelles Thema ist allerdings derzeit die mangelnde Verfügbarkeit schneller DSL-Verbindungen. Vor allem in dünn besiedelten Gebieten, aber auch in ungünstig gelegenen Vororten großer Städte, steht häufig keine DSL-Technologie zur Verfügung. Dadurch sind immer noch viele Privathaushalte, Firmen und Behörden gezwungen, ihre Rechner an langsame analoge Modems oder unwesentlich schnellere ISDN-Leitungen anzuschließen (vgl. WAMS 2008, Nr. 4, S. 26). Mittlerweile bietet aber die

Firma Ericsson eine Überbrückungslösung fehlender Kabel unter der Erde an, wobei über Funkmasten Signale gefunkt werden, die über Antennen eines regionalen Partners an den Nutzer weitergeleitet werden. Das Signal lässt sich auch alternativ über bereits vorhandene Telefonkabel einspeisen, wobei immerhin Geschwindigkeiten von 500 Mbit pro Sekunden denkbar sind (vgl. Fredrich 2008, S. C3). Aber auch bei den DSL-Anschlüssen gibt es noch Probleme. Viele DSL-Internet-Anschlüsse sind nicht annähernd so schnell, wie vom Anbieter versprochen wurde. Es ist aber davon auszugehen, dass die technischen Probleme in nicht allzu ferner Zukunft behoben werden. In Abbildung 2-2 ist die Anzahl der DSL-Anschlüsse in Deutschland im Bundesländervergleich dargestellt (Stand 4. Quartal 2008).

Abbildung 2-3: *Breitband-Anschlüsse im Bundesländervergleich*

Quelle: BITKOM auf Basis von Eurostat/Eito: Stand 12/2008

Wie Abbildung 2-3 zeigt, hatten 2008 bereits 58 Prozent aller Haushalte in Deutschland einen schnellen Internetzugang, allerdings — bis auf Berlin mit 61 Prozent — mit deutlichem Gefälle zwischen West- und Ostdeutschland. Bis Ende 2009 sollen 65 Prozent aller deutschen Haushalte mit Breitband verkabelt sein. Experten sprechen von einem regelrechten Breitband-Boom (vgl. BITKOM vom 19.Mai 2008). So hat sich die Zahl der Breitband-Anschlüsse seit 2003 vervierfacht, womit Deutschland erstmals klar über dem europäischen Schnitt (42 Prozent in 2007), jedoch immer noch weit hinter skandinavischen Ländern (zwischen 60 und 70 Prozent) sowie den Niederlanden (mehr als 74 Prozent) liegt. Die Netzbetreiber investieren derzeit Milliardenbeträge in die Infrastruktur. Zunehmend setzen sich aber auch schnelle Internet-Verbindungen im Mobilfunk durch. Nach BITKOM-Schätzungen gab es per Ende 2007 erstmals mehr als 10 Millionen UMTS-Anschlüsse in Deutschland. In 2008 soll die Zahl um 60 Prozent auf fast 16 Millionen steigen. Die Basis für weiteres Internet-Wachstum ist folglich sichergestellt. Darüber hinaus prüft die EU, „ob das Netz zur Grundversorgung zählt wie Wasser und Strom" (Der Spiegel 2008, Nr. 10, S. 170).

2.1.2   Medienspezifische Grundlagen

Die besonderen Eigenschaften des Mediums Internet führen zu einer Veränderung der Art und Weise, wie sich die Kommunikation zwischen Individuen in digitalen Datennetzen gestaltet (vgl. Kollmann 2007, S. 32). Zu ihnen gehört die Virtualität, Multimedialität und Interaktivität. Mit der Virtualität wird die Präsenz im Kommunikationsprozess überflüssig, wobei die Multimedialität durch Einbindung verschiedenster Medien und Kommunikationsmittel ganz neue Möglichkeiten der Informationsübermittlung eröffnet. Die Interaktivität erlaubt dabei eine gegenseitige Kommunikation und damit Förderung des Dialoges zwischen einzelnen Handelspartnern.

Abbildung 2-4:   *Das Medium Internet im Kommunikationsprozess*

Quelle: In Anlehnung an Kollmann 2007, S. 33

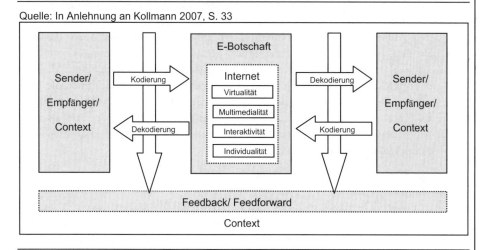

In der Abbildung 2-4 wird das Medium Internet in den Kommunikationsprozess eingeordnet. Durch das Internet wird dabei die Möglichkeit gegeben, dass der Empfänger einer Botschaft auch (unmittelbar) zum Sender einer Botschaft wird und dadurch die ursprünglichen Rollen der Kommunikationspartner z.T. vermischt oder gar aufgehoben werden. Die Simultanität dieser Sender-/Empfänger-Rolle ist durch die besondere Eigenschaft des Mediums Internet gegeben, die sich in der Virtualität, Multidimensionalität sowie Interaktivität manifestiert. Die Virtualität ergibt sich aus dem Umgang mit digitalen Informationen, die nicht real sind und sich aus einem Verbund von Datenströmen und Informationskanälen zusammensetzen. Die digitalen Informationen können sich sowohl auf digitalisierte Leistungen (z.B. Rechte, Downloads etc.) als auch auf reale Güter beziehen (physische Welt). Neben der physischen Welt tritt aber in jedem Fall dann komplementär eine virtuelle Geschäftswelt, die durch vernetzte Informationen und Kommunikationswege gekennzeichnet ist. Beide Ebenen ergänzen sich (z.B. Bestellung realer Produkte über das Internet), können jedoch auch separat funktionieren (z.B. kostenpflichtiger Download von Software im Internet). Die Virtualität der Handelsebene ermöglicht eine Loslösung von Raum und Zeit. So ist es eine typische Eigenschaft von Online-Händlern wie z.B. Buch.de, jederzeit und (über das Netz) von überall her zugreifen zu können, wobei Anbieter und Käufer nicht zeitgleich online sein müssen, da der Informationsaustausch über Datenbanken erfolgt. Damit wird das Internet zu einem ubiquitären Medium (anytime/anyplace). Während aber die Produkte über das Internet weltweit „anytime" und „anyplace" verkauft werden können, muss die physische Lieferung außerhalb der elektronischen Ebene erfolgen. Zur Ausgestaltung des virtuellen Kontaktes stehen zahlreiche Medienformen zur Verfügung (z.B. Bild, Video, Ton, Text etc.), die nach Belieben kombiniert und somit multimedial genutzt werden können. Dadurch wird es möglich, dem Kommunikationspartner auch komplexe Inhalte zugänglich zu machen. Dabei erfolgt der Informationsaustausch auf einer verständlichen und leicht zugänglichen Ebene. Zugleich wird die elektronische Handelsebene einer breiten Konsumentenschicht angeboten. Außerdem werden die Inhalte der digitalen Informationen durch die multimediale Darstellung besser wahrnehmbar, attraktiver sowie nutzbarer gemacht. Dieses ist auch der wesentliche Grund dafür, dass sich das Internet zu einem Massenmedium entwickeln konnte. Vor allem Musikanbieter nutzen die multimediale Darstellung wie z.B. musicload.com, bei denen zu einem Musikstück sowohl das Bild in Form des Plattencovers, ein Text zur Beschreibung des Musiktitels, der Ton als Hörprobe sowie bewegte Bilder in Form von Vidioausschnitten multimedial angeboten werden (vgl. Kollmann 2007, S. 37).

Ein entscheidendes Merkmal des Online-Handels ist die aktive Komponente für den Informationsaustausch, da sich die Teilnehmer individuell ins digitale Datennetz einwählen müssen (z.B. IP-Adresse). Der Grad der Interaktivität bzw. „wechselseitigen Kommunikation" ergibt sich jeweils aus den von der Software abhängigen Interaktionsmöglichkeiten. Dabei kommt es aber in jedem Fall zu einer aktiven Einzeltransaktion, die sich vollkommen von der passiven Massentransaktion unterscheidet. So werden Informationen nicht nur von einem zum anderen Marktteilnehmer verteilt („one way"), sondern die Teilnehmer müssen sich die Informationen auch selbst beschaffen („two way"). Im Gegensatz zu den klassischen Kommunikations- und Handelsformen, bei denen der Kunde ohne aktiven Schritt mehr oder weniger ununterbrochen mit Reizen konfrontiert wird, muss beim Internet der Kunde den ersten Schritt tun, sich zu allererst einwählen und die Website eines Händlers öffnen. Dadurch erlangt die Kundengewinnung und Kundenbindung, also das Customer-Relationship-Management (CRM), im Rahmen des Online-Handels eine herausragende Bedeutung. Interaktive Kommunikation wird dabei auch zur Individualisierung und Personalisierung genutzt (One-to-One-Marketing).

2.1.3 Geschäftsspezifische Grundlagen des Online-Handels

Für die Abwicklung elektronischer Geschäftsprozesse können mit E-Procurement, E-Shop sowie E-Marketplace drei Online-Plattformen unterschieden werden (vgl. Kollmann 2007, S. 45). Während sich das E-Procurement auf den elektronischen Einkauf von Produkten bzw. Dienstleistungen bezieht, stehen E-Shop und E-Marketplace für elektronischen Verkauf bzw. Handel und sind damit die für den Online-Handel relevanten Plattformen. Wie in Kapitel 1 bereits erwähnt, wird in diesem Buch vorrangig das Geschäftsmodell „Business-to-Consumer" (B2C) und damit der Einzelhandel betrachtet. Die „Gretchenfrage" in diesem Zusammenhang ist: „Wie können Umsätze erzielt werden?" Dazu ist es erforderlich, die grundsätzlichen Optionen elektronischer Geschäftskonzepte darzustellen und zu erläutern. Diese beschreiben den Austausch einer angebotenen Leistung im Rahmen des Online-Handels hinsichtlich des Inhalts und der dabei zum Tragen kommenden Vergütung. Mit E-Content, E-Commerce, E-Context und E-Connection können dabei grundsätzlich vier idealtypische Geschäftskonzeptoptionen unterschieden werden (vgl. Kollmann 2007, S. 49 ff.). Einen Überblick über die beschriebenen E-Geschäftskonzepte gibt Abbildung 2-5:

- Das Geschäftskonzept **„E-Content"** bezieht sich auf die Vermarktung von Inhalten auf einer eigenen Plattform innerhalb eines Netzwerkes. Dabei geht es primär darum, die Inhalte für den Nutzer einfach, bequem, visuell ansprechend und online zugänglich zu präsentieren bzw. zu handhaben. Die Inhalte können informierend, unterhaltend oder bildend sein, wobei die Erlöse bei diesem Konzept entweder direkt (z.B. Verkauf von Inhalten) oder indirekt (z.B. Werbung bei Inhaltspräsentation) erzielt werden können. Der Anbieter LZ-net.de, bei dem Fachartikel nur gegen Nutzungsgebühr gekauft werden können, erzielt z.B. damit direkte Erlöse, wohingegen sämtliche Nachrichten auf t-online.de kostenlos sind und Einnahmen hier indirekt über Werbung generiert werden (z.B. Banner).

- Im Geschäftskonzept **„E-Commerce"** findet sich der „echte" Online-Handel, denn hier geht es um die Anbahnung, Aushandlung und Abwicklung von geschäftlichen Transaktionen über Netzwerke. Die Transaktionsphasen unterscheiden sich grundsätzlich nicht von denen „traditioneller Anbieter" und werden in der Regel elektronisch unterstützt, ergänzt oder in einzelnen Phasen substituiert. Ziel dieses

Konzeptes ist es, Kauf- und Geschäftsprozesse zu vereinfachen oder auch beque-
mer und schneller abzuwickeln. Erlöse werden hier überwiegend direkter Art erzielt (echter Verkauf von Produkten und Leistungen). Es können aber auch indirekte Einnahmen erzielt werden, z.B. mit Werbung oder Werbekostenzuschüssen.
Typische Vertreter dieses Geschäftskonzeptes sind z.B. buch.de, Amazon oder das
Reisunternehmen expedia.de. Beide kaufen Produkte und/oder Leistungen ein, um
diese dann mit Margenaufschlag an ihre Kunden weiterzuverkaufen.

Abbildung 2-5: *Geschäftskonzepte im Internet*

Quelle: In Anlehnung an Kollmann 2006, S. 138

	E-Content	E-Commerce	E-Context	E-Connection
Definition	Sammlung, Selektion, Systematisierung, Kompilierung und Bereitstellung von Inhalten über Internet	Anbahnung, Aushandlung und/oder Abwicklung von Geschäftstransaktionen über Internet	Klassifikation, Systematisierung und Zusammenführung von verfügbaren Informationen im Internet	Herstellung der Möglichkeit eines Informationsaustausches im Internet
Ziel	Bereitstellung von konsumentenorientierten, personalisierten Inhalten über Internet	Ergänzung bzw. Substitution traditioneller Transaktionsphasen über Internet	Komplexitätsreduktion und Bereitstellung von Navigationshilfen und Matchingfunktionen über Internet	Schaffung von technologischen, kommerziellen oder rein kommunikativen Verbindungen im Internet
Erlösmodell	Direkte (Premiuminhalte) und indirekte Erlösmodelle (Werbung)	Transaktionsabhängige direkte und indirekte Erlösmodelle	Direkte (Inhaltsaufnahme und indirekte Erlösmodelle (Werbung)	Direkte (Objekt-Aufnahme/ Verbindungsgebühr) und indirekte Erlösmodelle (Werbung)
Plattformen	E-Shop, E-Community, E-Company	E-Shop, E-Procurement, E-Marketplace	E-Community, E-Marketplace	E-Marketplace, E-Company E-Community
Beispiel	genios.de, sueddeutsche.de, manager-magazin.de guenstiger.de	hutshopping.de, amazon.com, buch.de gourmondo.de	google.de yahoo.de msn.de Chiao.com	immoscout24.de, travelchannel.de, t-online.de, web.de
Added Value	Überblick, Auswahl, Kooperation, Abwicklung	Überblick, Auswahl, Abwicklung	Überblick, Auswahl, Vermittlung, Austausch	Überblick, Auswahl, Vermittlung, Abwicklung, Austausch

---

■ Bei dem Geschäftskonzept **„E-Context"** steht die Klassifizierung, Systematisierung
und Zusammenführung von verfügbaren Informationen und Leistungen in Netzwerken im Vordergrund. Es geht darum, die Markttransparenz für den Kunden zu
verbessern und seinen Suchaufwand zu reduzieren. Erlöse werden hier entweder
direkt über Gebühren (für die Aufnahme und/ oder Platzierung von Inhalten) oder

auch indirekt erzielt (z.B. über Werbung, Statistiken, Inhalte etc.). Suchmaschinen-anbieter wie Google und Yahoo praktizieren dieses Geschäftskonzept, mit dem Netzinhalte gesucht und katalogisiert werden. Als Beispiel nennen lassen sich auch Web-Kataloge, die qualitative Bewertungen von Web-Sites vornehmen.

Das vierte Geschäftskonzept **„E-Connection"** organisiert die Interaktion von Akteuren in Datennetzen, was nicht nur auf kommerzieller, sondern auch kommunikativer oder technologischer Ebene erfolgen kann. Erlöse werden hier entweder direkt erzielt (z.B. mit Objektaufnahme/-anbindung oder Verbindungsgebühren). Gängig sind aber auch indirekte Erlöse z.B. über Werbung, Statistiken oder Cross-Selling. Technologische Zusammenführung findet z.B. bei AOL oder t-online statt, da hier ein genereller Zugang zum Internet angeboten wird, wofür eine Verbindungsgebühr erhoben wird. Beispiele für eine kommerzielle Zusammenführung sind die Scout24-Marktplätze wie z.B. ImmobilienScout24.de, die Immobilienmakler zum Zwecke des Hausverkaufs mit einer Datenbankanbindung auf einen E-Markplatz bringen. Beispiel für eine kommunikative Zusammenführung sind soziale Netzwerke, Communities oder E-Mail-Serviceanbieter (zum Beispiel gmx.de).

2.2 Besonderheiten des New Online-Retailing

Entsprechend des Kontaktprinzips, also der Art und Weise, wie das Handelsunternehmen und seine Kunden in Beziehung zueinander treten, folgt der Online-Handel ganz klar dem Distanzprinzip: Anbieter und Kunde treten physisch nicht in Kontakt. Deren räumliche Trennung wird durch Medien überbrückt, und zwar entweder Katalog-gestützt oder über das Internet. Dementsprechend zählt auch der Online-Handel neben dem Versandhandel zum wichtigsten Betriebstypen des Distanzhandels (vgl. Heinemann 2008g, S. 16).

2.2.1 Online-Handel als Form des Distanzhandels

Die Abgrenzung der Distanzhandelsformen liegt in der Vermarktungskonzeption und dem dabei zugrunde liegenden Kontaktmedium: Ein Katalog, der entweder gedruckt oder elektronisch vorliegen kann, oder der Einsatz elektronischer Medien, entweder über das Internet, das Handy oder das Fernsehgerät (vgl. Heinemann 2008g, S. 21):

Traditioneller Versandhandel: Angebot an Endkunden mittels Katalog, Prospekt, Anzeigen, elektronische Medien z.B. in Form einer CD-Rom, Außendienstmitarbeiter. Bestellung schriftlich, mündlich oder telefonisch. Auslieferung an den gewünschten Ort des Konsumenten. Je nach Sortimentsausrichtung Fach-

/Spezialhandel bzw. Sortiments-/Universalhandel. Beispiel: Otto, Quelle, Neckermann und Lands End.

▪ **Online-Handel:** Angebot an Endkunden über World Wide Web. Bestellung interaktiv über Internet oder telefonisch. Lieferung und Handling wie im Versandhandel. Eher breitere und flachere Sortimentsausrichtung mit kundenindividuellen Angeboten. Einsatz neuer E-Marketinginstrumente. Beispiel: Amazon, eBay, Asos und Spreadshirt.

▪ **Tele-Shop:** Spezielle Fernsehsender mit 24-stündigen Produktshows und interaktiver Bestellmöglichkeit. Keine besondere Sortimentsausrichtung. Lieferung und Handling wie im Versandhandel. Beispiel: QVC und RTL-Shop.

▪ **M-Shop:** Nutzung des Handys als PC-Plattform für Online-Handel. Bestellung telefonisch über Mobilfunk bzw. per SMS. Ansonsten wie Online-Handel. Beispiel: Vodafone 3G.

Der Tele-Shop gehört nicht zum Online-Handel. Wie in Kapitel 2.1.2 dargestellt wurde, wird der M-Shop als Variante des Online-Handels betrachtet. Der Online-Handel ist eine typische Form des B2C-Distanzhandels. Die Betriebstypen des Distanzhandels verfügen über keinen physischen Ort, an dem die Ware an den Kunden verkauft wird. Der Kunde bestellt die Ware beim Einzelhändler und lässt sich diese zu sich nach Hause, an den Arbeitsplatz, an eine Pick-Up-Station liefern. Als zentraler Unterschied zum stationären Handel kann damit herausgestellt werden, dass der persönliche Kontakt im Distanzhandel entfällt und stets über ein Medium stattfindet. Der Standort des Distanzhändlers hat eigentlich keine nachfragebeeinflussende Bedeutung, zumal die Ware physisch nicht präsent ist. Das hat zur Folge, dass auch nicht alle relevanten Produktinformationen vermittelt werden können, es sei denn, diese lassen sich in Bildern oder textlichen Beschreibungen darstellen. Unabdingbare Voraussetzung für den Kaufabschluss und die Lieferung der Ware ist die Erfassung der individuellen Kundendaten, weshalb auch das Thema Adressmanagement ein wesentlicher Erfolgsfaktor im B2C-Distanzhandel ist. Folgende Wesensmerkmale kennzeichnen zusammenfassend den Distanzhandel (vgl. Zaharia 2006, S. 18):

▪ Mediales Angebot: Einsatz von Printmedien oder elektronischen Medien.

▪ Kauf aus Distanz: Raum zwischen Anbieter und Nachfrager wird auf schriftlichem, telefonischem oder sonstigem elektronischen Wege überbrückt, wodurch sich zeitliche Differenzen zwischen Bestell- und Warenverfügbarkeitszeitpunkt ergeben.

▪ Versand der Ware an die Kunden bzw. Retrodistribution (Rückgabe) durch eigene oder outgesourcte Zustelldienste.

2.2.2 Kernkompetenzen und Fähigkeiten im Online-Handel

Aus dem klassischen stationären Geschäft sind nur wenige Erfahrungen auf den Online-Handel übertragbar. Wesentlicher Grund dafür ist, dass der Online-Handel keinen neuen Vertriebskanal im herkömmlichen Sinne darstellt, sondern ein vollkommen neues Geschäft mit neuen Fähigkeitsanforderungen. Im Online-Handel sind die bisher so wichtigen Standorte, Verkaufsmitarbeiter und Filial-Bestandssteuerungsprozesse unbedeutend. Auch die mit dem Internet einhergehende globale Preistransparenz steht im Konflikt zum lokalen Pricing, wie es der stationäre Händler gerne betreibt. Hier kommen ebenfalls neue Aufgaben auf ihn zu, denn im traditionellen stationären Einzelhandel werden nur etwa drei bis vier Händler miteinander verglichen. Auch die stationären Sortimentskonzepte sind nicht anwendbar, da im elektronischen Handel die Zielgruppen und Sortimente nicht abgesteckt werden können.

Völliges Umdenken ist in den Bereichen Retail-Branding, Markenprofil und Werbung gefragt, da die erhebliche Komplexität des Online-Handels ein neues Internet-Markenmanagement erfordert. In der nahezu unübersehbaren Vielfalt der Markennamen und Shops muss vor allem Aufmerksamkeit und Markenbekanntheit erreicht werden, da der Online-Shopper sonst auf bekanntere Anbieter zurückgreifen wird. Auch das klassische Store-Merchandising ist im Internet nicht mehr nutzbar. Hier ist eine spezifische, gänzlich andersartige Internet-Shop-Gestaltung gefragt. Last but not least treten im Online-Handel an Stelle von geschlossenen Warenwirtschaftssystemen und effizienten, schlanken und schnellen Geschäftsprozessen konsequent kundenorientierte Geschäftsprozesse. (vgl. Heinemann 2008g, S. 28 ff.; Schnetkamp 2001, S. 35 ff.). Entscheidend ist, dass vor allem kundenorientierte Geschäftsprozesse und uneingeschränkte Kundenorientierung wesentliche Erfolgsvoraussetzung im Online-Handel sind. Schnelligkeit, Transparenz und Serviceorientierung sind allerdings Themen, die in der „Servicewüste Deutschland" häufig erst noch gelernt werden müssen.

Online-Händler sind angesichts des veränderten Marktumfeldes sowie der Kundenerwartungen an Zeit und Kosten mittlerweile in jedem Fall dazu gezwungen, einerseits die Effektivität zu erhöhen und andererseits nachhaltige Effizienzschübe zu realisieren, um den anstehenden Herausforderungen standzuhalten. Diesbezüglich kommt zum Beispiel im Online-Handel der Geschwindigkeit der innerbetrieblichen Entscheidungs- und Arbeitsabläufe eine Schlüsselrolle zu. Effizienz und „Durchlaufzeiten-Reduzierung" gilt als wesentliche Basis des Erfolges der dritten E-Commerce Generation (vgl. Der Versandhandelsberater, Sonderheft 2007, S. 7). Dieser Anspruch ist nur erfüllbar, wenn durch eine prozessorientierte Neuausrichtung die Organisation schlanker, schneller und schlagkräftiger ausgestaltet wird. Hinzu kommt der Anspruch an eine kompromisslose Kundenorientierung, die infolge der drastisch verkürzten Kundenreaktionszeiten Grundvoraussetzung für die Wettbewerbsfähigkeit ist und Basis für eine Wachstumsdynamik bildet. Dieses erfordert eine kundenorientierte Rundumbearbeitung in Prozessen.

Abbildung 2-6: *Fähigkeit zur kundenorientierten Rundumbearbeitung*

Quelle: Osterloh/Frost 2003, S. 32

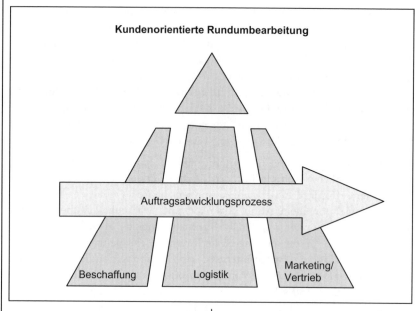

Kundenorientierte Rundumbearbeitung

Auftragsabwicklungsprozess

Beschaffung   Logistik   Marketing/ Vertrieb

Konventionelle Sichtweise	Prozessorientierte Sichtweise
• Verkaufs- und Beratungsabteilung • Versandabteilung • Kundendienstabteilung	• Erfüllung des Kundenauftrages

Dabei ist es notwendig, zwischen Beschaffungs- und Absatzmarkt durchgängige Prozesse ohne Schnittstellen soweit wie möglich zu gestalten und so für jeden Prozess „ein Fenster zum Kunden" zu schaffen. Nur so ist die tatsächliche „Kundenorientierung" möglich, die den Online-Handel auszeichnet und eine unmittelbare Rückkopplung von Seiten der Kunden erlaubt (vg. Osterloh/Frost 2003, S. 31). Für jeden Prozess muss es dabei prozessverantwortliche Personen (Process-Owner) sowie Prozessbearbeiter (Case-Worker) geben. Je nach Arbeitsumfang ist aber auch denkbar, ein ganzes Team für einen Prozess verantwortlich zu machen (Case-Team), das sich dann im Wege der Selbstabstimmung koordiniert. Dieses setzt allerdings ausgeprägte Teamfähigkeiten voraus sowie das „Selbstentscheidenkönnen". Dafür benötigen aber die Mitarbeiter entsprechende Befugnisse, um den Kunden im Rahmen der jeweiligen Prozessvariante befriedigen zu können (Empowerment). Dieses geht in der Regel mit größeren Leitungsspannen und flacheren Hierarchien einher. Ergebnis ist eine kundenorientierte Rundumbearbeitung mit minimierter Schnittstellenanzahl (vgl. Abb. 2-6), die allerdings ein internetspezifisches Geschäftssystem erfordert, das den Prinzipien des Business Reengineering Rechnung folgt (vgl. Osterloh/Frost 2003, S. 31).

2.2.3 Geschäftssystem des New Online-Retailing

Das Online-Handelsunternehmen sollte sich als „Bündel von Kernprozessen" derart organisieren, dass durchgängige Prozesse ohne Schnittstellen vom Lieferanten bis zum Kunden realisierbar sind und so eine kundenorientierte Rundumbearbeitung ermöglicht wird. Wie in Abbildung 2-7 dargestellt ist, beinhaltet dieses drei „innovative Ideen", nämlich die Prozess-Idee, Triage-Idee sowie die Idee der informationellen Vernetzung (vgl. Osterloh/Frost 2003, S. 27ff.).

■ **Die Prozess-Idee** umfasst einen 90°-Shift in der Organisation, eine Untergliederung in Kern- und Supportprozesse sowie die entsprechenden Prozess-Teams und Process-Owner. Der 90°-Shift bezeichnet eine Umorientierung von der traditionell vertikal ausgerichteten, arbeitsteiligen Organisation in eine horizontale, funktionsübergreifende Sichtweise (vgl. Abb. 2-6). Die Unterscheidung in Kern- und Supportprozesse ermöglicht es, zwischen kundenrelevanten (Nutzen stiftenden) und weniger kundenrelevanten (nicht Nutzen stiftenden) Tätigkeiten zu differenzieren. Die kundenrelevanten Prozesse (z.B. Auftragserfüllung) sind häufig Quelle für einen Wettbewerbsvorteil (z.B. Schnelligkeit) und sollten nicht outgesourct werden, was für weniger kundenrelevante Prozesse (z.B. Kantinenwesen) nicht gilt. Die Bildung von Process-Teams sowie die Bestimmung der Process-Owner folgen den generellen Regeln der Teambildung und des Assignment.

■ **Die Triage-Idee** beinhaltet die horizontale Segmentierung von Prozessen. Diese erfolgt nach Funktionen, Komplexitätsbereichen sowie Kundengruppen. Die funktionale Segmentierung trägt dem Umstand Rechnung, dass im Rahmen der Kernprozesse bestimmte Funktionen für die Auftragsabwicklung wie z.B. Einkauf, Logistik und Vertrieb in jedem Fall erfüllt werden müssen, versucht dabei aber auch durch eine Prozessverantwortung (Process-Owner) die Schnittstellen zu minimieren. Demgegenüber unterscheidet die Segmentierung nach Komplexität, Tätigkeiten und Problemhaltigkeit (z.B. komplexe Fälle, mittelschwere Fälle, Routinefälle). Sie ordnet diese nach Routinisierbarkeit, um sie dann ggf. zu automatisieren. Bei der Segmentierung nach Kundengruppen schließlich geht es darum, nach Kundenwert zu differenzieren und die „Schlüsselkunden" bevorzugt zu bedienen. Dieses Grundprinzip spiegelt sich auch im Customer-Relationship-Managament (CRM) wieder, das eine wichtige Basis für den Internet-Handel darstellt.

Abbildung 2-7: *Geschäftssystem-Prinzipien des New Online-Retailing*

Quelle: In Anlehnung an Osterloh/ Frost 2003, S. 27

■ **Die Idee der informationellen Vernetzung** ist es, auf die papierbasierte Informationsübermittlung weitestgehend zu verzichten, da diese schnell ihre Grenzen erreicht und dem Grundprinzip der Digitalisierung im Online-Handel entgegenläuft. Sie beinhaltet im Wesentlichen den E-Mail-Ethos, den dezentralen Datenzugriff sowie die simultane und papierlose Datenverarbeitung. Dieses setzt intelligente Netze voraus, die einen dezentralen Aufbau von Netzwerken (Client-Server-Lösungen) sowie Hypermediastrukturen der in den Netzen angebotenen Inhalte erlauben. Der dezentrale Aufbau von Netzen macht Navigationsentscheidungen überflüssig, indem einzelne Bereiche z.B. mit eigenen Servern arbeiten. Demgegenüber erlaubt es Hypermedia, zwischen Dokumenten oder innerhalb von Dokumenten hin- und herzuspringen, ohne dass diese gesucht, aufgerufen oder komplett durchgelesen werden müssen.

Den Prinzipien des Geschäftssystems Online-Handel folgend, sollte das Online-Handelsunternehmen als Prozessorganisation aufgebaut werden, in dem die Kernprozesse die strategisch relevanten Wertschöpfungsprozesse abbilden (z.B. Vertrieb). Diese haben idealerweise immer externen Marktkontakt (z.B. Absatzmärkte), da sie der Erfüllung von Kundenaufträgen dienen. Sie werden unterstützt von den Support-prozessen, die keinen Marktkontakt haben müssen und reine Zuliefererfunktion für die Kernprozesse besitzen. Ihre Leistungsverflechtung mit den Kernprozessen sollte so gering sein, dass sie jederzeit als eigenständige Leistung separierbar oder outsourcebar sind. Das ist allerdings bei den Zentralabteilungen (funktionale Schulen), die spezifi-sche Fachkenntnisse anbieten und in Hinblick auf die Wissensvermittlung an die Pro-zesse primär eine Dienstleistungsaufgabe haben (z.B. Marktkenntnisse im Marketing), nicht ohne Weiteres möglich.

Abbildung 2-8:   *Paradigmenwechsel im Marketing*

Quelle: In Anlehnung an Schneider 2001, S. 12

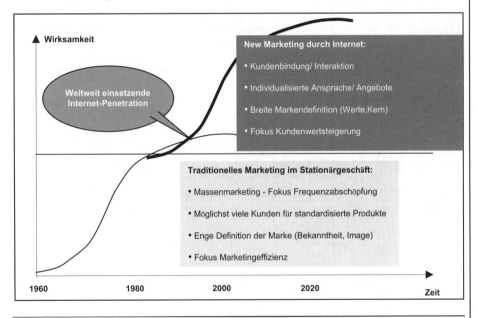

2.3 Marketing- und Vertriebspolitik im New Online-Retailing

Mit dem Aufkommen des Online-Handels ist ein grundlegender Paradigmenwechsel im Marketing verbunden. Ziel des Online-Handelsmarketings ist es, die richtigen Sortimente für attraktive Kunden bereitzustellen. Neue CRM-Systeme, Kundendaten-banken und ein intelligentes 1:1-Marketing rücken in den Fokus, der auf dauerhafte

Kundenbeziehungen angelegt ist. Die Markendefinition gestaltet sich breiter und umfasst das gesamte operative Leistungsversprechen sowie das Kundenvertrauen und die Unternehmenskultur. Informationstechnologien werden vorrangig mit dem Ziel eingesetzt, den Kundenwert zu steigern. An diesem Ziel richten sich alle Marketinginstrumente aus. Der mit dem Online-Handel einhergehende Paradigmenwechsel im Marketing ist in Abbildung 2-8 dargestellt.

Abbildung 2-9:   *Einordnung des konventionellen und digitalen CM*

Quelle: In Anlehnung an Ahlert 2002, S. 23

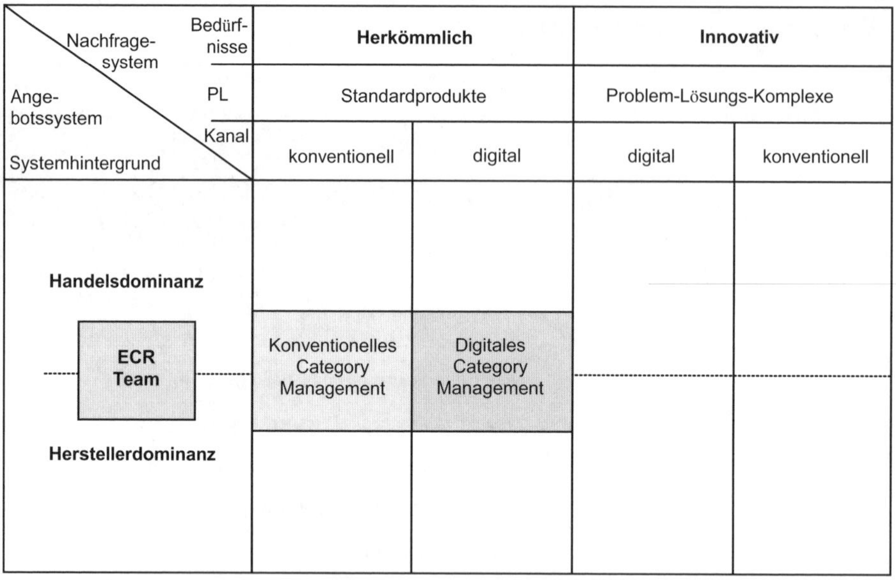

Nachfrage-system / Ange-botssystem / Systemhintergrund	Bedürf-nisse / PL / Kanal	Herkömmlich		Innovativ	
		Standardprodukte		Problem-Lösungs-Komplexe	
		konventionell	digital	digital	konventionell
Handelsdominanz					
ECR Team		Konventionelles Category Management	Digitales Category Management		
Herstellerdominanz					

2.3.1   Sortimentspolitik im Online-Handel

Auch im Online-Handel stellt das Sortiment „das Herz" des Geschäftes dar. Im Vergleich zum Stationär- und auch Versandhandel zeichnet sich der Online-Handel allerdings durch „unbegrenzte" Sortimentsvielfalt aus, die aus dem Wegfall zeitlicher und räumlicher Restriktionen resultiert. Daraus ergeben sich auch für das Category Management (CM) im Vergleich zum bisherigen CM-Verständnis (konventionelles Category Management) völlig neue Möglichkeiten. So ist das konventionelle CM auf herkömmliche Bedürfnisbereiche und stationäre Handelsformen ausgerichtet. Diese Kennzeichnung ist in Abbildung 2-9 dargestellt, wobei zwischen Angebotssystem einerseits und Nachfragesystem andererseits unterschieden wird. Bezüglich des Angebotssystems kann der Systemhintergrund entsprechend des ECR-Ansatzes handelsdominant oder herstellerdominant sein (vgl. Heinemann 2008g, S. 102). Das Nachfragesystem unterscheidet zwischen herkömmlichen oder innovativen Bedürfnissen, Standardprodukten oder Problem-Lösungs-Komplexen (z.B. PC-Konfigurationen) sowie Kanälen, die entweder konventionell oder digital sein können (vgl. Ahlert 2002, S. 22 ff.). Dabei ist es durchaus möglich, dass bei neuen Warengruppenordnungen auch neuartige Entwicklungen von Verbraucherbedürfnissen oder Ansatzpunkte des CRM berücksichtigt werden. Die konsumentenorientierte Zusammenstellung der Category erlaubt es, auf spezifische Bedürfnisse der Kunden einzugehen, allerdings können diese noch nicht kundenindividuell zusammengestellt werden.

Im konventionellen Geschäftsansatz (Stationär- oder Versandgeschäft) kann aufgrund der räumlichen Beschränkung das „100.000 X 100.000 Kombinationen"-Problem nicht gelöst werden (vgl. Ahlert 2002, S. 22 ff.). Hier setzt das digitale Category Management an, bei dem die kundenindividuelle Zusammenstellung der Categories möglich wird, wenn Waren digital dargestellt werden können. In der virtuellen Welt spielen dabei weder räumliche Begrenzungen, zeitliche Beschränkungen, noch Kombinationsprobleme und Darstellungsschwierigkeiten eine Rolle. Dadurch ergibt sich die in Abbildung 2-10 dargestellte Positionierung des digitalen CM, das dem Bereich der konventionellen Bedürfnisbefriedigung mit dem Angebot von Standardprodukten über digitale Absatzkanäle zuzuordnen ist. Aus der Kombination stationärer und digitaler Absatzkanäle werden die Handelsunternehmen in die Lage versetzt, die Möglichkeiten des digitalen mit denen des konventionellen CM zu kombinieren. Die Weiterentwicklung von Kundenbeziehungen kann dabei über die verschiedenen Absatzkanäle erfolgen. Im Falle einer Internet-Bestellung erhält das Unternehmen detaillierte Kundendaten, die es im Rahmen des CM nutzen kann unter Berücksichtigung individueller Bedürfnisse des Konsumenten. Das ebnet den Weg zu einem innovativen, kundengetriebenen CM, über das gegebenenfalls die komplette Wertschöpfungskette neu gestaltet wird. Dadurch wird es möglich, innovative Lösungskonzepte für komplexe Konsumprobleme effizient zu vermarkten und die Beziehungsqualität im Sinne des CRM auszubauen.

Komplexe Konsumprobleme oder auch Problem-Lösungs-Komplexe können sich aus Angebotskombinationen verschiedener Produkte, Handwerks- und Dienstleistungen ergeben. Das Bedürfnis nach einer adäquaten Multimediaausstattung kann bereits ein komplexes Konsumproblem darstellen, wenn man die notwendigen Komponenten dafür betrachtet. Als Beispiel lässt sich die Kombination aus TV, DVD-Player, Stereoanlage, Computer, Software, Raumverdunkelung und entsprechenden Handwerksleistungen nennen, wenn es darum geht, diese Bestandteile sinnvoll zu kombinieren und dem Kunden „wie aus einem Guss" zu liefern (vgl. Ahlert 2002, S. 27). Besonders gut geeignet für den Online-Handel sind digitalisierbare Sortimente und Produkte, die darüber hinaus einen ausgeprägten Selbstbedienungscharakter aufweisen. Dabei handelt es sich z.B. um Sortimente wie Musik-Downloads, Nachrichten, Software oder Bücher, nicht dagegen Produkte, die vor dem Kauf von den Kunden besichtigt werden müssen. Der Online-Händler muss also vornehmlich solche Produkte ins Sortiment aufnehmen, die sich über den Distanzhandel auch problemlos verkaufen lassen. Es kann davon ausgegangen werden, dass dabei neben den reinen E-Produkten auch alle bisherigen Versandhandelssortimente gut für den Online-Handel geeignet sind (vgl. Kap. 1.5).

Abbildung 2-10: *Einordnung des innovativen und kundengetriebenen CM*

Quelle: Ahlert 2002, S. 27

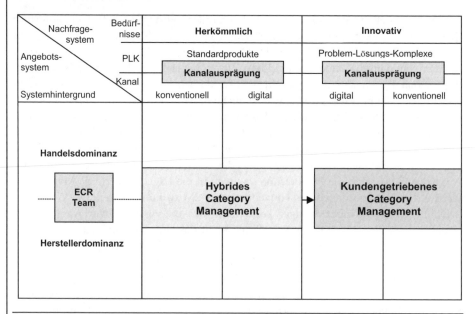

2.3.2 Preispolitik im Online-Handel

Im World Wide Web lassen sich Preise verschiedener Anbieter problemlos und schnell vergleichen, unterstützt von Preisvergleichsseiten. Insofern spielt der Preisvergleich im Online-Handel eine herausragende Rolle. Dieser hat nicht nur zur Erhöhung der Preistransparenz beigetragen, sondern auch das Kaufverhalten der Kunden maßgeblich beeinflusst. Beim „Online-Shopping" legen die Internet-User Wert auf günstige Preise, weshalb sie immer mehr Preis-Agenten oder auch Preissuchmaschinen einsetzen (z.B. ciao.de, geizkragen.de, guenstiger.de, kelkoo.de, billiger.de, rockbottom.de oder wowowo.de). In diese Richtung geht auch das Online-Powershopping, bei dem sich Nachfrager zusammenschließen, um durch das dann entstandene größere Absatzvolumen den Preis zu drücken. Auch hierdurch wird der Preiskampf im Online-

Handel gefördert und die Macht zu Gunsten der Nachfrager erhöht (Fredrich 2008, S. D6; Kollmann 2007, S. 131 ff.). Aufgrund der steigenden Markttransparenz und des damit einhergehenden Wettbewerbsdrucks durch das Internet erwartet der Kunde, dass die Preisspielräume der Anbieter Abschläge zulassen. Die Kunden haben gelernt, dass die Preiskalkulationen in den neuen Kanälen häufig geringer sind als in den anderen Kanälen. Dieses wird auch dadurch gefördert, dass die Kunden selbst Teilaufgaben der Kaufprozesse übernehmen (z.B. Selbstbedienung, Bestellabwicklung etc.). Die Erfahrung zeigt, dass das Preisniveau vergleichbarer Artikel im Online-Kanal geringer ist als in den stationären Geschäften. Dafür erhält der Kunde aber auch keine persönliche Beratung.

Aufgrund der großen Preistransparenz im Internet erfahren die Anbieter einen Preisdruck, dem sie nur durch Individualisierung und Personalisierung ihrer Angebote standhalten können. Insofern empfiehlt sich das Angebot von Eigenmarken im Web. Auch kann ein Handelsunternehmen Paketangebote bzw. Preisbündel für zusammengestellte Produkte schnüren, um die Vergleichbarkeit mit den Mitbewerbern zu erschweren. Grundsätzlich erfolgt die Preiskalkulation im elektronischen Absatz aber nach denselben Prinzipien und Methoden wie im nichtelektronischen Handel. Eine Ausnahme bilden jedoch die dynamischen Preisstrategien nach dem Online-Request-Prinzip oder Online-Auction-Prinzip. Kennzeichen des Online-Request-Prinzips ist eine aggregierte Nachfragerfassung in Hinblick auf Kaufwünsche und Preisvorstellungen, die an einen Vermittler (z.B. Marktplatzbetreiber) weitergegeben werden. Dieser prüft die Angaben in anonymisierter Form (auch z.B. Bonitätsprüfung) und leitet sie dann an geeignete Transaktionspartner auf der Anbieterseite weiter (Request for Proposal). Diese entscheiden dann, ob sie ein auf die Nachfrage passendes Angebot formulieren. Ein derartiges Online-Request-Prinzip findet z.B. Anwendung bei dem Reise-Marktplatzbetreiber askerus.de (vgl. Kollmann 2007, S. 124).

Mit dem Online-Auction-Prinzip versuchen Internet-Anbieter, durch den Einsatz verschiedener Auktionsformen den individuellen Nutzen und die persönliche Zahlungsbereitschaft des Käufers zu quantifizieren. Dabei kommt ein offener Preismechanismus zum Tragen, bei dem sich der Kaufpreis eines Produktes nach der Angabe eines Startpreises seitens des Anbieters durch immer höhere Gebote verschiedener Nachfrager auf dasselbe angebotene Gut entwickelt (einseitig dynamische Preisbildung). Dabei ist die Laufzeit einer Auktion in der Regel zeitlich begrenzt (vgl. Kollmann 2007, S. 127). Dem Online-Auction-Prinzip folgt z.B. der elektronische Marktplatz eBay, über den bereits selbst die Deutsche Bahn AG Fahrkarten angeboten hat.

Zur Preispolitik gehört auch die Gestaltung der Bedingungen der Entgeltentrichtung (ePayment), die in den AGB geregelt sein sollten (Heinemann 2008g, S. 174). Ein Online-Händler hat prinzipiell alle denkbaren Zahlungsverfahren zur Verfügung. Dabei besteht die Möglichkeit, je nach Absatzkanal auch unterschiedliche Zahlungsmöglichkeiten anzubieten, wobei die Kreditkarte als wichtigstes Zahlungsmittel im Onlineshop gilt. Allerdings zählt die Bezahlsicherheit für viele Kunden als Grundvoraussetzung, überhaupt im Internet zu kaufen. So darf z.B. die Eingabe der Zahlungsdaten (Kreditkartennummer etc.) nicht als Risiko angesehen werden. Dementsprechend wurden in den letzten Jahren die Sicherheitssysteme und Verschlüsselungsverfahren erheblich verbessert (vgl. Kollmann 2007, S. 90).

2.3.3   Verkaufs- und Distributionspolitik im Online-Handel

Verkaufs- und Absatzprozesse sind im Internet-Handel sehr kanalspezifisch gestaltet. Wichtig ist, dass ein System zu Beginn eines Bestellvorgangs Informationen über die bestellten Produkte, Dienstleistungen, gewünschte Liefer- und Zahlungsmodalitäten sowie den Kunden erfasst, sei es aus internen Datenbanken oder im Dialog mit dem Besteller. Vom Kunden müssen jederzeit Waren zur Bestellliste hinzugefügt oder entfernt werden können. Gleiches gilt für die Liefer- und Zahlungsmodalitäten, die jederzeit veränderbar sein müssen. Stammkunden sollten die Möglichkeit haben, auf gespeicherte Stammdaten zurückzugreifen. Standard ist die Erstellung eines Bestelldokuments, auf der die zuvor getroffene Auswahl festgehalten und der Preis berechnet wird. Gängig ist mittlerweile auch eine Auftragsbestätigung nach Bestellfreigabe oder eine Sofortrechnung. Für die Dauer der Lieferzeit sollten Kunden über den Stand der Auftragserledigung informiert werden (vgl. Schobesberger 2007, S. 47).

Grundsätzlich lassen sich die Prozessbereiche beim Kauf im Online-Handel nach der Vorkauf-, Kauf- sowie Nachkaufphase gliedern (vgl. Abb. 2-11). In der Vorkaufphase geht es darum, potenzielle Kunden anzulocken und dann mit dem Produktangebot zu konfrontieren. Eine Schlüsselrolle in dieser Phase kommt der Produktsuche zu (e-Search-Prozess), bei der ein zum Bedarf passendes Angebot durch den Kunden gesucht und eventuell auch gefunden wird. Mit der Produktauswahl und der Platzierung in den Warenkorb erfolgt der Übergang in die Kaufphase, die dann mit dem Druck auf einen Bestell-Button startet. In dieser Phase (eSales-Prozess) geht es um die Geschäftsvereinbarung zwischen Anbieter und Nachfrager sowie die Transaktionsabwicklung (eFulfillment). Dazu gehört auch die Online-Bezahlung (ePayment) sowie die Produktauslieferung (eDistribution). Nach Kaufabschluss und vollständiger Transaktionsabwicklung beginnt die Nachkaufphase, in der es um Support- und Service-Angebote sowie die Kundenbewertung geht. In diese Phase gehört auch die Retourenabwicklung und die Online-Beschwerde sowie die Steuerung (eControlling) zur Optimierung des Prozessaufbaus und zur Überprüfung aller vertriebsrelevanten Unternehmensaktivitäten (vgl. Kollmann 2007, S. 148 ff.).

Abbildung 2-11: Prozessbereiche beim Kauf im Online-Handel

Quelle: Kollmann 2007, S. 149 in Anlehnung an Foscht/Swoboda 2004, S. 162

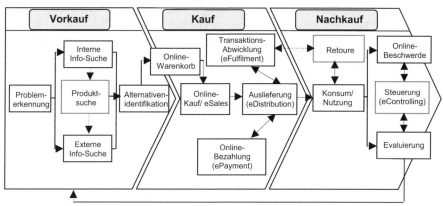

Die Kundenbewertung soll Auskunft geben über die Kundenzufriedenheit, die wiederum ausschlaggebend für die Fortführung der Geschäftsbeziehung mit dem Kunden und damit die Kundenbindung ist. Eine zentrale Rolle für die Kundenzufriedenheit spielt dabei die Online-Auftragsbearbeitung, die in der Regel dem Kundenservice zugeordnet ist. Grundvoraussetzung für eine aus Kundensicht funktionierende Auftragsbearbeitung ist zuallererst die Produktverfügbarkeit. Ist die Ware nicht selbst im Lager vorrätig, verlängert sich die Lieferzeit. Mittlerweile ist jedoch eine Belieferung innerhalb von 24 Stunden, spätestens jedoch nach 48 Stunden schon fast Standard, so dass die Kunden in jedem Fall über mögliche Lieferverzögerungen informiert werden sollten, bevor sie den Kauf tätigen. Dieses hilft, Missverständnisse auf Kundenseite zu vermeiden, erfordert aber die technische Möglichkeit, die Verfügbarkeit des gewünschten Produktes prüfen sowie die konkrete Lieferzeit angeben zu können. Allerdings ist es auch hier mittlerweile Standard, den Kunden über den genauen Lieferstatus zu informieren. Darüber hinaus sind der problemlose, in der Regel kostenlose Umtausch (Retourenmanagement) sowie ein professionelles Beschwerdemanagement ebenfalls „State-of-the-Art". Gerade aufgrund des fehlenden persönlichen „Face-to-Face"-Kontaktes sollte das Beschwerdemanagement auf keinen Fall vollautomatisiert ablaufen, sondern stets auch eine telefonische Kontaktmöglichkeit für die Kunden vorsehen. Dabei setzen sich auch „Call-Back"-Funktionen immer mehr durch, mit denen der Kunde einen Rückrufwunsch anklicken kann und innerhalb weniger Sekunden zurückgerufen wird. Wie im stationären Handel auch, kommt dabei natürlich der Freundlichkeit und Fachkompetenz des Personals eine Schlüsselrolle zu, was auch im Falle eines „Total"-Outsourcing des Kundenservices zu bedenken ist. Gleiches gilt für die Zustellung über Dienstleister, die dann in der Regel den Letztkontakt zum Kunden haben und damit auch das Erscheinungsbild des Online-Händlers entscheidend prägen.

Dem Kundenservice ist in der Regel auch das Call-Center zugeordnet. Negativerfahrungen mit Call-Centern treiben viele Kunden zur Weißglut und etliche Online-Händler in die Imagefalle. Automatische Telefonanlagen, in die viele Kunden im Zuge der Selbstselektion geschickt werden, sind sicherlich geeignet, Personalkosten einzusparen, aber niemals dazu in der Lage, gegenüber dem Kunden eine persönliche Kommunikation zu vermitteln. Insbesondere bei der Zusammenarbeit mit Call-Center-Partnern im Falle einer Outsourcing-Lösung sollten sich Online-Händler auch über die Imagegefahren im Klaren sein, wenn z.B. Kunden mit Problemen auf unausgebildete Aushilfs-Jobber treffen, die nicht einmal den Namen des Unternehmens richtig aussprechen können. Hinzu kommt das Unvermögen vieler Call-Center, die mit dem Multi-Channel-Handel notwendig gewordene Koordination der Kommunikation aufgrund der unterschiedlichen Mediennutzung (Telefon, E-Mail, Fax, Internet und SMS) sicherzustellen. Das unter der Prämisse der persönlichen Kommunikation proklamierte Ziel einer hohen Beziehungsqualität und eines „One-face-to-the-Customer" wird dann häufig mit einer konventionellen Call-Center-Lösung obsolet. Dadurch greift Verärgerung bzw. Unzufriedenheit auf der Kundenseite um sich. Abhilfe schaffen zunehmend Customer-Interaction-Center (CIC), deren Bedeutung im Rahmen des Online-Handels in den letzten Jahren stark angestiegen ist. Sie stellen eine Weiterentwicklung von klassischen Call-Centern dar, die neben dem Telefon weitere Medien wie z.B. Fax, SMS, Internet und E-Mail in einer organisatorischen Einheit gegenüber dem Kunden koordinieren und bündeln (vgl. Kantsperger/Meyer 2006, S. 26). Da alle Informations-, Beratungs-, Kauf- und Nachkaufprozesse im B2C-Distanzhandel im Normalfall heutzutage medial gestützt ablaufen, sind Customer-Interaction-Center vor allem im Online-Handel von besonderer Bedeutung.

Neben effektivitätsorientierten Zielen müssen sich Customer-Interaction-Center zunehmend auch an effizienzorientierten Maßstäben messen lassen, wobei diesbezüglich Kosten und Kundenwert im Vordergrund stehen. Hinzu kommt, dass die CIC zunehmend als Profit-Center geführt werden und nicht als Cost-Center, wie früher bei Call-Centern üblich. Hinzu kommt die effizienzgetriebene Tendenz zum Outsourcing an externe Dienstleister, das jedoch in Hinblick auf Image- und Kundenzufriedenheitsaspekte nicht ohne Gefahren ist und zumindest eine detaillierte Fixierung aller Servicelevels beinhalten sollte.

2.3.4 Kommunikationspolitik im Online-Handel

Kommunikation im Online-Handel bedeutet vor allem, den elektronischen Kanal online zu bewerben und die Online-Kommunikation werbewirksam zu koordinieren. Der schnell wachsende Markt der Online-Werbung hat in 2008 Einnahmen von rund 3,7 Milliarden € erzielt, was einer Steigerung von 29 Prozent entspricht (vgl. Fredrich 2008, S. C3). Den mit Abstand größten Anteil vereinen die großen Einzelkanal-Online-Anbieter auf sich. Die Online-Händler sollten sich umgehend mit den neuen Gegebenheiten der Online-Werbung auseinandersetzen und in ihren Budgets berücksichtigen. Hier sind derzeit Web-2.0-Gemeinschaften das große Thema. Diese verändern aktuell die Strukturen des deutschen Online-Werbemarktes. Web-2.0-Seiten wachsen deutlich schneller als die klassischen Portale und sind dabei, zur dominierenden Kraft im Internet zu werden. Schnell wachsende soziale Netzwerke treffen in Deutschland auf die zwar immer noch dominierenden klassischen Portale. Diese haben allerdings in 2008 allesamt an Reichweite eingebüßt und werden von immer weniger Internet-Nutzern besucht. So hat Freenet z.B. 3,3 Prozentpunkte seiner Reichweite im vierten Quartal 2008 verloren, wozu sicherlich auch hausgemachte Probleme beigetragen haben dürften. Aber auch United Internet hat mit seinem Web.de rund 2,6 Prozentpunkte eingebüßt und ebenso gehörte GMX und T-Online zu den Verlierern in 2008 (vgl. FAZ 2009, Nr. 70, S. 15).

Abbildung 2-12   *Reichweiten im Internet*

Quelle: FAZ 2009, Nr. 70, S.

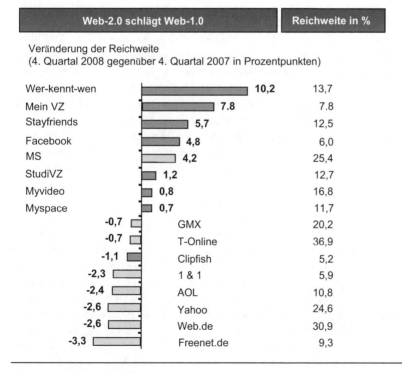

Wie Abbildung 2-12 zeigt, findet zunehmend eine Wachablösung im Internet statt. Gewinner sind nach Zuwachsraten eindeutig die Web-2.0-Seiten. Bisher hat keines der klassischen Portale eine überzeugende Antwort auf die Herausforderer aus dem Web-

2.0-Lager gefunden. Lediglich die Online-Weltgruppe/Berliner Morgenpost der Axel Springer AG scheint erkannt zu haben, wie klassische Verlage mit „Social-Media-Angeboten" in Form von z.B. Twitter „User-Generated-Content" generieren und auf ihren Nachrichtenportalen integrieren können (vgl. Jockwer 2009). Besonders brisant für die klassischen Portale ist, dass die Web-2.0-Unternehmen mit ihren Kommunikationsangeboten gerade den Portalen einen wichtigen Teil der Online-Aktivitäten wegnehmen. Junge Menschen senden statt E-Mails zunehmend Nachrichten in SchülerVZ, StudiVZ, Wer-kennt-wen oder Facebook. Innovative Angebote wie Twitter läuten derzeit das „Echtzeit-Internet" ein, in dem Nachrichten ohne Zeitverzögerung um die Welt geschickt werden (vgl. FAZ 2009, Nr. 70, S. 15). Die Annahme des Web.de-Chefs Jan Oetjen, dass es sich dabei um „Teenager-Phänomene" handelt (vgl. ebenda), dürfte sich als fatale Fehleinschätzung erweisen. So sind in dem besonders erfolgreichen Netzwerk „Wer-kennt-wen" mittlerweile alle Altersschichten mit bis zu 95-Jährigen vertreten.

Als Orientierungsseiten bleiben auch Preisvergleichsseiten zukünftig beliebt, zumal diese es auch immer wieder schaffen, bei Google und Yahoo ganz oben zu stehen und vor den eigentlichen Online-Händlern unter den eingegebenen Suchbegriffen aufzutauchen (vgl. FAZ 2008, Nr. 29, S. 19). Starke Wachstumsraten verzeichnen auch neuartige Nachrichtenportale wie Google News oder Netvibes, auf deren Seiten die Besucher Nachrichten aus verschiedensten Quellen zusammenstellen und individuell mit kleinen Zusatzprogrammen (Widgets) ergänzen können. Insgesamt ist eine enorme Angebotsausweitung zu verzeichnen. Alleine die beliebten Web-2.0-Web-Sites wie StudiVZ oder MyVideo haben das Inventar vermarktbarer Seiten um mehr als 10 Milliarden Seiten erhöht. Dadurch steigt der Druck auf die Werbepreise, wodurch ein zusätzlicher Anreiz für Online-Händler gegeben ist (vgl. FAZ 2008, Nr. 29, S. 19). Vielfach versäumen diese es aber immer noch, ihre Werbebudgets entsprechend der neuen Kanalstrukturen und -ziele anzupassen bzw. neu zu allokieren. So zeigt Abbildung 2-13 den Werbewirkungseffekt von Kampagnen ohne sowie mit zusätzlicher Online-Werbung. Während mit reiner Offline-Werbung, also ohne Online-Werbung, die Kaufabsichten um 3,4 Prozent gesteigert werden konnten, verbesserte sich dieser Wert bei einem 7Prozentanteil von Online-Werbung auf 3,8 Prozent, was einer Steigerung von 9 Prozent entspricht. Als optimal erweist sich ein Anteil der Online-Werbung an der Gesamtkampagne von 11 Prozent, wodurch sich die Kaufabsichten auf 4,3 Prozent steigern lassen, also mehr als 20 Prozent gegenüber der reinen Offline-Kampagne. „Der Markt ist aufgewacht. Auch die Großunternehmen geben jetzt Vollgas im Internet. Die Rolle des Internets für das Marketing muss nicht mehr erklärt werden. Das Internet ist akzeptiert", bemerkt Philipp Schindler, Nordeuropachef des Suchmaschinenbetreibers Google laut Zeitungsmeldung in der FAZ vom 1. Oktober 2007 (vgl. FAZ 2007, Nr. 229, S. 23). Obwohl der Aufschwung der Online Werbung sich auch in den Zahlen erkennen lässt, wonach der Online-Werbemarkt in 2008 auf ca. 3,6 Milliarden € zugelegt hat und damit 13 Prozent Anteil am gesamten Werbemarkt ausmacht, sind viele Internetauftritte immer noch falsch konzipiert (vgl. FAZ 2007, Nr. 229, S. 23).

Häufig sind die Homepages zu sehr auf die Selbstdarstellung des Unternehmens ausgerichtet, statt Markenwelten um die besten Produkte herum aufzubauen und sich damit an den Interessen der Kunden auszurichten. Dieses lässt sich anhand der Verweildauer nachweisen, wonach der Internet-Nutzer auf einer direkt angesteuerten Homepage durchschnittlich 23 Sekunden verweilt gegenüber 2 Minuten bei direkt angesteuerter Produktseite über eine Google-Suche (vgl. FAZ 2007, Nr. 229, S. 23).

Abbildung 2-13: *Verbesserung der Werbewirkung durch Online-Werbung*

Quelle: H&P 2004

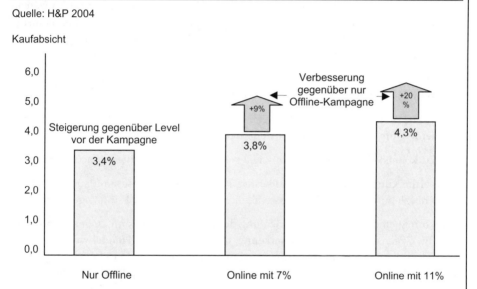

Auf graphische Werbung wie Banner entfällt mit über 1,3 Milliarden € der größte Anteil des Internet-Werbemarktes, gefolgt von 1,2 Milliarden € für Suchmaschinenmarketing sowie rund 0,2 Milliarden € für die Vermarktung von Partnerseiten (Affiliate-Marketing). Beste Aussichten hat das Suchmaschinengeschäft, für das einige Unternehmen zweistellige Millionenbeträge einsetzen, um ihre Produkte über Schlüsselwörter zu bewerben. Dabei entfallen etwa 90 Prozent auf den Branchenprimus Google. Auch das neue Panamasystem von Yahoo konnte dabei den Abstand auf Google nicht verringern. Keine offiziellen Zahlen liegen bisher für das E-Mail-Marketing und die mobile Werbung vor (vgl. FAZ 2008, Nr. 29, S. 19; FAZ 2007, Nr. 229, S. 23).

2.4 CRM als Basisinstrument des New Online-Retailing

Aufgrund der Interaktivität des Mediums Internet sind der Online-Handel und das Customer Relationship Management (CRM) untrennbar miteinander verbunden. Die Kundengewinnung, Gestaltung von Kundenbeziehungen und die gezielte Ausrichtung aller Prozesse auf die Kundenbedürfnisse haben für den Online-Handel herausragende Bedeutung. Der Aufbau direkter und loyaler Kundenbeziehungen ist unmittelbar erfolgsrelevant im Online-Handel. Er zielt darauf ab, den Wert des einzelnen Kunden für das Unternehmen zu steigern und damit Gewinne und Unternehmenswert zu erhöhen. Im Zusammenhang mit CRM geht es um vier Kernfragen, die ein Handelsunternehmen beantworten muss (vgl. Schneider 2002, S. 31 ff.):

1. Wie können die Kundenprozesse optimal unterstützt werden, um dauerhafte und profitable Kundenbeziehungen aufzubauen?

2. Welche Sortimente und Leistungen müssen dem individuellen Kunden angeboten werden, um dessen Bedürfnisse dauerhaft am besten zu befriedigen?

3. Wie können diese Leistungen effizient selbst oder durch Dritte erbracht werden?

4. Welche Kunden sind am profitabelsten in Hinblick auf die Gesamtdauer der Kundenbeziehung und wie lassen sich ähnliche, neue profitable Kunden gewinnen?

CRM bringt eine radikale Neuausrichtung der Marketingpolitik im Online-Handel mit sich. Im Gegensatz zum Massenmarketing, das im stationären Handel weit verbreitet ist und in dem es vor allem darum geht, zur Steigerung der Marktanteile möglichst viele standardisierte Massenprodukte zu vermarkten, setzt CRM auf den langfristigen Aufbau loyaler Kundenbeziehungen. Die wichtigsten Ziele von CRM im Online-Handel sind damit:

- Individuelle Kunden gewinnen und binden.

- Profitable Kundenbeziehung dauerhaft pflegen.

- Kundenzufriedenheit und Kundenwert permanent steigern.

Enge Kundenbeziehungen und hohe Kundenloyalität sind wichtige Erfolgsvoraussetzungen, insbesondere für interaktive Absatzkanäle, und haben diesbezüglich einen direkten Einfluss auf das Unternehmensergebnis. Folgende Erkenntnisse konnten bisher gesammelt werden (Schneider 2002, S. 32 nach Reichheld 1999):

- In den USA verlieren Unternehmen durchschnittlich die Hälfte ihrer Kunden in fünf Jahren. Die „Churn-Rate" bei deutschen Mobilfunkbetreibern liegt noch darüber und erreicht bis zu 30 Prozent pro Geschäftsjahr.

▣ Kundenbindung korreliert positiv mit Profitabilität. Nach empirischen Untersuchungen führt eine um fünf Prozentpunkte verbesserte Kundenbindungsrate zu einem 35-95 Prozent höheren Unternehmenswert.

▣ Die Kosten der Neukundengewinnung lassen sich mit langjährigen Kundenbeziehungen gut armortisieren und stehen in keinem Verhältnis zu den positiven Effekten aus Umsatzwachstum, Weiterempfehlungen des Kunden und zunehmender Kostendegression aus der Zusammenarbeit mit den Kunden.

▣ Die meisten Neukunden, nämlich gut die Hälfte, gehen in den ersten beiden Jahren wieder verloren, während zwanzigjährige Stammkunden nur mit fünf Prozent Wahrscheinlichkeit die Beziehung einstellen.

▣ Neukunden-Gewinnung ist teurer als Kundenbindung. Es ist davon auszugehen, dass es fünf- bis zehnmal mehr kostet, Kunden zu gewinnen als zu halten.

Die „Informationsrevolution" im Zusammenhang mit dem Internet birgt Potenziale in Hinblick auf alle CRM-Normstrategien für den Online-Handel.

2.4.1 CRM-Normstrategien im Online-Handel

Das Internet eröffnet vor allem dem Kundenbeziehungs- und Kundenbindungsmanagement umfassende Möglichkeiten. Ziel dabei ist der Aufbau einer „uniquen" Beziehung zum Kunden, die nicht ohne Weiteres von den Mitbewerbern imitiert werden kann und dadurch zum strategischen Wettbewerbsvorteil wird. Aber nicht alle Kunden sind es wert, gehalten zu werden. Es kommt immer auch darauf an, enge Beziehungen zu den richtigen Kunden zu pflegen. Dabei hilft sicherlich eine Segmentierung der Kunden nach ihrem Wert zur Strukturierung der Kundenanalyse, der Marketingmaßnahmen und des eigenen Leistungsangebotes. Die Analyse verschiedener Kundenwertsegmente erlaubt es, einfache Normstrategien abzuleiten wie Abbildung 2-14 zeigt (vgl. Schneider 2002, S. 33):

1. Akquirieren neuer Kunden mit Potenzial und ähnlichem Profil wie die profitablen Kunden (Kundengewinnung)

2. Ausbau und Verlängerung der Beziehung zu profitablen Kunden (Kundenbindung)

3. Migration unprofitabler zu profitablen Kunden (Kunden-Conversion)

4. Trennung von unprofitablen Kunden (Kunden-Cut)

Abbildung 2-14:   *Identifikation von CRM-Normstrategien im Online-Handel*

Quelle: Schneider 2002, S. 34

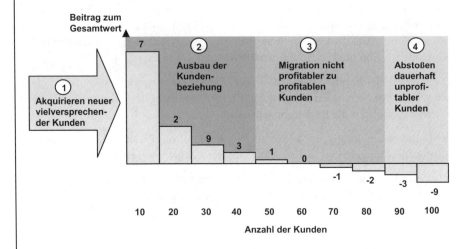

2.4.2   Kundenbindung im Online-Handel

Wichtig ist, dass der Online-Handel seine Kundenbindungsmaßnahmen an dem Potenzial der jeweiligen Kunden ausrichtet, was detailliertes Wissen über jeden einzelnen Kunden erfordert. Loyale Kunden und langfristige Geschäftsbeziehungen sind folglich unumstößlich mit Kostensenkung, Umsatzsteigerung und Wachstum verbunden. Zusätzlich bringt ein hoher Stammkundenanteil dem Anbieter eine verbesserte Planungssicherheit bzw. geringere Fehlerquoten in Hinblick auf Disposition der Produkte und Leistungen für Folgeperioden. Die positiven ökonomischen Wirkungen der Kundenbindung im Online-Handel sind zusammenfassend in Abbildung 2-15 dargestellt (vgl. Schrödter 2003, S. 14).

Hilfreich kann die Einordnung der einzelnen Kunden in einen typischen Lebenszyklus sein. So spielen z.B. im Möbelhandel Alter und Familienstand eine wichtige Rolle für Marketingmaßnahmen, da die Bedürfnisse von Singles, Rentnern und Familien sich hier eklatant unterscheiden. Mit jedem Jahr, in dem die Geschäftsbeziehung fortdauert, wird ein Kunde wertvoller für den Online-Händler. Der mit loyalen Kunden nach mehreren Jahren erzielbare Jahresgewinn erreicht nicht selten ein Vielfaches des Grundgewinns im ersten Jahr. Das strategische Potenzial der Kundenbindung zeigt sich vor allem in solchen Märkten, in denen das Erstkäuferpotenzial nahezu ausgeschöpft ist, wie aktuell zum Beispiel in der Mobilfunkbranche. Auch angesichts der zunehmenden Austauschbarkeit von Produkten und Leistungen, nimmt der Stellenwert der Kundenbindung als Erfolgsfaktor zu. Die skizzierten Zusammenhänge verdeutlichen, dass es für den Online-Anbieter immer wichtiger wird, die Kundenbindung zu erhöhen bzw. die Kundenabwanderung („Churn-Rate" oder Migration) so gering wie möglich zu halten. Dazu gehört es auch, abwanderungsgefährdete Kunden rechtzeitig zu identifizieren. Auch sollte der Online-Händler zusammen mit den abgewanderten Kunden die Umstände analysieren, die letztendlich zur Abwanderung geführt haben. Die Informationen über abwanderungswillige oder bereits abgewanderte Kunden und die daraus gewonnenen Erkenntnisse über Abwanderungsgründe können dazu genutzt werden, durch adäquate Maßnahmen die Abwanderung weiterer Kunden in Zukunft zu verhindern (vgl. Schrödter 2003, S. 14-15).

Abbildung 2-15: *Ökonomische Wirkung der Kundenbindung*

Quelle: Schrödter 2003, S. 14

Ökonomische Effekte der Kundenbindung	
Erlös erhöhende	**Kosten senkende**
• Wiederholungskäufe	• Senkung der Transaktionskosten
• Cross-buying	• verminderte Streuverluste im Marketing
• höhere Kauffrequenz und -intensität	• sinkender Neukunden-Akquisitionsanteil
• verbesserte Preisbereitschaft	• Rationalisierungseffekte
• Weiterempfehlung	• Lerneffekte

Hand in Hand mit der Kundenbindung werden zunehmend auch Customer-Buying-Cycle- Modelle (CBC) diskutiert. Es handelt sich um Lebenszyklusmodelle einer Kundenbeziehung, mit deren Hilfe Unternehmen ihre Beziehung zu den Kunden verändern und erweitern können. Für jede Phase der Zusammenarbeit mit dem Kunden wird geprüft, wie diese verbessert werden kann. Das CBC-Modell, das in Abbildung 2-16 dargestellt ist, lehnt sich an ein vierstufiges Phasenmodell der IBM an und besteht aus den vier Hauptphasen Anregung, Evaluation, Kauf und After Sales (vgl. Güttler 2003, S. 24 ff).

Abbildung 2-16: *Customer-Buying-Cycle*

Quelle: Güttler 2003, S. 26

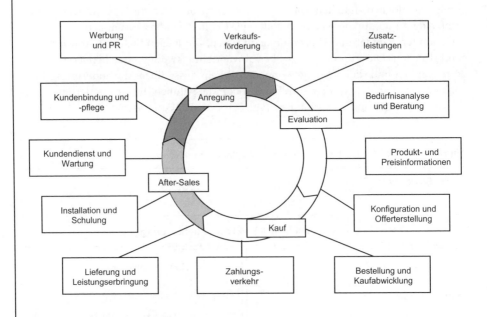

- **Anregung:** In der Anregungsphase, die am Anfang der Beziehung zum Kunden steht, möchte ein Unternehmen bei potenziellen Kunden das Bedürfnis nach seinen Produkten wecken. Dazu versucht es, mögliche Kunden auf das Angebot des Händlers aufmerksam zu machen, wozu Werbung und Verkaufsförderung eingesetzt werden.

- **Evaluation:** Hat ein Unternehmen Interesse bei den Kunden geweckt, dann möchte dieser detaillierte und konkretere Informationen über die angebotenen Produkte bzw. Leistungen erhalten. Insofern muss das Unternehmen den Kunden entsprechend seiner Bedürfnisse beraten, ihn eventuell auch mit Proben und Mustern versorgen und unterstützend auf seine Entscheidung einwirken. Abschluss dieser Phase bildet ein konkretes Angebot für den Kunden.

- **Kauf:** Ist die Entscheidung auf Kundenseite gefallen, gelangt er in die nächste Phase, den Kauf. Hier findet dann die komplette Bestell- und Kaufabwicklung statt. Der Kunde kann nun Produkte bestellen und bezahlen. Auch die Lieferung erfolgt in dieser Phase.

■ **After Sales:** Hier beginnt der Zeitraum der Produktnutzung bis hin zur Entsorgung. Auch Einführung und Schulung sowie Kundendienst fallen in diese Phase, die ebenfalls Anreizsysteme für den erneuten Produktkauf bzw. Anschlusskauf beinhalten sollte.

Bei wiederholten Durchläufen ist es möglich, dass Phasen des CBC übersprungen werden, da der Kunde ohne erneute Bewertung Wiederholungskäufe tätigt oder wenn er von sich aus Interesse an weiteren Leistungen des Anbieters entwickelt und direkt zur Evaluationsphase übergeht, ohne eine besondere Anregung durch den Anbieter erhalten zu haben (vgl. Schrödter 2003, S. 37). Unterbrechungen des CBC können dagegen auftreten,

■ wenn die Anregungen des Anbieters beim Kunden wirkungslos verpuffen und er kein Interesse an seinem Leistungsangebot weckt,

■ wenn der Kunde gegen Ende der Bewertungsphase für die Leistung doch einen anderen Anbieter vorzieht oder

■ wenn die Kunden nach Inanspruchnahme der Leistung kein Interesse mehr haben an einem Wiederholungskauf oder Cross-Buying.

Ziel eines jeden Anbieters muss dementsprechend sein, einer Unterbrechung dieses Zyklus entgegenzuwirken. Dazu kann er gezielt auf die Bedürfnisse seiner Kunden eingehen. Hohen Stellenwert hat diesbezüglich das Retention-Marketing in der After-Sales-Phase, mit dem der Kunde zum Wiederkauf animiert werden soll. Die praktische Anwendung des CBC-Modells im Online-Handel hängt stark von den angebotenen Produkten und Leistungen ab. Dabei kann ein Unternehmen prinzipiell sowohl alle Phasen der Kundenbeziehung als auch nur ausgewählte Phasen mit dem CBC-Modell unterstützen. Voraussetzung für die Nutzung in allen Phasen ist die Zustellung auf elektronischem Wege. Dieses betrifft eigentlich nur Nominalleistungen (Wertpapiere, Devisen) und digitalisierbare Produkte (z.B. Software, E-Books etc.). Bei materiellen Gütern, bei denen die Warendistribution nicht auf elektronischem Wege durchgeführt wird, besteht aber die Möglichkeit des „Online-Tracking". Damit können die Kunden verfolgen, an welchem Ort sich die Ware derzeit befindet. In modifizierter Form kann das CBC-Modell jedoch auch gut für den Online-Handel mit materiellen Gütern herangezogen werden. Abbildung 2-17 zeigt diesbezüglich Anwendungen, die anhand von Recherchen ermittelt wurden. Möglich ist dabei eine selektive Anwendung zur Unterstützung bestimmter Teilphasen (vgl. Güttler 2003, S. 29ff.). Wichtige Säule für Kundenbindung im Online-Handel ist auch das Thema „Loyalitätsprogramm und Kundenkarte". Loyalitätsprogramme bieten dem Internet-Unternehmen zusätzliche Möglichkeiten zur Kundenbindung. Ziel ist es, die Konsumenten über eine gezieltere Ansprache in loyale Kunden zu verwandeln. Generell lassen sich drei Arten von Loyalitätsprogrammen unterscheiden (vgl. Meyer/ Schneider 2002, S. 309 ff.):

■ **Rabattprogramme**: Bei der Vorlage der Kundenkarte werden Preisnachlässe gewährt.

▓ **Bonusprogramme:** Umsatzabhängige Boni in Form von Bargeld und /oder Prämien.

▓ **Mehrwertprogramme:** Zusatzleistungen für loyale Kunden.

Häufig werden diese drei Typen mit weiteren Eigenschaften kombiniert (wie z.B. Zahlungsfunktion). Seit Wegfall des Rabattgesetzes in 2000 ist ein überproportionaler Anstieg von Kundenkartenprogrammen in Deutschland zu verzeichnen. Der Trend geht eindeutig zu firmen- wie branchenübergreifenden Programmen (hier auch regionale Programme) mit der Möglichkeit, in verschiedenen Einkaufsstätten Punkte zu sammeln. Zudem erfährt das Thema permanent neue Impulse, zuletzt z.B. durch das M- und E-Paying, da insbesondere der Paid-Content- Bereich immer weiter ausgebaut wird.

Abbildung 2-17: *Customer-Buying-Cycle im Online-Handel*

Quelle: Güttler 2003, S. 29

Phase	Teilphase	CBC-Anwendungen
Anre-gung	Werbung/ Public Relations	Werbung auf den Websites anderer Anbieter (z.B. Banner, Suchmaschinen); Links mit und zu anderen Anbietern
	Verkaufsförderung	Affiliate-Programme; Preisausschreiben
	Zusatzleistungen	Give-Aways (z.B. Spiele, Schoner), kostenlose Leistungen
Bera-tung/ Ange-botsein-holung	Bedürfnisanalyse/ Beratung	Intelligente Kaufberater; individuelle Angebotserstellung auf Basis des bisherigen elektronisch ermittelten Kaufverhaltens
	Produkt- und Preis-informationen	Angebot eines elektronischen Produktkatalogs; elektronische Preislisten und elektronische Sonderangebote
	Konfiguration/ Offerteerstellung	Serviceprogramme und Selbstserviceprogramme, mit denen der Kunde Varianten selbst kalkulieren kann
Kauf-vorgang	Bestell- und Kaufabwicklung	Führung eines Warenkorbes; Bestellmöglichkeit auf der Website; Bestellung per E-Mail, Sicherheiten für Transaktion
	Preisermittlung	Angebot eines elektronischen Produktkatalogs
	Zahlungsverkehr	Möglichkeit der elektronischen Bezahlung
	Lieferung/ Leistungserbringung	Möglichkeit, das Produkt herunterzuladen (z.B. E-Books); Online-Tracking und elektronische Serviceleistungen
After-Sales	Installation/Schulung	Bedienungsanleitungen und Handbücher zum Runterladen
	Kundendienst/ Wartung	FAQ-Listen; Bearbeitung von Kundenanfragen per E-Mail; Online-Registrierung nach dem Kauf; Online-Updates
	Kundenbindung/ Kundenpflege	Regelmäßiger Versand eines Newsletter an Kunden per E-Mail; Community-Angebote auf virtueller Basis

Da das Kartenpotenzial in Deutschland immer noch hoch ist (auf jeden Bundesbürger entfällt weniger als 1 Karte im Schnitt im Vergleich zu Frankreich mit 2,1 und Großbritannien mit 2,8), würde sich ein Relaunch vieler Kundenkartenprogramme in jedem Fall anbieten: Die Kunden nutzen bis zu 3 Programme parallel, 56 Prozent der bestehenden Karteninhaber legt Wert auf Sonderaktionen und die Mehrzahl begrüßt die Datennutzung für zielgruppengerechte Ansprachen (z.B. Weinangebote für Weinliebhaber). Jeder zweite Konsument ist bereit, Coupons zu nutzen und 72 Prozent der Kartenhalter bevorzugen Multipartner-Programme. Solokarten wie z.B. die EDECARD müssen deshalb im Gegensatz zu branchen- und firmenübergreifenden Programmen ihren Kunden hohen Zusatznutzen bieten (Club-/Community-Ansatz), um zusätzliche Akzeptanz zu finden. Trotz einiger Erfolgsbeispiele haben viele Kundenkarten eine geringe Akzeptanz bei den Kunden und innerhalb der eigenen Organisation. Nicht selten ist nur ein Bruchteil der Kunden Teilnehmer am Bonusprogramm. Konzeptionell fällt auf, dass häufig noch mit einem eigenen Prämienshop gearbeitet wird, der erfahrungsgemäß einen erheblichen Kostenblock darstellt und so nicht notwendig ist. Auch die häufig praktizierte Barauszahlung ist in der Regel kostspielig und heutzutage eher die Ausnahme bei Loyalitätsprogrammen. Geringe Akzeptanz von Kundenkarten darf nicht verwundern, wenn wichtige Komponenten fehlen, die eigentlich „State-of-the-Art" sind. So arbeiten viele Online-Händler immer noch ohne Kooperationspartner und geben ihren Kunden somit keine Möglichkeit, die Karte in anderen, nicht selbst geführten Konsumbereichen, einzusetzen. Auch findet häufig keine Kommunikation mit dem Kartenhalter statt, es fehlen z.B. Contents, Mailings oder Sonderaktionen für Mitglieder. Wertvolle Kundendaten können so nur ansatzweise genutzt werden. Darüber hinaus ist es suboptimal, Bonuspunkte unbegrenzt „haltbar" zu lassen, da damit zusätzlicher Anreiz für Kunden zum Shoppen fehlt (in USA verfallen über 30 Prozent bei Bonusprogrammen). Immer wenn keine Kartengebühr abverlangt wird, lässt das konzeptionelle Schwächen vermuten. Gleiches gilt für die Bonifizierung, die national einheitlich gestaltet sein sollte und in der Spitze auf üblichen Standards liegen sollte (zwischen 1 Prozent und 3 Prozent).

Eng mit der Kundenkarte verbunden ist auch die Idee eines Kunden-Clubs mit dem Ziel der Emotionalisierung durch den persönlichen Kontakt. Neben der Kundenbindung verfolgen Kunden-Clubs auch noch folgende Ziele:

- Schärfung der Positionierung gegenüber der Konkurrenz.

- Akquisition von Neukunden.

- Verbesserte Kundenkenntnisse durch Aufbau von Kundendatenbank mit persönlichen, wie verkaufshistorischen Daten.

- Produktinteresse fördern z.B. durch exklusive Vorabinformationen über Neuigkeiten.

- Direkte Kundenansprache mit individuellen Bedürfnissen möglich (Weinliebhaber bekommen Weinangebote etc.).

▪ Generierung zusätzlicher Umsätze durch Cross- und Up-Selling (z.B. durch günstige Zubehörteile oder Ersatzteile).

▪ Ökonomische Anreize durch Bonus- und Rabattprogramme.

▪ Plattform für virales Marketing durch Engagement der Kunden und Mund-zu-Mund-Propaganda.

▪ Angebot von nachkauforientierten Services z.B. bezüglich Transport, Entsorgung oder Hotline.

▪ Stärkung der persönlichen Bindung und Identifikation z.B. durch Communities oder Clubveranstaltungen.

Insgesamt bieten Kunden-Clubs dem Anbieter die Möglichkeit, exklusive Vorteile in Anspruch zu nehmen. Dabei decken Kunden-Clubs nicht nur Aspekte der Kundenbindung, sondern beinhalten auch Möglichkeiten der Kundengewinnung. Es geht also auch um Anreize für Nicht-Mitglieder, einem Club und damit auch einer speziellen Community beizutreten. Tritt ein Kunde bei, hilft der Kunden-Club auch dabei, den Nutzer durch die Registrierung beim Eintritt in den Club aus seiner Anonymität herauszulösen und darauf aufbauend eine personalisierte, dialogorientierte Kommunikation aufzubauen. Deswegen eignen sich Kunden-Clubs auch hervorragend als Kommunikations- und Marktforschungsinstrument.

Bei den Kunden-Clubs sind zwei unterschiedliche Arten zu unterscheiden, und zwar Vorteilsclubs und Prämienclubs. Während bei den Vorteilsclubs die Kunden unmittelbar in den Genuss der mit der Mitgliedschaft verbundenen Vorteile kommen, müssen diese beim Prämiensystem zunächst durch Käufe Bonuspunkte sammeln, die sie dann später gegen ausgelobte Prämien oder Geld einlösen können. Typisch für Vorteilsclubs sind Sonderkonditionen oder temporäre Rabatte. Die Kunden-Clubs eignen sich gerade für Online-Händler deswegen, weil die Clubleistungen im Internet eng mit dem Leistungsangebot des Anbieters verknüpft werden können, die dann im Sinne von zusätzlichen Services eine bessere Nutzung der Grundleistungen ermöglichen. Dabei kann der Kunden-Club auch dazu dienen, die Mitglieder über ein Leistungsspektrum zu informieren, das ihnen in der gesamten Breite vielleicht noch gar nicht bewusst ist. Aber auch grundleistungsferne Angebote wie Online-Services, Präsente oder Clubveranstaltungen sind einsetzbar, insbesondere wenn die Grundleistung relativ austauschbar ist (z.B. Lebensmittelhandel).

Kernleistungen derartiger Kunden-Clubs sind neben Clubkarte als Zugehörigkeit zur exklusiven Gemeinschaft in der Regel ein Clubmagazin und/oder Newsletter als zentrales Informationsmedium, flankiert durch eine Hotline und/oder Website als Kommunikationsplattformen. Darüber hinaus werden häufig Merchandising-Produkte im Club, spezielle Serviceleistungen (Produktproben, Rezepte etc.), Events und Gewinnspiele für Mitglieder sowie ein besonderer Premiumstatus angeboten. Ein derartiger bevorzugter Status wird in der Regel bei überdurchschnittlichen Umsätzen erreicht und eröffnet den Anspruch auf zusätzliche Leistungsangebote (vgl. Schrödter 2003, S. 44). Das Leistungsspektrum bei Kunden-Clubs sollte auch abhängig sein von den Merkmalen der Kundenzielgruppen, z.B. hinsichtlich Loyalitätsgrad. Im Idealfall mutiert der Kunden-Club für die Kunden zu einem attraktiven Umfeld, das auch das Weiterempfehlungsverhalten fördert. Das Unternehmen sollte jedoch stets aufpassen, nicht andere Kunden zu sehr auszugrenzen und dadurch eine Reaktanz zu produzieren, wenn Nichtmitglieder (aber Kunden) z.B. das Gefühl bekommen, von bestimmten Leistungen und Services zu ihrem Nachteil ausgeschlossen zu sein. Eine gefühlte Herabsetzung der Kunden in ihrem Kundenstatus sollte unbedingt vermieden werden. Das wird u.a. dadurch erreicht, dass die Kernleistungen außerhalb des Kunden-Clubs bereits den Grundbedarf der Konsumenten zufrieden stellend erfüllen und dabei die Eintrittsvoraussetzungen mit Bedacht gewählt werden. Daher bieten sich selbst vom Kunden gewählte Kriterien für einen Sonderstatus (z.B. VIP-Klub oder „Preferred Customer"-Status) an.

Das Internet nun bietet gerade für Kunden-Clubs verbesserte Möglichkeiten zur Personalisierung und Interaktion mit den Konsumenten (vgl. Schrödter 2003, S. 44):

■ Die Online-Registrierung und -Aufzeichnung der kundenindividuellen Daten kann eine Kundenkarte voll und ganz ersetzen, wenn es ausschließlich um Marktforschungszwecke geht, so dass der Kunde und sein Kaufverhalten identifizierbar und erfassbar werden.

■ Die Kundenzeitschrift kann online durch den E-Newsletter ersetzt werden oder auch durch clubspezifische Internetseitenbereiche, die den gedruckten Medien klar überlegen sind, da sie flexibel und individuell gestaltet werden können.

■ Die Trennung der clubspezifischen Internet-Seitenbereiche von den öffentlich zugänglichen Website-Teilen erlaubt auch eine bessere Aufgabenteilung von Kundengewinnung einerseits und Kundenbindung andererseits. Während die öffentlichen Seiten einen Vorgeschmack geben und dabei auf die Clubseiten Appetit machen können, sind dann die Mitgliederseiten mit den eigentlichen kundenbindenden Leistungen nur über Password zugänglich, die aber für die Nichtmitglieder durch sofortige Mitgliedschaft auch unmittelbar zugänglich sein sollten.

■ Gezielt eingesetzte Response-Elemente wie z.B. E-Mails oder Online-Blätter bzw. Formulare (z.B. für Bestellung oder Befragung) können den Kundenkontakt erheblich intensivieren.

Im Online-Handel bietet sich an, die Nutzung des Clubangebotes mit traditionellen Elementen des Kunden-Clubs, also die Kundenkarte und/oder -Zeitschrift, zu kombinieren und gegenseitig zu fördern. Darüber hinaus kann bei einem Prämiensystem die Prämienvergabe auch mit der Website-Nutzung verknüpft werden, so dass die Kunden zur verstärkten Inanspruchnahme des Internet-Kanals incentiviert bzw. motiviert werden. Dazu liefert das Internet zahlreiche Ansatzpunkte wie z.B. Login, Registrierung, Newsletter-Abonnement, Diskussionsbeiträge in Foren, Weiterempfehlungen

(Kunde wirbt Kunde), Bestellung, Bewertungen sowie Beteiligung an Online-Umfragen (vgl. Schrödter 2003, S. 45).

Eine weitere Dimension für Kunden-Clubs eröffnet die Kommunikation zwischen Kunden z.B. über Foren oder Live-Chats, wodurch diese zu einer sich austauschenden, so genannten virtuellen Gemeinschaft entwickelt werden können („Virtuell Communities"). Diese können dann wiederum auch Aspekte der CBC-Phasen abdecken bzw. unterstützen. Auch sind derartige Communities im Sinne des „Dazugehören-Wollens" zur Kundengewinnung nutzbar.

2.4.3 Kundengewinnung im Online-Handel

Online-Händler sind gezwungen, das Internet aktiv zur Neukundengewinnung zu nutzen. Die gelaunchte Website ist zwar häufig funktional und modern, nutzt aber vielfach bedeutende, die Kundengewinnung steigernde E-Tools nicht. Entsprechend hoch sind die Werbekosten bezogen auf die Anzahl der Neukunden. Die hierfür typische Kennzahl, Costs-New-Customer (CNC), liegen nicht selten bei bis zu 300 € im Versandbereich, wovon ca. 80 € reine Akquisitionskosten sind. Auch bei den Buchclubs, die bis zu 1 Millionen. Neukunden im Jahr akquirieren müssen, erreichen CNC von bis zu 100 €, obwohl die Akquisitionskosten pro Neukunde und Kanal detailliert kontrolliert werden. Ein Grund hierfür liegt an den immer noch hohen Anteilen der klassischen Kanäle, insbesondere Agenten mit ca. 45 Prozent Anteil an gewonnenen Neukunden sowie Adress-Kooperationen mit ca. 20 Prozent Anteil. Auch Freundschaftswerbung – über 10 Prozent Anteil an Neukunden – ist eine teure Werbeform (Präsent und/oder 60 € Gutschein). Die CNC der Reaktivierungen oder Vertragsverlängerungen liegen sicherlich günstiger, erreichen jedoch bei weitem nicht die CNC im InternetKanal. Folgende Instrumente stehen für die Kundengewinnung im Internet grundsätzlich zur Verfügung (vgl. Kollmann 2007, S. 176 ff.):

■ **Suchmaschinenmarketing:** Diesbezüglich geht es um alle Maßnahmen, die auf eine bessere Platzierung in den redaktionellen Ergebnisseiten der Suchmaschinen (z.B. google.de, yahoo.de) ausgerichtet sind (vgl. Lammenett 2006, S. 145). Suchmaschinenmarketing wird auch deswegen immer wichtiger, weil rund die Hälfte aller Kaufentscheidungen mit der Nutzung von Suchmaschinen und dabei der Suche nach Keywords beginnen und diese somit zum ersten Anlaufpunkt für Kunden werden. Folglich liegt in der Platzierung auf die Top 5 der Ergebnislisten eine große Chance, interessierte Internet-User auf die eigene Website zu locken und zu Kunden zu machen. Zur Kundengewinnung bietet sich auch der Einsatz bezahlter Suchergebnisse im Rahmen des so genannten Keyword Advertising an, mit der bei Eingabe eines Keyword die eigene Anzeige sicher als „Werbung" auf der ersten Seite erscheint. Durch keyword- bzw. anzeigenspezifische Tracking-Tools unter Nutzung der Webanalytics-Software kann darüber hinaus der Anzeigenerfolg bei den gebuchten Keywords sukzessive verbessert werden. Aufgrund der herausragenden Bedeutung von Suchanfragen sollte der permanenten Suchmaschinenoptimierung Beachtung geschenkt werden. Das wichtigste dabei ist, dass der Code der Homepage sauber programmiert ist (vgl. Initiativbanking 4/2008, S. 8).

▪ **Banner-Marketing:** Bei dieser Werbeform wird Werbung gezielt auf unternehmensfremden Seiten, die einen Bezug zum beworbenen Produkt haben sollten, platziert, um Kunden auf die eigene Website zu locken. Die Größe des Banners ist in der Regel individuell gestaltbar. Die gängigsten Formate sind Fullsize Banner (468 x 60 Pixel), Rectangle (180 x 150 Pixel), Medium Rectangle (300 x 250 Pixel), Skyscraper (120 x 600 Pixel) sowie Wide Skyscraper (160 x 600 Pixel). Je nach Funktionalität können Banner entweder statisch oder animiert sein. Darüber hinaus gibt es so genannte Fake-Banner, die nicht als Werbung erkannt werden sollen und bewusst in den Content der Seite eingebettet werden, sowie zahlreiche Spezialformen, von denen der Pop-Up-Banner die größte Verbreitung gefunden hat. Pop Ups überlappen Hauptseiten mit neuen Fenstern, die ausschließlich Werbung enthalten. Immer mehr Pop-Up-Blocker untergraben aber zunehmend diese Werbeform. Klassische Bannerwerbung bleibt jedoch mit rund 50 Prozent Anteil an den Online-Marketingausgaben der größte Posten im Online-Werbebudget (vgl. Schwarz 2007, S. 7).

▪ **E-Mail-Marketing bzw. Permission-Marketing:** Dem Grundprinzip des Dialogmarketings folgend geht es hier darum, durch das Verschicken von E-Mails direkt Kunden anzusprechen. Sehr verbreitet ist das Verschicken von Newslettern, die dann auf die Website des Werbetreibenden führen, um dort durch spezielle Angebote Kunden zu werben (vgl. Schwarz 2007, S. 17ff.). Für diese Form der Kundengewinnung sprechen die relativ niedrigen Kosten sowie die recht hohe Response-Quote. So können einmal erstellte Inhalte beliebig oft und dazu noch kostenlos weiterverschickt werden. Die Verlinkung auf die Website vereinfacht die Reaktionsmöglichkeit, allerdings muss der Kunde sein Einverständnis zum Erhalt regelmäßiger Informationen und News geben (Opt-in-Gebot). Als erlaubnisbasierte Versendeform ist das E-Mail-Marketing damit eine Unterform des Permission-Marketing. Ein wesentlicher Vorteil des E-Mail-Marketing ist die Messbarkeit des Erfolges, der sich in Hinblick auf die An- und Abmeldungen, Kampagnen und deren Vergleich sowie Response und Angebote beziehen kann. Neben der Messung der „Cost per Interest" (CPI) und der „Cost per Click" (CPC) kann auch direkt die Messung des „Return on Investment" erfolgen. Dabei zeigen die Messergebnisse, dass „Single Topic Mailings", die als Transpromotional Mail (transaktionsbasiert) nur ein einziges Angebot enthalten, oft bessere Ergebnisse erzielen als reguläre Newsletter (vgl. Schwarz 2008, S. 35). Je nach Art und Anlass lassen sich verschiedene E-Mail-Typen unterscheiden, und zwar Trigger-, Split- oder Life Cycle E-Mails. Um Trigger-E-Mails handelt es sich, wenn diese aus einem bestimmten Anlass (z.B. Jubiläum oder Geburtstag) verschickt werden. Eine Split-E-Mail liegt vor, wenn die Resonanz einer E-Mail getestet werden soll. Life Cycle-E-Mails schließlich orientieren sich an der Lebenssituation der Kunden (z.B. Anpassung an ältere Zielgruppe).

- **Viral-Marketing:** Mit diesem Marketinginstrument sollen Internet-User gezielt dazu animiert werden, Kommunikationsbotschaften kostenlos zu verbreiten, ähnlich des Prinzips der Mund-zu-Mund-Propaganda. Allerdings werden gezielt die Netzeffekte des Internets genutzt, um möglichst schnell und wirksam eine kostenfreie Verbreitung der Informationen zu erzielen. Dabei bedient sich das Viral-Marketing verschiedener Trägerinstrumente wie z.B. Suchmaschinen (z.B. yahoo.de) und Linkseiten (z.B. ec-net.de). In speziellen Linkseiten können zusätzlich kostenlose Leistungen bekannt gemacht werden (z.B. umsonst.de). Darüber hinaus können virtuelle Kommunikationsräume wie Themenforen oder Chats, spezielle Kommunikationsträger wie z.B. Hotmail oder aber Weiterempfehlungen von Contentseiten (z.B. spiegel.de) zur Informationsverbreitung genutzt werden. Schließlich sind auch Gewinnspiele ein effektives Instrument, um auf Leistungsangebote aufmerksam zu machen (vgl. Schwarz 2007, S. 37).

- **Affiliate-Marketing:** Diese Werbeform basiert auf dem Prinzip der Vertriebs- und Netzpartnerschaften zwischen verschiedenen Unternehmen. Grundlage ist eine Vereinbarung zwischen Partnern (Affiliates) in Hinblick auf die Bewerbung bestimmter Angebote. Die Vergütung des Affiliate kann individuell sehr unterschiedlich und dabei durchaus ohne Zahlung als reines Tauschgeschäft erfolgen. Erfolgskritisch ist bei dieser Werbeform vor allem die Auswahl des geeigneten, affinen Partners mit hoher Besucherzahl (Traffic). Aufgrund der z.T. sehr ausgeklügelten Vergütungsmodelle im Affiliate-Marketing, stehen für diese Werbeform verschiedene Tracking-Tools zur Verfügung. Häufige Anwendung finden z.B. das URL-Tracking (Integration der Partner-ID in den HTML-Code), Cookie-Tracking (Speicherung von identifizierbaren Informationen im Browser des Besuchers), Datenbank-Tracking (Kombination aus URL- und Cookie-Tracking) sowie Webbugs (Einsatz von HTML-Wanzen). Affiliate-Marketing ist zu einer wichtigen Säule der Online-Neukundengewinnung geworden, die auch bei namhaften Unternehmen wie z.B. E-Plus zunehmend Akzeptanz findet (vgl. Schwarz 2007, S. 29). An Attraktivität gewinnt zunehmend die Nutzung so genannter Affiliate-Netzwerk-Betreiber wie z.B. affilinet.de oder zanox.de, die zwischen Programm-Betreibern und potenziellen Affiliate-Netzwerkbetreibern vermitteln. Die Registrierung für das öffentliche Partnerprogramm von Quelle.de erfolgt z.B.beim Anbieter zanox.

Im Internet findet man leicht Zugang zu großen E-Mail-Datenbeständen, mit denen Kooperationen zur Neukundengewinnung eingegangen werden können. Das Gleiche gilt für Werbebanner, die auch — falls mit Angeboten versehen — zur Kundengewinnung genutzt werden können. Diesbezüglich bieten sich insbesondere Affiliate-Modelle (10 Prozent der Neukunden der E-Händler) und Guerilla-Kampagnen an.

Abschließend ist festzuhalten, dass mit dem Internet eine sehr große Anzahl von Transaktionen (Orders oder Neukundenorders) generierbar ist. Wie effektiv dies gemacht werden kann, zeigen Amazon und eBay, die über 2 Millionen Neukunden p.a. akquirieren und dabei nicht mehr als 10 € pro Neukunde (CNC) ausgeben. Diese Unternehmen nutzen intensiv virale Instrumente (Suchmaschinen, Affiliates, Freundschaftswerbung, Neukundengutscheine, Newsletter-Gewinnausschreibung) und Kooperationen mit Unternehmen, die einen großen Kundenstamm haben. Für Amazon & Co. sind >75 Prozent ihres Werbebudgets messbar, da an Transaktionen gebunden. Auch Finanzdienstleister wie DiBa gewinnen mit ihrem Guthaben-Konto viele Kunden online.

Suchmaschinen als zentrale Trafficquelle

In jüngster Zeit ist viel Bewegung in den Suchmaschinenmarkt gekommen. Mit der neuen Kooperation der beiden großen Google-Verfolger Yahoo und Microsoft sowie dem Start der neuen Microsoft-Suchmaschine Bing könnten sich die Marktanteile auf dem Suchmaschinenmarkt zu Gunsten eines höheren Wettbewerbs wieder ein wenig verschieben. Es zeigt sich, dass bereits jetzt vor der Einführung der nächsten Generation von Suchmaschinen, die durch die Berücksichtigung semantischer Zusammenhängen zwischen den Keywords intelligenter sein soll, erheblich Bewegung in den Markt gekommen ist. Die Zukunft wird zeigen, ob diese nächste Entwicklungsstufe der Suchmaschinen mit relevanten sowie semantisch eingeordneten Ergebnissen auf dem Markt erfolgreich und konkurrenzfähig werden kann (vgl. Krekeler 2010, S. 96). Mit ca. 62 Prozent Anteil an allen Suchanfragen ist Google weltweit unangefochtener Marktführer (vgl.: Bitkom 2009). Generell gibt es zurzeit zwei verschiedene Arten, sich in den Suchergebnissen von Google zu platzieren. Die erste Option, das SEO (Search Engine Optimization), beinhaltet eine Optimierung der eigenen Website und der externen Struktur, bis die eigene Seite möglichst auf den vorderen Rängen der organischen Suchergebnisse auf der linken Seite zu finden ist (siehe Abbildung 1-18). Bei der zweiten Variante, dem SEM (Search Engine Marketing), wird ein so genanntes Keyword-Advertising betrieben, bei dem gegen Zahlung eines gewissen Betrags, der bei Klick eines Users auf eine solche Anzeige fällig wird (CPC – Cost Per Click). Es handelt sich dabei also um eine Werbeanzeige, die im Idealfall oberhalb oder rechts neben den organischen Suchergebnissen geschaltet wird. Fälschlicherweise werden die Begriffe Suchmaschinen-Marketing und SEM im deutschen Sprachgebrauch häufig synonym verwendet. Vielmehr sollte das Suchmaschinen-Marketing jedoch als Oberbegriff für beide Disziplinen, SEM und SEO, verwendet werden. Wie im Offline-Marketing-Mix lassen sich auch im Online-Segment grundsätzlich unterschiedliche Strategien verfolgen, je nachdem, ob ein Unternehmen SEM als Vertriebskanal oder zur Weiterentwicklung der Marke nutzt. In beiden Bereichen eignet sich SEM sowohl zur Akquisition von Neukunden als auch zur Bindung bzw. Reaktivierung von Kunden (vgl. Krekeler 2010, S. 97ff.).

Abbildung 1-18:   *Unterschied SEM und SEO*

Quelle: Krekeler 2010, S.97.

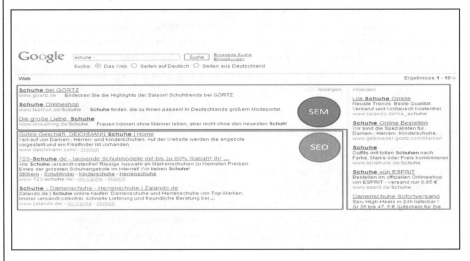

2.4.4   Kunden-Conversion im Online-Handel

Die Migration nicht-profitabler Kunden zu profitablen Kunden ist im Online-Handel in der Regel nur mit einem offensiven Internet-Auftritt möglich. Basis-Erfolgsfaktoren eines E-Shops sind diesbezüglich sicherlich ein kompetentes Angebot, attraktive Preise und guter Service. Das reicht aber nicht aus.

Weiterer differenzierender Erfolgsfaktor ist die Fähigkeit, den Kunden zu animieren, häufiger (Frequenz) und mehr (Cross-Selling) einzukaufen. Häufig werden keine Cross-Selling-Möglichkeiten angeboten. Auch fehlen nicht selten „Killer-Features" (z.B. von Amazon/Tchibo/eBay/Freenet), die Cross-Selling und Besuchsfrequenz nach oben treiben, wie z.B. Communities, Similarities, Cross-Selling-Gutscheine, wöchentliche Aktionen, Zielgruppendifferenzierungen und Bundles. Häufig sind die angebotenen Services keine „Killer-Services", insbesondere nicht fürs Internet oder den Versandhandel. Wenn Online-Händler in der Kunden-Conversion mit Serviceangeboten Erfolg haben wollen, müssen klare Alleinstellungsmerkmale erreicht werden. Bei diesem Thema ist auch zu überlegen, ob und wie die Geschäftsmodelle so zu optimeren sind, dass sie obigem Anspruch gerecht werden (z.B. Ticketing Discount mit online buchbaren Tickets oder Fotos, die der Kunde mit Preisvorteil nach Hause zugestellt bekommt). Nicht selten schlägt auch negativ auf die Kunden-Conversion durch, dass viele Online-Händler es versäumen, der Online-Werbung adäquat Rechnung zu tragen. Die Allokation eines Teils des Mediabudgets (10-15 Prozent) in die Online-Werbung erhöht überproportional die Effektivität der Werbekampagne, ohne die Spendings zu erhöhen. Dieses zeigt ein Vergleich von IAB mit Dove, McDonalds, Colgate und Kimberley Clark aus dem Jahre 2004, der in Abbildung 2-19 dargestellt ist.

In Hinblick auf die Kunden-Conversion ist auch zu bedenken, dass das Internet als Direktvertriebskanal geeignet ist, eine sehr große Anzahl von Transaktionen (Orders oder Neukundenorders) zu generieren. Dabei können z.B. intensiv virale Instrumente und Kooperationen mit Unternehmen gesucht werden, die einen großen Kundenstamm haben. Wichtig ist aber auch die Messbarkeit der Kunden-Conversion. Dementsprechend muss die Website eines jeden Online-Händlers regelmäßig bezüglich ihrer Verkaufseffektivität einem Benchmark unterzogen werden (z.B. bezüglich Order Funnel, Cross-Selling, Up-Selling, Personalisierung, u.a.), um dann daraus Maßnahmen zur Kunden-Conversion abzuleiten.

Abbildung 2-19: *Effekt der Online-Präsenz auf die Conversion*

Quelle: H&P 2004

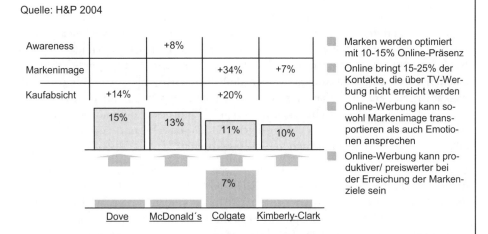

Eng mit der Kunden-Conversion und Kundenbindung verbunden ist der Begriff „Kundenzentriertheit", der immer häufiger im Online-Retailbanking anzutreffen ist und Vorbild für den Online-Handel haben dürfte. Obwohl die meisten Kunden angeben, eigentlich mit ihrer Bank zufrieden zu sein, wie im Kundenmonitor 2003 mit der Note 2,4 den Geldhäusern attestiert (vgl. Kundenmonitor 2003), gehen Hausbankkunden erstaunlich häufig fremd: 15 Prozent von ihnen beabsichtigen sogar, ihre Hausbank über die nächsten 12 Monate wechseln zu wollen (vgl. KPMG 2004). Und tatsächlich nutzen viele Kunden bereits parallel zu ihrer Hausbank spezialisierte Finanzdienstleister wie z.B. die DAB bei Wertpapieren, die DiBa für Tagesgeldkonten, schließen ihre Kredite mit der Citibank ab, kaufen ihre Versicherung bei Tchibo und/oder finanzieren ihr Eigenheim mit der örtlichen Kreissparkasse. Dabei kommt unweigerlich die Frage auf, wie es sein kann, dass angeblich zufriedene Kunden immer weniger bei ihrer Hausbank einkaufen und zunehmend zu anderen Instituten überlaufen. Offensichtlich reicht Kundenzufriedenheit als Erfolgsmesser nicht mehr aus.

Unternehmen ziehen häufig den Anteil zufriedener Kunden als Indikator für den wirtschaftlichen Erfolg heran, weil zufriedene Kunden in der Regel mehr konsumieren als unzufriedene. In der Tat konnte nachgewiesen werden, dass der Marktanteil einer Bank, bezogen auf die Finanzprodukte ihrer Kunden (Share of Wallet), in hohem Maße mit der Kundenzufriedenheit korreliert. Die sehr zufriedenen Kunden geben demnach bis zu 65 Prozent mehr aus als die unzufriedenen (vgl. Bain/Net Promotors). Während offensichtlich ein starker Zusammenhang zwischen Kundenzufriedenheit und Marktanteil einer Bank besteht, trifft dies jedoch für das Umsatzwachstum nicht zu. Untersuchungen zeigen, dass Wachstum eines Unternehmens weniger mit der Kundenzufriedenheit als vielmehr mit dem Anteil weiterempfehlender Kunden korreliert (vgl. Booz 2003). Die absolute Anzahl der Kunden, die das Unternehmen aktiv weiterempfehlen, bemisst die Kundenzentriertheit.

Ein geeigneter Indikator für die Kundenzentriertheit ist z.B. die Intensität, mit der das Instrument „Freundschaftswerbung" (Kunde empfiehlt das Unternehmen einem Freund oder Bekannten und erhält einen Gutschein) von bestehenden Kunden genutzt wird. Abgesehen von unzufriedenen Kunden sind vor allem die begeisterten Kunden emotional engagiert und kommunizieren deshalb intensiv mit ihren Freunden und Bekannten. Sie raten ihnen zu, falls sie begeistert sind. Da von unzufriedenen Kunden behauptet wird, dass sie siebenmal häufiger ihre Eindrücke kommunizieren als zufriedene Kunden, kann davon ausgegangen werden, dass begeisterte Kunden ebenfalls in gleicher Häufigkeit mit anderen kommunizieren.

Eigentlich ist kein Unternehmen bekannt, welches nicht kundenorientiert sein möchte und dies nicht in seiner Vision so festgehalten hätte. Kundenzentrierte Unternehmen, die in Maximierung der Kundenbegeisterung denken, sind jedoch nachweislich erfolgreicher als kundenorientierte Unternehmen. Kundenzentriertheit impliziert Leidenschaft und Glaubwürdigkeit der Führung und ein bedingungslos am Kundenwunsch ausgerichtetes Unternehmen. Jeff Bezos, CEO von Amazon, ist der festen Überzeugung, dass nur überragender Service am Kunden und genaues Verstehen der Kundenwünsche langfristig Erfolg gewährleisten können. Da Kunden Angebote verschiedener Händler zu einem Produkt vergleichen wollen, hat er anderen Händlern erlaubt, auch bei Amazon anzubieten, selbst auf die Gefahr hin, dass Amazon von anderen Händlern unterboten werden kann. „Tut ihr es nicht, so wird es der Kunde tun" ist dabei sein Motto.

Kundenzentriertheit durchdringt das komplette Geschäftssystem des Unternehmens und gibt Mitarbeitern einen Orientierungsrahmen vor für ihre täglichen Entscheidungen. So weiß ein Mitarbeiter bei Wal-Mart, dass er zuerst den Kunden bedienen muss, bevor er einem internen Problem nachgeht. Ein Aldi-Einkäufer weiß, dass er die Preise bei preisunelastischen Artikeln nicht erhöhen sollte, auch wenn es die Wettbewerbssituation hergeben würde. So weiß ein Amazon-Mitarbeiter, dass er Platzierungen der Industrie als solche kenntlich machen muss, um nicht den Eindruck zu erwecken diese wären objektiv generiert. Einem Cortal-Consors-Mitarbeiter ist bewusst, dass seine Hauptaufgabe darin besteht, in erster Linie Probleme offen und ehrlich mit seinen Kunden im Community-Bereich zu diskutieren.

Ein Kunde ist nicht gleich einem anderen Kunden. Idealerweise wird jeder Kunde als Individuum betrachtet wie bei Berenberg oder Sal Oppenheim. Im Massengeschäft ist eine Individualisierung nicht wirtschaftlich darstellbar, deshalb werden Kunden statistisch relevanten Segmenten zugeordnet (personalisiert). Diese werden entweder statisch gebildet bei traditionellen Unternehmen oder dynamisch/chaotisch bei Internet-Anbietern. Die Kunst der Kundenzentriertheit liegt in der überragenden Individualisierung oder Personalisierung des Unternehmens und in der richtigen Implementierung, die „Chefsache" sein muss. Nur wenn die oberste Führung von der Kundenzentriertheit überzeugt und quasi „passioniert" ist, ist sie auch bereit, dies glaubwürdig vorzuleben und das Unternehmen systematisch kundenzentriert auszurichten. Dabei ist ein vierstufiges Vorgehen sinnvoll:

■ **Phase 1: Kunden verstehen:** Hier geht es um Fragen der Kundensegmentierung (Segment-of-One, statische oder dynamische Personalisierung), die Wünsche einzelner Kundengruppen, deren Performance, den Erfüllungsgrad der Kundenwünsche durch das Unternehmen im Wettbewerbsvergleich sowie die Aktivierungsintensität.

■ **Phase 2: Unternehmensziele formulieren:** Abgeleitet von der Strategie sollen die Quellen zukünftigen Wachstums bestimmt werden, dabei wird nach Produkten und Kundensegmenten differenziert. Letztendlich werden Ziele für die einzelnen Kundensegmente festgelegt.

■ **Phase 3: Maßnahmen erarbeiten:** In dieser Phase werden konkrete Maßnahmen, die zu einer erhöhten Weiterempfehlung bei Kunden führen, erarbeitet und nach der 80/20-Regel umgesetzt. Flankierend werden eine Meilensteinplanung und ein Controlling aufgebaut.

■ **Phase 4: Organisatorische Voraussetzungen schaffen:** In dieser Phase werden die Promotoren und Blockierer der Veränderung in der Organisation identifiziert und für den Veränderungsprozess eingespannt, geschult und möglicherweise ver- oder ersetzt. Ferner werden die erforderlichen strukturellen Voraussetzungen und die Prozesse definiert und angepasst.

2.4.5 Kunden-Cut im Online-Handel

Das Abstoßen dauerhaft unprofitabler Kunden geht mit der zunehmenden Suche von Distanzhandels-Unternehmen einher, die Wirtschaftlichkeit der Kundenansprache zu erhöhen. Bedenkt man, dass komplette Katalogstrecken im Versandhandel nicht selten mehr als 100 € pro Kunde im Jahr kosten, wird die Unwirtschaftlichkeit passiver, nicht kaufender Kunden schnell deutlich, zumal deren Anteil in Kundenstämmen auf bis zu 30 Prozent veranschlagt wird. Es geht beim Kunden-Cut also darum, dauerhaft unprofitable Kunden abzustoßen.

Dies setzt eine permanente Kundenbewertung voraus, wozu unterschiedliche Kundenbewertungsverfahren eingesetzt werden können. Der Wert von Kunden kann monetär und nicht-monetär ausgedrückt werden. Während die monetären Verfahren nach Geldeinheiten quantifizieren, beschreiben nicht-monetäre Methoden den Kundenwert auf qualitative Art und Weise. Die gängigen Kundenbewertungsverfahren sind in Abbildung 2-20 dargestellt. Bei den dargestellten Methoden wird auch danach differenziert, ob diese retrospektiv sind und sich auf Daten aus der Gegenwart und Vergangenheit beziehen, oder prospektive Methoden sind, die eine Prognose zukünftiger Entwicklungen auf der Grundlage vorhandener Informationen verfolgen (vgl. Wittkötter/Steffen 2002, S. 76 ff.). Folgende Verfahren zur Kundenbewertung können angewendet werden:

Abbildung 2-20: *Systematisierung ausgewählter Kundenbewertungsverfahren*

Quelle: Wittkötter/ Steffen 2002, S. 77

	Retrospektiv	Prospektiv

Monetär	• Kundenumsatzanalyse
	• Kundendeckungsbeitrags-
	  analyse
		• Customer Lifetime Value
		• Kundendeckungsbeitrags-
		  potenzialanalyse

Nicht-Monetär	• Scoring Modelle • Kunden-Portfolioanalysen	• Scoring Modelle • Kunden-Portfolioanalysen

■ **Kundenumsatzanalyse:** Hierbei werden Kunden nach ihren getätigten Umsätzen bewertet und klassifiziert. Gängig ist dabei eine ABC-Analyse. Die Umsatzanalyse ist in der Handelspraxis weit verbreitet, da die Kundenumsätze leicht zu erheben sind und diese einfach vorzunehmen ist. Die Kostenseite wird dabei allerdings nicht berücksichtigt, so dass es durchaus möglich ist, dass nach Umsatz starke A-Kunden unrentabel sind.

■ **Kundendeckungsbeitragsanalyse:** Bei diesem Verfahren wird der Deckungsbeitrag eines Kunden aus der Differenz seiner Erlöse und Kosten errechnet. Diese Information lässt differenzierte Aussagen über die Profitabilität von Kunden zu und welche Marketingmaßnahmen als angemessen gerechtfertigt sind. Abgesehen davon, dass die verursachungsgerechte Zurechnung der Kosten in der Regel problematisch ist (Gemeinkostenschlüsselung), werden zukünftige Entwicklungen bei diesem Verfahren nicht berücksichtigt, wonach unrentable Kunden sich durchaus noch entwickeln lassen, wenn geeignete Conversion-Instrumente angewendet werden. Insofern besteht durchaus die Gefahr von Fehlbewertungen, vor allem in jungen Unternehmen oder Kanälen, die sich erst noch im Aufbau befinden und deswegen häufig fixkostenlastig sind.

■ **Kundendeckungsbeitragspotenzialanalyse:** Diese Methode berücksichtigt neben den Deckungsbeiträgen auch zukünftige Entwicklungspotenziale und ist bei Unternehmen mit vertraglichen Kundenbeziehungen weit verbreitet (Verlage mit Abonnements etc.). Dabei wird nach Phasen unterschieden und berücksichtigt, dass bei Kunden in der Anfangsphase Verluste durchaus normal sind und in Kauf genommen werden können, wenn diese im Verlaufe der Geschäftsbeziehung immer profitabler werden. Da auch zukünftig prognostizierte Deckungsbeiträge mitberücksichtigt werden, kann dieses Verfahren auch gut für Neukunden oder potenzielle Kunden herangezogen werden. Es ist allerdings ratsam, für die Prognose der zukünftigen Nachfrageentwicklung sowie die wahrscheinliche Dauer der Geschäftsbeziehung Vergleichskunden mit ähnlichen Merkmalsprofilen heranzuziehen.

■ **Customer Lifetime Value:** Hier werden Prinzipien der Investitionsrechnung auf die Kundenbewertung angewendet und so der Vermögenswert eines Kunden errechnet. Das Verfahren orientiert sich an der Kapitalwertmethode, nach welcher der Barwert eines Kunden aus den diskontierten Ein- und Auszahlungsströmen während seiner Lebensdauer berechnet wird. Vorteil dieser Methode, die bei Unternehmen mit hohen Kundengewinnungskosten angewendet wird (z.B. Buchclubs und Mobilfunkbetreiber liegt in der Berücksichtigung des zeitlichen Auseinanderklaffens von Investitionen und Zahlungsrückflüssen. Sie wird ebenfalls für die bilanzielle Aktivierung von „Kundenstämmen" oder beim Kauf solcher „Kundenstämme" von professionellen Kundenwerbern angewendet.

■ **Scoring-Modelle:** Diese Modelle erlauben die Berücksichtigung von monetären und nicht-monetären Kriterien, anhand derer ein Kunde mit Punkten bewertet wird, die dann zu einem Kunden-Score addiert werden. Je höher der Punktwert, desto bedeutender ist der Kunde für das Unternehmen. Es kann auch berücksichtigt werden, wann ein Kunde das letzte Mal gekauft hat (Recency), wie häufig er einkauft (Frequency) und mit welchem Volumen er kauft (Monetary Ratio). Dabei handelt es sich dann um so genannte RFMR-Methoden.

■ **Kunden-Portfolioanalysen**: Hierbei wird die Wertigkeit eines Kunden mehrdimensional erfasst und dokumentiert. Zunächst werden verschiedene Dimensionen zugrunde gelegt, die für eine Kundenbeziehung wichtig sind, wie zum Beispiel Kundenattraktivität und eigene Wettbewerbsposition gegenüber dem Kunden. In einem zweidimensionalen Raum werden dann die Kundenpositionen dargestellt und deren Wert abgeleitet. Marketingmaßnahmen in Abhängigkeit von der jeweiligen Kundenposition leiten sich ab, ebenso wie Desinvestitions-Entscheidungen, also der Kunden-Cut.

Empfehlenswert ist der Einsatz mehrerer Methoden, um die Kunden-Cut-Entscheidung noch einmal von verschiedenen Seiten zu verproben und auf fundierter Basis zu treffen. Dabei handelt es sich keinesfalls um ein einmaliges Verfahren, sondern eine Routinemaßnahme, die regelmäßig mindestens einmal pro Jahr zu wiederholen ist. Sie kann auch als Grundlage für eine wertorientierte Kundensteuerung im Rahmen des Internet-Controllings installiert werden. Das setzt allerdings auch voraus, dass die Ziele, die im CRM verfolgt werden sollen, vorher festgelegt werden. In Abbildung 2-21 sind Beispiele für derartige Ziele dargestellt.

Abbildung 2-21: *Beispiele für internetspezifische CRM-Ziele*

Quelle: In Anlehnung an H&P 2004

Neukunden gewinnen

■ Massen-E-mail/Internet Kampagnen mit Gutscheinen für neue Kunden
(z.B. 40.000 Neukunden mit einem Partner-Mailing gewonnen)

■ „Viral-Marketing"-Werkzeuge: Weiterempfehlungsprogramm, Geschenkgutscheine auf der Web-Seite, Integration von Werbepartnern (Affiliate Programm)
(>15% der Neukunden im E-Commerce werden so gewonnen)

■ Leistungen/Sonderangebote, die nur über das Internet angeboten werden
(z.B. Vorveröffentlichung, Sondermodelle, Zusatzleistungen)

Kunden halten und Umsatz steigern

■ Inaktive Kunden aktiv nach Grund für Nichtnutzung befragen und zurückgewinnen
(Bis zu 5 Prozentpunkte Kundenreaktivierung durch Rückgewinnungsmanagement)

■ Personalisiertes Cross-Selling auf Basis früherer Käufe, verwandte Bedarfe und Daten
(Mail an ehemalige Käufer mit einer Konversionsrate von 35%)

■ Kundenbindungsprogramme
(Klubkarte Tesco +30% Umsatz, personalisierte E-Mails bei Amazon)

■ Personalisiertes „Up-Selling" auf der Webseite
(z.B. wenn Kunde Artikel in den Warenkorb legt oder vor der Bezahlung: +15% Umsatz)

■ Erhöhung der Kontaktfrequenz
(z.B. 52 mal pro Jahr, jede Mail mit einer Konversionsrate von 0,3-0,5%)

2.4.6 Wirtschaftlichkeit des CRM im Online-Handel

Das im Zusammenhang mit Internet betriebene Customer-Relationship-Management ist anderen CRM-Ansätzen überlegen, was sich anhand einer Kosten-Nutzen-Betrachtung aufzeigen lässt. Wie in Abbildung 2-22 aufgezeigt, sind in einem zweidimensionalen Kosten-Nutzen-Portfolio grundsätzlich vier Extrem-Positionen denkbar, und zwar jeweils aus der Kombination hoch und niedrig. Die Konstellation „niedrige Kosten und niedriger Nutzen" kann im Rahmen von CRM nicht vorkommen. Dabei zeigt sich, dass die persönliche Kundenansprache („Face-to-Face" oder „Mouth-to-Mouth") hohe Kosten verursacht, aber auch einen hohen Nutzen bringt (Position 4). Der Mitarbeiter geht hier individuell auf die Kunden ein, z.B. wenn er einen Mobilfunk-Kunden rechtzeitig anruft vor Vertragsende und eine Vertragsverlängerung vereinbart. Massenkommunikation ist dagegen ebenfalls teuer, jedoch vom Nutzen her stets fraglich (Position 1). Zielgruppenwerbung, die z.B. auf der Basis von Nutzendifferenzierung (Kaufbetrag und Kaufhäufigkeit) sowie Bedarfsdifferenzierung (Kaufhistorie) erfolgen kann, bewegt sich im Mittelfeld (Position 2). Die internetbasierte E-Personalisierung dagegen ist mit Abstand am kostengünstigsten, realisiert dagegen aber den höchsten Nutzen, da der Kunde ein vom System generiertes personalisiertes Angebot bekommt, dessen Anstoß aus dem Abgleich seiner Kaufhistorie mit der anderer Kunden kommt (Position 3).

Abbildung 2-22:   *CRM-Ansätze im Kosten-Nutzen-Vergleich*

Quelle: In Anlehnung an H&P 2004

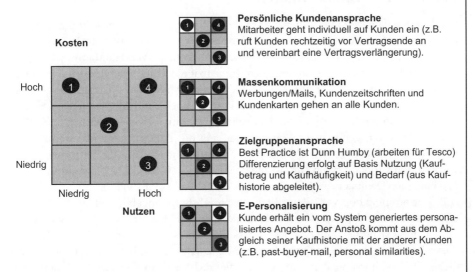

Persönliche Kundenansprache
Mitarbeiter geht individuell auf Kunden ein (z.B. ruft Kunden rechtzeitig vor Vertragsende an und vereinbart eine Vertragsverlängerung).

Massenkommunikation
Werbungen/Mails, Kundenzeitschriften und Kundenkarten gehen an alle Kunden.

Zielgruppenansprache
Best Practice ist Dunn Humby (arbeiten für Tesco) Differenzierung erfolgt auf Basis Nutzung (Kaufbetrag und Kaufhäufigkeit) und Bedarf (aus Kaufhistorie abgeleitet).

E-Personalisierung
Kunde erhält ein vom System generiertes personalisiertes Angebot. Der Anstoß kommt aus dem Abgleich seiner Kaufhistorie mit der anderer Kunden (z.B. past-buyer-mail, personal similarities).

2.5 Formen des New Online-Retailing

Mittlerweile sind verschiedene Betriebstypen des Online-Handels anzutreffen. Als die Top-Player im Online-Handel gelten zweifelsohne die klassischen Versandhändler wie Otto, Quelle, Neckermann usw. mit Online-Anteilen von bis zu 50 Prozent (vgl. Giersberg 2008, S. 15). Fälschlicherweise werden diese Distanzhandelsformen häufig als Multi-Channel-Systeme bezeichnet, auch wenn sie kein Stationärgeschäft betreiben. Sie bilden mit dem Parallelbetrieb aus klassischem sowie elektronischem Versand den „hybriden Online-Handel" als eine eigenständige Handelsform. Diese ist von der Form des reinen Online-Handels, dem „Pure-Online-Handel" zu unterscheiden. Über Portale sind zunehmend aber auch Kooperationen von Online-Händlern zu beobachten, die damit den „kooperierenden Online-Handel" bilden.

Eine weitere Form des Online-Handels stellt der Multi-Channel-Handel dar. Ohne die Kombination aus stationären sowie elektronischen Verkaufskanälen kann allerdings nicht von „modernen" Multi-Channel-Systemen, sondern immer nur von „traditionellen" Mehrkanalsystemen gesprochen werden (vgl. Giersberg 2007, S.18).

Zunehmend nutzen Herstellerunternehmen wie u.a. Esprit, BOSS, adidas oder Nike den Internet-Kanal, um in das Direktgeschäft einzusteigen und Disintermediation zu betreiben (vgl. Heinemann 2008g, S. 34). Diese Form des Online-Verkaufs an Endkunden stellt den „vertikalisierten Online-Handel" dar.

2.5.1 Pure-Online-Handel

Reine Online-Händler, die so genannten „Pure-Player", sind immer seltener anzutreffen. Insgesamt beträgt der Marktanteil der reinen Online-Händler am E-Commerce-Umsatz nur noch ca. 26 Prozent. Unter den acht größten Web-Händlern in Deutschland findet sich mit Amazon lediglich ein einziges echtes Start-Up-Unternehmen, allerdings mit enormem Erfolg. Mit deutlich über 1 Milliarden € Umsatz (FAZ 2008, Nr. 53, S. 19) zählt Amazon mit rund 50 Prozent Buch- und Medienumsatz zu den Top-Buchhändlern in Deutschland. Neben diesem „Born Global", zu denen auch eBay Powerseller zählt, gehört nach Expertenmeinung die Zukunft ganz klar den kleinen Pure-Online-Händlern, deren Marktanteil am E-Commerce-Umsatz überproportional wachsen wird (open-stream.ch/infos/news vom 15.04.2008). Ob bei Tiernahrung (z.B. pet-shop.de), Delikatessen (z.B. gourmondo.de), Wein (z.B. avinos.de) oder Hüten (z.B. hutshopping.de), vor allem für hochspezialisierte Angebote bildet das Internet offensichtlich die ideale Verkaufsform mit kleiner Betriebsgröße. Gefördert wird diese Entwicklung sicherlich auch dadurch, dass die technische Entwicklung das Betreiben dieser E-Shops vom „Home Office" aus ermöglicht. In den nächsten Jahren sollen viele kleine Online-Shops an den Start gehen, die auch viel flexibler auf Veränderungen reagieren können.

Bei den Pure-Online-Händlern tritt aber auch eine ganz neue Generation von Internet-shops auf den Plan. Folgende Betriebstypeninnovationen sind zu erkennen (Wieschowski 2008, S. 47; FAZ 2008, Nr. 156, S. 19):

- **Liveshop — Nur ein Produkt und ein Preis:** „Ein Tag, ein Produkt, ein aggressiver Preis", so lässt sich das Geschäftsmodell der Liveshops wie z.B. „guut.de" zusammenfassen. Mit überschaubarer Produktpalette, nicht selten nur einem einzigen Produkt zu Kampfpreisen (z.B. knallroter Schlitten), machen die Liveshops den herkömmlichen Internet-Läden zunehmend Konkurrenz.

- **Clubverkauf – Shoppen nur nach Anmeldung:** Als Pionier für den Clubverkauf gilt Vente Privée. Der Online-Händler hat in 2002 dieses neue Verkaufskonzept eingeführt, das in Deutschland sehr erfolgreich von den beiden Shopping-Clubs BuyVip und Brands4Friends kopiert wird. Die beiden deutschen Club-Shops wurden in 2007 gegründet und werden beide nach eigenen Angaben in 2009 voraussichtlich die 70 Millionen. Grenze überschreiten. Alleine im letzten Jahr konnte der Online-Händler BuyVip, an dem sich neuerdings die Bertelsmann AG beteiligt hat, seinen Umsatz verfünffachen. Bei den Clubverkäufen darf nur der Kunde einkaufen, der sich vorher angemeldet hat. Das geht aber wiederum nur, wenn dieser vorher von einem Freund eingeladen wurde. Exklusivität steht demnach im Vordergrund, wobei der Schwerpunkt des Angebotes auf Marken-, Mode- und Lifestyle-Produkten liegt (z.B. von Diesel, Swatch, Dolce & Gabbana, Armani oder Converse). Gängig sind fünf Aktionen pro Woche, über die alle Clubmitglieder per E-Mail informiert werden und die dann ein bis zwei Tage laufen.

- **Shoppingbörse – Kaufen, wenn der Kurs stimmt:** Das Geschäftsmodell von Gimahhot funktioniert ähnlich wie die Frankfurter Börse. Demnach schlagen Verkäufer und Käufer für ein bestimmtes Produkt (z.B. iPodNano oder aktuelles Motorola-Handy) auf Shoppingbörsen für ein bestimmtes Produkt jeweils ihre Wunschpreise vor. Zum Auftakt stellt der Händler sein Produkt zu einem bestimmten Preis ein, wobei in einer Tabelle alle Anbieter des Produktes aufgelistet werden. Nachdem der Kunde seinen Wunschpreis eingetragen hat, beginnt das Verhandeln, wobei alle Händler den Preisvorschlag bekommen und mehrere Tage Zeit für ihre Entscheidung haben, ob sie das Produkt zum gewünschten Preis verkaufen. Bei Zustimmung wird der Kunde per Mail über verkaufswillige Händler benachrichtigt. Die Transaktion wird jedoch ausschließlich über Gimahhot abgewickelt.

- **Flohmarkt – Handarbeit statt Massenware:** Im Gegensatz zu den klassischen Flohmärkten bieten heute handwerklich begabte Kleinstunternehmen ihre Produkte auf Internetplattformen wie z.B. Dawanda an. Dabei wird keine Massenware, sondern „Products with Love" angeboten, d.h. Selbstgemachtes, Einzelstücke oder limitierte Editionen kleiner Manufakturen. Die rund 15.000 Hersteller mit ihren über 200.000 Produkten geben bei Dawanda darüber hinaus auch Einblick in ihre Arbeit und tauschen sich mit Kollegen und Kunden aus. Die Übergänge dieses Betriebstyps zum kooperierenden und vertikalisierten Online-Handel sind fließend.

■ **Neue Auktionsform — eBay für Zocker:** Telebild.de bietet neuerdings eine Mischung aus Auktion, Glücksspiel und Schnäppchenjagd an. Jedes Gebot kostet dabei 50 Cent und steigert den gebotenen Preis um 10 Cent. Gewonnen hat derjenige, der zuletzt bietet. Dabei kann der Gewinner ein Schnäppchen machen, wobei vor allem Technikprodukte versteigert werden (z.B. Handys, Computer, Spielkonsolen, Haushaltsgeräte, Autos und sogar Geldgutscheine). Gegenüber dem Ladenpreis sparen die Gewinner im Durchschnitt 65 Prozent. Es gibt aber immer nur einen einzigen Gewinner, während alle anderen Mitbietenden Verlierer sind und trotzdem für ihre Gebote bezahlen müssen. Trotzdem melden sich in den drei Ländern Deutschland, Großbritannien und Spanien, in denen die Sofina GmbH die Telebild betreibt, jeden Tag 3.000 neue Nutzer an. Insgesamt werden am Tag Waren im Wert von deutlich über 30.000 € umgesetzt.

2.5.2 Kooperierender Online-Handel

Zunehmend treten Händlerkooperationen unter einer einheitlichen E-Store-Brand auf. Häufig handelt es sich dabei um Branchenlösungen in Form von Portalen, die z.B. von Großhändlern, Verbundgruppen, Herstellern oder unabhängigen Institutionen angeboten werden. Gängig ist diese Form des Online-Handels bei Apothekengroßhändlern (z.B. apotheke.com) oder bei Buchgroßhändlern (z.B. buchhandel.de oder libri.de).

Mittlerweile ist aber auch die Nutzung eines vollständigen Online-Shops über das Auktionshaus eBay oder auch als Partner von Amazon möglich. Dieses ist relativ unkompliziert und mit überschaubaren Kosten durchführbar. Mit externen Tools lässt sich z.B. ein eBay-Shop relativ einfach und schnell zu einem vollständigen E-Commerce-System ausbauen. Dabei unterstützen die gängigen eBay-Services wie z.B. PayPal, Inkasso und Treuhandkonto die Abwicklung. Es ermöglicht zudem, vom Vertrauenspotenzial, von der Bekanntheit sowie von den Werbemaßnahmen dieser beiden beliebten Handelsplattformen zu profitieren. Amazon ist z.B. mit einer großen Anzahl fremder Websites dynamisch verlinkt. Außerdem kann man den Inkassoservice „Amazon Payments" in Anspruch nehmen. Die Kosten des „Amazon Marketplace" liegen zwischen 10 und 15 Prozent des Verkaufspreises zuzüglich 0,99 € pro erfolgreichem Verkauf. Mit dem „zShop" kann man sogar ein eigenes Sortiment oder Auktionen erzeugen. Die Kosten hierfür liegen gestaffelt zwischen 5 Prozent bei einem Preis bis 100 € und 1,25 Prozent plus 52,50 € bei Preisen über 2.000 € (vgl. HMWVL 2007, S. 52ff.).

2.5.3 Multi-Channel-Handel

In der ersten Phase des Online-Handels spezialisierten sich viele Unternehmen nur auf das Internet als Absatzkanal, ohne den stationären Handel ins Visier zu nehmen, während die traditionellen Händler auf der anderen Seite dem „Hype" misstrauisch begegneten und sich auf ihr altbewährtes Stationärgeschäft konzentrierten. Im Zuge der Internet-Diffusion und -Evolution nahmen jedoch immer mehr Unternehmen auch aus dem traditionellen Bereich das Internet in ihr Vertriebsportfolio mit auf und setzten damit erste Multi-Channel-Strategien um. Dabei wurden viele der halbwegs erfolgreichen Online-Händler von großen Handelskonzernen aufgekauft und in deren Multi-Channel-Strategie integriert. Zunehmend bemerkten auch die Online-Händler, dass ihre Chancen deutlich steigen, wenn sie ihr Vertriebssystem mit Katalogversandhandel und stationären Geschäften ergänzen bzw. erweitern (vgl. Krone, 2004, S. 5ff.). Mittlerweile existiert eine Fülle unterschiedlicher Multi-Channel-Systeme, wobei von Multi-Channel-Handel immer nur in Verbindung mit einem Internet-Kanal gesprochen werden kann:

- Ursprünglich stationäre Einzelhändler („Brick&Mortar-Anbieter"), die einen zusätzlichen elektronischen Absatzkanal zur Unterstützung des stationären Lead-Channel einrichten („Click&Mortar-Anbieter"), wie u.a. Douglas, Tengelmann und Schlecker.

- Stationäre Einzelhändler, die mit Online-Shopbetreibern kooperieren, die zusätzlich auch klassischer Katalogversender sein können, um so von deren Know-how zu profitieren und sich damit Zugang zu einem Multi-Channel-System zu verschaffen, wie u.a. Bogner mit Primondo/Quelle oder ehemals OBI mit Otto.

- Ursprüngliche Mehrkanal-Systeme (stationärer Handel in Verbindung mit dem Katalogversand), die um einen elektronischen Kanal erweitert werden, wie u.a. bei Tchibo, Conrad Electronic oder IKEA.

- Bisherige „Pure-Internet-Player", die bislang ausschließlich den elektronischen Kanal benutzt haben und nun Ladengeschäfte erwerben bzw. eröffnen, um sich damit Zugang zu neuen Kunden zu verschaffen. Beispiele sind u.a. Beautynet oder Pixelnet, die in 2001 Photo Porst übernahmen.

Versandhändler, die neben dem Kataloggeschäft auch Online-Handel betreiben, stellen keine Form des Multi-Channel-Handels dar, sondern betreiben als Distanzhändler „hybriden Internethandel", da sie zusammengenommen denselben Distanzhandelskanal nutzen. Von allen Erscheinungsformen am häufigsten anzutreffen ist die Umwandlung vom Brick&Mortar-Anbieter (stationärer Handel) zum „Click&Mortar-Händler" nach E-Retailing-Form. Durch Multi-Channel-Systeme stehen dem Kunden – in der Regel mit dem stationären Handel und dem Online-Handel – insofern mindestens zwei Vertriebswege für die Beschaffung seines Produktes zur Verfügung. Dabei stellt sich die Frage, wie viele reine Online-Händler ohne Stationärgeschäft es überhaupt noch gibt. Insgesamt beträgt der Anteil der „Nicht-Pure"-Online-Retailer in Deutschland unter den Online-Händlern über 65 Prozent. Die restlichen 35 Prozent sind den reinen Online-Händlern zuzuschreiben. Mit dieser Verteilung liegt Deutschland im Mittelfeld. Während Italien mit nur 39 Prozent Multi-Channel-Anteil das

Schlusslicht bildet, weist die Schweiz mit 84 Prozent den höchsten Anteil der Multi-Channel-Retailer auf (vgl. Krone, 2004, S.6).

Die Kombination von Online-Handel und stationärem Handel, also die echten Multi-Channel-Systeme, können aufgrund sehr verschiedener Kompetenz- und Fähigkeits-anforderungen zweifelsohne als komplexeste Form des Online-Handels angesehen werden. Mit dem Eintritt eines Online-Händlers ins Stationär-Geschäft müssen komplexe neue Fähigkeiten entwickelt werden wie z.B. Sortimentskonzepte und -innovationen sowie eine Standortführung (vgl. Abb. 2-23). Andererseits verfügt der Online-Handel über Stärken, die im stationären Geschäft zukünftig sowieso an Bedeutung gewinnen werden und bereits in Kundenbindungs- bzw. Loyalitätsprogrammen ihren Niederschlag finden. Das Stationärgeschäft ist für Universalversender sicherlich keine Option für eine identische Positionierung. Anderes gilt für Spezialversender, die hier überwiegend bereits fachgeschäftsähnliche Sortimente mitbringen.

Abbildung 2-23: Kernkompetenzen je Kanal aus Versendersicht

Quelle Nach Bähre 2007, S. 15

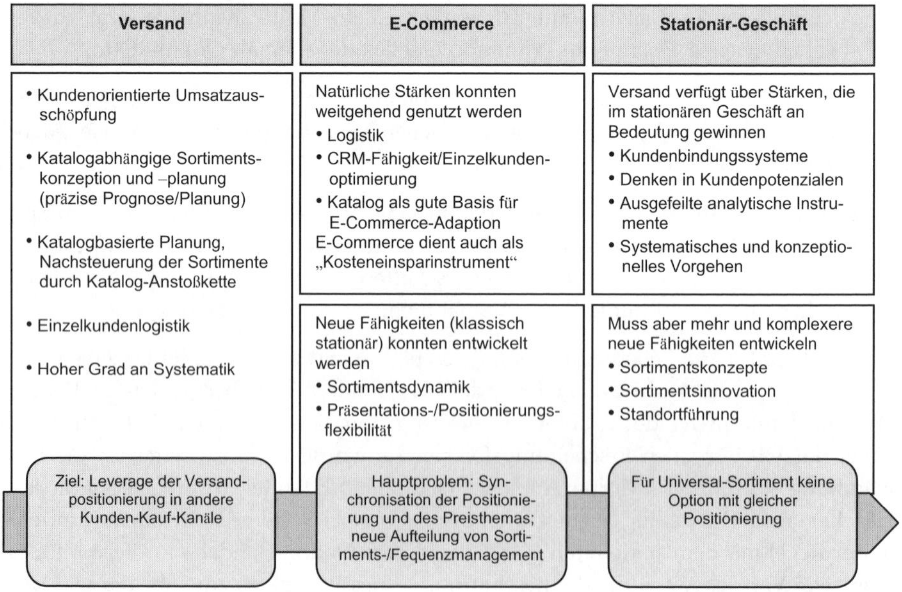

Versand	E-Commerce	Stationär-Geschäft
• Kundenorientierte Umsatzaus-schöpfung • Katalogabhängige Sortiments-konzeption und –planung (präzise Prognose/Planung) • Katalogbasierte Planung, Nachsteuerung der Sortimente durch Katalog-Anstoßkette • Einzelkundenlogistik • Hoher Grad an Systematik	Natürliche Stärken konnten weitgehend genutzt werden • Logistik • CRM-Fähigkeit/Einzelkunden-optimierung • Katalog als gute Basis für E-Commerce-Adaption E-Commerce dient auch als „Kosteneinsparinstrument"	Versand verfügt über Stärken, die im stationären Geschäft an Bedeutung gewinnen • Kundenbindungssysteme • Denken in Kundenpotenzialen • Ausgefeilte analytische Instrumente • Systematisches und konzeptionelles Vorgehen
	Neue Fähigkeiten (klassisch stationär) konnten entwickelt werden • Sortimentsdynamik • Präsentations-/Positionierungs-flexibilität	Muss aber mehr und komplexere neue Fähigkeiten entwickeln • Sortimentskonzepte • Sortimentsinnovation • Standortführung
Ziel: Leverage der Versand-positionierung in andere Kunden-Kauf-Kanäle	Hauptproblem: Synchronisation der Positionierung und des Preisthemas; neue Aufteilung von Sortiments-/Fequenzmanagement	Für Universal-Sortiment keine Option mit gleicher Positionierung

2.5.4   Hybrider Online-Handel

Der Parallelbetrieb aus klassischem sowie elektronischem Versand in einem gemeinsamen Distanzhandelskanal bildet den „hybriden Online-Handel" als eine eigenständige Handelsform. Der Internet-Erfolg der Versandhändler ist kein Zufall. Im Internet-Kanal können in vielen Fällen natürliche Versandstärken genutzt werden. Dieses betrifft die Logistik und Warenwirtschaft, den Katalog als gute Basis für eine Internet-Adaption sowie CRM-Fähigkeiten im Zusammenhang mit Einzelkundenoptimierungen. Internet wird aus der Versandhandelsbrille nicht selten als „Kosteneinsparinstrument" gesehen, mit dem vor allem die hohen Katalogkosten reduziert werden können. Als Hauptproblem entpuppen sich jedoch die Synchronisation der Positionierung und des Preisthemas sowie eine neue Aufteilung von Sortiments- und Frequenzmanagement. Auf der anderen Seite konnten in Hinblick auf die Sortimentsdynamik sowie Präsentations- und Positionierungsflexibilität neue Fähigkeiten entwickelt werden. In Hinblick auf den parallelen Betrieb eines Online-Kanals stellt sich aus der Perspektive eines Versenders folglich die Übertragbarkeit der Fähigkeiten relativ einfach dar und bietet sich schon dadurch per se an. So steht im Versand zunächst die kundenorientierte Umsatzausschöpfung im Mittelpunkt. Es gilt, aus den vorliegenden Kundenadressen den höchstmöglichen Nutzen zu ziehen. Neben den Adressen ist der Katalog Hauptstellhebel. Alles dreht sich um den Katalog, Sortimentskonzeption und -planung sind katalogabhängig und erfordern präzise Planungen und Prognosen. Ein hoher Grad an Systematik prägt das Versandgeschäft. Die Planung ist katalogbasiert und ist nicht zu trennen von der Kataloganstoßkette, über die auch die Sortimente nachgesteuert werden. Schließlich erfordert die Warenzustellung eine Einzelkundenlogistik. Zielsetzung aus der Kombination mit dem Online-Handel ist es in der Regel, die Versandpositionierung in den elektronischen Kanal zu leveragen. Die entsprechenden Kernkompetenzen je Kanal aus Versendersicht sind in Abbildung 2-23 dargestellt.

In Kombination mit dem Online-Handel wird der seit Jahren rückläufige Versandhandel soeben wiedergeboren. „Der zweite Aufschwung", so titelt die FAZ vom 8. Januar 2008 über den Versandeinzelhandel, der durch das Internet beflügelt wird, und zwar „gleich auf zweifache Weise" (Giersberg 2008, S. 15). Auf der einen Seite konnte sich der Versandhandel einen modernen, zusätzlichen Bestellweg erschließen, auf der anderen Seite ist er damit auch für neue Anbieter interessant geworden. Folglich boomt in Deutschland vor allem der von Versandhandelsunternehmen betriebene Online-Handel, während der traditionelle Versandhandel seit Jahren rückläufig ist. Eine Steigerung der Online-Anteile an den Distanzhandelsumsätzen erscheint also auch für die nächsten Jahre gegeben zu sein. Ob es sich allerdings bei den Internet-Umsätzen der Versender um Zusatzumsätze handelt, ist umstritten. Der Anteil des reinen Versandhandels geht augenmerklich zurück, während der B2C-Distanzhandel, der das Internet mit einschließt, seit 2003 wieder wächst. Treiber der positiven Entwicklung des Distanzhandels ist damit ganz klar das Internet (vgl. Abbildung 2-24).

Abbildung 2-24: *Entwicklung des B2C-Distanzhandels*

Quelle: BVH 2010; Welt Online 2010

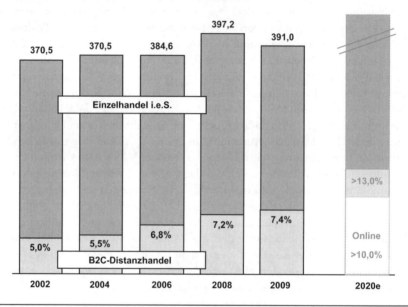

Experten der Deutschen Bank gehen sogar davon aus, dass im Jahr 2015 ein Versand-handelsanteil am Einzelhandel von 13 Prozent erreicht wird, wovon etwa 10 Prozent-punkte auf den Online-Handel entfallen sollen (vgl. Giersberg 2008, S. 15). „Der Inter-netkanal ist weiterhin der Wachstumsmotor der Versandhandelsbranche", betont auch BVH-Hauptgeschäftsführer Thomas Steinmark (vgl. tagesschau.de vom 25. Mai 2008, S.1). „Das Internet hat dem Distanzhandel neues Leben eingehaucht. Da sind sich die Experten einig. E-Commerce bleibt also bis auf weiteres der Treiber für das Versand-handelsgeschäft" (Lippok 2008, S. 41). Dabei ist es unerheblich, ob es sich um neue Umsätze oder um Substitution handelt. Jeder traditionelle Händler ist betroffen, wenn in seinem Segment nennenswerte Umsatzanteile über das Internet realisiert werden und dieser Umsatz aufgrund der für Kunden nicht gegebenen Online-Einkaufsmöglichkeit verloren geht.

2.5.5 Vertikalisierter Online-Handel

Immer mehr Top-Modemarkenhersteller nutzen den Online-Handel als Vertikalisierungsinstrument, betreiben also vertikalisierten Online-Handel. Grund dafür ist, dass nicht vertikal organisierte Unternehmen zunehmend bedrängt werden von den preisaggressiven Vertriebsformen aus dem Discountbereich und den zumeist vertikalisierten Mode-Ketten, die überhaupt keinen Vertriebspartner mehr benötigen, sowie den Großvertriebsformen des Handels, die sich zunehmend über Eigenmarkenpolitik profilieren. Die vertikalen Betriebsformen, die man vereinfacht als „geschlossene Hersteller-Händler-Kombination" bezeichnen kann, zeichnen sich durch die Beherrschung der kompletten Supply-Chain aus und erzielen damit in der Regel überdurchschnittliche Zuwachsraten und Renditen.

Auch der Direktvertrieb durch die Fashion-Industrie wächst stark, sei es durch eigenen stationären Einzelhandel oder B2C-Online-Vertrieb. Anbieter wie boss.de, adidas.de, puma.de und esprit.de, um nur einige Beispiele zu nennen, sind mittlerweile zumindest in Teilbereichen vertikalisiert und betreiben dabei Online-Handel. Vertikalisierte Konzepte wachsen seit Jahren dynamisch in Deutschland. Eine klare Markenhandschrift, verbunden mit einer hohen Einflussnahme auf das Sourcing und Design und somit auf die wesentlichen Bestandteile der Wertschöpfungskette, führen zu einer überdurchschnittlichen Performance. Vertikal organisierte Bekleidungsanbieter konnten beispielsweise seit 1998 den Gesamtmarkt mit Umsatzzuwächsen von durchschnittlich 27 Prozent deutlich outperformen. Allein der Verzicht auf die Zwischendistributionsstufe erschließt beträchtliches Synergiepotenzial und fördert zudem eine vergleichsweise schnelle Expansion. Auch der Wegfall von Zwischenlägern spart Zeit und Kosten und ermöglicht eine höhere Datentransparenz und –Qualität, als es bei der „klassischen Arbeitsteilung" möglich ist. Damit kann auch flexibler auf die Nachfrage agiert werden. Wichtig ist allerdings ein integriertes Branding, das die Markenbotschaft und die Leistung für den Kunden transparenter und leichter bewertbar macht (vgl. KPMG 2005, S 21 ff.).

Der Trend zur Vertikalisierung ist mittlerweile in nahezu allen Branchen zu erkennen. Herstellermarken wie BREE, NIVEA, GEOX, Faber-Castell, Samsonite, Bang & Olufsen, LEGO, Apple und sogar Maggi und Frosta betreiben mittlerweile auch eigenen Einzelhandel. Insgesamt gesehen wird der herstellereigene Online-Handel in Zukunft weiter zunehmen. Die in Deutschland über Jahrzehnte gewachsenen, arbeitsteiligen Strukturgebilde zwischen Industrie und Handel erscheinen vor dem Hintergrund ihrer zunehmend ausbleibenden Erfolge veraltet zu sein und sind offensichtlich nicht mehr in der Lage, den wachsenden Konsumentenanforderungen gerecht zu werden. Vertikale Angebotsformen sind in Hinblick auf Verfügbarkeit, Abwechslung, Inszenierung und Identifikation den traditionellen Handelsformen überlegen. Durch welche enorme Vorteilhaftigkeit der vertikalisierte Handel auch in Zukunft weiter getrieben werden wird, zeigt das Beispiel „Inditex" in Abbildung 2-25. Dieses Vorzeigebeispiel veranschaulicht den uneinholbaren Zeitgewinn eines vertikalen Systems im Ver-

Abbildung 2-25: *Vorteilhaftigkeit vertikaler Geschäftssysteme am Beispiel Inditex*

Quelle: KPMG 2005, S. 23

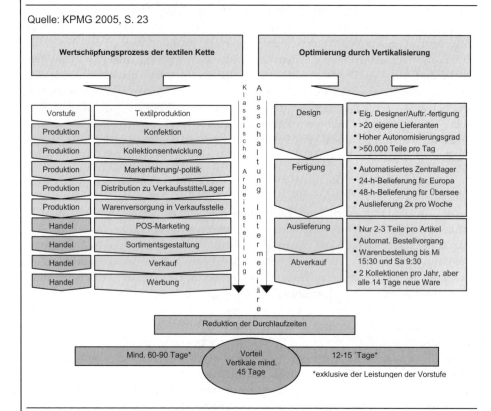

gleich zu einem arbeitsteilig organisierten System durch die Reduktion von Durchlaufzeiten innerhalb der Prozesskette. Als neueste Vertreter des vertikalisierten Online-Handels gelten die Internet-Anbieter, die ihren Kunden Produktkonfigurationen („Mass-Customization") oder Co-Design-Möglichkeiten („Open-Innovation") anbieten wie z.B. Spreadshirt. Diese Anbieter nutzen die Internet-Technologie, um die Kunden in nahezu alle Stufen der Wertschöpfung zu integrieren (vgl. Reichwald/Piller 2006, S. 209). Das setzt eine vertikale Struktur voraus, da sonst die Einflussnahme auf das Produkt nicht möglich wäre.

2.6   Mobile-Shopping und New Online-Retailing

Das Handy ist für viele Menschen zu einer Selbstverständlichkeit geworden, das Mobile-Shopping aber noch nicht (vgl. Wilhelm 2009, S. 10). Zwar ist auch das Surfen im Internet per Mobiltelefon seit der Einführung des „Wireless Application Protocol" (WAP-Standard) im Jahr 1997 möglich (vgl. Turowski/Pousttchi 2004, S.89; Alby 2008, S.22). Langsame Verbindungen, fehlende Angebote und hohe Kosten führten jedoch zunächst zu einer unzureichenden Nutzung des WAP. Inzwischen ist es aufgrund der technischen Weiterentwicklung im Bereich der Übertragungstechnologien und mobilen Endgeräte aber gelungen, neue Perspektiven für das mobile Internet zu schaffen (Bernauer 2008, S.4). Zudem ist die Marktdurchdringung des Mobiltelefons erheblich höher als die des PCs. Statistisch gesehen besitzt jeder fünfte Deutsche mehr als ein Handy. Bereits im April 2008 wurde die Grenze von 100 Millionen Mobilfunkteilnehmern in Deutschland überschritten (vgl. Gruner + Jahr 2008a, S.6). Hinzu kommt, dass die mobilen Endgeräte wie das Apple iPhone bedienungsfreundlicher und auch die Displays immer größer und besser lesbar werden. Als wesentliches Hindernis muss aber die Mobilfunktechnik „Universal Mobile Telecommunications System" (UMTS) angesehen werden, die ursprünglich als Wachstumsmotor für das mobile Internet gelten sollte, jedoch dem gestiegenen Datenvolumen im Mobilfunk nicht mehr gerecht werden kann und inzwischen als überholt gilt (Kowalewski 2010, S. A7; Spehr/ Jörn 2010, S. T1). Die explosionsartige Zunahme des Datenverkehrs per Mobiltelefon wird gefördert durch den immer stärkeren Preisverfall bei der Netztechnik, wodurch immer günstigere Angebote für mobiles Surfen möglich werden. In Hinblick auf das heutige Datenvolumen hat sich UMTS in der Rückschau als Fehlschlag erwiesen. Insofern weisen die in 2010 versteigerten neuen Mobilfunkfrequenzen den Weg in die Zukunft: „Long Term Evolution (LTE) ist ein Paradigmenwechsel, es ist die vierte Mobilfunkgeneration, die alles besser machen soll - mehr Kapazität, höhere Bandbreiten, bessere Funkabdeckung, und das zu geringeren Kosten" (Spehr/ Jörn 2010, S. T1).

2.6.1   Status des M-Shopping

Derzeit besitzen 26 Millionen Deutsche ein internetfähiges Handy, davon fast die Hälfte ein schnelles UMTS-Handy. Tatsächlich nutzen allerdings nur 13 Prozent von ihnen das mobile Internet (vgl. BITKOM/ Goldmedia 2008, S.27). Fast zwei Drittel der Deutschen, die kein internetfähiges Handy haben, sind auch zukünftig nicht an einem solchen Gerät interessiert (vgl. Accenture 2008, S.4 f). Abbildung 2-26 verdeutlicht die Gründe für die geringe Akzeptanz des mobilen Internets. Trotz aller Vorbehalte steigt allerdings die Zahl der mobilen Internet-Kunden, die sich in den letzten beiden Jahren verdoppelt hat (vgl. Gruner + Jahr 2008a, S.17). Sinkende Preise und Flatrate-Tarife, verbesserte Geräte und Angebote im mobilen Internet sowie schnelle Verbindungen durch Technologien wie UMTS werden zukünftig für eine intensivere Nutzung des mobilen Internets sorgen (vgl. Gruner + Jahr 2008a, S.6). Aktuelle Studien kommen einhellig zum Schluss, dass sich das „Hosentaschen-Internet" (Bernauer 2008, S. 4) in naher Zukunft durchsetzen wird und damit auch für das M-Shopping neue Möglichkeiten eröffnet (vgl. Accenture 2008, S.15; Gruner + Jahr 2008a, S.17; BITKOM/ Goldmedia 2008, S.45).

Abbildung 2-26: *Vorbehalte gegenüber dem mobilen Internet*

Quelle: Accenture 2008, S. 11

Besitzer internetfähiger Handys, die Mobile Web nicht nutzen:
Warum gehen Sie mit Ihrem Handy nicht ins Internet?

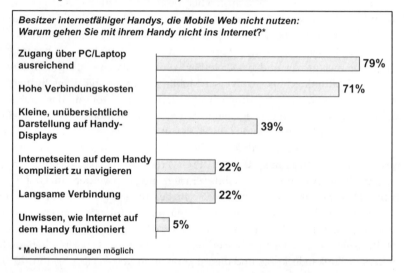

Während derzeit im mobilen Internet vor allem klassische Dienste wie E-Mail, Nachrichten und Wetter- oder Verkehrsinformationen genutzt werden, erreicht das M-Shopping den siebten Platz in den Top-Ten der beliebtesten mobilen Internet-Angebote (vgl. BITKOM/ Goldmedia 2008, S.28). Eine Umfrage ergab, dass 25 Prozent der deutschen Konsumenten Produkte oder Dienstleistungen mit ihrem Mobiltelefon einkaufen würden (vgl. Lightspeed Research 2008, S.2). Auf den vordersten Plätzen liegen dabei nicht erklärungsbedürftige bzw. „on-the-go"-Produkte (vgl. Lightspeed Research 2008, S.1). Insofern bietet das M-Shopping durchaus Chancen für Handelsunternehmen, obwohl das Mobiltelefon im Vergleich zum PC unweigerlich Einschränkungen mit sich bringt und es derzeit in Deutschland nur begrenzte M-Shopping-Angebote gibt. Für Bekleidung sind z.B. lediglich M-Shops der Unternehmen Amazon, Neckermann, Otto, Quelle und Ralph Lauren bekannt. Dabei handelt es sich um speziell für Mobiltelefone optimierte Seiten. Nicht optimierte Internet-Seiten bzw. Online-

Shops sind für Mobiltelefone entweder gar nicht oder nur sehr eingeschränkt nutzbar. Verglichen mit der hohen Zahl der Online-Shops in der Bekleidungsbranche ist das Angebot an M-Shops deutlich reduziert. Eine Studie von Proximity Germany weist deswegen auch darauf hin, dass die Mode-Unternehmen derzeit digitale Trends verschlafen und das M-Shopping nicht nutzen würden (vgl. Proximity 2008, S.1).

2.6.2 Grundlagen und Abgrenzung des M-Shopping

Zunächst stellt sich allerdings die Frage, was der Begriff M-Shopping konkret bedeutet. Der Begriff „mobile" bzw. „M" verdeutlicht bereits, dass diese Art des Shoppings nicht an einen festen Standort gebunden ist. Mobil wird das Shopping durch die Verwendung von Geräten, die für den mobilen Einsatz entwickelt wurden (vgl. Turowski/ Pousttchi 2004, S. 2) Sie können im Alltag mitgenommen und benutzt werden und sind außerdem in der Lage, mobiles Internet darzustellen (Bernauer 2008, S. 26). Bei den mobilen Endgeräten handelt es sich um klassische Mobiltelefone (Handys) im weiteren Sinne, den „Personal Digital Assistant" (PDA) oder das Smartphone (vgl. Wiecker 2002, S.405). Allerdings wird als Abgrenzung zum klassischen Online-Handel das Notebook als Möglichkeit des M-Shoppings ausgeschlossen, da es dem stationären PC in seinen Möglichkeiten (z.B. hinsichtlich Displaygröße, Eingabemöglichkeiten etc.) zu ähnlich ist. Hinsichtlich des PDA ist festzustellen, dass der Verkauf dieser Geräte rückläufig ist. Diese werden außerdem immer mehr durch das Smartphone – einer Mischung aus Handy und PDA – ersetzt (vgl. BITKOM/Goldmedia 2008, S.13; Wiecker 2002, S.417). Das Smartphone ist dabei als Mobiltelefon zu betrachten, für das synonym der Begriff Handy verwendet werden kann. Dieses ermöglicht mit Hilfe von Übertragungstechnologien wie z.B. dem UMTS den Zugang zum Internet, der dann in dieser Kombination das mobile Internet darstellt. Der M-Shop unterscheidet sich folglich vom Online-Handel durch den Einsatz eines mobilen Endgerätes an Stelle eines stationären PC's. Für ihn gelten ansonsten dieselben Merkmale wie für den „klassischen" Online-Handel und damit den Distanzhandel (vgl. Thelen 2009, S. 4).

M-Shopping ist ein Teilbereich des Mobile Commerce (M-Commerce). Zwar steht hier der Austausch von Waren und Dienstleistungen im Vordergrund, doch zählen ebenfalls Informations- und Kommunikationsprozesse wie z.B. „Location Based Services" (LBS) zum M-Commerce (vgl. Scheer et al. 2002, S.100; Lehner 2002, S.8; Turowski/Pousttchi 2004, S.2). M-Commerce und E-Commerce grenzen sich vor allem hinsichtlich der verwendeten Endgeräte voneinander ab. Beim E-Commerce handelt es sich in der Regel um stationäre Geräte, wodurch der Handel überwiegend ortsgebunden stattfindet (vgl. Turowski/Pousttchi 2004, S.1), während dieser beim M-Shopping nicht ortsgebunden ist.

2.6.3   Technische Grundlagen des M-Shopping

Da die Verbreitung des mobilen Internet bzw. des M-Shopping wesentlich durch die Entwicklung von schnelleren Übertragungstechnologien und verbesserten Geräten beeinflusst wird, werden im Folgenden beide Aspekte besonders gewürdigt (vgl. BITKOM/Goldmedia 2008, S.11):

Übertragungstechnologien

Auf dem „Global System for Mobile Communications" (GSM-Standard) basierende Mobilfunknetze zählen zu den Mobilfunksystemen der zweiten Generation (2G). Aufgrund der jedoch sehr langsamen Datenübertragungsraten von GSM (9,6 kBit/s) entwickelten sich Ende der 90er-Jahre Brückentechnologien, die auch als 2,5G bezeichnet werden. Das „General Packet Radio Service" (GPRS) ist die dabei wohl bekannteste und am meisten genutzte Technologie. Sie wurde 2001 in Deutschland eingeführt. Es handelt sich dabei um eine Erweiterung des GSM-Standards, der eine schnellere Datenübertragung (115 kBit/s) ermöglicht (vgl. Bernauer 2008, S.22). Die dritte Mobilfunkgeneration (3G) stellt das UMTS dar, das seit 2004 in Deutschland verfügbar ist (vgl. vgl. Thelen 2009, S. 6 f.). Bei UMTS ist jedoch, im Unterschied zur Erweiterung des GSM-Standards durch GPRS, kein einfaches Update mehr möglich. Hier ist der Aufbau eines eigenen Netzes notwendig. Das hat zur Folge, dass die UMTS-Abdeckung noch nicht mit der des nahezu flächendeckenden GSM-Netzes vergleichbar ist. Durch die Abwärtskompatibilität des UMTS-Netzes wird überall dort, wo UMTS derzeit noch nicht verfügbar ist, automatisch auf das weiter verbreitete, aber langsamere GSM-/GPRS-Netz übergegangen. Während der Telefonkunde davon nichts mitbekommt, macht sich der Wechsel für den Internet-Kunden deutlich bemerkbar (vgl. Alby 2008, S.24). Auch kann das UMTS nicht mit den Geschwindigkeiten eines DSL-Anschlusses im stationären Internet konkurrieren. Dieses wird in Abbildung 2-27 verdeutlicht. Trotzdem gilt UMTS als das Zukunftssystem, das die Verbreitung des mobilen Internet vorantreiben wird und auf dem zukünftige Technologien basieren werden (vgl. Alby 2008, S.26). Zu diesen zählen die bereits entwickelten UMTS-Erweiterungen wie z.B. das „High Speed Downlink Packet Access" (HSDPA). Sie werden als 3,5G bezeichnet und können mit der Erweiterung von GSM durch GPRS verglichen werden. Die Datenübertragungsgeschwindigkeit wird dadurch ganz erheblich gesteigert (vgl. Alby 2008, S.26 f). Auf die Frage, welche Technologien sich als das Mobilfunksystem der vierten Generation durchsetzen werden, existieren unterschiedliche Meinungen: Für die einen gilt das „Long Term Evolution" (LTE) als das „mobile Supernetz", die anderen sehen Technologien wie „Worldwide Interoperability for Microwave Access" (WiMAX) oder „IP Multimedia Subsystem" (IMS) an vorderster Stelle (vgl. Alby 2008, S. 30 f.; Bernauer 2008, S.24 und 26 f.).

Abbildung 2-27: *Übertragungsgeschwindigkeiten im Vergleich (in kBit/s)*

Quelle: Alby 2008, S. 27

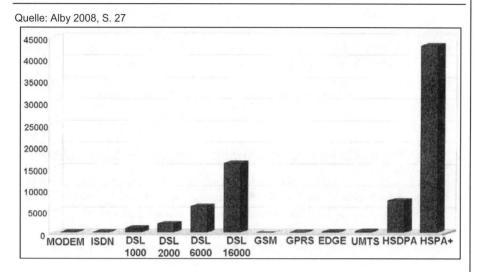

Mobile Endgeräte

Displaygröße und begrenzte Eingabemöglichkeiten über die klassische Handytastatur erschweren die Nutzung des mobilen Internet. Voraussetzung für das Surfen im mobilen Internet ist ein grundsätzlich internetfähiges Gerät. Eine „schnelle" Verbindung ins mobile Netz via UMTS ist nur mit einem speziellen, UMTS-fähigen Gerät möglich. Diesbezüglich sind die auf dem Markt erhältlichen Mobiltelefone/Handys heute fast ausnahmslos UMTS-fähig (vgl. Bernauer 2008, S. 26 f.). Handys unterscheiden sich dabei vor allem durch ihre kleinere Größe von den Smartphones. Smartphones sind eine Mischung aus Mobiltelefon und PDA, die für sich genommen eigentlich keine Telefonierfunktion besitzen. Sie besitzen i.d.R. ein größeres Display als Mobiltelefone und können eine höhere Anzahl von Farben darstellen (vgl. Bernauer 2008, S. 27 und 28 f.). Auch unterscheiden sich die Eingabemöglichkeiten über kleinere, einklappbare oder einschiebbare Tastaturen (QWERTZ-Tastaturen) bzw. Touchscreens von denen des Handys. Sie können gewöhnlich mit einem Finger oder Stift bedient werden. Sowohl die Displaygröße als auch die Eingabemöglichkeiten des Smartphones ermöglichen im Vergleich zum Mobiltelefon eine einfachere und komfortablere Nutzung des mobilen Internet. Da der Absatz dieser Geräte steigt, befinden diese sich eindeutig auf dem Vormarsch (vgl. Bernauer 2008, S. 28). Mit dem wohl prominentesten Vertreter des Smartphones, dem Apple iPhone, hat das „Internet im Taschenformat" endgültig seinen Durchbruch erlebt. Doch machen jetzt auch die Wettbewerber wie Nokia, Microsoft und Google auf breiter Front mobil und streben nach dem „iPhone-Killer" (vgl. Lufthansa Exclusive 03/09, S. 17). Große Beachtung erfährt das Android-Handy G1 des Herstellers HTC, mit dem Google „in den Ring gestiegen ist" (vgl. Fredrich

2009b, S. B3). Nach den Zahlen des Marktforschers Gartner hat Google mit seinem Handy-Betriebssystem Android zu Jahresbeginn 2010 bereits seinen Konkurrenten Microsoft überholt und lag mit 10% Marktanteil erstmals auf Platz vier vor dem Microsoft-Betriebssystem Windows Mobile. Neben Google tummeln sich auf den ersten vier Plätzen weiter Nokias Symbian sowie die Systeme von Research in Motion und Apple. Mittlerweile wird das Google-Handy Nexus One, das sich eng an die HTC-Technologie anlehnt, auch über den deutschen Einzelhandel vertrieben, wodurch sein Erfolg auch hierzulande absehbar ist (vgl. Heuzeroth 2010a, S. 30).

2.6.4 Produkteignung des M-Shopping am Beispiel Mode

Die Möglichkeiten des M-Shopping für den Verkauf von anspruchsvollen Produkten wurden in einer Studienarbeit von Kristina Thelen untersucht, die im Wintersemester 2008/2009 an der Hochschule Niederrhein von dem Autor betreut wurde. Darin ging es um die Frage, inwieweit das Mobile-Shopping auch für Bekleidung geeignet ist. Dabei wurden nicht nur die Besonderheiten von Bekleidung beachtet, sondern auch die spezifischen Eigenschaften der mobilen Endgeräte und des Mobilfunks mit untersucht (vgl. Thelen 2009, S. 11 ff.).

Geräteabhängige Merkmale

Das Display ist ein charakteristischstes Merkmal des Mobiltelefons. Obwohl sich diesbezüglich ein Trend zu immer größeren Displays abzeichnet, wird das Mobiltelefon als „Hosentaschenbegleiter" niemals die Größe erreichen, die für die Darstellung der meisten Webseiten akzeptabel wäre (vgl. Alby 2008, S.64). Darin besteht eine der gravierendsten Einschränkungen des M-Shoppings für Bekleidung. Je kleiner das Display ist, desto kleiner sind die Produktabbildungen, die dem Kunden einen Eindruck der Ware vermitteln sollen. Eine realistische Wiedergabe von Material, Struktur und Farbe ist jedoch gerade für Bekleidung von großer Bedeutung, um z.B. auch übermäßige Retouren zu vermeiden. Genau darin liegt jedoch aufgrund der kleinen Displaygröße eine wesentliche Herausforderung für das M-Shopping. So müssen die Bilder vom Shop-Betreiber nachbearbeitet werden, wobei dann die Darstellung des Materials bzw. der Struktur der Ware als Ersatz für die haptische Komponente optimiert und Farben an das Original angepasst werden (vgl. Erlinger 2008, S.52 f.). Eine nicht zu beeinflussende Komponente bleibt aber das verwendete Endgerät. Einerseits spielt die Bildauflösung des Gerätes, die für eine scharfe Darstellung verantwortlich ist, eine zentrale Rolle. Auf der anderen Seite ist die Anzahl der darstellbaren Farben (Farbtiefe) äußerst wichtig. Der Kunde muss sich auf die Farbdarstellung der abgebildeten Bekleidung verlassen können. Die Abweichung der auf dem Display erscheinenden Farbe vom realen Farbton ist allerdings häufig zu groß (vgl. Lochmann 2007, S.92). Vor allem ältere Mobiltelefone sind in der Darstellung der Farben stark begrenzt und auch die Displayauflösung ist noch nicht mit der von PCs vergleichbar (vgl. Alby 2008, S.64).

Ein weiterer Aspekt, der die Nutzung von Mobiltelefonen beeinträchtigt, ist die ungünstige Lichteinwirkung auf das Display. Mobil eingekauft werden kann zwar theoretisch überall, an Orten mit starker Sonneneinstrahlung wird der Handynutzer allerdings Probleme haben, auf dem Display etwas zu erkennen (vgl. Alby 2008, S.65f.). Bei trivialen Produkten, wie z.B. einem Shampoo, ist das weit weniger von Bedeutung als bei einem anspruchsvollen Produkt, wie z.B. Bekleidung. Neben dem Display ist aber auch die Tastatur durch die Größe des Handys beschränkt. Während die klassische Handytastatur mit Mehrfachbelegung der Tasten zum Telefonieren ausreicht, ist sie für die Nutzung des mobilen Internets eher unkomfortabel. Mit zunehmender Beliebtheit von „Internet-Handys" (z.B. iPhone) nimmt allerdings auch die Anzahl der Geräte, die über bequemere Eingabemöglichkeiten verfügen, zu. Dazu zählen Touchscreens, die entweder mit einem Stift oder Finger zu bedienen sind oder auch Geräte mit kleinen, vollständigen Tastaturen, die sich einklappen oder zuschieben lassen. Mit einer Computertastatur ist allerdings keine dieser Eingabemöglichkeiten vergleichbar (vgl. Alby 2008, S.65 ff.). Die Navigation im Netz stellt ein weiteres Hindernis für eine bequeme Nutzung des mobilen Internets dar. Anstatt einer Maus oder anstelle von Tastaturbefehlen müssen Geräte ohne ein Touchscreen allein mit der Handytastatur auskommen. Bei Geräten mit Touchscreen, die mit dem Finger bedient werden, besteht die Schwierigkeit darin, die ohnehin schon verkleinerten Elemente exakt zu treffen und die Seite zu navigieren (vgl. Alby 2008, S.65 ff.). Zusätzlich wird dieses Problem auch noch dadurch verstärkt, dass nur wenige Internet-Seiten für die Darstellung auf kleinen Handydisplays optimiert sind. Der Handynutzer ist nicht nur gezwungen, nach unten bzw. nach oben, sondern häufig auch noch nach links bzw. nach rechts zu scrollen. Eine weitere, häufig ebenfalls nicht erfüllte Voraussetzung für das mobile Internet ist die reibungslose Stromversorgung. Diese erfolgt in der Regel durch einen Akku. Die Inanspruchnahme klassischer Dienste des Mobiltelefons wie das Telefonieren oder Verschicken bzw. Empfangen von SMS kostet nur wenig Strom. Diesbezüglich sind Akkulaufzeiten von mehreren Tagen normal. Neue Anwendungen jedoch, wie das Verschicken und Abholen von E-Mails oder das M-Shopping via UMTS, verbrauchen relativ viel Strom (vgl. Alby 2008, S.66 f.). Schwierige Navigation und lange Ladezeiten nehmen Zeit in Anspruch und belasten dementsprechend den Akku. Mobil einkaufen kann der Handynutzer demnach nur solange, wie es die Akku-Kapazität des mobilen Endgerätes auch tatsächlich hergibt. Diese reicht häufig noch nicht aus und kann deswegen den mobilen Einkauf behindern. Das wohl größte Hindernis für das M-Shopping von Bekleidung stellt allerdings das fehlende Angebot mobiler Internet-Seiten dar. So entscheiden sich viele Mode-Anbieter immer noch gegen eine Optimierung ihrer Internet-Seiten für Mobiltelefone, wie z.B. der Esprit-Online-Shop (vgl. Thelen 2009, S. 16 ff.). Bei der Optimierung der Internet-Seiten für den M-Shop, wie es z.B. der Otto-M-Shop tut (z.B. www.otto.de), wird jeweils zusätzlich zu der bestehenden Internet-Seite eine speziell an Mobiltelefone angepasste Seite entwickelt (z.B. www.mobil.otto.de). Diese ist für den Anbieter unweigerlich mit einem höheren Aufwand verbunden, erleichtert aber das M-Shopping für die Kunden erheblich. So werden entsprechend der „Mobil Web Best Practices" (vgl. Alby 2008,

S.118) die Darstellungen von Inhalten und auch die Inhalte selber an die eingeschränkten Möglichkeiten der Geräte angepasst. Dieses betrifft z.B. Browser, Displaygröße sowie Eingabemöglichkeiten (vgl. Alby 2008, S.33) und ist insofern sinnvoll, als dass sich Mobiltelefone aufgrund ihrer Einschränkungen nicht für eine umfassende Informationsdarstellung eignen. Außerdem ist davon auszugehen, dass Mobiltelefone häufig in anderen Situationen als PCs zum Einsatz kommen und abgerufene Informationen in Bezug zu dem aktuellen Kontext des Benutzers stehen können (vgl. Alby 2008, S.33). Bezüglich der Gestaltung bzw. Darstellung von Inhalten bedeutet eine Optimierung beispielsweise, auf Bilder mit hoher Auflösung, vielen Farben, komplizierten Tabellen sowie Frames zu verzichten und die Informationen kompakt darzustellen. Hilfreich ist dabei auch die Fokussierung der Navigation sowie die Reduzierung der Ladezeit. Speziell optimierte Internet-Seiten für mobile Geräte bieten den Vorteil einer relativ schnellen, übersichtlichen und bequemen Nutzung. Sie sind außerdem auf nahezu allen internetfähigen Handys verfügbar. Es ist also sichergestellt, dass möglichst viele Mobiltelefone in der Lage sind, die optimierten Seiten darzustellen (vgl. Alby 2008, S.118 ff. und 136 ff.). Ein erheblicher Nachteil ist allerdings, dass diese „abgespeckten" Versionen auf einen Großteil der im Internet verfügbaren Funktionen verzichten müssen. Dieses ist allerdings immer noch besser, als Internet-Seiten für mobile Geräte nicht zu optimieren. Denn dann sind die Seiten mit dem Mobiltelefon überhaupt nicht darstellbar oder allenfalls nur sehr eingeschränkt nutzbar (vgl. Alby 2008, S.68 f.). Internet-Seiten bzw. Online-Shops sind häufig jedoch sehr aufwändig gestaltet und bieten dem Nutzer vielseitige Funktionen (z.B. der Otto-Styling-Shop). Dadurch erreichen die Internet-Seiten eine Größe, die die Möglichkeiten der mobilen Geräte derzeit noch übersteigen. Die wichtigsten Funktionen, die dem Kunden eine intensive, interaktive Auseinandersetzung mit der Ware ermöglichen, sind derzeit über mobile Geräte nicht verfügbar. Die Nutzung des Online-Shops von Esprit ist zum Beispiel mit einem klassischen Mobiltelefon und auch mit einem Smartphone kaum möglich. Sie ist mit langen Ladezeiten, fehlerhaften Darstellungen sowie schlechter Navigation verbunden. Auch sind bei Esprit Zoom-Funktionen nicht abrufbar. Ähnlich wie bei Esprit stellen sich auch die Online-Shops von Tommy Hilfiger und S.Oliver dar. Da die nicht optimierten Internet-Seiten kaum Nutzungsmöglichkeiten für das M-Shopping bieten, wurden in der Studienarbeit von Kristina Thelen ausschließlich Mobiltelefone optimierter Angebote wie z.B. der Otto-M-Shop herangezogen, die vor allem Verbesserungen hinsichtlich der Ladezeiten und der Bedienbarkeit aufweisen (vgl. Thelen 2009, S. 18ff.).

Mobilfunkabhängige Merkmale

Obwohl vor allem der Ausbau des GSM-Netzes heute sehr weit vorangeschritten ist, treten in ländlichen Regionen immer noch Funklöcher auf. Vor allem Zugreisenden dürfte dieses Problem bekannt sein. Gerade in Situationen, in denen das Mobiltelefon eigentlich prädestiniert wäre, um mobil im Internet zu surfen, stören Verbindungsunterbrechungen erheblich. Fehlt die Verbindung ins mobile Internet, kann das M-Shopping den Anspruch einer Marke im Sinne der Ubiquität und Überallerhältlichkeit nicht mehr erfüllen (vgl. Thelen 2009, S. 18 f.). Eine dauerhafte Netzverfügbarkeit sowie eine hohe Übertragungsgeschwindigkeit sind für das M-Shopping ebenso wie für den Online-Erlebniseinkauf Grundvoraussetzung. Zwar wird das UMTS als Wachstumsmotor für die Verbreitung des mobilen Internet bezeichnet, trotzdem reichen die Übertragungsgeschwindigkeiten nicht an die schnellen und relativ weit verbreiteten DSL-Anschlüsse des stationären Internets heran. Diesbezüglich schaffen Erweiterungen wie das HSDPA zwar Abhilfe, doch nicht alle Mobilfunkanbieter haben ihre Netze mit diesem „Datenturbo" aufgerüstet (z.B. E-Plus nicht). Hinzu kommt, dass die UMTS-Abdeckung derzeit noch nicht als flächendeckend bezeichnet werden kann. Das hat zur Folge, dass überall dort, wo UMTS nicht verfügbar ist, automatisch auf das weiter verbreitete GSM/GPRS-Netz zurückgegriffen wird. Dieser Wechsel bedeutet für den mobilen Internet-Kunden eine ganz erhebliche Verlangsamung (vgl. Thelen 2009, S. 19). Das M-Shopping, welches auf Produktabbildungen mit längeren Ladezeiten nicht verzichten kann, wird dabei zur Geduldsprobe. Die langsame Übertragungsgeschwindigkeit stellt derzeit eines der größten Hindernisse für ein bequemes M-Shopping dar. Aber auch die Preise der Mobilfunkanbieter für mobile Datendienste stellen ein weiteres Hindernis für die Nutzung des mobilen Internet dar (vgl. Thelen 2009, S. 19). Trotz sinkender Preise und Flatrate-Angeboten geben 71 Prozent der Besitzer internetfähiger Handys hohe Verbindungskosten als wesentlichen Grund für die Nichtnutzung des mobilen Internet an (vgl. Accenture 2008, S.11). Diese sind, verglichen mit den Gesprächskosten und Flatrate-Preisen der zuverlässigeren und schnelleren DSL-Anschlüsse, tatsächlich relativ hoch. Demgegenüber hat der Kunde allerdings auch den Vorteil, mobil surfen zu können (vgl. Albey 2008, S. 68).

2.6.5 Applikationen verändern die M-Shopping-Welt

Während eine Applikation ursprünglich jede Art von Anwendungssoftware oder -Programm kennzeichnet (vgl. Wikipedia 2010), hat diese im Zusammenhang mit dem iPhone von Apple im Rahmen der sogenannten iPhone-Apps eine mobil-spezifische Rolle eingenommen. Nach aktuellen Marktforschungsstudien von Gartner werden in 2010 rund 4,5 Milliarden iPhone-Apps aus dem iTunes-Store heruntergeladen. Aktuell sind ca. 135.000 vorausgewählte Softwareprogramme für das iPhone im Angebot mit täglich steigender Tendenz (vgl. Meyer 2010, S. 1). Sicherlich beflügelt der Verkaufserfolg des iPhones diesen Trend. 8,75 Millionen iPhones wurden im letzten Quartal 2009 von Apple verkauft. In Deutschland hat T-Mobile bisher mehrere Hunderttausend Geräte abgesetzt (vgl. Apple 2010; NETZWERTIG.COM 2008), und das, obwohl in technischer Hinsicht diverse andere Smartphones mit dem iPhone problemlos mithalten können oder gar dessen Funktionsumfang übertreffen. Als entscheidender Grund für den sich andeutenden iPod-Effekt beim iPhone, die Allgegenwärtigkeit, sind nach Expertenmeinung die Applikationen anzusehen, mit denen sich die Funktionalität des Gerätes nahezu unbegrenzt erweitern lässt. Auf absehbare Zeit wird hier sicherlich bis auf Googles Android-Plattform und deren „Application Market" kein anderer Anbieter mithalten können. Die Motivation, eine Anwendung zu installieren, liegt beim iPhone primär in der Erweiterung der Grundfunktionalität (NETZWERIG.COM 2008). Für jede Kategorie gibt es mittlerweile unterschiedlichste Rankings und Favoriten. Alleine in Bezug auf das Thema Urlaub und Reisen werden rund 10.000 kleine Zusatzprogramme bereitgehalten. Damit wird das Handy zum multifunktionalen „Reiseführerwährungsumrechnerhotelfinderfahrplannavigator". Ob Währungsrecner (Currencies), Mietwagenbuchung (Kayak), Restauranttischreservierung (Open Table) Mietfahrräder (Call a Bike) oder sogar Parkplatzbuchung (Simty), für jedes Problem hält der zentrale App-Basar, der iTunes-Store, eine passende App bereit (vgl. Heuzeroth 2010, S. 101). In Hinblick auf das M-Shopping führt die App „woabi.de" (Abkürzung für „woandersbilliger") bereits heute zu einem völlig veränderten Einkaufsverhalten bei den App-Nutzern. Es muss nur der Barcode des gewünschten Produktes an die Touchscreen gehalten werden, und in Sekundenschnelle wird angezeigt, wo es dasselbe Produkt mit welchem Preis billiger gibt. Insofern kommt es zu einem innovativen „Channel-Hopping" zwischen Stationärkauf und M-Shopping, der die M-Shoppingwelt verändern wird.

2.6.6 Zukunftspotenziale - Ausblick für das M-Shopping

Der M-Shop eröffnet für Kunden und Unternehmen zweifelsohne attraktive Möglichkeiten. Diese können allerdings die gravierenden Einschränkungen, die das Mobiltelefon als Vertriebskanal derzeit noch mit sich bringt, kaum kompensieren. Für den Produktbereich Bekleidung ist das M-Shopping noch nicht als geeignet anzusehen (vgl. Thelen 2009, S. 32). Die entscheidenden Kriterien beim Bekleidungskauf können aufgrund der technischen Möglichkeiten derzeit nicht ausreichend berücksichtigt werden, was vor allem für modische Bekleidung gilt. Sicherlich ist dabei zu berücksichtigen, dass so genannte Top Brands von einem Vertrauensbonus hinsichtlich Passform und Qualität profitieren, weswegen sie sich ja auch durchaus für den Distanzkauf anbieten (vgl. Fuchslocher/Hochheimer 2001, S. 137). Dieser Vorteil fällt jedoch bei modischen Produkten weit weniger ins Gewicht als bei Basics, da Mode hinsichtlich der Passform ein größeres Wagnis für den Kunden darstellt. Sicherlich ist das M-Shopping für (Marken-)Basics oder „Never-out-of-Stock"-Artikel (NOS) besser geeignet. Das Risiko eines Fehlkaufs ist hier deutlich geringer, da i.d.R. Standardformen und keine hochmodischen Schnitte vorliegen. Auch sind das Produkt und die dazugehörige Größe gewöhnlich bekannt. Dass eine differenzierte Betrachtung der Bekleidungsprodukte für die Beurteilung des M-Shops sinnvoll ist, bestätigt auch der Ralp- Lauren-M-Shop, der ausschließlich „RL Classics" (z.B. Polo-Shirts, Sweatshirts oder Shorts) zum Kauf über das Mobiltelefon anbietet (vgl. Thelen 2009, S. 33). Das Unternehmen dürfte damit die im Vergleich zum Online-Shop existierenden Einschränkungen des M-Shops und ihre Bedeutung für den Kauf modischer Produkte berücksichtigt haben. In Anbetracht der Netbooks, die zunehmend auf den Markt treten und sich durchaus für den mobilen Alltag eignen, stellt sich die Frage, ob für das Handy als mobile Einkaufsmöglichkeit überhaupt noch ein Bedarf besteht. Mittels UMTS-Karten bzw. UMTS-USB-Sticks kann auch mit diesen „Mini-Notebooks" drahtlos und überall im Netz gesurft werden. Im Unterschied zum Mobiltelefon ist mit diesen Geräten ein uneingeschränkter Zugriff auf Online-Shops und damit die Nutzung aller dort zur Verfügung stehenden Angebote möglich. Netbooks sind daher sicherlich die bessere und komfortablere Lösung für den Bekleidungskauf (vgl. Thelen 2009, S. 33). Allerdings sind sie noch lange nicht so verbreitet wie das Mobiltelefon. Außerdem fehlen ihnen wichtige Merkmale des Mobiltelefons wie z.B. die „Hosentaschengröße" und die ständige Erreichbarkeit per Anruf oder SMS. Aufgrund der fehlenden Telefonfunktion werden Netbooks wahrscheinlich für den Menschen niemals die gleiche Bedeutung erlangen wie das Handy. Sie sind deswegen auch keine echte Alternative zum M-Shopping (vgl. Thelen 2009, S. 33). Trotz seiner mangelnden Eignung für modische Bekleidung bietet der M-Shop als ergänzender Vertriebskanal nicht von der Hand zu weisende Chancen. Hier könnte die Einbindung des M-Shops in ein System bestehender Vertriebskanäle und die daraus resultierende Channel-Hopping-Möglichkeit der Kanäle für den Kunden sicherlich einen wesentlichen Vorteil bieten (vgl. Thelen 2009, S. 33). Dabei ermöglichen die anderen Kanäle wie z.B. der Online- und der Stationär-Handel ein umfassenderes Informationsangebot. Sie sind deswegen auch insbesondere für den Verkauf von Bekleidung zweifelsohne besser geeignet. Die große Stärke des M-Shops besteht jedoch in der Anywhere- und Anytime-Verfügbarkeit. Der Mehrwert für den Kunden ergibt sich dabei nicht nur aus der ortsungebunden „Rund-um-die-Uhr-Bestellmöglichkeit", sondern ebenfalls auch aus der ständigen Nutzungsmöglichkeit von Serviceangeboten. So stellen sicherlich die speziell auf das Handy ausgerichteten mobilen Services wie z.B. der Preisalarm im Otto-M-Shop einen bedeutsamen Kundennutzen dar. In der Nutzung dieser Stärke liegt die Chance des M-Shops als ergänzender Vertriebskanal zum Online-Shop (vgl. Thelen 2009, S. 33). Wie hoch jedoch das genaue M-Shopping-Umsatzpotenzial in Deutschland ist, lässt sich nur schwer abschätzen. Mit rund 100 bis 150 Mio. € Umsatz bewegt sich der Anteil am Online-Handel bei maximal 1 Prozent. Neueste Umsatzprognosen schätzen den Markt 2014 – je nach Nutzerkapazität – auf 300 Millionen bis 1,8 Milliarden € (vgl. Internet World 2009, S. 26). Dabei wird im optimistischen Fall eine Shopperquote von 80 Prozent unterstellt. Selbst die Hälfte der Maximalprognose, also 900 Millionen €, stellen noch eine recht optimistische Zahl dar. Insofern ist bis 2014 – bei dann rund 40 Mrd. € Umsatz im Online-Handel – ein M-Shopping-Anteil von vielleicht 2 Prozent zu erwarten. Hinsichtlich der Handy-Applikationen ist im Gegensatz zum reinen Warenumsatz jedoch das M-Shopping schon jetzt eine Erfolgsgeschichte. Nach einer aktuellen Studie von Gartner werden 2010 weltweit 6,2 Milliarden $ für Handy-Anwendungen ausgegeben, voraussichtlich 60 Prozent mehr als 2009. Dahinter stehen rund 4,5 Milliarden heruntergeladene Mini-Programme, von denen ca. 80 Prozent kostenlos sein würden. Allerdings erzielen die Anbieter solcher Anwendungen mit Werbung zu den so genannten Apps noch einmal rund 600 Millionen $ (vgl. Handelsblatt.com 2010, S. 1).

3 Die 8 S-Erfolgsfaktoren im neuen Online-Handel

3.1 Ermittlung der Erfolgsfaktoren im Online-Handel

Im nächsten Schritt geht es darum, allgemein gültige Grundsätze abzuleiten, die als Erfolgsfaktoren des Online-Handels angesehen werden können. Erfolgsfaktoren sind üblicherweise Einflussfaktoren, die einen maßgeblichen Beitrag zum Unternehmenserfolg leisten (vgl. Patt 1988, S. 6 ff). Es geht dabei vor allem um die Frage, warum und auf welche Art Online-Händler Erfolg haben, während es dem nichterfolgreichen Online-Handel misslingt, die vorhandenen Potenziale auszuschöpfen. Der Erfolg bemisst sich dabei sowohl an betriebswirtschaftlichen Größen des betrachteten Internet-Unternehmens, wie z.B. Umsatzwachstum und Profitabilität, als auch an spezifischen Online-Kennzahlen. Diese betreffen z.B. die Reichweite des E-Shops (z.B. Besucher pro Millionen WWW-Nutzer), die Vernetzung durch den Uniform Resource Locator (URL), der auf eine andere URL verlinkt, sowie die Schnelligkeit der Website (z.B. Ladezeit in Sekunden). Insbesondere an den betriebswirtschaftlichen Kennzahlen sind viele Online-Händler gerade in den Anfangsjahren der New Economy gescheitert, als die Höhe der „Cash-Burn-Rate" noch ein Statussymbol in den einschlägigen Insiderkreisen darstellte (vgl. Heinemann 2008g, S. 140 ff.).

Die qualitative Ermittlung der Erfolgsfaktoren folgt einer standardisierten Vorgehensweise, die in Abbildung 3-1 dargestellt ist. Demnach wird zunächst die Ausgangssituation der Online-Handelsunternehmen differenziert beleuchtet. Dabei wird recherchiert, welche Form des Online-Handels vorliegt, ob also Pure-Online-Handel, kooperierender Online-Handel, Multi-Channel-Handel, hybrider Online-Handel oder vertikalisierter Online-Handel betrieben wird. Außerdem wird der Internationalisierungsgrad, die Betriebsgröße sowie die Historie berücksichtigt. Danach folgt die genaue Abschätzung des Geschäftskonzeptes aus einer Outside-In-Perspektive (vgl. Heinemann 1989, S. 105). Dabei geht es um die Frage, welche Geschäftsidee vorliegt und welcher Kundenmehrwert geboten wird. Der nächste Schritt ist ein Strategie-Check, bei dem u.a. gefragt wird, welche Positionierung gewählt wurde, welche Produkte und Dienstleistungen vertrieben werden, welche Wertschöpfungstiefe (make-or-buy) zugrunde liegt und welches Vermarktungskonzept verfolgt wird. Danach erfolgt dann die Einschätzung des Geschäftssystems nach Kern- und Supportprozessen sowie Prozess-Idee, Triage-Idee und informeller Vernetzung. Im letzten Analyseschritt geht es schließlich darum, welche Strukturen und Systeme vorliegen, differen-

Abbildung 3-1: *Ermittlung der Erfolgsfaktoren im Online-Handel*

Quelle: Eigene in Anlehnung an Droege&Comp. 2003

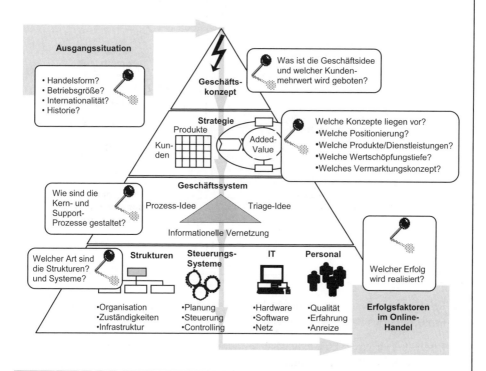

ziert nach Organisation, Steuerungssystemen, IT sowie Personal und internetspezifischen Fähigkeiten. Basis für die qualitative Ermittlung der Erfolgsfaktoren im Online-Handel bilden über 150 Erfahrungsberichte aus unterschiedlichen Online-Handelsunternehmen, mehr als internationale „Best Practice Case Studies" seit 2007 sowie mittlerweile unzählige Expertengespräche, die zu diesem Thema geführt wurden. Eingeflossen sind auch die Erfahrungen aus 20 Beratungsprojekten, die direkt oder indirekt mit dem Online-Handel zu tun hatten.

Fasst man die gewonnenen Analyseergebnisse zusammen, dann können acht zentrale Erfolgsfaktoren abgeleitet werden, die in Abbildung 3-2 dargestellt sind:

Abbildung 3-2:   *8 S-Erfolgsfaktoren im Online-Handel*

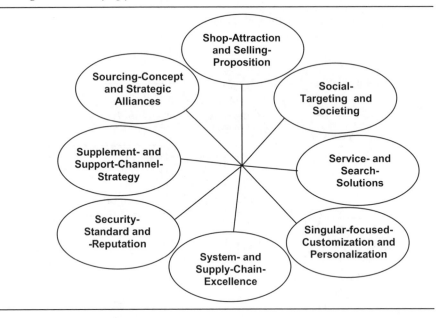

■ **Erfolgsfaktor Nr. 1:** Die einzigartige Anziehungskraft des E-Shops und ein deutlich profiliertes Leistungsversprechen (Shop-Attraction and Selling-Proposition).

■ **Erfolgsfaktor Nr. 2:** Eine extensive Nutzung von Communities und sozialen Netzwerken (Social-Targeting and Societing).

■ **Erfolgsfaktor Nr. 3:** Exzellente und schnelle Selbstbedienungs-, Service- und Suchlösungen (Service- and Search-Solutions).

■ **Erfolgsfaktor Nr. 4**: Maximal mögliche Individualisierung und Personalisierung in der Kundenansprache (Singular-focused-Customization and Personalization).

■ **Erfolgsfaktor Nr. 5:** System- und Supply-Chain-Exzellenz (System- und Supply-Chain-Excellence).

■ **Erfolgsfaktor Nr. 6**: Bestmögliche Sicherheits-Standards und -Reputation (Security-Standards and -Reputation).

■ **Erfolgsfaktor Nr. 7:** Ergänzung des Online-Lead-Channels um unterstützende Absatz- und Kommunikationskanäle (Supplement- and Support-Channel-Strategy).

■ **Erfolgsfaktor Nr. 8:** Sourcing-Konzept und strategische Allianzpartnerschaften (Sourcing-Concept and Strategic Alliances).

3.2 Shop-Attraction and Selling-Proposition als Erfolgsfaktor Nr. 1

Der Online-Kunde von heute ist nicht zuletzt aufgrund seiner Multioptionalität anspruchsvoller und vielschichtiger in seinen Bedürfnissen geworden. Dabei ist es erforderlich, in der strategischen und operativen Ausrichtung des Online-Unternehmens frühzeitig die zukünftigen Entwicklungen und Megatrends zu berücksichtigen. Diesbezüglich stoßen allerdings die herkömmlichen Marketinginstrumente wie z.B. die klassische Marktsegmentierung und das Target-Marketing schnell an ihre Grenzen (vgl. Gömann/Münchow 2004, S. 178). Erfolgreiche Handelskonzepte im Internet zeichnen sich insbesondere dadurch aus, dass sie Megatrends bereits in der Vergangenheit rechtzeitig erkannt und antizipiert haben. Ihnen ist es gelungen, den Gesamtmix aus Markenauftritt, Vertriebsweg, Sortiment, Service und Preisgestaltung weit über eine ausschließlich zielgruppengerechte Bedarfsdeckungsfunktion hinaus auszurichten. Nur so konnten sie es schaffen, auch in der interaktiven Kundenbeziehung ein einzigartiges Kauferlebnis zu erzeugen, das nicht nur von einer spitzen Zielgruppe als solches empfunden wird, sondern zielgruppenübergreifend Anziehungskraft ausübt. Dieses Erfolgsrezept bringt die Bezeichnung „Attraction-Marketing" treffend zum Ausdruck (vgl. Gömann/Münchow 2004, S. 180).

3.2.1 Attraction-Marketing und Customer-Value-Orientierung

Im Online-Handel sind vor allem die Geschäftskonzepte erfolgreich, die eine eindeutige Differenzierung gegenüber den Wettbewerbern erreicht haben. Es geht darum, eine Anziehungskraft im Online-Markt zu erzielen, der von hybriden Konsumenten geprägt wird. In diesem Markt, der in Hinblick auf das Konsumentenverhalten unberechenbar ist und in dem sich die Kunden schwer von einer speziellen Marke und einem speziellen Anbieter nachhaltig begeistern lassen, ist auch der Online-Kunde nicht mehr nur durch einfache oder integrierte Zielgruppenmodelle abbildbar. Die entscheidende Frage ist, wie durch einen einzigartigen und auf alle Ebenen der Kundenkommunkation vernetzten Einsatz von Marketinginstrumenten eine Anziehungskraft ausgeübt werden kann, die zielgruppenübergreifend den Konsumenten zur Interaktion mit dem Medium Internet bewegt (vgl. Gömann/Münchow 2004, S. 183).

Eine außergewöhnliche Anziehungskraft (Shop-Attraction) kann aber nicht bloß durch einzelne Maßnahmen erzielt werden, sondern muss auf eine ganzheitliche Ansprache und Befriedigung der Online-Kunden ausgerichtet sein. Sie sollte vor allem auf den glaubhaften Auftritt des E-Shops abzielen. Beim Home-Shopping stehen vor allem Motive wie z.B. Kontrolle über den Einkaufsprozess (z.B. Vergleichsmöglichkeiten, Preistransparenz, Retourenmöglichkeiten) sowie Convenience im Vordergrund. Beides reicht aber nicht aus, um Kundenbegeisterung und nachhaltige Kundenbindung sicherzustellen. Entscheidend ist der Brückenschlag zur Sortimentsebene. Im Sortimentsangebot muss sich die kommunizierte Markenpositionierung widerspiegeln und eine glaubhafte Verbindung zum E-Shop herstellen. Gerade die „räumliche Unbegrenztheit" im Online-Handel verleitet oft dazu, alles anzubieten und damit eine klare Linie bzw. Ausrichtung unmöglich zu machen. Einem Online-Händler sollte es nicht egal sein, ob er als Medienhändler mit Zusatzsortimenten oder als Gemischtwarenladen wahrgenommen wird. Diesbezüglich bietet sich z.B. ein definierter Mindestumfang des Kern- bzw. Stammsortimentes (z.B. mindestens 50 Prozent Umsatzanteil mit Medienprodukten) an. Brüche im Markenbild des Kunden sind bei der Sortimentsausrichtung unbedingt zu vermeiden. Bei vielen Online-Händlern kommt es heute zu teilweise erheblichen Widersprüchen zwischen den Handlungsebenen E-Shop, E-Marke sowie Sortiment. Dabei finden sich dann das kommunizierte Markenbild sowie die versprochenen Mehrwerte auf der Shop- und Sortimentsebene nicht wieder.

Erstaunlich häufig wird die Notwendigkeit einer Betriebstypenprofilierung des Internet-Shops vernachlässigt (vgl. Heinemann 1989, S. 17). Würde der Name weggelassen, könnten die Kunden die betroffenen Online-Händler kaum noch identifizieren (vgl. Gömann/Münchow 2004, S. 194). Hier steckt in Hinblick auf den ganzheitlichen Ansatz des Attraction-Marketings noch viel Potenzial. Es ist nicht nachvollziehbar, dass sich der „Flagship-Store"-Gedanke, der zentrale Bedeutung im stationären Handel erlangt hat, noch immer nicht im Online-Handel durchsetzen konnte, vor allem deshalb, weil die technischen Möglichkeiten (z.B. 3D-Bildqualität mit Zoomfunktion) eine beinahe noch größere Faszinationsvermittlung beim Webshopbesuch ermöglichen als beim Einkauf im stationären Geschäft. Während dort allerdings Millionenbeträge in immer gigantischere Ladeneinrichtungen investiert werden, bleibt die E-Shop-Gestaltung vielfach noch weit hinter ihren Möglichkeiten zurück. Das ist insofern unverständlich, als dass der Internet-Kanal die weitaus größeren Umsatzpotenziale zu bieten hat als der stationäre Verkaufskanal. Erfolgreiche Online-Händler haben den Flagship-Store-Gedanken aufgegriffen und umgesetzt.

Abgesehen von den Voraussetzungen in Hinblick auf Produkteignung und Produktdarstellung geht es beim Attraction-Marketing vor allem auch darum, dem Online-Kunden einen Mehrwert zu bieten. Erfolgskritisch ist diesbezüglich, dem Kunden das Produktangebot so darzustellen, dass der Gesamtnutzen des Internet-Einkaufs größer ist als der Aufwand dieser Kunden, im Internet-Kanal ihren Produktwünschen nachzukommen. Tendenziell sollte der Nettonutzen aus dem Online-Einkauf größer sein, als derjenige aus dem Einkauf in traditionellen Handelsformen. Nur wenn der spezifische Vorteil des Internets von Unternehmen maximal ausgeschöpft wird, kann dieser im direkten Vergleich zum traditionellen Shopping einen höheren Nutzen stiften. Das betrifft alle Bereiche des Marketing-Mix. Erst das Zusammenspiel aller Faktoren bildet den Gesamtnutzen, wie Abbildung 3-3 zeigt. Es wird deutlich, dass Aufwand und Nutzen von erhöhenden und vermindernden Faktoren abhängt, die dann in ihrer Gesamtheit gegeneinander aufgewogen werden. Wirksam wird dabei die Tatsache, dass Angebote im Online-Shop nicht nur als eigenständiges Produkt wahrgenommen werden, sondern auch die Art und Weise des Internet-Einkaufs damit verbunden wird. Deswegen sollte jeder Online-Händler dafür sorgen, dass auch die Information und Kommunikation der Vorteile den wahrgenommenen Nettonutzen erhöhen (vgl. Kollmann 2007, S. 79ff.). Auch der Erfolg von Amazon beruht auf diesem Prinzip. Durch Zusatzinformationen über das Produkt und personalisierte Dienste stellt Amazon eine individuelle Bedienung der Kunden sicher, die zum Teil Qualitäten des einstigen Kleinbuchhändlers aufweist (vgl. Booz 2000, S. 38). Amazon stellt dabei weit mehr Inhalte zur Verfügung als die reine Titelinformation. Rezensionen, persönliche Empfehlungen, Neuerscheinungshinweise, Geschenktipps sowie Informationen über weiterführende oder ähnliche Literatur schaffen einen permanenten Informationsaustausch und dadurch einen erheblichen Customer Value. Dieser Mehrwert wiederum erhöht die Shop-Attraction und damit den „interaktiven Anreiz" für den Kunden.

Abbildung 3-3: *Das Nettonutzen-Konzept im Online-Handel*

Quelle: Kollmann 2007, S. 79 in Anlehnung an Billen 2004, S. 343

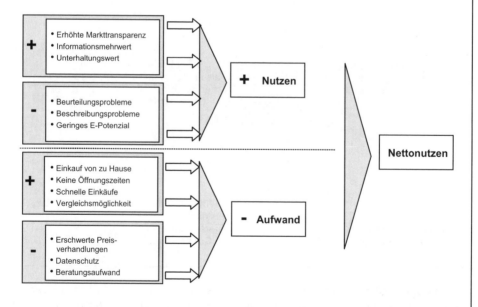

3.2.2 Killer-Differenzierungsfaktoren

Elementare Grundlage für eine klare Differenzierung wird in den kommenden Jahren die Polarisierung des Konsumentenverhaltens bilden. Wie aus Abbildung 3-4 hervorgeht, muss es aufgrund der strategischen Ausrichtung in Discount, Source, Erlebnis und Convenience insbesondere bei den Online-Händlern zu einer Erweiterung ihres bisher überwiegend praktizierten Target-Marketing zu einem Attraction-Marketing kommen. Nur diejenigen Online-Händler werden nachhaltig Erfolg haben können, die mindestens einen der vier „Killer-Differenzierungsfaktoren" Killer-Preis, Killer-Produkt/-Category, Killer-Service und Killer-Feature aufweisen. Dabei sollte der Online-Handel das Attraction-Marketing unter Berücksichtigung psychographischer Kunden- und Lebenstiltypen weiterentwickeln, um damit kundenübergreifend Anziehungskraft in Hinblick auf die strategischen Differenzierungsfaktoren zu erzeugen. Diese Anziehungskraft ist durch eine Schaffung neuer sowie die Entdeckung bisher unbefriedigter Motivationslagen und Kundenbedürfnisse zu erreichen. Dabei zeigt sich, dass vor allem die Online-Händler Erfolg haben, die möglichst viele der in Abbildung 3-4 aufgezeigten Killer-Differenzierungsfaktoren simultan verfolgen.

Abbildung 3-4: *Killer-Differenzierungsfaktoren im Online-Handel*

Quelle: Eigene

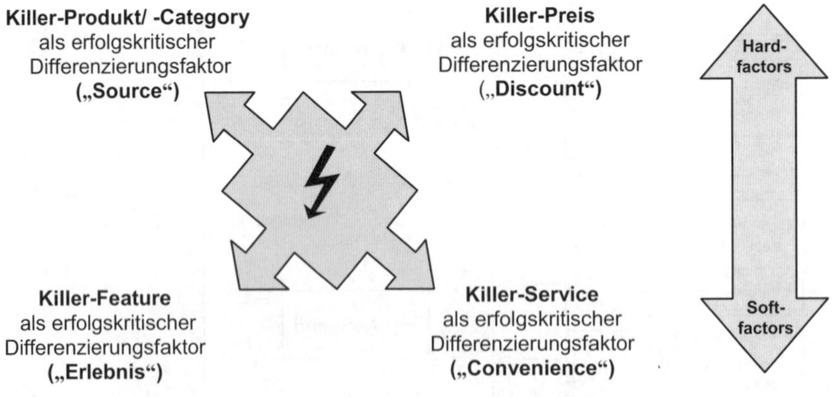

Killer-Produkt/ -Category
als erfolgskritischer
Differenzierungsfaktor
(„Source")

Killer-Preis
als erfolgskritischer
Differenzierungsfaktor
(„Discount")

Hard-
factors

Killer-Feature
als erfolgskritischer
Differenzierungsfaktor
(„Erlebnis")

Killer-Service
als erfolgskritischer
Differenzierungsfaktor
(„Convenience")

Soft-
factors

Diesbezüglich geht es auch um die Schaffung besonderer Mehrwerte, die den Kunden zeitnah angeboten werden. Insofern kann Attraction-Marketing nicht losgelöst von einer Customer-Value-Orientierung praktiziert werden. Als Beispiele lassen sich vereinfachte Kaufvorgänge („mit 3 Klicks zum Ziel"), günstige Preise (z.B. Shopping-Börsen) oder ein hochmodisches und zugleich attraktives Angebot (z.B. Liveshops) nennen (vgl. Gömann/Münchow 2004, S. 184). Im Sortiment des Online-Händlers müssen sich die kommunizierte E-Marken-Positionierung und der Mehrwert des Kunden widerspiegeln. Insbesondere aufgrund der räumlichen „Unbegrenztheit" neigen Online-Händler dazu, Sortimente aufgrund der (noch) kurzfristig erzielbaren Umsätze anzubieten, obwohl diese Produkte nicht zur Markenaussage passen. Entscheidend ist, ob der Online-Händler in der Lage ist, seinen Kunden ein attraktives Sortiment („Killer-Category") in der erforderlichen Breite und Tiefe zu einem guten Preis-Leistungsverhältnis anzubieten. Dabei ist nicht unbedingt die absolute Anzahl der angebotenen Artikel entscheidend, sondern vor allem das Angebot der für die Kunden passenden Artikel. Erfolgreiche Online-Händler konzentrieren sich dabei eher auf wenige Artikel, die zum richtigen Zeitpunkt die entsprechenden Kundenbedürfnisse decken bzw. wecken. Sie bieten regelmäßig Killer-Produkte an, also Angebote, die sich durch ein besonderes Preis-Leistungsverhältnis in Verbindung mit einer trendigen Ausstattung auszeichnen (z.B. iProd in Spezialfarben bzw. mit Initialien, die wöchentliche Tchibo-World, der Top-1-Hitlistenartikel etc.). Killer-Produkte erzeugen beim Kunden eine hohe Begeisterung und führen zu intensiver Mund-zu-Mund-Propaganda, forcieren also auch Viral-Marketing-Maßnahmen. Gleiches gilt für Killer-Preise, die mindestens „Aldi-Niveau" haben sollten, wenn der Positionierungs-schwerpunkt in Richtung Discount angelegt ist. Ähnlich den Killer-Produkten und Killer-Preisen können auch Killer-Features und Killer-Services eine Sogwirkung entwickeln. Als Killer-Feature wird eine Eigenschaft bezeichnet, die dafür sorgt, dass der Nutzer eines Internet-Kanals einen Mehrwert hat. Dieser Mehrwert kann sehr unterschiedlich ausgeprägt sein und von der Lösung eines programmatischen Problems bis hin zu einer Beziehungsfindung reichen. Er ist als Auslöser für die Bildung einer Online-Community gedacht und ist zugleich auch Bedingung dafür. Das Merkmal („Feature") der Groupware muss einen direkten Nutzen für die Anwender geben. Allerdings reicht die pure Existenz eines derartigen Merkmals für die Bildung einer Community nicht aus. Genauso wichtig sind die Bereiche Awareness, Stabilität und Benutzerschnittstelle. Ein Nutzer sollte bereits einen Mehrwert haben, wenn er sich auf der Community-Website alleine anmeldet. Der Mehrwert vervielfältigt sich dann, wenn sich zusätzlich noch andere Nutzer anmelden (vgl. Pietsch/König 2007, S. 1). Killer-Services kommen neben Schnelligkeit, Usability sowie Reklamations- und Retourenkulanz vor allem in herausragenden Self-Service-Funktionalitäten zum Ausdruck. Durch Limitierung und intensive multimediale Herausstellung der verfügbaren Produkte kann zusätzlich zur E-Flagship-Store-Gestaltung auch durch die Attraktivität des Angebots ein Sogeffekt erzielt werden. Diese Sogwirkung hat dann wiederum positive Ausstrahlung auf die E-Store-Brand. Wesentliches Erfolgsrezept von Bogner-Homeshopping ist z.B. die Limitierung hochwertiger Artikel, die ausschließlich im Internet-Kanal erhältlich sind. In enger Abstimmung mit dem Magazinkatalog werden dabei exklusive Angebote im Online-Shop lifestyleorientiert dargestellt. Bogner gelingt es z.B. auch, DOB-Jacken im Top-Premium-Segment über 8.000 € als „Renner" online zu positionieren und kann insofern als hervorragendes Beispiel für einen „Lifestyle-Internet-Kanal" angesehen werden. Dieser ist auch von den Geschäftszahlen her zu einem großen Erfolg geworden (vgl. Heinemann 2008g, S. 155).

3.2.3   Multimediale Darstellung und Mehrdimensionalität

Das Design der Websites wird für die Shop-Attraction immer wichtiger. Bevor aber die neuesten Darstellungsformen auf dem Programm stehen, gilt es, die Basis-Gestaltungsregeln eines Webshops zu beachten. So geht der Blick des Users einer Website in der Regel von links oben nach rechts oben, weswegen die wichtigsten Einkaufswerkzeuge sich in einer Navigationsleiste am oberen Rand befinden sollten. Ferner empfiehlt es sich, den Eingang zum E-Shop am oberen Rand der Startseite anzubringen. Sobald der Kunde sich auf der Hauptseite des Shops befindet, sollte er die Buttons zum Warenkorb, zum persönlichen Konto sowie zu den zentralen Hilfsfunktionen in der oberen Ecke anklicken können. Wichtig ist dabei, dass die Suchfunktion schnell und problemlos gefunden werden kann. Schließlich sollte die linke Randleiste den Online-Kunden direkt zu den Sortimenten und Beratungsfunktionen leiten. Das Alleinstellungsmerkmal des Shops, die Hotspots sowie die (schnell ladenden) Vorteilsargumente befindet sich idealerweise im Zentrum (vgl. Lochmann 2007, S. 72).

Die Möglichkeiten der Produktpräsentation in elektronischen Medien sind denen in Printmedien weit überlegen. Das Zusammenspiel von multimedialer Darstellung, detaillierten Informationsangeboten, Suchhilfen, Konfigurationshilfen, Dialogelementen sowie interaktiven Unterhaltungselementen ist mehr als geeignet, auch vor dem Bildschirm faszinierende Kauferlebnisse zu vermitteln. Gerade deswegen ist es verwunderlich, dass sich der „Flagship-Store"-Gedanke bisher im Online-Handel noch nicht durchsetzen konnte, denn die technischen Möglichkeiten lassen seine Umsetzung zu. Factory121, ein Internet-Anbieter für hochwertige Herren- und Damenuhren aus der Schweiz, ist eines der immer noch wenigen Beispielunternehmen, die dieses begriffen haben. Benutzerfreundliche Konfigurationsmöglichkeiten, schneller Bildaufbau sowie ausgezeichnete 3D-Bildqualität mit Zoomfunktion zeigen, wie „New Online-Handel" sich „State-of-the-Art" präsentieren sollte (vgl. Reichwald/Piller 2006, S. 240).

Die Kombination verschiedener Multimedia-Komponenten wie z.B. Text, Bild, Grafik, Ton, Video und Animation lässt jedes Produkt mittlerweile vermarktungsgerecht darstellen und ermöglicht die Inszenierung von Erlebniswelten. Neben den klassischen Elementen Text, Bild und Grafik werden folgende Elemente für eine multimediale und mehrdimensionale Produktdarstellung genutzt (vgl. u.a. Lochmann 2007, S. 73 ff.; Kollmann 2007, S. 69 ff.). Vor allem E-Shops im Luxusbereich wie u.a. Escada, Dior, Gucci, eLuxury, Net-a-porter und Neiman Marcus zeigen, was heute in Hinblick auf Multimedialität und Multidimensionalität möglich ist:

- **Video und virtueller Laufsteg:** Podukte können bei ihrem Einsatz gezeigt werden, während eine Stimme die Funktionen des Produktes erklärt. Vor allem für Produkte mit hohem Informationsbedarf bietet sich diese Darstellungsform an, ohne den Kunden zu „überfrachten". Allerdings ist Vorsicht geboten, denn nur professionell wirkende Videos animieren die Kunden zum Kauf und ermöglichen den Online-Kunden, sich in der virtuellen Welt realistische Vorstellungen vom

Produkt zu machen (vgl. Kollmann 2007, S. 70). Vor allem für hochwertige Mode bietet sich dieses Instrument an. So ermöglichen Luxus-Marken wie z.B. Chanel eine Art Insiderzugang zum Catwalk, der normalerweise nur VIPs oder der Presse vorbehalten ist. Dieses erfolgt mit Hilfe von Streaming Videos, Diashows und Reviews von variierenden Laufsteg- und Backstage Videos (vgl. Lochmann 2007, S. 74). Dadurch wird dem Besucher ein einzigartiges web-spezifisches Erlebnis geboten. Bei Hugo Boss kann man sich nicht nur die Kollektion mit einer entsprechenden Musikuntermalung anschauen, sondern auch durch Anklicken der Videofunktion interaktiv auf dem Laufsteg sehen. Dadurch ist es möglich, das Kleidungsstück in Bewegung zu betrachten und in Echtzeit zu erleben.

- **Sound:** Auch ohne Videos ist es möglich, eine besondere Einkaufsatmosphäre im E-Shop zu schaffen, indem der Web-Auftritt mit Musik untermalt wird. Es bietet sich auch an, die Produktdarstellungen durch akustische Elemente zu unterstützen, was bei Musikdownloads bereits häufig praktiziert wird. Dabei kann der Online-Kunde sein Produkt (z.B. MP3-File) nach einer Hörprobe beurteilen und kaufen (vgl. Kollmann 2007, S. 70). In Hinblick auf ein barrierefreies Internet gewinnt die Akustik in Form von Sprachausgabefunktionen ebenfalls eine herausragende Bedeutung.

- **Animation:** Anders als beim Video beinhalten Animationen keine realen Darstellungen eines Produktes, sondern benutzen ausschließlich grafische Zeichnungen. Häufiges Ziel dabei ist es, den Unterhaltungswert einer Website zu erhöhen, wie z.B. beim Nokia Designspecial (www.nokia.de/designspecial), bei dem einzelne Funktionen der dargestellten Mobiltelefone durch Animation verdeutlicht werden (vgl. Kollmann 2007, S. 70). Zunehmend Einsatz findet die Animation jedoch auch bei der Produktindividualisierung. Die so genannten Mass-Customization-Anbieter wie z.B. Factory121, NikeID, Mi-Adidas oder auch Spreadshirt bieten ihren Kunden die Möglichkeit einer individuellen Produktkonfiguration an. Das Konfigurations-Tool stellt dabei auch eine Form der Animation dar.

- **Interaktive Elemente:** Hierbei handelt es sich um bestimmte Online-Funktionen, mit denen Kunden dazu angeregt werden sollen, sich intensiver mit einem Podukt auseinanderzusetzen. Typische Beispiele sind Bewegungs- und Zoomfunktionen, die es erlauben, ein ausgesuchtes Produkt von allen Seiten dreidimensional zu betrachten wie z.B. bei vodafone.de, wo der Besucher den Bildausschnitt in alle Richtungen bewegen und das ausgesuchte Handy beliebig hin- und herschieben kann. Die dazu verwendeten Flash-Elemente können dabei auch für das Heranzoomen eines Produktes benutzt werden. Dieses findet z.B. im Fashion-Online-Handel (z.B. bei esprit.de) zunehmend Verbreitung, damit die Kunden die Stoffstruktur eines Kleidungsstückes besser erkennen und beurteilen können (vgl. Kollmann 2007, S. 71). Viele Websites bieten mittlerweile dem Kunden eine Gelegenheit, ihre Meinungen zu äußern oder Fragen zu stellen, wodurch über das Internet eine Art Kundenservice entsteht (vgl. Lochmann 2007, S. 77).

3.2.4 E-Branding, E-Brand-USP und E-Brand-Pull

Eine E-Store-Brand ist Vehikel der Shop-Attraction. Ihre „Pull-Kraft" beeinflusst maßgeblich die Entscheidung des Internet-Users, ob er Kontakt zum Online-Händler aufnimmt oder nicht. Dieses ist vor allem dann gegeben, wenn die E-Brand dem InternetNutzer Wiedererkennung, Orientierung, Vertrauen, Identität sowie Wertschätzung bietet und die Kernvorteile der Unternehmensleistung für den Konsumenten verkörpert. Voraussetzung dafür ist allerdings die Entwicklung eines klar erkennbaren Markenprofils, die Schaffung differenzierender Mehrwerte („Killer-Differenzierungsfaktoren") sowie die Kontinuität in der Markenführung (vgl. Gömann/Münchow 2004, S. 185). Die Möglichkeiten des E-Branding hängen stark von der vorliegenden Form des Online-Handels ab. Pure-Online-Händler (z.B. hutshopping.de, gourmondo.de oder buch.de) sind stets gezwungen, eine neue, internetbasierte Marke aufzubauen. Im Gegensatz dazu eröffnen sich für alle anderen Formen des Online-Handels, die ja bereits über eine etablierte Marke verfügen, die folgenden Marken-Optionen (vgl. Bongartz 2002, S. 311 ff.; Schröder 2005, S. 235):

■ Kennzeichnung mit unterschiedlichen Marken und deswegen **virtuelle Markenstrategie** für den neuen Internet-Kanal, die keine Verbindungen zu bereits vorhandenen Marken aus klassischen Marktumgebungen aufweist. Beispiele für eine derartige, separierte und virtuelle Marke war z.B. BOL für Bertelsmann, oder ist buch.de für Thalia/Douglas, Eworld für Edeka, Peapod für Ahold sowie Shopping24 für Otto. Diese Markenoption gilt natürlich auch für alle Pure-Online-Händler.

■ Einsatz von verwandten Marken mit **kombinierter Markenstrategie,** die zwar eine Zusammengehörigkeit der verschiedenen Kanäle erkennen lassen und insofern bis zu einem gewissen Grad integriert sind, sich aber in der Markenaufmachung deutlich unterscheiden. Eine existierende Kernmarke wird durch die Ergänzung mit neuen internetspezifischen Komponenten wie zum Beispiel Namenszusätzen zu einer Internet-Marke entwickelt. Beispiele sind Bogner-Homeshopping, famila24 oder e-Sixt.

■ Verwendung derselben Marke für alle Kanäle als **hybride Markenstrategie** mit vollständiger Integration zwischen vorhandener und internetbasierter Marke. Die bestehende Marke wird quasi auf den neuen Online-Handel übertragen, so dass ein Marken- oder Imagetransfer vorliegt (vgl. Meffert/Heinemann 1999, S. 119). Die gemeinsame Verwendung erfordert eine enge Abstimmung und Koordination aller Marketingaktivitäten, um Verwirrung auf Kundenseite zu verhindern. Beispiele für eine hybride Markenstrategie sind Tchibo, Conrad Electronic, Rossmann, Schlecker, Quelle, Neckermann sowie Barnes & Noble.

In Abbildung 3-5 sind die markenstrategischen Optionen für die „Nicht-Pure"-Online-Händler zusammenfassend dargestellt (vgl. Bongartz 2002, S. 312). Bei der hybriden Markenstrategie wird darauf abgezielt, dass der neue Kanal von der eingeführten

Marke partizipiert. Außerdem werden Anfangsinvestitionen und Kosten eingespart, wenn die Nutzung von Werbesynergien mit dem bisherigen Kanal möglich ist. Umgekehrt kann es zu einer Absatzförderung für das bestehende Geschäft durch die Information der Kunden im Internet sowie die Möglichkeit einer gezielten Verjüngung der etablierten Marke durch ihr Auftreten im Internet kommen.

Es kann aber auch beabsichtigt sein, dass sich die neue Marke bewusst von der „Altmarke" emanzipieren soll, um ein eigenes kanalspezifisches Profil zu entwickeln. Gerade im Internet-Kanal sprechen gewichtige Gründe für die Erschaffung einer neuen, virtuellen Marke. Wesentliches Argument für die virtuelle Markenstrategie ist, dass im Web junge, moderne Marken durchaus vorteilhaft sind. Das hat auch den positiven Nebeneffekt, mögliche Imagerisiken für die bereits existierende Marke zu verringern, falls es zu einem Misserfolg des neuen Internet-Kanals kommt. Die Neuschaffung einer Marke ermöglicht zudem eine unabhängige Weiterentwicklung eben dieser im Internet. Dadurch wird die Ausdehnung des Geschäftes in neue Warengruppen, Preislagen und neue Kundenkreise möglich (vgl. Schnetkamp 2001, S. 41). Auch kann eine neue Marke die internationale Kooperationsfähigkeit im Rahmen von Partnerschaften erhöhen. Die Optionenbewertung und -wahl für die Markierung eines neuen Kanals ist folglich ein komplexes Problem (vgl. Heinemann 2008g, S. 113). Für die detaillierte Bewertung der unterschiedlichen E-Branding-Optionen sind dabei verschiedene Kriterien heranzuziehen.

Abbildung 3-5:   *Markenstrategische Optionen im „Nicht-Pure"-Online-Handel*

Quelle: Bongartz 2002, S. 312

	Eigenständige Markenführung		
	Bedingung: …	Bedingung: Existenz einer Marke aus klassischer Marktumgebung	
Strategietyp	**Virtuelle Markenstrategie**	**Kombinierte Markenstrategie**	**Hybride Markenstrategie**
Definition	Unabhängige, internetspezifische Marke ohne Verbindung zu Marken aus klass. Marktumgebungen	Verbindung vorhandener Elemente einer Kernmarke mit neuen internet-spez. Bestandteilen zu kombinierter Marke	Verwendung eines einheitlichen Marken-Namens für Electronic-Commerce und weitere Transaktionskanäle
Integrationsgrad	keine Integration	teilweise Integration	vollst. Integration
Beispiele	• hutshopping.de • gourmondo.de • buch.de	• Bogner-Homeshopping • famila24 • eSixt	• Quelle • Neckermann • Barnes & Noble

Hinsichtlich der für den Internet-Kanal erforderlichen Pull-Wirkung der E-Marke, mit der die natürliche „Interaktionsbarriere" für den Onlinekauf reduziert werden muss, kommt der hybriden Markenstrategie das größte Potenzial zu. Neben den bereits vermuteten Vertrauens- und Bekanntheitsvorsprüngen belegen Testuntersuchungen, dass Hybrid-Marken wegen ihrer Mehrkanalpräsenz über ausgeprägte Differenzierungsmerkmale verfügen, die sich in deutlich ansteigenden Wiedererkennungsraten für diese Marken niederschlagen. Die Gefahr negativer Ausstrahlungseffekte steigt allerdings dabei, da die Kunden alle Kanäle des Anbieters als eine Einheit sehen. Dieses gilt insbesondere für das in der Regel von den Versandhändlern verfolgte Modell des kombinierten Distanzhandels, also der Kombination aus Katalogversand und Online-Handel. Unter Risikoaspekten gewinnt deswegen die kombinierte Markenstrategie an Bedeutung, da die negativen Ausstrahlungseffekte abgemildert werden können, was aber dann mit dem Risiko eines unprofilierten Images der vorhandenen und der kombinierten Marke einhergeht (vgl. Bongartz 2002, S. 313). Ein etwas anderes Bild ergibt sich hinsichtlich der Steuerungs- und Gestaltungsfreiräume im Rahmen des Prozesses der identitätsorientierten Markenpositionierung und -profilierung. Hier existieren bei den virtuellen Markenstrategien eher größere Spielräume, da Traditionen und Verpflichtungen keine Rolle mehr spielen. Auch ist der Koordinationsbedarf hier geringer, der bei einer hybriden Markenstrategie zur Sicherstellung eines konsistenten Erscheinungsbildes nun mal höher ist. Darüber hinaus haben hier neben der kommunikativen Harmonisierung auch leistungsbezogene medienübergreifende Abstimmungen zu erfolgen. Dabei ist zusätzlich zu bedenken, dass bei der Hybrid-Strategie gesteigerte Ansprüche an den Prozess einer ganzheitlichen Markenführung wirksam werden, um den Aufbau einer starken Markenidentität sicherzustellen. Ungeachtet ihrer Flexibilitätsvorteile erfordern virtuelle Marken demgegenüber hohe Investitionen zur Erzeugung ausreichender Markenbekanntheit und -stärke.

Ist die Entscheidung für die E-Store-Brand gefallen, dann gelten vor allem im „World Wide Web" die „Naturgesetze der Markenführung" (Hermes 2004, S. 277). Während im Einzelhandel die Veränderungsgeschwindigkeit der Umwelt ohnehin schon größer als in kaum einer anderen Branche ist, gilt dieses in verstärktem Maße für den Online-Handel. Diesbezüglich lassen sich folgende Überlebensregeln (vgl. Hermes 2004, S. 278) für die E-Store-Brand aufzeigen (vgl. Abb. 3-6):

▇ **Differenzierung als Überlebensregel 1 - „Be different!":** Ohne Differenzierung hat die E-Brand keine Existenzberechtigung („Be different – or die"). Der oft praktizierte Grundsatz „von allem ein bischen" ist suboptimal für den Internet-Kanal. E-Store-Innovationen müssen extrem sein, d.h. extrem preisorientiert, extrem serviceorientiert, extrem convenienceorientiert, extrem qualitätsorientiert – in jeder Beziehung extrem. Dabei spielt die emotionale Differenzierung eine immer bedeutendere Rolle. Dabei geht es nicht nur um ein „positives Einkaufserlebnis" durch emotionale Shopgestaltung, sondern um die Besetzung neuer, emotionaler Markenterritorien. Diese zu finden ist nicht leicht, sie können aber aus Megatrends abgeleitet werden wie z.B. Patriotismus oder Wellness (vgl. Hermes 2004, S. 279).

Abbildung 3-6:   *Die Gesetzmäßigkeiten des E-Branding im Online-Handel*

Quelle: In Anlehnung an Hermes 2004, S. 284

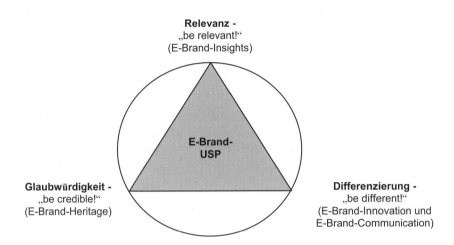

■ **Relevanz als Überlebensregel 2 – „Be relevant!":**   Relevanz erfordert spezielle Insights, d.h. Einblicke in Psyche, Kaufmotive und Kaufbarrieren der Verbraucher. Dabei lassen sich drei Verhaltensmuster ableiten, die in Zukunft relevant sind, und zwar Sozialprestige, permanent steigendes Effizienz- und Effektivitätsbewusstsein sowie Vielfalt der Konsumwelt. Der Wunsch nach Sozialprestige resultiert aus dem Überlebenstrieb „Anerkennung", der viel Raum lässt für psychologische Kaufmotive (z.B. sich inspirieren lassen oder einen Hauch von Luxus genießen). Das Effizienz- und Effektivitätsbewusstsein führt zu immer höheren Preis-Leistungsansprüchen, bei denen sich weder Billiganbieter eine schlechte Qualität erlauben können, noch Qualitätsanbieter überteuert verkaufen dürfen. Die Vielfalt der Konsumwelt führt zu einem immer stärker divergierenden Konsumentenverhalten, einer wachsenden Nachfrage nach Spitzenleistungen und zugleich einem zunehmenden Bedürfnis nach Billigangeboten (vgl. Hermes 2004, S. 281).

■ **Glaubwürdigkeit als Überlebensregel 3 – „Be credible!":** Eine E-Brand darf sich nicht ständig neu erfinden, sondern muss ihrer Kernkompetenz folgen und ständig überprüfen, was sie an (notwendigen) Veränderungen verträgt. „Brand Heritage" bedeutet, dass auch die E-Brand eine Geschichte hat, die es zu beachten gilt. Dieses erfordert eine evolutorische Weiterentwicklung statt sprunghafter bzw. opportunistischer Veränderungen. Dabei sind die E-Brands im Vorteil, die wachsen und damit „Stärke reproduzieren" (z.B. Internationalisierung). Damit steigt aber die Komplexität, die gemanagt werden muss. Dieses ist nicht nur eine Frage der Organisationsform des Handelssystems. Mittlerweile sind vielfältige Kooperationen möglich und es stehen für jede zu erbringende Leistung Dienstleister zur Verfügung (vgl. Hermes 2004, S. 282ff.).

Die Einhaltung der Gesetzmäßigkeiten des E-Branding bestimmen maßgeblich die Unique-Selling-Proposition (USP) der E-Store-Brand. Während die Marken der Katalog-Versender in der Regel über sehr differenzierende und relevante USP für den Katalogversandhandel verfügen, sind deren E-Kanäle jedoch selten differenzierend genug. Häufig fehlen insbesondere in den E-Shops der hybriden Online-Händler die typischen Internet-USP wie Sortimentskompetenz, Aktualität und Servicekompetenz, die neben den Killer-Differenzierungsfaktoren Basisvoraussetzung für ein solches Handelsgeschäft sind:

- **Sortimentskompetenz** steht dabei für überragende Auswahl gegenüber Offline-Anbietern. Ein Beispiel hierfür ist eBay mit dem weltweit größten Produktangebot im C2C-Breich, das zunehmend auch auf den B2C-Bereich ausgeweitet wird. Ein anderes Beispiel ist Amazon, das in seinen Produktbereichen die mit Abstand größte Auswahl an B2C- und C2C- Sortimenten vorzuweisen hat.

- **Aktualität** kann für zwei Sachen stehen: Zum einen für Neuheiten und Angebote, die einen Kunden zum häufigen Besuch der Site animieren. Beispiele sind Aldi, Media Markt, Tchibo — mit einer neuen Aktionswelt in jeder Woche — sowie Amazon mit seinen wöchentlichen Angeboten oder der Gold Box. Zum anderen steht Aktualität für Neuheiten und Themen, die Amazon z.B. mit seiner Vorbestellfunktionalität, den dynamischen Hitlisten sowie der taggenauen Einsteuerungsmöglichkeit von Themencontents erreicht.

- **Servicekompetenz** geht weit über einen schnellen und kulanten Kundenservice sowie gute Produktbeschreibungen und Fotos hinaus. Beim Service geht es vor allem auch um die Ausliefergeschwindigkeit (Benchmark 48 Stunden außer Montags) und die Einhaltung der Online-Lieferversprechen. Darüber hinaus ist kompetente Fachberatung auf der Website oder per E-Mail ebenfalls wichtig. Dabei sollten auch Kundenrezensionen/-bewertungen, technische Produktvergleiche, Zubehörlisten, dynamische Produktempfehlungen, Wunschlisten, Listmania und/oder ein Suchservice für seltene Titel zum Einsatz kommen.

Am Beispiel von Shopping 24 soll das Thema „USP als Markeninhalt" im Wettbewerbsvergleich verdeutlicht werden (Stand 2004). Shopping 24 gilt als führende Shopping Mall in Deutschland. Die offiziellen Eckdaten umfassen 8 Millionen Artikel, 400-450.000 Besucher pro Monat und 170.000 Newsletter. Shopping 24 erleichtert InternetNutzern das Finden von Produkten, z.B. auf Werbeplatzierungen und über Browser- oder Suchoptionen. Der Kunde kann eine virtuelle Einkaufsberaterin „Atira" einsetzen. Shopping 24 verlinkt Besucher auf Partnerseiten. Bei der Suche setzt Shopping 24 die Pangora-Technologie (Bertelsmann) ein. Der Umsatz kommt aus der Vermietung von Werbeplätzen und der Provision aus der Vermittlung von Kunden (Clicks). Erfolgsvergütungen ersetzen zunehmend Festmieten. Das Geschäftsmodell von Shopping 24 ist vergleichbar mit dem der großen Portale (T-Online Shopping,

Yahoo Shopping, Lycos Shopping oder MSN Shopping/Kelkoo), deren Shopping-Bereiche vom hohen Traffic profitieren, ohne selbst wesentlich Traffic beizusteuern. Gattungs-USP sind dabei vor allem die Produktauswahl sowie die Übersichtlichkeit/Strukturiertheit der Suchergebnisse. Die Portale differenzieren sich wenig voneinander, allerdings ist Kelkoo führend in der Auswahl – u.a. auch durch die Einbindung von einer eBay-Suche — gefolgt von Lycos (2 Millionen Artikel) und T-Online (1,5 Millionen Artikel). Yahoo und Shopping 24 haben deutlich weniger Auswahl (< 500.000 Artikel). Bei Shopping 24 fehlt die natürliche Besucherfrequenz eines Portals, die auch nicht durch die Anbindung an die Otto-Gruppe kompensiert werden kann. Zusätzlichen Traffic zu kaufen, z.B. über Online-Werbung, lohnt sich dabei offensichtlich nicht. Shopping 24 müsste sich stärker von seinen Wettbewerbern differenzieren, ein eigenständiges USP entwickeln und neue Wachstumsquellen erschließen. Besonders nahe liegend für Shopping24 ist der Auktionsmarkt. Dessen Attraktivität besteht in der Marktgröße und der Differenzierungsmöglichkeit zu eBay. Dabei könnten zum Beispiel USP-Profilierungspunkte wie Sicherheit, Service und Gebühren genutzt werden.

Shopping-Bereiche sollten dem Kunden einen echten Mehrwert liefern (z.B. finanzielle Anreize (Rabatte oder Einkaufsgutscheine), Content (Katalog, Produktvergleiche) oder Convenience (integrierter Warenkorb, Zahlungsfunktionalität). Ihre Bedeutung geht durch den wachsenden Marktanteil der Suchmaschinen (insb. Google inklusive Dienstleister) und der Affiliate-Plattformen (Zanox u.a.) allerdings zurück. Zunehmend werden auch Amazon und eBay zu direkten Wettbewerbern, da sie größere Händler auf ihrer Plattform integrieren und somit eine Verlinkung über die Shopping-Bereiche überflüssig machen.

3.2.5   Externe Promotion der E-Store-Brand

Erfolgreiche Online-Händler sind stets bestrebt, ihre E-Store-Brand möglichst bekannt zu machen und potenziellen Kunden zu ermöglichen, sie problemlos und ohne langes Suchen im Internet zu finden. Vor allem die Präsenz in Suchmaschinen sowie die Bannerwerbung gelten als effiziente Mittel, den Bekanntheitsgrad zu steigern, wenn sie gezielt eingesetzt werden. Effizient ist auch der Austausch von Links, die dann auf den Websites von Partnern erwähnt werden. Auch sollte der Online-Händler in E-Mail-Services präsent sein, damit die Kunden seine Präsenz im Internet registrieren können (vgl. Schnetkamp 2001, S. 41 ff.).

Alle Möglichkeiten für externe Promotions außerhalb des Internets sollten genutzt werden, um die E-Store-Brand zusätzlich zu bewerben. Diesbezüglich liegt es nahe, „alle Werbeflächen", d.h. auch Produkte, Lieferscheine, Pakete, Verpackungen, Fahrzeuge, Gebäude und Publikationen des Online-Händlers zu nutzen, um die URL zu präsentieren. Dieses setzt allerdings voraus, dass die E-Brand mit dem Uniform Resource Locator (URL) harmonisiert ist. Nichts ist hinderlicher für den Internet-Erfolg, als die vergebliche Suche einer Marke im Internet. Die URL sollte völlig identisch mit dem E-Markennamen sein. Es gelten hier die gleichen Anforderungen wie bei der Namensgebung, und zwar Prägnanz und Internationalisierungsfähigkeit. In alle Markenüberlegungen im Online-Handel ist 1:1 die URL mit einzubeziehen. Jeder Kundenkontakt sollte für Promotion-Zwecke genutzt werden, vor allem auch der einzige physische Kundenkontakt, den der Handel mit dem Kunden hat, und zwar die Abgabe und Übernahme der Ware. Gerade im Distanzhandel werden hier häufig die größten Fehler gemacht, vor allem wenn die Zustelldienste outgesourct sind und das Erscheinungsbild der Kontaktpersonen nicht mehr kontrollierbar ist. Mit entscheidend ist auch die Einflussnahme und das Standing bei Meinungsführern und Multiplikatoren, da diese zu einer guten Mund-zu-Mund-Propaganda beitragen.

3.3 Social-Targeting and Societing als Erfolgsfaktor Nr. 2

In Hinblick auf die eben zitierte externe Promotion der E-Brand ist auch der Eintritt in eine Internet-Gemeinschaft angeraten, damit das Internet-Unternehmen einen hohen Bekanntheitsgrad erreicht und Top-Platzierungen in Hitlisten besetzen kann. Auch die Präsenz in News Groups ist sinnvoll, um „von sich reden zu machen". Das Thema Content und Community berücksichtigt die Integration der eigenen Internet-Präsenz in die Welt des „World Wide Web". Selbst für kleinere und mittlere Online-Händler ist eine eigene virtuelle Internet-Gemeinschaft (Community) bezüglich eines Angebotes, Produktes, einer Dienstleistung oder eines damit in Zusammenhang stehenden Themas sinnvoll, beispielsweise in Form von „schwarzen Brettern" oder eines Gästebuches. Darüber hinaus ist auch die Teilnahme an etablierten Foren und virtuellen Gemeinschaften möglich, um die eigene Fachkompetenz darzustellen und so auf sich aufmerksam zu machen (vgl. HMWVL 2007, S. 13). Neben der Gründung einer eigenen Internet-Gemeinschaft, also einer Community oder sozialen Gruppe, in der Kunden sich ein Konsumerlebnis teilen, rückt zunehmend auch die Nutzung externer Internet-Gemeinschaften für Werbezwecke und Kundenakquisition in den Fokus. Hochinteraktive Kommunikationsumgebungen im Web-2.0 bieten den Kunden völlig neue Möglichkeiten, um ihre Interessen zu koordinieren. Das Erschließen und Ausschöpfen von Kundenpotenzialen in derartigen Umgebungen, das neuerdings auch als „Societing" bezeichnet wird (vgl. Bolz 2008, S. 255), entpuppt sich zunehmend als „Key Issue". Denn durch das Internet und die Vernetzung von Millionen von Menschen auf der ganzen Welt gibt es nunmehr für jede Gegebenheit konkrete Erfahrungen – jeder Ort wurde schon einmal besucht, jedes Produkt von jemanden gekauft, jeder positive oder negative Service von jemanden erfahren (Global Brain). In dieser Welt haben Werbeversprechen keine Glaubwürdigkeit mehr. „Nur was gut ist, wird gut genannt" – das sollte die Strategie von Unternehmen sein: mithilfe des Kunden, gute Produkte und Services mit Mehrwert anzubieten und Kunden dazu zu motivieren, durch Beteiligung in Kundenempfehlungen und/ oder Produktbewertungen glaubwürdig darüber zu berichten (vgl. Haug/ Küper 2010, S. 117).

3.3.1 Potenzial von Kundenbeteiligungen

Die Kundenbeteiligung wird von Best-in-Class Unternehmen in diversen Bereichen praktiziert. Neben der klassischen Kunden-Produktbewertung integrieren viele Online-Shops nutzergenerierte Produktbilder und -videos, die Kunden geliefert haben. Ein weiteres Beispiel ist das Thema „Passform": Durch die fehlende Möglichkeit etwas vorab anzuprobieren oder zu testen, stellt diese im Distanzhandel seit jeher ein Problem für Kunden dar.

Abb. 3-7:   Einsatzbereiche für User Generated Content im Online-Shop

Quelle: Haug/ Küpers 2010, S. 119

Einsatzbereiche für UGC	Best-in-Class Beispiele
Produktbewertung	amazon.com, americanapparel.com
Produktdarstellung	zazzle.co.uk, spreadshirt.net, expotv.com
Passform	revolveclothing.com, shoes.com
Marketing	
Werbung	ikea.com, burgerking.com
Empfehlung	polyvore.com, mydeco.com
Vertrieb	
Widgets	lemonade.com, cartfly.com
eShops	zlio.de, amazonstore.com
Kommunikation/Branding	nikeplus.com
Sortimentsauswahl	myfab.com, factory.lego.com
Personalisierbarkeit	mymuesli.de, tastebook.com, cafepress.com, chocri.de

Um eine hohe Retourenquote zu vermeiden, ist es deswegen sinnvoll, möglichst viele Informationen zur Größenberatung aufzubauen. Wenn es gelingt, viele Daten dieser Art zu sammeln und anderen Kunden zur Verfügung zu stellen, kann die Konversionsrate (Anteil der Kunden, die einen Kauf tätigen) erhöhen und die Retourenquote substantiell reduzieren (vgl. Haug/ Küper 2010, S. 119ff.). Vielfach werden Kunden auch in Werbe- und Marketingaktionen integriert. Über Facebook z.B. wurden Kunden von Burger King in einer großen viralen Kampagne („Whopper Sacrifice") aufgerufen, Freunde zu löschen und als Belohnung einen Burger zu erhalten. Zusätzlich stellen Unternehmen ihren Kunden ganze Verkaufsshops oder Widgets zur Verfügung, so dass Kunden als Vertriebsmitarbeiter für die Unternehmen tätig werden und die Produkte ihrem Freundes- und Bekanntenkreis anbieten. In Tabelle 2-1 werden verschiedene Beispiele für Kundenintegration aufgeführt. Bevor jedoch das mögliche Kundenpotenzial abgeschätzt und das „Societing" erfolgswirksam gestartet werden kann, bedarf es einer Online-Marktsegmentierung, um Transparenz über die eigenen Online-Zielgruppen zu bekommen.

3.3.2   Online-Marktsegmentierung und Target-Marketing

Die Segmentierung des Absatzmarktes in homogene Käufersegmente ist im Online-Handel ebenso wichtig wie in den traditionellen Handelsformen, denn auch hier ist die undifferenzierte Bearbeitung des Gesamtmarktes weder möglich noch sinnvoll. Die Einteilung des gesamten Nutzerpotenzials zu Online-Zielgruppen bildet die Basis für das Target-Marketing, das als Fundament für das Attraction-Marketing angesehen werden kann (vgl. Gömann/ Münchow 2004, S. 185). Die verschiedenen Segmentierungsansätze, zu denen die geographische, demographische, soziokulturelle, affektive und kognitive sowie verhaltensorientierte Segmentierung zählen, sind aber nicht gleichermaßen für eine Online-Marktsegmentierung geeignet. Hier ist es notwendig, die Kunden in verhaltenstypische Zielgruppen einzuteilen und demnach auf die verhaltensorientierte Segmentierung zurückzugreifen, da sie u.a. die Mediennutzung, den Loyalitätsstatus, den Nutzungsgrad sowie die Nutzungssituation berücksichtigen kann. Diesbezüglich liegen umfassende elektronische Daten vor, die die Kunden bei ihren Transaktionen und Interaktionen wie Spuren auf der Website hinterlassen. Aus diesen Informationen lässt sich dann eine Typenclusterung vornehmen, mit der Kunden auf der Basis ihrer Merkmalsausprägungen zu Gruppen zusammengefasst werden, die in sich homogen sind (vgl. Kollmann 2007, S. 75).

Als eines von vielen Beispielen für eine Typenclusterung von Online-Kunden kann die aktuelle Zielgruppendefinition des Club-Shop-Betreibers Brands4Friends genannt werden. Als Datengrundlage dienten 57.224 Kunden mit ihren kaufrelevanten und demografischen Merkmalen aus einem Zeitraum von sieben Monaten aus 2009. Die Rohdaten über die Kunden wurden dabei mit den verfügbaren Merkmalen zusammengetragen, in verarbeitbare Werte konvertiert, bereinigt und auf Erfüllung der

Anforderungen der „TwoStep"- Clusteranalyse geprüft. Die aufbereitete Datengrundlage wurde dann unter Anwendung der statistischen Software PASW (Predictive Analytics SoftWare) analysiert, wobei die in Abbildung 3-8 dargestellten Kundensegmente bzw. Kundentypen identifiziert wurden (vgl. Heitmeyer/ Naveenthirarajah 2010, S. 88):

Abbildung 3-8: *Auszug aus der Käufertypologie von Brands4Friends*

Quelle: Heitmeyer/ Naveenthirarajah 2010, S. 88

Aktiver, wohlhabender Käufer
- durchschnittlich 35 Jahre alt
- berufstätig
- mit Familie
- sehr hohes Referenzpotenzial - fasziniert vom Shopping-Erlebnis und möchte dies weiterempfehlen
- Nutzung von Gutscheine falls vorhanden, aber keine Orientierung am Gutschein
- geringe Preissensibilität
- hohe Kaufkraft
- schreckt nicht vor einer Stornierung oder Retoure zurück
- höchste Umsatzklasse
- mittlere Profitabilitätsklasse

Sicherer, beständiger Käufer
- durchschnittlich 33 Jahre alt
- wohlhabend
- sicher und vorsichtig - achtet sehr auf Style, Fitting, Preis, etc.
- storniert und retourniert nicht
- "kein Bedarf" an Gutscheinen
- keine Neigung zur Weiterempfehlung
- kauft Produkt aus der mittleren Preisklasse
- höchste Umsatzklasse
- höchste Profitabilitätsklasse

Junger, sparsamer Käufer
- durchschnittlich 30 Jahre alt
- Student oder Berufseinsteiger
- geringe Kaufkraft
- sehr sparsam
- hohe Abhängigkeit und Orientierung am Gutschein
- sehr hohes Referenzpotenzial aufgrund des ständigen Bedarfs an Gutscheinen
- Erwerb von Produkten aus der untersten Preisklasse
- storniert und retourniert , wenn unzufrieden, um Geld zurückzuerlangen
- niedrigste Umsatzklasse
- niedrigste Profitabilitätsklasse

Mittlerweile gibt es verschiedenste Typologisierungen von Online-Käufern, die entweder die Einkaufsmotive oder Values und Lifestyles stärker gewichten. Darüber hinaus gibt es auch Ansätze, mit denen Nicht-Online-Käufer typologisiert werden. Entscheidend für das Target-Marketing ist weniger die Wahl einer Typologisierung als vielmehr die bewusste Entscheidung für oder gegen eine Online-Zielgruppe, damit dementsprechend die Kundenpotenziale in den interaktiven Kommunikationsumgebungen besser abgeschätzt werden können, um die Marketingstrategien darauf auszurichten (vgl. Kollmann 2007, S. 77). Zunehmende Aufmerksam kommt dabei den „Silver-Surfern" zuteil, also den älteren Menschen, die einen stark anwachsenden Anteil an den Internet-Usern darstellen (vgl. Schulz 2006, S. 1).

3.3.3 Integriertes Community-Marketing

Im Zuge des Web-2.0-Zeitalters findet der multioptionale Kunde für fast jeden Lebensbereich inzwischen eine interessenbasierte Gemeinschaft, also eine Community, mit der er sein Konsumerlebnis teilen oder in der er zu speziellen Themen, bestimmten Produkten oder einer bestimmten Marke seine Interessen koordinieren kann. Auch wenn das Targeting im Web-2.0 vielleicht noch etwas Zeit bis zur wirtschaftlichen Anwendungsreife benötigt, so kann ein Online-Händler aber zumindest mit anderen Communities kooperieren, die von Kunden oder anderen Unternehmen ins Leben gerufen wurden. Er kann aber auch selbst eine Community aufbauen und damit das Social-Targeting in seinem Einzugsbereich praktizieren. Für den Online-Handel ergeben sich daraus neue Chancen, da er Gruppen von Kunden mit gleichen Interessen gezielt mit einem Leistungsangebot ansprechen kann. Die Best Practices des Online-Handels praktizieren dieses bereits überaus erfolgreich (z.B. fahrrad.de). Darüber hinaus besteht die Möglichkeit, neue Leistungen zu schaffen, dadurch dass Communities in den Gestaltungsprozess eingebunden werden. Im Falle eines Community-Aufbaus muss das Unternehmen die Community allerdings aktivieren, indem es die Interaktion zwischen den Kunden fördert (Enabling), andernfalls kann eine „leblose" Community entstehen (vgl. Kaul 2008, S. 55), die nutzlos ist. Als Pionier im Bereich des Community-Marketing gilt zweifelsohne Spreadshirt (seit 2006 Sprd.net AG), das als Web-2.0-Unternehmen in 2002 von dem Studenten Lukasz Gadowski in Leipzig gegründet wurde und heute weltweit mehr als 250 Mitarbeiter beschäftigt. Der Umsatz liegt Schätzungen zufolge bei 15 Millionen € in 2007. Die Kunden entwerfen ihre Produktmotive (z.B. für Hemden, Tassen oder Mützen) in einem virtuellen Designstudio selbst und bieten diese dann auf ihrer eigenen Homepage zum Kauf an, wobei die Bestellungen direkt an Spreadshirt gehen. Die mittlerweile mehr als 300.000 „Shop-Partner" bilden zugleich die Spreadshirt-Community, die mit dem Unternehmen zusammen kontinuierlich weiter wächst (vgl. FAZ 2007, Nr. 251, S. 18).

Das Community-Marketing verfolgt vier Kernaufgaben, und zwar die Kundenakquisition, die Kundenbindung, die Leistungsinnovation sowie die Leistungspflege (vgl. Kaul 2008, S. 57):

▒ Die **Kundenakquisition** umfasst sämtliche Maßnahmen, die den Kunden dazu bewegen sollen, erstmalig im Unternehmen zu kaufen. Dazu können Online-Händler zum Beispiel themenbezogene Partnerprogramme einsetzen, um damit die Mund-zu-Mund-Kommunikation (Viral Marketing) zu aktivieren. Mit mehr als 900.000 Teilnehmern weltweit hat z.b. Amazon eines der erfolgreichsten Partnerprogramme entwickelt.

▒ Durch **Kundenbindung** sollen attraktive Kunden zu Wiederholungskäufern gemacht und ein Wechsel zum Wettbewerb verhindert werden. Als Beispiel lassen sich Support-Communities nennen, mit denen die Kundenbindung intensiviert und über Cross-Selling und Folgekäufe der Umsatz gesteigert werden kann (z.b. „Mac User Groups" für Macintosh-Kunden).

▒ **Leistungsinnovationen** stellen Tätigkeiten von der Ideenfindung bis hin zur Einführung neuer Produkte und Services dar. Spreadshirt ist ein typisches Beispiel für diese Kernaufgabe, indem Kunden eigene Design-Entwürfe austauschen („Open-Innovation").

▒ Mit der **Leistungspflege** soll eine möglichst lang andauernde Marktpräsenz erzielt werden. Beispiel sind die „Apple User Groups", die in der öffentlichen Wahrnehmung beständige Aufmerksamkeit genießen.

Um die Kernaufgaben erfolgreich im Markt umsetzen zu können, muss der Online-Händler sein Verhalten gegenüber seinen Communities konkretisieren. Das Unternehmen muss zunächst klären, wie sehr sich der Wissensaustausch der Kundennetzwerke mit den eigenen Interessen deckt und inwieweit es Einfluss auf die interaktive Kommunikation nehmen möchte. In Abhängigkeit davon, ob das Unternehmen die relevanten Communities eher beherrschend führt oder eher der Selbstbestimmung überlässt, kann das autoritäre, kooperative oder Laissez-faire Community-Marketing unterschieden werden (vgl. Kaul 2008, S. 60). Diese Führungsstile sind in Abbildung 3-9 dargestellt, wobei der Aktivitätsgrad der Kunden einerseits und der des Unternehmens andererseits die jeweilige Normstrategie definieren:

▒ **Autoritäres Community-Marketing:** Die Interaktion zwischen den Kunden soll unterdrückt und/oder kontrolliert werden. Regelverstöße werden gezielt verfolgt (z.B. Lizenzen, Markenrechte etc.). Ein derartiger Kontrollmechanismus wirkt sich aber nur unter der Bedingung, dass die eigenen Leistungen für die Community elementar sind, positiv aus. Manche Community-Brands positionieren sich von Beginn an selbstbewusst gegenüber der Gemeinschaft, wie z.B. YouTube, müssen diesen Anspruch aber mit eigenen Kernkompetenzen begründen.

▦ **Kooperatives Community-Marketing:** Die Interaktionen zwischen den Kunden werden toleriert oder sogar gefördert. Ziel ist ein optimierter Wissensaustausch (z.B. für Marktforschungszwecke). Bei Amazon kann die Beratungsleistung auch als Symbiose aus Unternehmens- und Kundenkompetenz angesehen werden. So wird z.B. das Produktwissen der Kunden mit den eigenen Interessen verbunden, indem z.B. Lieblingsbücher-Listen von Kunden gegenüber anderen Internet-Usern bedürfnisgerecht präsentiert werden.

▦ **Laissez-faire Community-Marketing:** Die Interaktionen zwischen den Kunden werden stark gefördert, ohne dass das Unternehmen eingreift (z.B. Loyalitätsgedanke). Für das Enabling können Instrumente wie Blogs, Wikis, Tags sowie Beratungs- und Empfehlungssysteme eingesetzt werden. MySpace unterstützt die Interaktion der Kunden, um sie beim eigenen Markenaufbau herauszustellen („a place to make friends").

Abbildung 3-9:   *Strategisches Rahmenmodell für Community-Marketing*

Quelle: Kaul 2008, S. 66

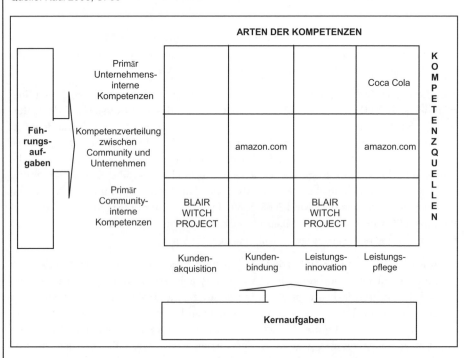

Das integrierte Community-Marketing nimmt ein strategisches Rahmenmodell zu Hilfe, das die Kernaufgaben und Führungsstile im Community-Marketing gegenüberstellt und damit praktikable Hinweise liefert, wie das Community Marketing auszurichten ist. Abbildung 3-9 zeigt zwölf Strategiefelder, die jeweils eine grundlegende Handlungsoption repräsentieren. Als Beispiel für eine autoritäre Leistungspflege lässt sich Coca-Cola nennen, die „Brand Cops" (Markenwächter) zur kontinuierlichen Internet Überwachung einsetzen und dabei Markenrechtsverletzungen auf Fan-Websites streng verfolgen. Dementsprechend wird auch die interaktive Kommunikation weitestgehend unterdrückt. Kooperative Kundenbindung praktiziert Amazon. Amazon-Kunden werden dazu bewegt, Rezensionen zu schreiben und Bewertungen abzugeben, die dann wiederum als Verkaufsargument für andere Käufer eingesetzt werden. Beispiel für ein Laissez-faire Community-Marketing in Form von Akquisition und Innovation sind die „Blair Witch"-Fan-Websites, die Kunden dazu auffordern, eigene Markenassoziationen zu entwickeln (vgl. Kaul 2008, S. 66). Wichtig ist, dass alle Maßnahmen untereinander abgestimmt werden. Bei Amazon sind z.B. Lieblingsbücher-Listen mit der Suchfunktion der Plattform verknüpft. Aber auch zwischen dem klassischen Marketing und dem Community-Marketing sind alle Maßnahmen zu harmonisieren, so dass es nicht zur Kundenkonfusion kommt (vgl. Kaul 2008, S. 68ff.).

3.3.4 Communitybasierte-Markenführung

Wesentliches Kennzeichen einer Community ist die emotionale Bindung und das „Wir-Gefühl". Die Bindungen können dabei unterschiedlich stark sein und einer unterschiedlichen Ausprägung von Adhäsion (Haftkraft, Anziehungskraft) sowie einem unterschiedlichen Grad an Interaktion unterliegen. Diesbezüglich lassen sich eine Intra-Community-Kraft (ICK) und eine Marken-Community-Kraft (MCK) definieren (vgl. Steinmann/Ramseier 2008, S. 43). Beide Konstrukte können je nach Verbindung von Marke und Community sehr unterschiedlich ausfallen. Dabei gilt, dass die Einheit aus Marke und Community umso stabiler ist, je stärker MCK und ICK ausfallen. Drei Beispiele, und zwar Harley-Davidson, das Miles&More-Vielfliegerprogramm sowie die Marke Tupperware sollen dies verdeutlichen (vgl. Abb. 3-10). Während die MCK bei der „Kultmarke" Harley-Davidson außerordentlich hoch ist, da die Markenbindung der HOGs-Mitglieder (Harley-Davidson Owner Groups) sehr intensiv ist, fällt die ICK von Harley-Davidson dagegen relativ bescheiden aus, da die Marke sich sehr stark über die Werte Individualisierung, Unabhängigkeit, Freiheit und Rebellion definiert. Derartige Persönlichkeiten sind als weniger interaktiv einzustufen. Demgegenüber ist beim Vielfliegerprogramm Miles&More sowohl die MCK als auch die ICK relativ gering ausgeprägt, da je nach Bedürfnislage und Situation auch schnell auf eine andere Marke umgestiegen wird und die Markenzeichen keine dominante Wirkung haben. Bei der Marke Tupperware ist dagegen die ICK sehr stark, da diese durch die Tupperware-Parties stark beeinflusst wird und dabei eine bedeutsame interpersonelle und emotionale Ausprägung hat, während die MCK sich stark auf die Botschafterin der Marke konzentriert und deswegen eher gering ausfällt. In den genannten Beispielen ist der Aktivitäts- und Intensitätsgrad entweder Community-induziert (Harley-Davidson Owner Groups) oder Marken-induziert (Tupperware). Dabei ist festzuhalten, dass jede erfolgreiche Marke eine „Community" zumindest derart hat, dass sie eine Kundschaft aufweist, die entweder mehr oder weniger treu ist. Mit ihrer Markentreue ist diese an die Marke gebunden (MCK), in der Regel aber wenig aktiv (ICK). Genau hier setzt modernes Community Marketing an, indem eine Community-Bildung von Unternehmensseite aktiv unterstützt wird (vgl. Steinmann/Ramseier 2008, S. 45).

Abbildung 3-10: *Verbindung von Marke und Community*

Quelle: Steinmann/ Ramseier 2008, S. 44

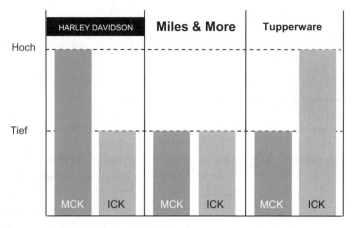

MCK = Marken-Community-Kraft
ICK = Intra-Community-Kraft

Marken verfügen also über unterschiedlich großes Community-Potenzial. Es gilt, dass die Community-Mitglieder umso homogener in iIhrer Einstellung zur Marke sind, je stärker die Adhäsionen MCK und ICK zur Marke sind. Dabei können vier Ebenen der Marken-Community-Bindungskraft unterschieden werden (vgl. Steinmann/Ramseier 2008, S. 46):

▪ **Ebene 1 – Markenpräsenz:** Auf dieser Ebene geht es darum, ob die Marke im Bewusstsein der Internet-User präsent ist und sich im „Awareness Set" befindet. Die Bindung zur Marke ist hier nutzenorientiert, multioptional und opportunistisch. Dementsprechend ist auch die Wechselbereitschaft hoch. Die Mehrzahl der Marken befindet sich auf diesem Niveau (z.B. Stromproduzenten, Informationsportale etc.).

■ **Ebene 2 – Markenpräferenz:** Hier ist bereits die Community-Zugehörigkeit auffällig, allerdings ganz rational und nutzenorientiert, so dass auch das „Wir-Gefühl" relativ schwach ausgeprägt ist. Die Bindung zur Marke ist situativ und möglicherweise opportunistisch mit relativ hoher Wechselbereitschaft. Als Beispiele lassen sich Airline-Vielflieger-Programme oder Kunden-Klubs (z.B. IKEA-Family) aufführen.

■ **Ebene 3 – Markenpermanenz:** Diese Ebene zeichnet sich durch eine dominierende psychologische Nutzenfunktion aus. Die Mitglieder der Community identifizieren sich mit der Marke, was durch Insignien, Rituale oder expressive Bekenntnisse zur Marke sichtbar wird. Obwohl die Identifikation mit der Marke permanent und intensiv ist, hat der Nutzer stets auch ein bis zwei Alternativen vor Augen. Prominentes Beispiel für Markenpermanenz ist Google (z.B. gegenüber Yahoo).

■ **Ebene 4 – Markenprominenz:** Erreicht eine Marke diese Ebene, dann weist sie irrationale Kräfte und eine starke emotionale Bindung ihrer Community mit starkem „Wir-Gefühl" auf. Die Interaktion innerhalb der Community ist stark und teilweise organisiert. In der Regel haben die Prominenzmarken „Kultstatus", kennen keine Alternativen und sind für den Markengläubigen persönlichkeitsprägend und -beschreibend. Typische Beispiele für eine Markenprominenz sind Harley-Davidson oder Apple, dessen Community jedes Jahr an der von Apple initiierten MacWorld-Expo teilnimmt, um den Firmengründer Steve Jobs persönlich zu erleben. Aber auch eBay entwickelt sich zunehmend in diese Richtung.

Das Ziel der Community-basierten Markenführung ist es, die E-Store-Brand auf die jeweils höhere Ebene zu bringen bis schließlich die Markenprominenz erreicht wird. Entscheidend ist dabei die Überzeugung, dass Marke und Community eine dynamische und variable Verbindung darstellen können, die zeitlich und situativ variiert. In jedem Fall gilt aber der Grundsatz, dass die Einheit von Marke und Community umso stabiler ist, je stärker MCK und ICK sind (vgl. Steinmann/Ramseier 2008, S. 50). Die Kür ist dabei ein Kultstatus, wie ihn z.B. Apple genießt, der aber auch maßgeblich vom Apple-Chef Steve Jobs getragen und zelebriert wird. „Der Guru und sein Telefon (…) das Jesus-Phone und sein graubärtiger Vater", so titelt die FAZ (vgl. FAZ 2007, Nr. 219, S. 20). So weit muss die Markenprominenz zwar nicht unbedingt gehen, aber zumindest „der Weg ist das Ziel".

3.3.5 Consumer-Generated-Advertising

„Digital Native" kennzeichnet eine Generation von Internet-Usern, die mit neuen Technologien auf eine so selbstverständliche Art und Weise agiert, die selbst etlichen ausgebildeten „Mediengestaltern" bis heute verschlossen bleibt. Diese „Nets" sowie zusätzliche, technikaffine Menschen entwickeln sich zunehmend von Konsumenten zu „Prosumenten", also mit in die Erstellung integrierte Kunden. Mit dem Internet-

Einkauf und dabei vor allem der Produktkonfiguration gibt der Konsument freiwillig Informationen über seine Präferenzen preis, die Basis für die Erstellung des eigentlichen Gutes sind. Dabei verwischt die Grenze zwischen Konsument und Produzent. Dementsprechend wird User-Generated-Content als Elementargut im Web gehandelt, wie YouTube, Flickr, Facebook oder MySpace eindrucksvoll verdeutlichen. Von insgesamt mehr als sieben Milliarden monatlich betrachteten Online-Videos ist der größte Teil offensichtlich User-Generated-Content (vgl. Unterberg 2008, S. 205). Den interaktiven Gesprächen über Konsumerlebnisse können sich vor allem Online-Händler heute nicht mehr entziehen. Die Konsumenten haben sich mit Hilfe des Internet emanzipiert und entscheiden heute in zunehmendem Maße darüber, wann, wo und auf welche Weise Medien genutzt und damit Werbung „konsumiert" werden. Der passiv rezipierende Konsument gehört immer mehr der Vergangenheit an. Für die Werbetreibenden wird es immer wichtiger, an den Gesprächen der Konsumenten teilzunehmen oder auch derartige Gespräche zu organisieren. Die damit einhergehende Aktivierung der Kunden ist Inhalt des Consumer-Generated-Advertising (CGA). Dieser Begriff bezeichnet alle vom Konsumenten erzeugten Inhalte, die werbenden Charakter haben. Ist also die Erstellung werblicher Inhalte von Konsumenten durch ein Unternehmen initiiert, handelt es sich um eine Consumer-Generated-Advertising-Kampagne, die erfahrungsgemäß von anderen Konsumenten als ehrlicher und glaubhafter wahrgenommen wird. Auch sind z.B. Teilnehmer von CGA-Kampagnen häufig Meinungsführer in ihren Konsumwelten oder sogar Erstverwender des beworbenen Produktes (vgl. Unterberg 2008, S. 208ff.).

Bei einer CGA-Kampagne werden im ersten Schritt die Konsumenten per Briefing aufgefordert, ihre Ideen in Form von Foto- und Videomaterial abzugeben. Durch einen Ideenwettbewerb mit ausgelobten Preisen sollen möglichst viele Konsumenten zum Mitmachen motiviert werden. Dabei ist das Briefing erfolgskritisch, wird jedoch häufig von Unternehmen unterschätzt, da sie zu sehr auf die „Kraft" ihrer eigenen Marken und Produkte vertrauen. Die Bewertung, Abstimmung und Kommentierung der Ideenbeiträge erfolgt wiederum durch die Teilnehmer. Dadurch wird sichergestellt, dass die besten Ideen nicht untergehen sowie zusätzliche Aufmerksamkeit und Community generiert wird. CGA-Kampagnen können außerdem durch weitere Community-bildende Maßnahmen unterstützt werden. Wird zum Beispiel der Kampagne eine Plattform zur Verfügung gestellt, lassen sich die Gespräche der beteiligten Community-Mitglieder besser verfolgen und für Marktforschungszwecke nutzen (vgl. Unterberg 2008, S. 210).

Mittlerweile liegen zahlreiche Beispiele für erfolgreiche CGA-Kampagnen vor. Erstmals praktizierte Mozilla, der Anbieter des Firefox-Browsers, diese neue Art der interaktiven Werbegestaltung. Aber auch BMW nutzt CGA-Kampagnen zunehmend für die Lifestyle-Marke Mini. Im Online-Handel kann z.B. zappos.com als CGA-Beispiel aufgeführt werden, da hier von jedem User direkt YouTube-Videos von Kunden aufrufbar sind, die dort ihre Kauferfahrungen wiedergeben.

3.3.6 Mikroblogging

Sehr wahrscheinlich ist Mikroblogging eines der aktuell am stärksten diskutierten Themen im Internet. Die zunehmende Verbreitung entsprechender Dienste zur Teilung von Informationen mit anderen Anwendern, lässt die Frage aufkommen, welchen Herausforderungen Unternehmen gegenüber stehen und welchen potenziellen Nutzen sie daraus ziehen können. Diese Frage wird insbesondere durch den Internet-Dienst Twitter forciert, denn Millionen Nutzer teilen täglich der Welt über diesen Dienst in maximal 140 Zeichen ihre Gedanken, spontanen Erlebnisse und Geschehnisse per Email oder SMS mit und verbreiten diese viral über das World Wide Web (Fischer 2010, S. 137). Die einzelnen Postings sind entweder privat oder öffentlich zugänglich und werden wie in einem Blog chronologisch dargestellt. Die Nachrichten können meist über verschiedene Kanäle wie SMS, E-Mail, Instant Messaging oder das Web erstellt und abonniert werden. Mikroblogging wird als eine neue, leichte und einfache Kommunikationsform verstanden, die es den Usern ermöglicht, sich über ihren aktuellen Status, über Meinungen oder Gedanken auszutauschen und Informationen zu veröffentlichen (vgl. Fischer 2010, S. 141). Mikroblogging kann von der technischen Seite zwischen Instant Messaging und Weblogs angesiedelt werden und ist eine Vermischung von beiden Dienstarten. Mittels des Interaktionspotenzials kann allerdings eine bessere Differenzierung des Dienstes und Einordnung ermöglicht werden (vgl. auch im Folgenden Fischer 2010, S. 143).

Mikroblogging basiert auf der Möglichkeit, kurze, blog-ähnliche Textnachrichten öffentlich im Web zu posten. Mikroblogs stellen eine kleinere Ausgabe der Weblogs dar, die es den Nutzern ermöglicht, sich zu vernetzen. Meldungen anderer Mitglieder lassen sich verfolgen, indem sie zu den Kontakten des persönlichen Netzwerks hinzugefügt werden. Wie bei einem Weblog erscheinen auch beim Mikroblogging die Nachrichten in zeitlicher Reihenfolge auf der Startseite des Benutzers. Zu Gunsten schneller, kürzerer Beiträge und eingeschränkter multimedialer Darstellungen verzichtet man hierbei allerdings weitestgehend auf ein Content-Management System. Kleinste Meldungen, die so genannten Tweets, werden hier ausgetauscht und mit interessierten Beobachtern geteilt. Die Tweets können beispielsweise per SMS, Desktop-Client oder über zahlreiche andere Programme von Drittanbietern, wie etwa Tweetdeck (www.Tweetdeck.com), versendet werden. Im Gegensatz zu Weblogs liegt der Nutzen von Mikroblogs besonders auf der fast synchronen Kommunikation. Aufgrund der Zeichenbegrenzung kann man auch von einer Art Massen-SMS sprechen, die an jeden gerichtet ist, der sie empfangen möchte. Ähnlich wie beim Instant Messaging setzt das Mikroblogging auch auf Mobilität und Flexibilität, was sowohl für das Posten als auch für das Lesen der Nachrichten gilt. Mikroblogs sind in der Regel nicht an ein Portal gebunden. Auch stehen eine Vielzahl an Programmen, Plattformen und Geräten zur Verfügung, über die Updates gesendet und abgerufen werden können. Dabei nutzen die größeren sozialen Netzwerke wie Facebook, MySpace oder Xing inzwischen Mikroblogging in Form der Statusmeldungen, um Mikroblogging in deren Service zu integrieren (vgl. Fischer 2010, S. 143-144).

3.3.7 Linking-Value

Durch die Digitalisierung aller Daten ist es möglich geworden, sämtliche Darstellungsmedien multimedial miteinander zu verknüpfen. Diesbezüglich kannibalisieren sich die Medien kaum, sondern ergänzen sich und tragen dem Wunsch der multioptionalen Konsumenten nach Channel-Hopping Rechnung. Mehr und mehr zeichnet sich ab, dass bei der interaktiven Kommunikation den Menschen offensichtlich die Beteiligung an Kommunikation wichtiger ist als die eigentliche Information. Dieses Phänomen wird als „Linking-Value" bezeichnet. Dementsprechend hat der „Link" im Web herausragende Bedeutung erlangt. Der darauf abgestimmte Mehrwert, den ein Online-Händler schaffen kann, heißt „Linking-Value" oder auch Verknüpfungswert. Der „Linking-Value" wird zunehmend zur Bewertung von Netzwerken, d.h. für konkrete Unternehmensbewertungen, herangezogen. So lassen sich die Top-Player der New Economy den „Linking-Value" mittlerweile einiges kosten. „Amerikanischen Medienberichten zufolge hat Microsoft in 2007 einen Anteil von 1,6 Prozent an Facebook für 240 Millionen $ übernommen. Das hat das erst gut drei Jahre alte Unternehmen mit rund 15 Milliarden $ bewertet. Diese Summe übersteigt bei weitem die Beträge, die in den vergangenen Jahren für andere Online-Gemeinden bezahlt wurden. So kaufte der Internet-Gigant Google im vergangenen Jahr die Videoseite YouTube und zahlte dafür 1,65 Milliarden $. Ein Jahr zuvor erwarb der Medienkonzern News Corp. die Gemeinde MySpace für 580 Millionen $ (…) gemessen an der Zahl der Mitglieder ist Facebook noch deutlich kleiner als MySpace, wächst aber schneller. Zuletzt hatte die Seite 40 Millionen Mitglieder in den USA. Das Wall Street Journal schrieb unlängst unter Berufung auf unternehmensnahe Kreise, Facebook erwarte in diesem Jahr einen Umsatz von 150 Millionen $ und einen Nettogewinn von 30 Millionen $." (FAZ 2007, Nr. 229, S. 23). Der soziale Mehrwert der Ware steht dementsprechend hoch im Kurs des New Marketing, weshalb auch bereits vom „Societing" gesprochen wird. Dabei ist Verknüpfung wichtiger als das, was verknüpft wird (vgl. Bolz 2008, S. 255). Aber nicht nur die sozialen Netzwerke haben einen „Linking-Value". Zum Beispiel bietet eBay als virtuelles Aktionshaus „Linking" und „Rating", also die Verknüpfung und Bewertung von Käufern und Verkäufern. Amazon lässt sich ebenfalls als Beispiel für einen „Linking-Value" nennen, da es allen Käufern Echtzeitinformationen über Konsumtrends und Geschmacks-Cluster liefert („E-Connection"). Und auch Google liefert einen „Linking-Value" für Werbetreibende, indem Werbebotschaften exakt mit bestimmten Suchanfragen verknüpft werden. Der dabei eingesetzte Page-Rank-Algorithmus gibt Empfehlungen, ähnlich wie z.B. das Ranking und Rating bei MySpace, Netflix, eBay und Amazon. Zunehmend wird bereits vom „Recommendation Age" gesprochen (vgl. Bolz 2008, S. 251ff.). „Millionenfach beurteilen Menschen im Web Produkte und Dienstleistungen. Die digitale Bewertungsorgie revolutioniert ganze Branchen" (Focus 10/2008, S. 76), so titelt der Focus.

Als Erfolgsprinzip der Internet-Branche gibt der „Linking-Value" dem Online-Händler wichtige Hinweise, nämlich vor allem „multimedial und netzsozial" zu denken und seinen Kanal als Bestandteil eines umfangreicheren Medienmixes zu begreifen, da die Kunden zunehmend multioptional handeln und immer mehr nach Channel-Hopping-Möglichkeiten verlangen. Diese Kunden betreiben dabei aber auch in steigendem Ausmaß interaktive Kommunikation und nutzen dementsprechend soziale Netzwerke. Gelingt es dem Internet-Anbieter nicht, zu den bestehenden Communities vorzudringen oder aber eigene Communities oder Community-Kooperationen zu aktivieren (z.B. über Consumer-Generated-Advertising), dann geht er zunehmend an zukünftigen Kundenpotenzialen vorbei.

3.4 Service- und Search-Solutions als Erfolgsfaktor Nr. 3

Hauptgrund für die „Einkaufsstättenwahl Internet" ist die Reduzierung von zeitlichen und finanziellen Aufwendungen aus Kundensicht (vgl. Kollmann 2007, S. 141). Diese ergeben sich in erster Linie aus der Navigation und Effizienz des Online-Händlers (vgl. Der Versandhausberater – Sonderheft 2007, S. 7). Für effiziente Online-Shops ist die treffsichere Suchfunktionalität „Key Performance Indicator". Dieses ist bereits in der Suchphase relevant, z.B. ob bei der Google-Suche von Produkten aus dem Sortiment eines Online-Händlers auch tatsächlich der Online-Shop auf den vorderen Rängen zu finden ist. Falsch geschriebene Begriffe oder alternative Bezeichnungen („Synonyme) müssen in der Volltextsuche des Shops dennoch zum Erfolg führen. Ist der potenzielle Kunde in der Suchphase bis zur Website des Händlers vorgedrungen, dann muss die Kategoriensuche schnell zum gewünschten Objekt führen. Hier geht es u.a. darum, ob die Suchergebnisse durch relevante Kriterien wie Marken, Farben, Größen, Preise usw. eingeschränkt werden können. Als selbstverständliche Voraussetzung gilt heute eine saubere Schlüsselung der Kategorien und Sub-Kategorien, damit es nicht zu einer Kundenkonfusion kommt.

Aktuelle Thematik des Online-Marketing in diesem Zusammenhang ist das Eye-Tracking, bei dem mit Hilfe entsprechender technischer Hilfsmittel die Augen- bzw. Blickbewegungen der Internet-User aufgezeichnet und ausgewertet werden (vgl. Schulz, 2007, S. 1). Die Ergebnisse des Eye-Tracking werden dabei in der Web-Usability, also der Benutzerfreundlichkeit der Website, umgesetzt. Häufiger Grund für Desorientierung und Irritation ist zum Beispiel die Art und Weise, wie Online-Kunden über die anfallenden Lieferpreise informiert werden. Während sich diese in klassischen Print-Katalogen in der Regel auf den Serviceseiten finden oder auf dem Bestellschein, befinden sie sich im Internet-Kanal häufig an den verschiedensten Positionen. Einerseits sind die Informationen über die Lieferpreise auf der Startseite anzutreffen, in anderen Fällen muss der Kunde sich damit gedulden, bis er seinen gesamten Warenkorb zusammengestellt hat. Generell sollte dem Kunden die Möglichkeit gegeben werden, sich vor dem Füllen des Warenkorbes über die Lieferpreise informieren zu können, um nicht von völlig inakzeptablen Versandkostenzuschlägen an der Kasse überrascht zu werden. Versandpreisübersichten und auch Allgemeine Geschäftsbedingungen sollten dabei übersichtlich und nicht zu textlastig gestaltet sein.

Ziel eines jeden Online-Händlers muss es sein, das Serviceangebot sinnvoll zu ergänzen und eine bestmögliche Service-Exzellenz zu erreichen, die zu maximaler Kundenzufriedenheit führt. Das Internet bietet dazu viele Möglichkeiten, mit denen zusätzlich sogar noch Kostenvorteile realisiert werden können. Dabei bieten sich Chancen, durch innovative Ideen dem Kunden echten Mehrwert zu bieten (vgl. HMWVL 2007, S. 57). Diesbezüglich kommt vor allem der Web-Usability eine entscheidende Rolle zu, die zunehmend auch Eye-Tracking-Analysen für Optimierungen heranzieht.

3.4.1 Eye-Tracking-optimierte Web-Usability

Die Eye-Tracking-optimierte Web-Usability bezieht sich auf das Erscheinungsbild des Online-Shops und seine Bedienbarkeit. Hier besteht in der Regel großer Nachholbedarf. Es ist ratsam, die Bedienbarkeit der eigenen Website mit denen der Mitbewerber zu vergleichen und dabei insbesondere zu testen, mit wie vielen Klicks der Kunde an das gewünschte Ziel kommt. Für den Nicht-Pure-Online-Händler stellt sich zusätzlich die Frage, ob und in welchem Ausmaß er das Erscheinungsbild seines Online-Shops dem seiner Versandkataloge sowie dem seiner stationären Geschäfte angleichen sollte. Dabei kann das Eye-Tracking helfen. Wird dieses zur Analyse des Benutzerverhaltens auf Internet-Seiten eingesetzt, lassen sich mit dieser Methode beispielsweise folgende Fragen beantworten (vgl. Schulz 2007, S.1):

- Was wird auf der Bildschirmseite von den Usern wahrgenommen?

- Welche Betrachtungsdauer haben einzelne Websites und einzelne Teile innerhalb einer Seite?

- Wie oft und wie lange erfasst der Internet-User bestimmte Inhaltsbereiche mit seinem Blick?

- Welche Bereiche lesen die Nutzer intensiv und welche werden nur schnell überflogen?

- Werden nur Überschriften bzw. Teaser oder auch ganze Inhalte gelesen?

Die aus diesen Fragen gewonnen Erkenntnisse werden im Rahmen der Web-Usability von erfolgreichen Online-Händlern umgesetzt. Deren Websites zeigen, dass sie sich für ihre Besucher interessieren. Dabei geht es weniger um unkonventionelles Design, das die Kunden bewundern. Vielmehr geht es darum, eine bestimmte Information zu finden, ein Anliegen schnell zu erledigen oder ein Produkt zügig und unkompliziert einzukaufen (vgl. Schulz 2006, S. 2). Dieses erfordert eine Vermeidung von Hindernissen, Wartezeiten und Einarbeitungserfordernissen für den Besucher. Die diesbezüglich anzutreffenden, wesentlichen acht Usability-Probleme, sind in Abbildung 3-11 dargestellt.

Abbildung 3-11: *Usability-Probleme*

Quelle: Schulz 2006, S. 3

Die acht wesentlichen Usability-Probleme
▦ Links, die ihre Farbe nicht ändern, wenn sie besucht wurden
▦ Vereiteln der Funktion des Zurück-Buttons
▦ Öffnung neuer Browser-Fenster
▦ Pop-up-Fenster
▦ Design-Elemente, die wie Werbung aussehen
▦ Verstöße gegen Web-weite Konventionen
▦ Textblasen und leere Hype
▦ Dichter Content und schwer überfliegbarer Text

3.4.2 Navigations-, Selektions- und Evaluationshilfen

Mittlerweile ist es möglich, mit Hilfe der 3D-Animation den Online-Shop sehr nahe an die Realität des stationären Geschäftes anzugleichen und dabei den Kunden einen empfohlenen Einkaufsvorgang zu vermitteln (Immersion). Auch kann in einem Lageplan die Regalanordnung angezeigt werden, wodurch auch Wiedererkennungseffekte vermittelbar sind (vgl. Schröder 2005, S. 171). Ein Navigationssystem ist insbesondere aufgrund der Selbstbedienungsorientierung für einen Online-Shop absolut erfolgskritisch. Es sollte in jedem Fall dem Besucher die folgenden Fragen beantworten (vgl. Schulz, 2006, S. 1):

▦ Wo bin ich? – auf der Website / im gesamten World Wide Web?

▦ Wo war ich? – welchen Weg habe ich hinter mir?

▦ Wo kann ich hingehen? – mit welchen Klicks gelange ich zum Ziel?

Aktuelle Untersuchungen zeigen, dass über 50 Prozent der Internet-User zunächst auf eine untergeordnete Seite („deep link") einer aufgerufenen Website gelangen, da die Suchmaschine sie dahin verwiesen hatte. Zentrale Bedeutung haben deswegen folgende Orientierungshilfen (vgl. Schulz 2006, S. 1):

▦ Das Logo in der oberen linken Ecke verweist auf die Homepage.

▦ Ein Klick auf das Logo sollte von jeder Website auf die Homepage führen.

▦ In der oberen rechten Ecke jeder Seite sollte ein Suchfeld sein.

▦ Ein Breadcrumb-Pfad sollte anzeigen, wo der Kunde sich innerhalb der Seite befindet.

Im Online-Shop kann die Kontakthäufigkeit mit dem Sortiment gut durch die Benutzerführung beeinflusst werden. Dabei sind hierarchische und offene Verknüpfungsstrukturen zu unterscheiden. Während die offenen Strukturen dem Kunden eine vollständige Freiheit bei Suche und Gang durch den virtuellen Shop ermöglichen, sind die hierarchischen Strukturen entweder linear oder baumartig aufgebaut. Bei der linearen Konzeption ist der Kunde angehalten, im Sinne einer festen „Zwangsführung" an allen Produkten vorbeizugehen. Das baumartige Konzept ermöglicht ihm, an bestimmten Punkten abzuzweigen und damit nicht an allen Produkten entlang gehen zu müssen, bis er den gewünschten Artikel gefunden hat.

Abbildung 3-12:   *Navigationshilfen für den Online-Shop*

Quelle: Schröder 2005, S. 171

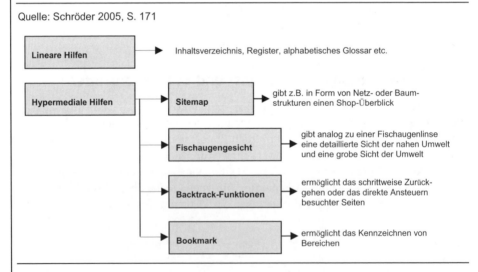

Ein spezieller Fall sind die so genannten „guided tours", die vor allem den ungeübten Nutzern die Orientierung und Navigation in komplizierten Umgebungen erleichtern sollen. Dabei können Suchfunktionen und Schlüsselbegriffe gute Hilfestellung geben (vgl. Schröder 2005, S. 170). Mögliche Navigationshilfen für einen Online-Shop sind in Abbildung 3-12 dargestellt. Mit der Navigation hängen auch die internetbasierten Produktkataloge eng zusammen, die im Vergleich zu den konventionellen Print-

Katalogen die gesamte Produkt- und Leistungspalette vollständig und detailliert abbilden können, ohne dass es räumliche Beschränkungen gibt. Darüber hinaus sind sie besser aktualisierbar. Ein großes Manko der gedruckten Kataloge ist die lange Laufzeit (in der Regel eine Saison), wodurch sie völlig unflexibel sind. Auch bietet der virtuelle Katalog eine Vielzahl zusätzlicher Darstellungs- und Informationsmöglichkeiten, die nützlich für den bewertenden Produktvergleich sein können. Mittlerweile gibt es Websites, auf denen mehr als 220.000 Artikel online abrufbar sind (z.B. der US-Anbieter Grainger), was einem gedruckten Katalog von mehr als 10.000 Seiten entsprechen würde (vgl. Schrödter 2003, S. 51).

Abbildung 3-13:   *Test einer Website im Amazon-Benchmarking*

Quelle: Nach H&P 2004

Geschwindigkeit	184 kb (+75% zu Amazon)
	44% der Kunden nutzen Modems (44 kb/sec.)
Features	- Verfügbarkeit
	- Kundenrezensionen
	- Up-Selling bei Bestellung
	- Vorbestellung
	- Personalisierung
Suche / Browse	Browse nach Marke, Sub-Categories
	Sortierbare Listen
Information	Versandkosten nicht gezeigt
	Was ist mit Österreich und der Schweiz?
Operatives	Empfehlung Geschenk für Seniorin: „2 mal Staubsauger"
	Keine Preisgegenüberstellung bei Schnäppchen

Elektronische Produktkataloge dieser Art müssen in mehreren Ebenen jeweils nach Kategorien geordnet sein, um dem Nutzer das problemlose Auffinden des Produktes zu ermöglichen. Hilfreich ist hier auch eine Suchfunktion nach Stichwörtern, wofür verschiedene Schlagwörter, Attribute oder Keywords für jedes Produkt im Datenbestand hinterlegt sein müssen. Die elektronischen Kataloge sind auch erweiterbar und können durch Videos, Audioelemente, 3D-Animationen, 360°-Rundumsichten oder virtuelle Rundgänge ergänzt werden. Abbildung 3-13 zeigt den beispielhaften Test einer Website im Benchmarkvergleich mit Amazon aus dem Jahre 2004. Angesichts der schnellen Innovationszyklen im Online-Handel sollten Unternehmen derartige Vergleiche nach verschiedenen Kriterien (z.B. Geschwindigkeit, Komfort und Bedienelemente) regelmäßig durchführen, um nicht in die Gefahr des „Out-of-Date" zu geraten. Nachteil ist hier aber häufig, dass für ihre Nutzung vom Benutzer unter Umständen spezielle Zusatzprogramme (so genannte Plug-ins) geladen werden müssen, was sich insbesondere bei Endkunden häufig in langen Download-Zeiten niederschlägt. Auch spielt immer wieder die Menge der mit der Darstellung an sich verbundenen Daten eine Rolle, wobei die Website dann sehr „schwer" ist (vgl. Schrödter 2003, S. 52ff.). In elektronischen Produktkatalogen sind eine Vielzahl von interaktiven Gestaltungselementen einsetzbar, mit denen der Prozess der Produktauswahl und -bewertung vereinfacht werden kann. Ihre verbindende Aufgabe ist es, Empfehlungen zu geben, Alternativen darzustellen und Lösungsvorschläge anzubieten. Der Kunde hat den Nutzen, dass sich sein Zeitaufwand bei der Produktauswahl verringert und sich die Qualität des Auswahlprozesses erhöht. Folgende Selektionshilfen und Evaluationsmöglichkeiten sind denkbar (vgl. Schrödter 2005, S. 57ff.):

- **Vorschlaglisten:** Der Anbieter kann dem Kunden eine engere Auswahl von bewährten Produkten vorschlagen und damit den Kreis der Wahlmöglichkeiten eingrenzen. Dabei bietet sich an, auf den „Suggested Lists" die gängigsten Artikel für verschiedene Produktbereiche/Kategorien aufzuführen. So stellt Amazon (www.amazon.de) z.B. in den Kategorien Bücher und CDs so genannte „Empfehlungen der Redaktion" für verschiedene Interessengebiete zusammen. Das vermittelt den Kunden zusätzlich den Eindruck, dass sich auf den Seiten des Online-Händlers Fachleute oder auch „Gleichgesinnte" mit den Kundeninteressen auseinandersetzen.

- **Checklisten und Einkaufslisten:** Bei vielen Anwendungen ist es auch denkbar, mehrere Produkte eines Anbieters oder anderer kompatibler Anbieter in Kombination einzusetzen. In derartigen Fällen ist es möglich, entsprechende Listen zusammenzustellen, die dem Kunden einen Überblick über die benötigten Komponenten geben (Checklisten) und zugleich eine Vorselektion geeigneter Artikel vornehmen (Einkaufslisten). Maggi (www.maggi.de) stellt den Nutzern seiner Website verschiedene Kochrezepte zur Verfügung im Zusammenhang mit den eigenen Produkten. Hornbach (www.hornbach.de) stellt Material- und Werkzeuglisten für spezifische Do-it-Yourself-Anwendungen ins Netz.

- **Bestsellerlisten:** Der Anbieter zeigt auf Bestsellerlisten in regelmäßigen Abständen und in jeweils aktualisierter Form seine meistverkauften Produkte nach Themenbereichen, Bedürfnissen, Anwendungen oder Problemstellungen. Der gezeigte Verkaufserfolg der Produkte stellt dabei einen Anhaltspunkt für die Kunden dar.

- **Collaborative Filtering:** Hierbei wird die Darstellung von Produkten und Leistungen mit Hinweisen und Links auf andere Produkte oder Leistungen versehen, die Käufer des gerade begutachteten Artikels auch erworben haben. Bei diesem auch intensiv von Amazon genutzten Tool gehen die Anbieter davon aus, dass ähnliche Gebrauchsmuster und Vorlieben von Kunden vorliegen und potenzielle Kunden durch entsprechende Informationen nützliche Hinweise auf Waren erhalten, die für sie möglicherweise interessant sind. Auch entsteht hierdurch bereits der Eindruck einer gewissen Individualisierung.

Persönliche Produktempfehlungen: Bei diesem Instrument geht es darum, dass die Kunden jeweils individuell zugeschnittene Produktvorschläge erhalten, die nicht selten in personalisierten Einstiegsseiten eingebunden sind. Voraussetzung ist allerdings, dass individuelle Kundendaten aus bereits getätigten Käufen vorliegen bzw. gesammelt wurden oder ein vom Kunden hinterlegtes Interessenprofil vorliegt. Dabei kann ein relativ hohes Maß an Personalisierung des Angebots erreicht werden. Die Kundenidentifikation erfolgt entweder automatisch aufgrund bereits hinterlegter Daten (so genannte Cookies) oder über ein Login des Kunden.

Produktbewertungen von Kunden: Dieses Tool beinhaltet die aktive Mitwirkung von Kunden, durch die aktive Produktempfehlungen zustande kommen. Dazu müssen auf der Website entsprechende Dialogelemente zur Artikelbewertung integriert sein. Die derartige Einbindung von Kunden kann auch positive Effekte für die Kundenbindung haben. Zugleich wird ein wichtiger Mehrwert für den Anbieter geschaffen, da die Bewertung zumindest mit der Angabe von Name und E-Mail-Adresse des Bewertenden verbunden ist.

Ratings: Immer mehr Anbieter bieten den Nutzern die Möglichkeit, ihre angebotenen Artikel im Rahmen eines so genannten Ratings auf einer Werteskala zu beurteilen. Dabei werden in der Artikelanzeige jeweils die Anzahl der abgegebenen Wertungen sowie die Durchschnittsnote mit angegeben, wodurch sich der Kunde relativ schnell ein erstes Bild von der Produktqualität machen kann.

Rezensionen und Erfahrungsberichte: Vom Kunden verfasste Rezensionen in Form von kritischen Beurteilungen oder Erfahrungsberichten geben potenziellen Kunden die Gelegenheit, sich ein differenzierteres Bild über ein Produkt zu machen. Derartige Stellungnahmen besitzen einen hohen Grad an Glaubwürdigkeit und werden deshalb ebenfalls häufig in Artikelanzeigen mit eingebunden. Gerade für Online-Händler bieten sich Rezensionen und Ratings an, da diese in der Regel eine große Auswahl von Produkten anderer Hersteller vertreiben und auch negative Bewertungen nicht unbedingt auf das eigene Image ausstrahlen.

Expertenmeinungen: Möglichkeiten zur Produktempfehlung bieten auch Hinweise bzw. Darstellungen von Testberichten und Empfehlungen unabhängiger Dritter, also Experten. Dazu zählen auch Institutionen wie z.B. Stiftung Warentest, Verbraucherschutzorganisationen und/oder Fachzeitschriften. Compaq stellt z.B. auf seiner Website (www.compaq.de) eine Übersicht zur Verfügung, die derartige Expertenaussagen aufführt. Auch Amazon zeigt z.B. bei Musik-CDs Rezensionen von Redakteuren bekannter Fachmagazine.

Produktgegenüberstellungen: Hiermit kann dem Kunden der Produktvergleich erleichtert werden. So bietet Hewlett Packard (www.hp.com) ein Tool an, mit dem der Kunde die wichtigsten Eckdaten von drei frei wählbaren Artikeln einer Kategorie in Tabellenform auf einer Seite gegenüberstellen kann.

■ **Konfigurationen:** Falls ein Produkt in mehreren Varianten oder Ausführungen (z.B. Farbkombinationen oder Zusatzausstattungen) aus verschiedenen Komponenten kombiniert werden kann, bieten sich Konfigurations-Tools an, die auch als konstruierende elektronische Kataloge bezeichnet werden. Vorteil dieses auch zunehmend von Bekleidungshändlern und -herstellern wie z.B. Tailor Store (www.tailorstore.com) angebotenen Instruments ist es, dass der Kunde das Produkt nach seinen individuellen Wünschen relativ zeiteffizient selbst am PC konfigurieren bzw. zusammenstellen kann und dabei unmittelbar das Ergebnis seiner Arbeit sieht. Dabei bietet sich auch an, dass der Kunde parallel den Preis des Produktes kalkulieren kann, so wie inzwischen bei fast allen Autoanbietern möglich („Car Configurator").

■ **Bedürfnisanalysen:** Dieses Instrument können Anbieter nutzen, um den Bedarf beim Kunden abzuklären und zu erforschen, welche Artikel oder Leistungen aus seinem Sortiment für die Bedarfsdeckung geeignet sind. Dazu werden auf den Websites entsprechende Dialogelemente eingesetzt, mit welchen die Rahmenbedingungen und Präferenzen des Kunden erfasst werden können. Es handelt sich um eine Art Eignungsbewertung, die der Anbieter vornimmt, um eine Vorselektion für seine Produkte anbieten zu können. Dabei kommt die Web-basierte Bedürfnisanalyse dem Charakter eines realen Verkaufs- und Beratungsgespräches relativ nahe, denn auch hier ist ein gewisses Maß an Vertrauen in die Kompetenz des Anbieters erforderlich. In vereinfachter Form findet die Bedürfnisanalyse bei der Internet-Automobilbörse „Automobiles.com" (www.automobiles.com) Anwendung. Eine detailliertere Bedürfnisanalyse findet sich beim „Skincare Advisor" auf der Website des Schweizer Kosmetikherstellers Juvena (www.juwena.com). Dieser legt Angaben wie Alter, Hauttyp, Hautproblem und bevorzugten Pflegeaufwand seiner Produktempfehlung zugrunde.

■ **FAQ-Listen:** Auch die FAQ-Listen, bei denen es sich um eine übersichtliche Auflistung häufig gestellter Fragen („Frequently Asked Questions") handelt, die um entsprechende vom Anbieter formulierte Antworten ergänzt werden, können als Selektions- und Evaluationshilfe angesehen werden, soweit sie sich auf die Produkte und Leistungen des Anbieters beziehen. Es kann durchaus vorkommen, dass sich durch FAQ-Listen der Aufwand einer persönlichen Anfrage für den Nutzer erübrigt und damit auch die Wartezeit auf eine Antwort entfällt. In anderer Richtung profitiert natürlich auch der Online-Händler von der reduzierten Anzahl zu bearbeitender Kundenanfragen sowie von der Information, die indirekt in den Fragen enthalten ist.

■ **Tags:** Bei der Speicherung von Daten in Dateien bezeichnet Tag eine Meta- oder Zusatzinformation (z.B. Schlagwörter in Form von Kartei-Reitern), die einer Datei angefügt wird, um sie auf einer anderen Website durch bloßes Anklicken jederzeit zu finden und direkt dorthin gelangen zu können. Dabei werden neben den zu speichernden Daten zusätzlich Informationen z.B. über deren Ursprung oder Verwendungszweck abgelegt (vgl. Wikipedia 2008). So bietet das ID3-Tag etwa in Musikdateien Informationen über Name, Genre, Interpret etc. an. Für Bilddaten ist das Tagged Image File Format (TIFF) gängig. Weiterhin gibt es zur zusätzlichen Auszeichnung von beliebigen Daten EXIF.

3.4.3 Serviceorientierte Dialogelemente

Die Nutzung des Internet-Kanals erweitert auch die Möglichkeiten zum serviceorientierten Dialog mit dem Kunden unter Anwendung internetbasierter Kommunikationselemente. Dabei müssen Mittel der asynchronen Kommunikation (E-Mail, Foren, Blogs) und der synchronen Kommunikation (Chat, Videokonferenzen, Co-Browsing, Internet-Telefonie, Wikis) unterschieden werden. Zum Teil eignen sich diese Tools auch zur Evaluation (z.B. E-Mail-Korrespondenz und Foren). Folgende Dialogelemente sind zu nennen (vgl. Schrödter 2003, S. 87 ff.):

▪ **E-Mail:** Hierbei handelt es sich wohl um die am meisten genutzte internetbasierte Kommunikationsform. Wesentlicher Vorteil ist die Schnelligkeit und direkte Zustellmöglichkeit. Darüber hinaus sind die formellen Erwartungen nicht so hoch wie bei konventionellen Briefen und bauen mögliche Schwellen zur Kontaktaufnahme ab. Deswegen werden E-Mails auch häufig genutzt, um Kundenfeedback zu erhalten. Darüber hinaus können damit auch persönliche und individuell erscheinende Produkthinweise gegeben werden.

▪ **Forenbeitrag:** Auch der Anbieter kann sich an Foren, die eigentlich Kunden zum gegenseitigen Erfahrungsaustausch dienen, mit eigenen Beiträgen beteiligen. Dadurch werden diese zu einer weiteren Schnittstelle im Dialog mit den Kunden. In der Regel sind die Kundenanliegen aber an Nutzergemeinschaften und weniger an den Anbieter gerichtet, so dass häufig auch keine Antworten von ihm erwartet werden. Trotzdem kann der Online-Händler jederzeit auch auf einzelne Beiträge eingehen, wie dies z.B. Compaq unter Mitwirkung eigener Experten macht.

▪ **Chat:** Diese internetbasierte Kommunikation (engl. Plauderei) erlaubt einen Informationsaustausch in Echtzeit. Die Teilnehmer bringen sich durch Diskussionsbeiträge ein, wobei der inhaltliche Rahmen durch themenorientierte Diskussionsbereiche, so genannte virtuelle Chatrooms, gebildet wird. Allerdings sind die Möglichkeiten der synchronen Kommunikation sehr begrenzt.

▪ **Videokonferenz:** Videokonferenzen über das Internet sind dort hilfreich, wo Visualisierungen erforderlich sind, um Sachverhalte zu klären und Kundenanliegen zu klären. Dieses Kommunikationsmittel kommt eigentlich dem Charakter eines realen Beratungs- und Verkaufsgespräches sehr nahe. Es setzt allerdings spezifische Software beim Kunden voraus (z.B. Headset, Webcam).

▪ **Co-Browsing:** Das Co-Browsing macht es dem Anbieter möglich, dem Kunden seine Website aus der Distanz vorzustellen und ihn bei der Nutzung zu navigieren. Kunde und Anbieter blicken synchron auf eine identische Seite in ihrem Browser und greifen beide auf die jeweils angebotenen Seitenfunktionen zu. Dadurch spart der Kunde Zeit, es sind allerdings spezifische Softwarekomponenten erforderlich.

▪ **Call-back:** Typische Call-back-Optionen sehen vor, dass der Kunde den Online-Händler per Online-Formular um telefonischen Rückruf bitten kann. Neben dem Namen und der Telefonnummer können in entsprechende Formularfelder auch Stichworte zum Anliegen sowie ein gewünschter Rückruftermin angegeben werden. Obwohl es sich hierbei nicht um einen eigentlichen Online-Service handelt, so wird er doch online eingeleitet. Call-back-Optionen können in der Evaluationsphase für Kunden hilfreich sein, um gezielt weiterführende Informationen zu erfragen.

▪ **Wiki:** Wikis bezeichnen Softwarelösungen oder Sammlungen von Webseiten, die von den Benutzern gelesen und auch direkt online geändert werden können. Sie ermöglichen es verschiedenen Autoren, gemeinsam an Texten zu arbeiten und so Erfahrung und Wissen der Autoren kollaborativ zu erfassen (vgl. Wikipedia 2008).

▪ **Blog:** Als Blog bezeichnet man ein auf der Website geführtes und öffentlich einsehbares Tagebuch oder Journal. Dieses ist in der Regel „endlos", d.h. eine chronologisch sortierte Liste von Einträgen, die in gewissen Abständen unterbrochen werden. Der Blog stellt ein einfach zu handhabendes Medium dar, mit dem z.B. innerhalb einer Community Aspekte des eigenen Lebens, Meinungen zu Themen oder Einkaufserlebnisse dargestellt werden. Es ähnelt dem Internet-Forum und dient dem Informations- und Erfahrungsaustausch (vgl. Wikipedia 2008). Eine besondere Form ist der Mikro-Blog. Dabei können angemeldete Benutzer limitierte Textnachrichten (z.B. 140 Zeichenbei Twitter) senden und die Nachrichten anderer Benutzer empfangen. Die Nachrichten anderer Benutzer sind als „Follower" abonnierbar. Auf der Twitter-Startseite kann man Nachrichten eingeben und die Nachrichten der Personen, denen man folgt, chronologisch sortiert sehen. Der Absender entscheidet, ob er seine Nachrichten oder den Zugang auf eine Freundesgruppe beschränken möchte (vgl. Bluhm 2009, S. A6; Wikipedia 2009).

3.4.4 Self-Service-Funktionalitäten

Positiven Einfluss auf die Kundenzufriedenheit hat es, wenn der Online-Kunde unmittelbar selbst zum gewünschten Ergebnis kommt. Die Übergänge von Kommunikationsinstrumenten zu Selbstbedienungsfunktionen sind fließend und aus Kundensicht nicht unterscheidbar. Gibt z.B. der Internet-User eine Anschriftenkorrektur in ein Webformular ein, ist es für ihn ohne Bedeutung, ob dies eine automatische Datenbankänderung zur Folge hat oder lediglich eine E-Mail an den zuständigen Sachbearbeiter erzeugt (vgl. HMWVL 2007, S. 60ff.). Die Automatisierungsmöglichkeiten in der

Abwicklung des Online-Handels eröffnen allerdings gerade im interaktiven Zusammenspiel mit den Kunden so genannte Self-Service-Funktionalitäten auf der Website. Diese machen es möglich, dass der Kunde selbst Transaktionen mit dem Unternehmen abwickelt, ohne dass ein Verkaufsmitarbeiter aktiv werden muss. Grundproblem bei der Nutzung solcher Self-Service-Module ist die Komplexität der Benutzerführung, die oftmals komplizierter ist als ein schneller Anruf im Call-Center. Die sich daraus ergebende Ablehnung des Self-Service kann aber durch Anreizsysteme überwunden werden. Es gilt die Daumenregel, dass die Höhe der Anreize umgekehrt proportional zu der Nutzungsfrequenz sowie proportional zu der Komplexität der Aufgabe ist.

Abbildung 3-14: Typisches Online-Nutzungsverhalten ohne Anreize

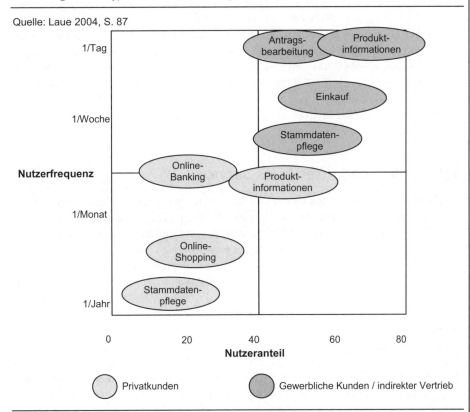

Quelle: Laue 2004, S. 87

Folgende Anreiz-Beispiele für die Nutzung der Self-Service-Funktionalität lassen sich nennen (vgl. Laue 2004, S. 81):

▧ 24/7-Verfügbarkeit des Internet vs. Call-Center

▧ Kostenlose Kontoführung oder Brokerage-Konditionen

▨ Geringere Versandkostenpauschalen

▨ Nur im Internet exklusiv verfügbare Artikel

▨ Sonderpreise für ausgewählte Produkte im Internet

▨ Vermeidung des Anrufs kostenpflichtiger Servicenummern

Man kann aber davon ausgehen, dass vor allem dann für den Informationsaustausch ein dauerhafter Anreiz gegeben werden sollte, wenn der Kunde die Self-Service-Module nicht mindestens einmal pro Woche nutzt. Die Erfahrung zeigt, dass gewerbliche Kunden eine höhere Nutzung in Verbindung mit hohen Nutzungsfrequenzen haben als private Kunden. Private Kunden geben die Transaktionsvereinfachung (z.B. Online-Banking) sowie weitergehende Produktinformationen als Nutzungsgrund an, wie in Abbildung 3-14 dargestellt ist. Ein Teil der Nutzer wird aber auch stets Self-Service-Funktionen ohne explizite Anreize nutzen. Es ist deswegen wichtig, die Erfahrungswerte für diese konstanten Nutzer zu sammeln, um die Kosten für Anreizsysteme den Einsparpotenzialen gegenüberzustellen. Die Frequenzsteigerungen können beträchtlich sein. Durch Entfall der Versandkostenpauschale werden erfahrungsgemäß die Transaktionszahlen um ein Vielfaches erhöht. Im Einzelfall sollte aber jede Maßnahme noch einmal nachkalkuliert werden (vgl. Laue 2004, S. 87).

3.4.5 Pre- und After-Sales-Service

Aus Sicht der Kunden beinhaltet der Online-Verkaufsprozess vier Phasen (vgl. Abb. 3-15). Die dargestellten Teilprozesse von der Anbietersuche bis zur Belieferung sind mittlerweile weitgehend standardisiert, so dass eine Differenzierung nur inhaltlich erfolgen kann. Insbesondere im Bereich der Kundenpflege und des Services kann der Online-Händler sich positiv vom Mitbewerber abheben. Online-Händler können sowohl in der Vorkauf- als auch in der Nachkauf-Phase ihren Kunden oft erheblichen Mehrwert bieten. Dabei sollten vor dem Kauf Produkte detailliert beschrieben und möglichst multimedial dargestellt werden. Umfassendes Informationsmaterial und interessante Ergänzungen können zum Download oder als Link zu externen Informationsquellen angeboten werden. Auch besteht die Möglichkeit von Probelieferungen. Darüber hinaus sollte maximale Transparenz gewährt werden. Dazu gehört beim Bestellvorgang und auch im Vorfeld, stets die tatsächlich zu erwartenden Kosten und Preise ersichtlich zu machen. Versteckte Aufschläge oder Zusatzkosten (z.B. Versandaufschlag), die den Kunden erst bei Abschluss des Geschäftes „überraschend begegnen", führen zur Verärgerung oder gar Reaktanzen. Als zusätzliche Extras können in der Pre-Sales-Phase den Internet-Kunden Online-Tools zur Verfügung gestellt werden, die ihnen die Entscheidung erleichtern wie z.B. Finanzierungsberatung, Wirtschaftlichkeitsberechnungen, Beantragung öffentlicher Fördergelder oder E-Learning (vgl. HMWVL 2007, S. 62ff.).

Abbildung 3-15: *Rolle des Services im Online-Verkaufsprozess*

Quelle: HMWVL 2007, S. 57

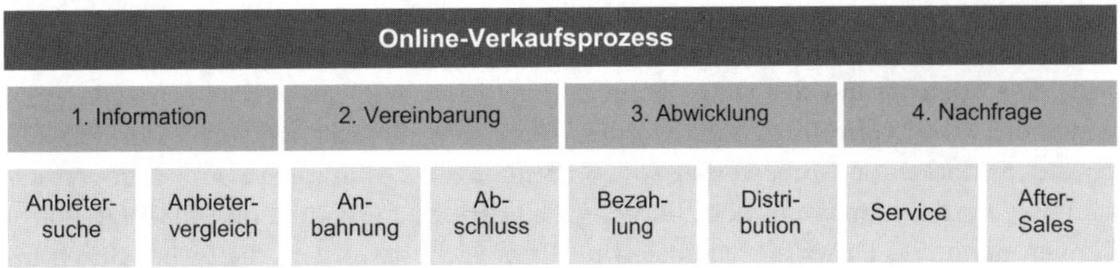

Online-Verkaufsprozess							
1. Information		2. Vereinbarung		3. Abwicklung		4. Nachfrage	
Anbieter-suche	Anbieter-vergleich	An-bahnung	Ab-schluss	Bezah-lung	Distri-bution	Service	After-Sales

Für die After-Sales-Phase sollten neben Newslettern auch sämtliche Informationsmaterialien angeboten werden, die vom Kunden nachgefragt werden könnten. Dabei handelt es sich z.B. um Bedienungsanleitungen oder Einbauhilfen. Technische Informationen in Form von Datenblattbibliotheken mit Datenblättern, Bedienungs- und Montageanleitungen, Übersichtstabellen oder z.B. Umrechnungshilfen erhöhen die wahrgenommene Servicequalität und können auch noch nach vielen Jahren von Kunden abgerufen werden. Vor allem aber Umtauschservice, Reklamationswesen, Garantieabwicklung sowie Reparaturservice sind sehr sensible Themen im Distanzhandel, die äußerst kulant gehandhabt werden sollten (vgl. HMWVL 2007, S. 63). Diese sind in jedem Fall internetspezifisch in den AGB zu regeln und herauszustellen.

Auf sehr hohe Akzeptanz bei den Online-Kunden stoßen auch Online-Hilfe-Systeme zur Diagnose und Behebung von Fehlern. Erfolgserlebnisse bei der Selbsthilfe erhöhen die Kundenzufriedenheit und reduzieren zugleich den eigenen Aufwand. Es kann außerdem Sinn machen, den Kunden die Bestell-Historie zur Geschäftsbeziehung online zur Verfügung zu stellen. Diese hilft den Kunden, dort aufgeführte Produkte in die aktuelle Bestellung zu übernehmen und ermöglicht einen Überblick über die getätigten Einkäufe (z.B. beim Online-Weinkauf).

3.4.6 Kunden-Feedback

Für die Kundenbindung, die ja gerade im Online-Handel herausragende Bedeutung hat, ist es äußerst dienlich, Kundenwünsche aufzugreifen und zu erfüllen. In diesem Zusammenhang bietet das Internet hervorragende Möglichkeiten, Kundenwünsche zu erfragen und zu erkennen. Dementsprechend lassen sich durch Feed-Back-Formulare und/oder Online-Befragungen Kundenzufriedenheiten und Verbesserungspotenziale ermitteln. Diesbezüglich sollte unbedingt auf die Befragung hingewiesen werden, um einen hohen Response zu bekommen. Für Web-Umfragen stellen mittlerweile mehrere Marktforschungsanbieter Systeme zur Verfügung, die in die eigene Webpräsenz eingebunden werden können oder vom Anbieter zur Verfügung gestellt werden. Über

Zugangscodes (TAN) kann die Teilnahme offen gesteuert und durch Einladungs- bzw. Erinnerungs-E-Mails gefördert werden (vgl. HMWVL 2007, S. 65ff.).

Da über potenzielle Kunden noch keine umfassenden Informationen vorliegen, bietet sich an, alle Daten, die aufgrund jeglicher Art von Interaktionen mit den Internet-Usern anfallen, zu sammeln und auszuwerten (z.B. Anfragen, Newsletter, Beschwerden). Die Speicherung der Daten kann automatisiert erfolgen und zur Erstellung so genannter Kundenprofile genutzt werden. Dazu sollten zusätzlich auch externe Daten über den Markt, die Mitbewerber sowie Präferenzen bestimmter Käufergruppen gesammelt werden, um ein exaktes Bild der Zielgruppe zu erhalten. Im Data-Warehouse können dann alle Daten systematisiert und gespeichert werden, die bisher durch Interaktionen angefallen sind. Dort werden dann sowohl die externen Daten als auch die internen — durch Automatisierung generierten — Daten zusammengeführt. Daraus entsteht mit der Zeit ein Datenpool, der durch den Einsatz von Data-Mining-Methoden für Werbemaßnahmen genutzt werden kann, wodurch dann das Database-Marketing zum Einsatz kommt (vgl. Kollmann 2007, S. 193).

Mit Hilfe von Web-Umfragen gewonnene Daten können auf dem Webserver analysiert werden, wobei dann jeder Abruf vom Webserver in Protokolldateien (Web-Log) gespeichert und nach verschiedensten Fragestellungen ausgewertet werden kann (Web-Mining). Die Online-Befragung stellt aber nur eine unter vielen möglichen Methoden der Datenerhebung dar. Wie Abbildung 3-16 zeigt, bedient sich die Online-Marktforschung prinzipiell der gleichen Erhebungsformen wie in der klassischen Marktforschung, weist jedoch aufgrund der Transaktionsart erhebliche Effizienzvorteile auf (vgl. Kollmann 2007, S. 194ff.). Außerdem bieten zahlreiche Online-Datenbanken umfassendes Informationsmaterial an, das weit über die klassischen Möglichkeiten der Sekundärforschung hinausgeht. Neben Datenbanken stehen zudem Suchmaschinen, Mailinglisten, Kataloge, Informationsseiten sowie Rankinglisten jeglicher Art zur Verfügung. Kostenlose Traffic-Rankings für die meistbesuchten Websites in den verschiedensten Produktkategorien liefert z.B. Alexa (alexa.com — „The Web Information Company"), eine Tochtergesellschaft von Amazon, die auch unterschiedlichste Kennzifferanalysen anbietet. Folglich stehen für den Online-Händler mehr als genug Tools zur Verfügung, um Kunden-Feedback einzuholen. Besondere Bedeutung erlangt dabei die „Online-Beobachtung", die den Einsatz von Tracking-Tools beinhaltet. (vgl. Lammenett 2006, S. 28 ff.; Kollmann 2007, S. 189 ff.). Außerdem liegen zahlreiche internetspezifische Kennziffern vor, die regelmäßig überprüft werden können und auch sollten. Dazu zählen beispielsweise die Anzahl der abgerufenen Seiten (Page Impressions) sowie die Anzahl der Besuche (Visits). Darüber kann eine Analyse des Surfablaufs (Click Stream) Auskunft über Probleme der Navigation geben. Dabei zeigt eine Auswertung der Vorgängerseiten, welche Wege zum Angebot bevorzugt werden oder welche Suchbegriffe verwendet werden. Außerdem gibt sie Auskunft über die Werbewirkung von Bannern und Suchmaschinenwerbung. Oftmals stellt der Internet-Service-Provider in professionellen Nutzungsangeboten Basisauswertungen zur Verfügung, wenn die Website nicht selbst betrieben wird (Web-Hosting). Das Web-

Mining kann aber auch an spezialisierte Dienstleister (ASP-Modell) wie eTracker, Intares, HotTracker oder Netstat ausgelagert werden. Das selbst betriebene Web-Mining erfordert ein gewisses Verständnis der eingesetzten Konzepte und Methoden. Die entsprechende Software (z.B. Mescalero oder Clicktracks) ist je nach Version aber schon ab 100 € erhältlich (vgl. HMWVL 2007, S. 67ff.).

Abbildung 3-16: *Methoden der Online-Marktforschung*

Quelle: Kollmann 2007, S. 195 in Anlehnung an Fritz 2004, S. 144

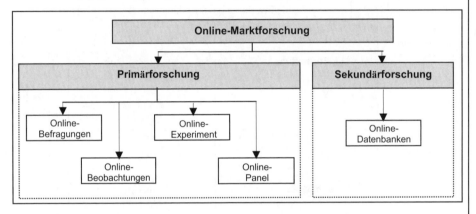

3.5 Singularity-Customization and Personalization als Erfolgsfaktor Nr. 4

Die Online-Kunden erwarten eine gezielte und personalisierte Bedüfnisbefriedigung. Dieses geht mit dem Trend zur Individualisierung einher. Ein Ansatz, sich vom Wettbewerb abzugrenzen, Marktanteile dauerhaft zu sichern und zugleich in stärkere Interaktion mit den eigenen Kunden zu treten, liegt zweifelsohne in der Individualisierung von Produkten, die in Verbindung mit der Internet-Technologie unter dem Begriff Mass-Customization oder Open-Innovation diskutiert wird. Abgesehen von der Produktindividualisierung zeichnet sich der erfolgreiche Online-Handel aber vor allem durch einen Zuwachs an „Einzelkundenorientierung mit einzigartiger Behandlung" aus, also einer „Singularity-Customization and Personalization". Die technischen Möglichkeiten in Verbindung mit dem Internet erlauben es, dem zunehmenden Trend zur Individualisierung bei den Endverbrauchern durch innovative Marketingmaßnahmen Rechnung zu tragen. Die Fülle an Informationen über die Kunden und damit das Wissen über deren Verhalten, Bedürfnisse und Eigenschaften, kann mittlerweile relativ einfach für individualisierte Marketingmaßnahmen verwendet werden. Die damit einhergehende Bezeichnung „One-to-One-Marketing" signalisiert bereits die Realisierung einer „Eins-zu-Eins"-Beziehung mit dem Kunden.

Abbildung 3-17: *Einordnung des One-to-One-Marketing*

Quelle: Peppers/ Rogers 1997, S. 65

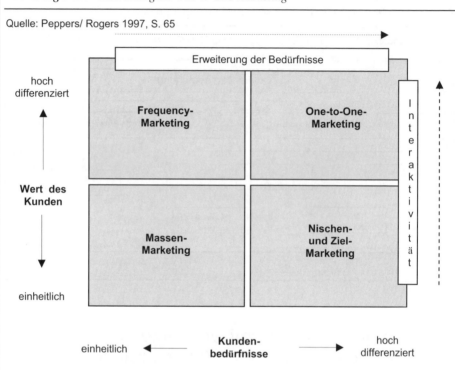

3.5.1 One-to-One-Marketing

Im „One-to-One"-Marketing geht es um eine möglichst individuelle und interaktive Erfüllung der Kundenwünsche. Dabei werden die Kundenbedürfnisse auf Basis personalisierter Angebote hoch differenziert behandelt (vgl. Abb. 3-17). Die Interaktivität geht Hand in Hand mit den Möglichkeiten des Internet, Kundendaten automatisch und zeitnah zu generieren. Das One-to-One-Marketing nutzt dabei umfassende Informationen über die Präferenzen und das Kundenverhalten. Dieses bedient sich der Online-Marktforschung im Rahmen des Profiling, also der detaillierten Kundenbeschreibung. Die permanente Interaktion erlaubt dabei eine Erweiterung und Vertiefung des Individualisierungsgrades im Zeitverlauf (dynamisches Profiling). Das Target-Marketing mit der Unterteilung des Marktes in homogene Untergruppen steht dabei in engem Zusammenhang mit dem Profiling, das aufgrund der Kosteneffizienz und Aktualität digitaler Daten im Vergleich zu früher relativ kostengünstig erfolgen kann. Allerdings darf nicht unterschätzt werden, dass spezielle Technologie für den Aufbau und die Verwaltung der Kundendaten erforderlich ist, was in jedem Fall ein gewichtiger Kostenfaktor ist. Dieser hat jedoch investiven Charakter, vereinfacht die Automatisierung von Prozessen und reduziert Streuverluste (vgl. Kollmann 2007, S. 210 ff.). Im Rahmen des One-to-One-Marketing wird der registrierte Nutzer bei Einwahl idealerweise persönlich begrüßt. Aufgrund der Kenntnis seiner Kaufgewohnheiten wird dem Kunden anschließend sein Lieblingsprodukt als erste Option automatisch in seinen virtuellen Warenkorb gelegt. Beratung und Präsentation für andere Produkte erfolgt persönlich und die Bezahlung schließlich ist über Kreditkarte möglich, ohne dass der Kunde seine Nummer neu eingeben muss (vgl. Booz, 2000, S. 87). In den meisten Fällen stehen dem Online-Händler neben der reinen E-Mail-Adresse auch weitergehende Informationen zur Hand, die zu einer persönlichen Ansprache oder für eine auf das spezifische Profil des Empfängers individualisierte Ausgabe des Newsletters oder Mailings nutzbar ist. Im Falle umfangreicher oder vielfältig differenzierter Themen, wie z.B. Sport, Tourismus oder kulinarische Angebote, bietet es sich an, dass Interessenten den Newsletter individuell aus einem Themenangebot zusammenstellen können (vgl. Abb. 3-19). Dabei erhöhen individuelle Zusatzangebote wie z.B. personalisierte Coupons die Wirkung des Newsletters.

Das Couponing wird auch von den Marketern deswegen zunehmend genutzt, weil es messbar ist, die Regalpreise schont und den Absatz ankurbelt. Darüber hinaus kann das Tracking darüber Aufschluss angeben, wer sich wann welchen Coupon angesehen, wer ihn aufgefordert und wer ihn an welchem Point of Sale eingelöst hat (vgl. Hermes 2010, S. 86). Noch ist das Couponing in den USA weitaus verbreiteter als hierzulande, denn 87 Prozent der US-Konsumenten nutzen Coupons. 5 Milliarden Coupons werden jährlich in den USA eingelöst und immerhin 8 Prozent der Werbeetats in den USA wird für Couponing ausgegeben (vgl. Heinemann 2008, S. 65). Ein ähnlicher Trend zeichnet sich jedoch auch zunehmend für Deutschland ab. Bereits jeder 2. Konsument in Deutschland ist bereit, Coupons zu nutzen. Die Wiederkaufrate unter Einlösern beträgt bereits 64 Prozent und das Verkaufsvolumen im Zusammenhang mit Coupons ist um 30 bis 60 Prozent höher als bei Aktionspreisen. Lebensbereiche, in denen Kunden Coupons einsetzen, sind Lebensmittel (64 Prozent), CD/DVD (59 Prozent), Tanken (45 Prozent) und Bekleidung (44 Prozent). Individualisiertes Couponing und E-Mails werden als idealer Weg zum Kunden angesehen. Als Beispiele für praktiziertes Couponing in Deutschland lassen sich Tchibo und Bonusnet nennen. Tchibo verbindet Couponing mit dem Clubansatz „Privat-Programm", wobei der Kunde für 10 € Jahresgebühr 4 Coupons a´ 3 € erhält, die jeweils pro Quartal eingelöst werden können. Dafür gibt es ein monatliches Privat-Magazin, das Privatkunden früher über Angebote informiert. Außerdem gibt es weitere Coupons für Kaffee und TCM-

Produkte, exklusive Veranstaltungen, Sonderermäßigungen sowie Gewinnspiele und Reiseangebote. Grundansatz für Bonusnet ist demgegenüber ein Rabattclub im Internet, in dem der Kunde für eine Monatsgebühr von 5 € grundsätzlich die Möglichkeit hat, bei 350 Online-Partnern vergünstigt einzukaufen und Rabatte überwiesen zu bekommen (z.B. 30 Prozent der Festnetzgespräche). Zusätzlich erhält er monatlich Coupons im Wert von bis zu 100 €.

Abbildung 3-18:   *Individueller Newsletter*

Quelle: MWVL 2007, S. 33

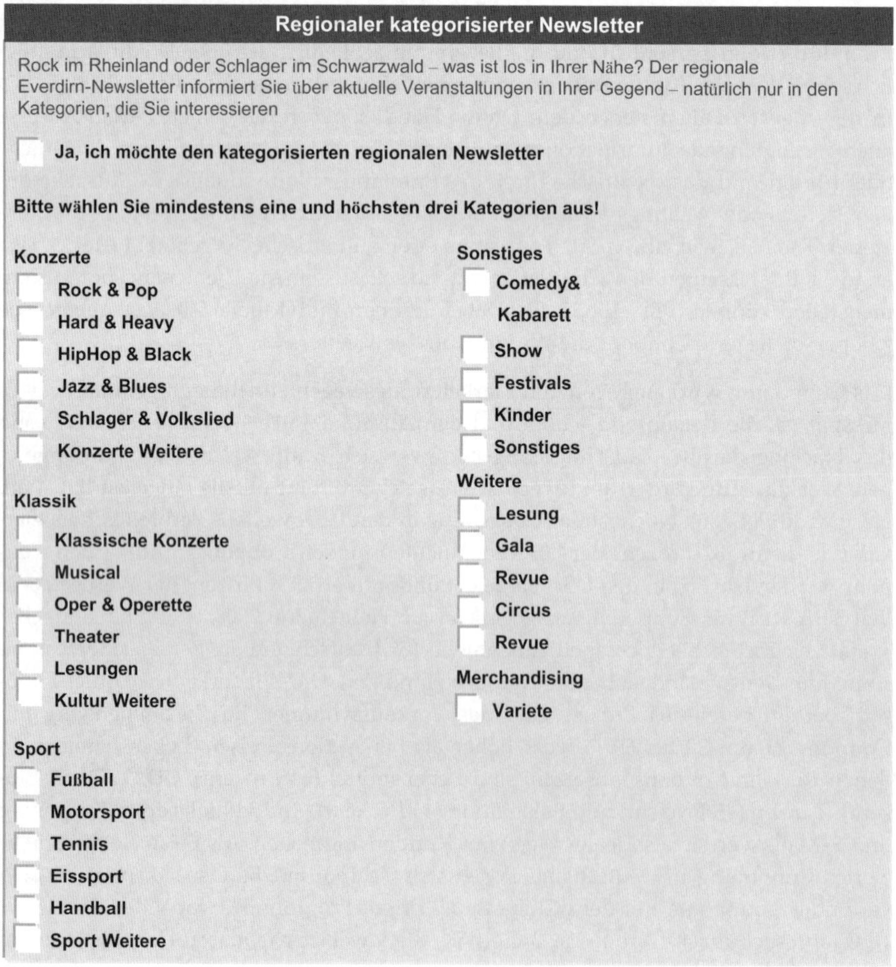

Regionaler kategorisierter Newsletter

Rock im Rheinland oder Schlager im Schwarzwald – was ist los in Ihrer Nähe? Der regionale Everdirn-Newsletter informiert Sie über aktuelle Veranstaltungen in Ihrer Gegend – natürlich nur in den Kategorien, die Sie interessieren

☐ **Ja, ich möchte den kategorisierten regionalen Newsletter**

Bitte wählen Sie mindestens eine und höchsten drei Kategorien aus!

Konzerte

☐ Rock & Pop
☐ Hard & Heavy
☐ HipHop & Black
☐ Jazz & Blues
☐ Schlager & Volkslied
☐ Konzerte Weitere

Klassik

☐ Klassische Konzerte
☐ Musical
☐ Oper & Operette
☐ Theater
☐ Lesungen
☐ Kultur Weitere

Sport

☐ Fußball
☐ Motorsport
☐ Tennis
☐ Eissport
☐ Handball
☐ Sport Weitere

Sonstiges

☐ Comedy& Kabarett
☐ Show
☐ Festivals
☐ Kinder
☐ Sonstiges

Weitere

☐ Lesung
☐ Gala
☐ Revue
☐ Circus
☐ Revue

Merchandising

☐ Variete

3.5.2 Individualisierte Angebote

Die Individualisierung des Kauferlebnisses sollte Produktangebot und -auswahl einschließen. Denkbar ist z.B., einem Weintrinker während seines Online-Einkaufs zum Weinkauf auch einen Korkenzieher oder dem Liebhaber einer bestimmten Sorte auch einmal einen anderen Wein zur Probe anzubieten. Darüber hinaus ermöglicht die Auswertung der Kundendaten, dem Kunden Literatur zu einem bestimmten Weinanbaugebiet oder einer Reihe von Gerichten, zu denen ein bestimmter Wein passt, anzubieten. Das individualisierte Angebot kann dem Kunden über einen persönlich gestalteten Shop dargeboten werden. Dabei können wiederholt nicht nachgefragte Warengruppen ausgeblendet sowie eine auffällige, kreative Herausstellung der Kernabteilungen erfolgen. Nach diesem Prinzip würde sich auch verbieten, einem überzeugten Rotweintrinker, der seit Jahren keinen Weißwein bestellt hat, mit Weißweinwerbung zu bombardieren und damit zu nerven.

Die personalisierte Angebotsgestaltung erfordert die Integration von Produkt, Prozess und Kunde. Insofern sind Kunden und Partner auch in den Prozess der Leistungserstellung mit einzubinden (vgl. Abbildung 3-18). Von der Interaktion zwischen Online-Händler und -User profitieren beide Seiten. So erhält der Kunde durch das individualisierte Angebot einen höheren Produktnutzen, während der Online-Händler eine nachhaltige Wertsteigerung seines Angebotes sowie mögliche Effizienzgewinne durch die Ausgliederung von Funktionen an Partner erzielt (vgl. Booz 2000, S. 88). Je intensiver der Dialog zwischen dem Online-Händler und seinen Kunden ist und je mehr dieser über seine Kunden und ihre Kaufgewohnheiten erfährt, desto zielgerichteter kann er für diese Produkt- und Servicepakete zusammenstellen.

Von der Einbindung in die Prozesse profitiert der Online-Kunde mehrfach. Zum einen ermöglicht ihm die interaktive, leicht zu navigierende Benutzerführung in der Vorkaufphase einen schnellen und nachvollziehbaren Überblick über das Leistungsprogramm. Zum anderen kann der Kunde durch individuelle Gestaltung von Produktparametern das Angebot wunschgemäß zusammenstellen und gleichzeitig seinen Endpreis bestimmen. Außerdem wird er auf weitere Angebote seines Interessengebietes oder auf ergänzende Produkte hingewiesen. Auch sollte der Käufer durch übersichtliche Nutzerführung bis zum Abschluss der Transaktion, also bis zur Bezahlung, begleitet werden. Dabei werden ihm idealerweise auch Finanzierungsmöglichkeiten dargelegt (vgl. Booz 2000,S. 90). Diesbezüglich ist es möglich, dem Online-Kunden individuelle Preismodelle und Zahlungsmöglichkeiten zu anzubieten. Von Auskunftsdateien (z.B. Creditreform) angebotene, differenzierte Scoring-Modelle lassen die Bonität der Kunden anhand des Namens und der Adresse beurteilen und ermöglichen kundenbezogene großzügige Rückgabe- oder Zahlungsmodalitäten, die auch zur Vertrauensbildung und Treue beitragen. Es ist aber auch möglich, scheinbare „Risikokunden" durch flexible Angebote an das Unternehmen zu binden, wenn diese z.B. nur die „falsche Adresse" haben. Sind die Kunden persönlich bekannt, sollte eine Teilbelieferung durch eine 1:1-kalkulierte Risikobegrenzung erwogen werden, was vor allem bei von anderen Unternehmen abgewiesenen „Risikokunden" zu einer extrem hohen Loyalität führt (vgl. HMWVL 2007, S. 38 ff.).

Abbildung 3-19: *Individualisierte E-Kaufprozesse*

Quelle: Booz 2000, S. 88

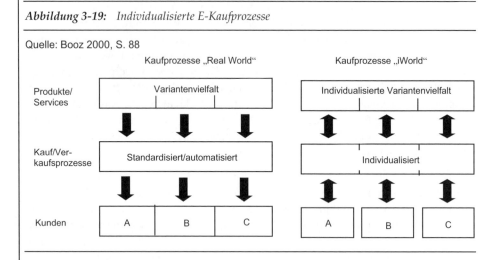

3.5.3 Personalisierte Beratung und Präsentation

Da im Online-Handel die persönliche Komponente des sozialen Austausches fehlt, wird als Kompensation eine internetbasierte Beratung angeboten. Hierbei gibt es zahlreiche Möglichkeiten, die Online-Kunden individuell zu unterstützen und sie auf Produkte weiterzuleiten, die auf ihre Bedürfnisse abgestimmt sind. Vor allem im Online-Fashion-Handel werden kundenbezogene Hilfestellungen wie Figur- und Problemzonenberatungen eingesetzt. Ferner kann Beratung auch über die Empfehlungs- und Bewertungssysteme anderer Kunden eingesetzt werden, in dem sie ihm einen ersten Eindruck vom Produkt verschaffen. Aber auch virtuelle Verkäufer, so genannten Avatare, die auch zur Bekleidungssimulation nutzbar sind, können eingesetzt werden (vgl. Rathgeber/Weining 2008, S. 78 ff.):

▪ **Kundenbezogene Hilfestellungen** bezeichnen jegliche Angebote in Form von Beratungsleistungen durch den Online-Händler wie z.B. Figur-, Typ-, Stil-, Problemzonen-, Farb-, Styling- oder Konfektionsgrößenberatung. Diese sind danach zu unterscheiden, ob sie eine Weiterleitung zum individuell abgestimmten Produkt vorsehen oder nicht.

▪ **Empfehlungssysteme** beziehen sich auf Bewertungen durch Kunden. Bei der Bewertung hat sich das Fünf-Sterne-System als Bewertungsskala durchgesetzt, das auch von Amazon genutzt wird. Häufig wird die Möglichkeit angeboten, neben der Beurteilung durch Sterne auch Kommentare anderer Kunden in Textform dar-zustellen. Darüber hinaus besteht zunehmend die Möglichkeit eines persönlichen Erfahrungsaustausches in Corporate-Blogs (vgl. Klein 2006, S. 7), in denen unter-schiedlichste Themenbereiche im Zusammenhang mit dem Produkt diskutiert werden können, was aber eine unabhängige und authentische Berichterstattung voraussetzt.

- **Avatare mit Verkaufsfunktion** sind künstlich animierte Figuren, die in der digita-len Welt eigentlich als Stellvertreter der eigenen Person eingesetzt werden (z.B. im Second Life), jedoch auch als Beratungselement ihren Einsatz finden können (vgl. Michels/Schultze 2008, S. 109). Dabei werden auch Synonyme wie „virtueller A-gent", „Bot", „Lingubot" oder „Chatterbot" gebraucht (vgl. Rathgeber/Weining 2008, S. 80). In der eher unpersönlichen virtuellen Welt sollen Avatare dem E-Shop eine menschliche Note verleihen mit Funktionen wie in Abbildung 3-20 dargestellt.

Abbildung 3-20   *Einsatzfelder für Avatare im Online-Handel*

Quelle: Rathgeber/ Weining 2008, S. 81; Lindner 2003, S. 13

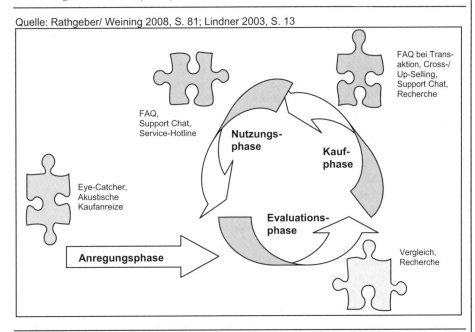

- **Avatare zur Bekleidungssimulation** haben keine Verkaufsfunktion, sondern er-möglichen „virtuelle Anproben". Dieser sieht die Abstimmung gewisser persönli-cher Eigenschaften wie z.B. individuelle Einstellungen von Haut-, Haar- und Au-genfarbe vor. Zudem können verschiedene Kleidungsstücke miteinander kombiniert werden, was mit einer rein fotographischen Darbietung von Produkten in der Regel nicht möglich ist.

- **Hochladen eines Selbstportraits** wird von einigen Internet-Anbietern auch zur Produktpräsentation eingesetzt. Dabei kann die Darstellung des Produktes direkt „am Kunden" erfolgen, wodurch auch die Identifikation des Kunden mit der Ware erhöht wird.

Avatare bilden eine Schnittstelle zum Nutzer und führen den Kunden als Navigator durch die Websites. Darüber hinaus unterstützen sie den Internet-User durch den kompletten Kaufprozess hindurch, wobei sie auch zusätzliche Kaufanreize geben, Fragen beantworten (Support Chat) oder auch erweiterte Angebote präsentieren können (Cross-/Up-Selling). Gewöhnlich verstehen Avatare natürliche Sprache und sind in der Lage, Fragen in Echtzeit zu beantworten.

3.5.4   Mass-Customization

Die Umsetzung des Individualisierungsgedankens mündete im Online-Fashion-Handel bereits in den Anfangsjahren des Internet in der Konzeption der industriellen Maßkonfektion (vgl. Ahlert 2001, S. 15). Diese Innovation ist die bekleidungsspezifische Umsetzung der Mass-Customization-Strategie im Sinne einer kundenindividuellen Massenproduktion für ein komplexes Bekleidungsgut in Hinblick auf individuelle Körpergröße und Passform. Mass-Customization (kundenindividuelle Massenproduktion) nimmt die traditionelle Fertigung von Individualprodukten zum Vorbild, verbindet diese jedoch mit den Kostensenkungspotenzialen der Massenmarktbearbeitung (vgl. Piller, 2006, S. 5 ff.) und nutzt dabei weitgehend die Möglichkeiten der Internet-Technologie, um in Form einer „interaktiven Wertschöpfung" den Kunden in die Produktindividualisierung einzubeziehen. Mass-Customization ist die Produktion von Gütern und Leistungen für einen (relativ) großen Absatzmarkt, welche die unterschiedlichen Bedürfnisse jedes einzelnen Nachfragers dieser Produkte treffen. Dieses soll zu Kosten erfolgen, die ungefähr denen einer massenhaften Fertigung vergleichbarer Standardgüter entsprechen Mass-Customization bezeichnet demnach die Produktion von individualisierten Gütern und Leistungen mit der Effizienz einer vergleichbaren Massen- bzw. Serienproduktion. Die Informationen, die im Zuge des Individualisierungsprozesses erhoben werden, dienen dem Aufbau einer dauerhaften, individuellen Beziehung zu jedem Abnehmer" (Reichwald/Piller, 2006, S. 65). Die Definition von Piller weist aufgrund der starken Fokussierung des Konsumentenbedürfnisses und der Konkretisierung der Kostendimension eine hohe Praxisrelevanz auf. Die Prinzipien von Mass-Customization sind in Abbildung 3-21 dargestellt. Neben der schon beschriebenen Produktindividualisierung sowie Massenproduktionseffizienz sind dabei auch die Kundenintegration (Prosumentenfunktion) sowie stabile Prozesse und Produktarchitekturen von zentraler Bedeutung. Die Entwicklung vom

Konsumenten zum Prosumenten durch „interaktive Wertschöpfung" ist erst durch die Internet-Technologie möglich geworden (vgl. Unterberg 2008, S. 203), wobei das Prinzip der Kundenintegration auch im Rahmen des Consumer-Generated-Advertising wirksam wird. Das Kriterium „stabiler Lösungsraum" schließlich besagt, dass die Prozess- und Produktarchitekturen fixiert und damit standardisiert sein müssen (vgl. Reichwald/Piller 2006, S. 203 ff.).

Abbildung 3-21: *Prinzipien von Mass-Customization*

Quelle: Nach Reichwald/Piller 2006, S. 200

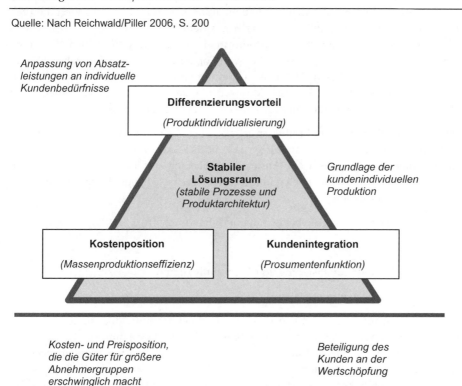

Der Erfolg der Online-Händler, die Mass-Customization betreiben, beruht auf der individualisierten Bedürfnisbefriedigung der Konsumenten, die ein qualitativ hochwertiges, individualisiertes Produkt zu einem mit Standardprodukten vergleichbaren Preis wünschen (vgl. Piller/Reichwald, 2006, S. 1 ff.). Umgekehrt hat die Mass-Customization in Verbindung mit den Möglichkeiten der Internet-Technologie und der daraus möglich gewordenen „interaktiven Wertschöpfung" zweifelsohne den entscheidenden Auftrieb erhalten. Wesentliches Ziel der Mass-Customization ist dabei, sich vom Wettbewerb abzugrenzen, Marktanteile dauerhaft zu sichern und zugleich in stärkere Interaktion mit den eigenen Kunden zu treten. Dabei wird sowohl

Zusatznutzen für die Endkunden als auch für die Unternehmen geschaffen. Denn nach dem Prinzip des Open-Source kann externes kreatives Potenzial aktiviert werden. Bei Anbietern wie z.B. Spreadshirt (T-Shirts) oder Sellaband (eigene Musik) kann der Konsument nach dem Prinzip des Open Investment auch zum Produzenten werden und seine Produkte über die Plattform vermarkten (vgl. asw Sonderheft 2008, S. 113-114).

Mass-Customization und die durch diese möglich gewordene Produktindividualisierung liegt im Trend, wie verschiedene Studien zeigen. So wies die „Deutsche Delphi-Studie" bereits 1998 auf die wachsende Bedeutung von Mass-Customization hin (vgl. Fraunhofer 2008). Eine Studie von Gartner aus dem Jahre 2001 zeigt in einem CRM-Trend-Ranking das Thema Mass-Customization bereits auf dem dritten Platz (vgl. 4managers 2008). Und die jüngste Studie von Förster & Kreuz aus dem Jahre 2003, in der 546 Praktiker zu diesem Themenkreis befragt wurden, führt aus, dass 50 Prozent der Befragten bereits das Konzept Mass-Customization kennen und immerhin 34 Prozent schon einmal davon gehört haben (vgl. Förster 2003, S. 133).

Die Individualisierung von Produkten ist allerdings keine Innovation. So besteht die Möglichkeit beispielsweise Handtücher o.ä. bestickt zu bestellen, schon seit vielen Jahren. Innovativ ist jedoch der Ansatz, dies über einen Online-Shop einer breiten Masse von Endkunden anzubieten und dieses in das bestehende Sortiment einzubauen. Beispiele hierfür sind

- Esprit (Besticken von Babybekleidung und -handtüchern),

- Freitag (Taschen aus LKW-Planen),

- Nike, Vans (Individualisierung von Turnschuhen) und

- Apple (Gravur von mp3-playern).

Ein weiterer Ansatz ist der Online-Vertrieb ausschließlich individualisierter Produkte, wie ihn z.B. timbuk2 für Taschen oder Spreadshirt für Bekleidung und Accessoires anbieten. Dieser Trend wird unterstützt von der mittlerweile fast flächendeckenden Anbindung mit breitbandigen Internet-Anschlüssen in Verbindung mit Flatrates, die die Übertragung hoher Datenmengen rund um die Uhr möglich machen. So sind Online-Applikationen für eine hochauflösende Auswahl von Druckmotiven oder Schriftformen und die Versendung dieser für die meisten Haushalte kein Problem mehr. Individualisierung bietet sich aber nicht nur für „Pure Online-Händler" als Serviceerweiterung an. Auch Multi-Channel-Händler profitieren von dieser Option. So kann die Kundenbindung am Point of Sale deutlich erhöht werden. Für den Handel sind aber zwei zentrale Herausforderungen zu lösen, nämlich die Zeit und die Menge.

Herausforderung Zeit

Im Distanzhandel sind Konsumenten über die Jahre an immer kürzere Lieferzeiten gewöhnt worden. Diese müssen auch bei individualisierten Produkten berücksichtigt werden. Zeitvorteile werden grundsätzlich über räumliche Nähe zum Endkunden sowie Schnelligkeit in den Prozessen erreicht. Dies stellt Vertreiber vor Herausforderungen: Produktion findet zunehmend außerhalb des deutschen bzw. europäischen Absatzmarktes statt. Zeitvorteile können nur durch teurere Luft- statt Seetransporte eingekauft werden. Aus diesem Grund sollte der Individualisierungsschritt nachträglich bei den bereits produzierten und im Absatzmarkt zur Verfügung stehenden Produkten erfolgen. Im Gegensatz zu einem Hersteller oder vertikalisierten System muss der Online-Händler deswegen tendenziell auf eine Individualisierung in der Funktionalität des Produktes verzichten (z.B. Verwendungszwecke) und sich eher auf gustative bzw. visuelle Eigenschaften beschränken (z.B. Design, Farben, Muster). Dadurch rückt die Vorproduktion von Rohlingen oder Komponenten in den Fokus, die auf Lager vorgehalten werden müssen.

Herausforderung Menge

Die zweite Herausforderung bei der Individualisierung von Produkten liegt in der Mengenplanung. In der Regel erreicht die Menge der zu individualisierenden Produkte keine kritische Masse, so dass sich für Händler Investitionen in eigene Technik meist nicht amortisieren. Eine Alternative bietet der Einkauf von Veredelungsleistungen. Die Schwierigkeit liegt vor allem darin, geeignete Anbieter zu finden, die auch bei sehr unkonkreten Mengenprognosen in der Lage sind, konkurrenzfähige Preise anzubieten. Die Menge der zu individualisierenden Produkte ist, gerade zu Beginn, nur sehr schwer planbar. Da Individualisierung aber im mittleren Preissegment, in dem der Druck durch das untere Preissegment sehr hoch ist, einen echten Wettbewerbsvorteil darstellt, bleibt hier nicht viel Spielraum. Darüber hinaus sind herkömmliche Dienstleister meist nur auf das Customizing einer bestimmten Materialart bzw. Produktgruppe beschränkt, wie z.B. Textilien.

Customizing durch Fulfillment-Dienstleister

Diese Problematik hat die Hermes Warehousing Solutions GmbH (HWS) erkannt und bietet ihren Mandanten eine innovative neue Dienstleistung an. Der Hamburger Fulfillment-Anbieter, eine 100-prozentige Tochtergesellschaft der Otto-Group, ist auf Dienstleistungen für den europäischen Distanz- und Stationärhandel mit Geschäftskunden und Endverbrauchern spezialisiert, und gilt als Best Practice in den Back-Office-Funktionen und Supply-Chains (vgl. Detailbeschreibung in Kap. 4.2.2). Auf Grund vielfältiger und zahlreicher Mandanten bietet die HWS eine natürliche Mengenbündelungsfunktion für Händler an. Dadurch wird über viele kleinere Mengen die kritische Masse für Individualisierung erreicht. So können Schwankungen in der einzelnen Auftragslage ausgeglichen werden und ein breites Spektrum aus verschiedenen Techniken übergreifend zur Verfügung gestellt werden. Die Verfahren und die Anforderungen an die Technik müssen allerdings im Vorfeld auf Kundenseite genau erhoben und benannt werden. Denn diese wissen am besten, so HWS, unter welchen Bedingungen sich ihre Produkte für Individualisierung eignen und verkauft werden können (vgl. Abbildung 3-22).

Abbildung 3-22: HWS Ablauforganisation für Mass-Customization

Quelle: HWS 2008

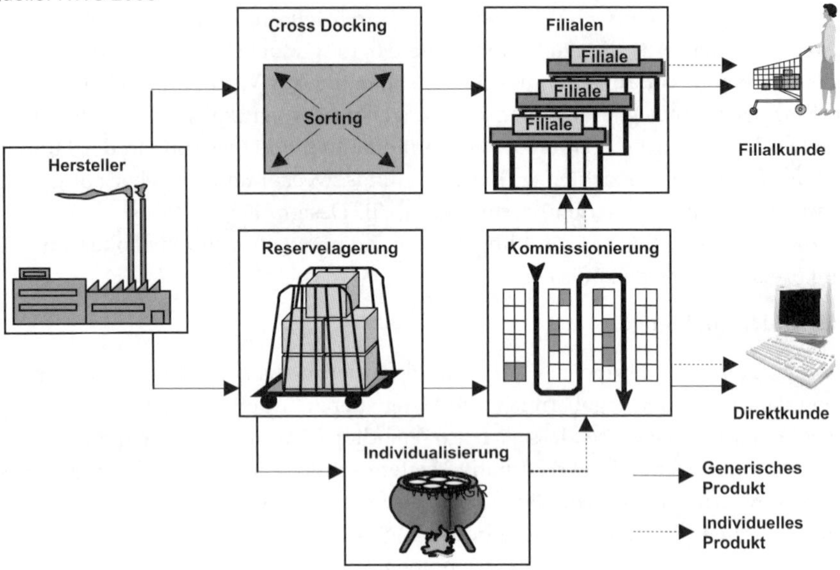

Die HWS bündelt diese Informationen und stellt darauf aufbauend die Technik sowie passgenaue Prozesse zur Verfügung. Aus einem zentralen Bestand kann die benötigte Menge dann ausgeschleust werden. Nach der Individualisierung werden die individualisierten Produkte den Bestellungen aus der Filiale bzw. denen der Endkunden zugeführt und in einer Sendung verschickt. Dieser Service bietet Händlern zudem den Vorteil, dass nur die Menge an Produkten veredelt wird, die im Vermarktungszeitraum benötigt wird, was die Disposition erheblich erleichtert. Es müssen keine Bestände bei Subdienstleistern vorgehalten werden, die anderweitig abgesetzt werden können. Die nachträgliche Veredelung über HWS kann ebenfalls für eine Produktion „on-demand" eingesetzt werden, was für Kleinserien und spezielle Verkaufsaktionen vorteilhaft ist. Auch die verkaufsgesteuerte Produktion ist damit möglich. So können mehrere Designs bei einem Grundprodukt angetestet werden und das Design des Verkaufsschlagers wird zeitnah auf den Rohlingen produziert. Das breite Verfahrensspektrum der HWS ermöglicht es Händlern zudem, ein weites Produktspektrum ohne die aufwändige Steuerung mehrerer spezialisierter Subdienstleister zu veredeln. So können Textiliten auch Sortimente aus nicht-textilen Materialien veredeln lassen und Hartwarenhändler ergänzende Produkte zur Individualisierung aus einer Hand anbieten.

3.5.5 Open-Innovation

„Prosumenten" erwarten zunehmend eine stärkere Einbeziehung in den gesamten Wertschöpfungsprozess und sind bereit, dies zu honorieren, wie die neuen „Erfolgs-Start-Ups" im Fashion-Sektor (z.B. threadless.com und spreadshirt.com) eindrucksvoll aufzeigen. Grundlage des Wertschöpfungsprozesses ist dabei ein Co-Design-Prozess zur Definition der individuellen Leistung in Interaktion zwischen Anbieter und End-kunden, der auch als Open-Innovation bezeichnet wird (vgl. Piller/Reichwald, 2006, S. 95 ff.). Der entscheidende Unterschied zur bisherigen Mass-Customization liegt in der Einbeziehung des Kunden zu einem früheren Zeitpunkt, d.h. bereits vor Fertigungs-beginn.

Abbildung 3-23: *Abgrenzung der Open-Innovation*

Quelle: Reichwald/Piller 2006, S. 209

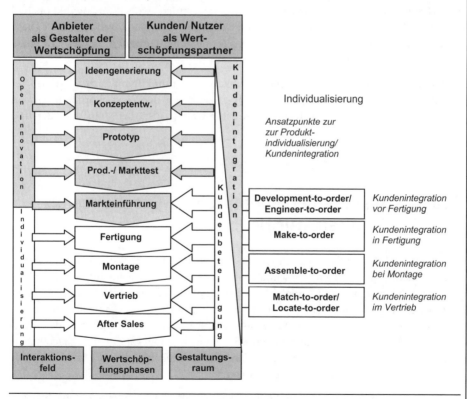

Wie Abbildung 3-23 zeigt, kann der Grad der Kundenintegration unterschiedlich aus-geprägt sein. Ähnlich wie beim Consumer-Generated-Advertising kann der Kunde dabei bereits in die Ideengenerierung mit einbezogen werden. Hinsichtlich der Ansatzpunkte zur Produktindividualisierung sind je nach Zeitpunkt der Kundenintegration drei Konzepte des Co-Design-Prozesses zu unterscheiden:

▣ **Development-to-order (Engineer-to-order):** Höchste Form der Wertschöpfungsintegration mit Integration des Kunden in die Produktentwicklung, wobei individuelle Neukonstruktionen realisiert werden. Hierbei handelt es sich nach Kunden um eine klassische Einzelfertigung, die jedoch aus Firmensicht effizienzgetrieben ist.

▣ **Assemble-to-order und Make-to-order (Built-to-order):** Der optimale Punkt der Kundenintegration wird für die Produktindividualisierung genutzt, wobei ein Eingriff in die Aktivitäten der Fertigung erfolgt („Sonderwünsche"). Bei auftragsbezogener Fertigung von Standardwaren findet allerdings keine Integration des Kunden statt. Typisches Beispiel für diesen Ansatzpunkt der Produktindividualisierung stellt die Poduktkonfiguration dar.

▣ **Match-to-order und Locate-to-order (Soft-Customization):** Kundenintegration erfolgt erst in nachgelagerten Wertschöpfungsstufen, wobei ein Interaktionstool Wünsche in einem Spektrum an Standardleistungen sammelt und zuordnet. Diese Form der Produktindividualisierung basiert nicht auf Fertigung, sondern Tätigkeiten im Vertrieb und Kundenservice.

Für den klassischen Händler, der nicht vertikalisiert ist und damit keinen Einfluss auf die Fertigung und der Fertigung vorgelagerten Stufen der Wertschöpfung nehmen kann, bietet sich ausschließlich die Soft-Customization, also das Match-to-order und Locate-to-order an.

3.6 System- and Supply-Chain-Excellence als Erfolgsfaktor Nr. 5

Zentrale Erfolgsvoraussetzung im Online-Handel ist ein nachhaltiges Komplexitätsmanagement, das zugleich die schnellstmögliche Abwicklung im Internet-Kanal sicherstellt (Cycle-Time-Reduction). Der Erfolgsfaktor „System- and Supply-Chain-Excellence" bezieht sich dabei vor allem auf die „Inside-out"-Komplexität des Internet-Unternehmens. Wesentliche Herausforderung besteht diesbezüglich in der maximalen Automatisierung (IT- und System-Management) einerseits, aber zugleich kanalspezifischen Sicherstellung der optimalen und schnellstmöglichen Arbeitsabläufe/ Prozesse andererseits (Supply-Chain-Management).

Die Reduzierung der Durchlaufzeit (Cycle-Time) wurde im „Vorzeitalter" des Internet ausschließlich unter dem Gesichtspunkt der Komplexitätsreduktion diskutiert. Die virtuellen Möglichkeiten der Internet-Technologie ermöglichen aber eine Bewältigung der Komplexität, ohne durch eine Reduktion Abstriche im Leistungsumfang erkaufen zu müssen. Diese kommt treffender unter der Bezeichnung Komplexitäts-Performance zum Ausdruck.

3.6.1 Komplextitäts-Performance

Im Zuge der fortschreitenden „Wikinomics" verliert die vertikale Integration zukünftig an Bedeutung zu Gunsten der Fokussierung auf die eigentlichen Kernkompetenzen der Internet-Unternehmen (vgl. Tapscott 2008, S. 14). Online-Händler sind angesichts des veränderten Marktumfeldes sowie der Kundenerwartungen an Zeit und Kosten unausweichlich dazu gezwungen, einerseits die Effektivität zu erhöhen und andererseits nachhaltige Effizienzschübe zu   realisieren, um den anstehenden Herausforderungen standzuhalten. Diesbezüglich kommt zum Beispiel im Online-Handel der Geschwindigkeit der innerbetrieblichen Entscheidungs- und Arbeitsabläufe eine Schlüsselrolle zu. Der „traditionelle" Händler muss begreifen, dass vor allem kundenorientierte Geschäftsprozesse und uneingeschränkte Kundenorientierung Erfolgsvoraussetzung Nr. 1 im Online-Handel sind. Schnelligkeit, Transparenz und Serviceorientierung sind allerdings Themen, die in der „Servicewüste Deutschland" häufig erst noch gelernt werden müssen.

Dieser Anspruch ist nur erfüllbar, wenn durch eine prozessorientierte Neuausrichtung die Organisation schlanker, schneller und schlagkräftiger ausgestaltet wird. Hinzu kommt der Anspruch an eine kompromisslose Kundenorientierung, die infolge der drastisch verkürzten Kundenreaktionszeiten Grundvoraussetzung für die Wettbewerbsfähigkeit ist und die Basis für Wachstumsdynamik bildet. Es ist erwiesen, dass die durch radikale Prozessoptimierungen hervorgerufene Durchlaufzeitenreduzierung Effizienzverbesserungen zwischen 20 Prozent und in einzelnen Fällen sogar über 60 Prozent bewirken können. Diese ergibt sich u.a. aus erhöhter Lagerumschlagsgeschwindigkeit, Produktivitätssteigerung, Bestandsabbau sowie deutlicher Minimierung von Nicht-Verkaufsaktivitäten (vgl. Management Engineers 2008). Doch gelingt dieser Kraftakt nur, wenn nicht nur die Kostenstrukturen, sondern ebenfalls das gesamte Geschäftssystem auf die Anforderungen im Online-Handel getrimmt wird. Gerade in „traditionellen" Einzelhandelsunternehmen sind immer noch deutliche Ineffizienzen in Prozessen und Strukturen zu finden. Unzureichende Verzahnung der Kernprozesse, suboptimale Regelungen von Verantwortlichkeiten sowie strukturell bedingte Verzögerungen deuten in der Regel auf umfangreiche Verbesserungspotenziale hin.

Im Rahmen der kundenorientierten Neuausrichtung sind alle Kernprozesse nach Zeit-, Qualitäts- und Kostenaspekten in Frage zu stellen. Ziel ist es, sich auf die Kernfunktionen zu fokussieren, um so auf Kosten- sowie Umsatzseite Wettbewerbsvorteile zu erzielen. Die Prozessoptimierung hat „spitz" entlang der Kernprozesse in Marketing/Logistik, Zentrallagerlogistik, Distribution/Verteilung sowie Retro-Distribution zu erfolgen. Diesbezüglich müssen alle Prozessabläufe auf ihren erfolgskritischen Kern hin untersucht und neu ausgerichtet werden. Barrieren, die eine reibungslose und effiziente Leistungserstellung verhindern, sind zu beseitigen. Dabei sind Sachbarrieren (z. B. unzureichende WWS-Instrumente), Prozessbarrieren (z. B. fehlende WWS-Prozessverantwortung) und Kulturbarrieren (z. B. mangelnde Teamkultur) zu unterscheiden.

Abbildung 3-24:   *Komplexitäts-Performance in fünf Stufen*

Quelle: In Anlehnung an Management Engineers 2008

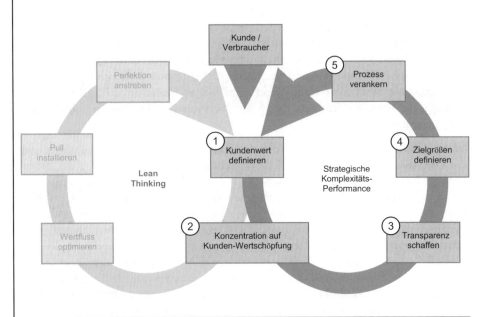

Diesbezüglich lassen sich für Online-Händler in Anlehnung an die legendären fünf Stufen des „Lean Thinking" (vgl. Womack/Jones 2003, S. 9ff.) ebenfalls fünf Phasen der Komplexitäts-Performance aufzeigen, die in Abbildung 3-24 dargestellt sind und bei einer kundenorientierten Neuausrichtung helfen können. Ausgangspunkt ist die Definition des Mehrwertes für den Kunden („Customer Value"), der ja auch zentrale Bedeutung für das Attraction-Marketing des Online-Händlers hat. Im nächsten Schritt geht es darum, alle Prozesse im Unternehmen auf die Erfüllung dieses Kundenmehrwertes auszurichten. Dieses ermöglicht die ausreichende Transparenz, um Zielgrößen zu definieren (z.B. Prozessgeschwindigkeit, Cycle Time etc.) und die Prozesse nachhaltig zu implementieren. Dabei hilft das internetspezifische Geschäftssystem, das nach den Prinzipien des Business Reengineering (vgl. Osterloh/Frost 2003, S. 31) eine kundenorientierte Rundumbearbeitung ermöglicht.

Im Gegensatz zum bisherigen Verständnis des Komplexitäts-Management geht es bei der Komplexitäts-Performance nicht um die bloße Reduzierung der Komplexität, sondern die Bewältigung der „nicht reduzierbaren Komplexität". Während dem „Lean Thinking" noch die Überlegung zugrunde liegt, die Komplexität um jeden Preis reduzieren zu müssen, um damit die Komplexitätskosten zu senken, löst sich der Komplexitäts-Performance-Ansatz von diesem Postulat. Er nimmt die Tatsache als gegeben hin, dass die Geschäftswelt immer komplexer wird und die immer differenzierteren Marktanforderungen nur mit einer immer höheren Komplexität erfüllbar sind. Die neuen Möglichkeiten der Netzwerkorganisation („virtuelle Organisation") befähigen allerdings Unternehmen auch dazu, diese Komplexität zu bewältigen und trotz steigender Komplexität oder sogar gerade wegen dieser zunehmenden Komplexität erfolgreich zu sein (vgl. Zentes/Swoboda/Morschett 2004, S. 295 ff.).

3.6.2 Schnelligkeit und Cyle-Time-Reduction

Erfolgreiche Online-Händler wie z.B. Amazon ziehen als Vergleichsmaßstab vor allem Kenngrößen von Wettbewerbern heran, d.h. sie führen ein externes Benchmarking anhand von Prozesstreibern durch. Das mit Priorität anzustrebende „Primärziel" bleibt dabei die Durchlaufzeit, also die reine Bearbeitungszeit im Optimalfall. Für Amazon sind Vorgaben im Customer Service wie beispielsweise „ein Klick zum Kaufakt", „unter 24 Std. Durchlauf" oder „E-Mail in 24 Std. und Phone innerhalb 1 Minute" selbstverständlich, nicht aber für ein typisches deutsches Versandunternehmen. Kriterien wie „mit drei Klicks zum Ziel", „Rückruf nach maximal einer Stunde", „Lieferung in maximal 48 Stunden" sind „State-of-the-Art" im Online-Handel und Messlatte für jeden Quereinsteiger aus dem traditionellen Handel. „Cycle-Time-Reduction" ist das zentrale Prinzip, das auch der „Customer-Supply-Chain" von Amazon zugrunde liegt, die in Abbildung 3-25 dargestellt ist.

Voraussetzung für eine „Cycle-Time-Reduction" ist eine Prozessoptimierung, deren Ergebnis es sein muss, dass die identifizierten Kernprozesse gestrafft und Ersatzprozesse konsequent eliminiert sind. Um langfristig den Erfolg der Optimierung sicherzustellen, ist es ratsam, den Stand der Barrierenbeseitigung in den Kern- bzw. Teilprozessen ständig zu messen. In Restrukturierungsprojekten hat sich diesbezüglich bewährt, an definierten Messstellen regelmäßig die zentralen Prozesstreiber „Durchlaufzeit", „Hit-Rate" und „Termintreue" zu ermitteln. Anhand der Veränderung der Treiberwerte werden neue Barrieren identifiziert bzw. die angestrebte Prozessoptimierung aufgezeigt (vgl. Droege&Comp. 2000). Die möglichen und im Vorfeld definierten Zielwerte hinsichtlich z.B. Umsatz- und Kostenwirkung (20-40 Prozent), Bestandsabbau (25-35 Prozent), Produktivitätssteigerung (15-30 Prozent) und Kundenzufriedenheit (30-50 Prozent) werden dann zeitversetzt realisiert. Die übersichtliche Darstellung und Dokumentation der aktuellen Werte von Prozesstreibern und Resultaten erlaubt die direkte Einbindung jeder Stufe in der Projekthierarchie. Im Laufe eines Restrukturierungsprojektes führt die Messung der Verbesserungen zu einer permanenten Leistungstransparenz und somit zur Motivation aller Beteiligten.

Abbildung 3-25: *Customer-Supply-Chain von Amazon*

Quelle: H&P 2004

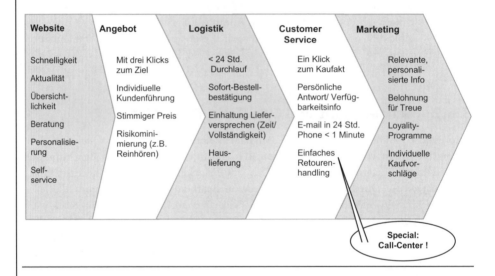

3.6.3 Strategischer IT-Einsatz

Die Kunden kommunizieren im Online-Handel über eine Softwareschnittstelle mit dem Unternehmen. Das verdeutlicht die Wichtigkeit der Informationstechnologie (IT) und ihrer Infrastruktur für den Online-Händler, mit der sich die IT von einem unterstützenden Bereich hin zu einer Kernfunktion, die in alle Wertschöpfungsstufen und -prozesse integriert ist, entwickelt hat. Damit ist der IT-Einsatz zu einer zentralen Erfolgsvoraussetzung für den Online-Handel geworden. Dieser sollte vor allem die folgenden drei Elemente, die sich aus den Geschäftsanforderungen ableiten, aufweisen (vgl. Booz 2000, S. 157):

■ **Bestmögliche Integration** mit bestehenden Systemen, was sicherlich von der organisatorischen Einbindung des Internet-Kanals abhängt (z.B. Ausgründung, Greenfield, Start-Up versus organisatorische Einbettung), jedoch so weit wie möglich eine manuelle Durchführung von Prozessen verhindern sollte („Medienbrüche"). In den Anfangsjahren der New Economy gescheitert sind vor allem Internet-Unternehmen mit nicht integrierten Systemen und vielen Medienbrüchen.

▪ **Maximaler Grad an Standardisierung** von Internet-Lösungen innerhalb des Unternehmens: Hierbei geht es einerseits um die Kompatibilität und damit Verknüpfbarkeit, andererseits um die Prozesseffizienz, -transparenz sowie -überprüfbarkeit. Insellösungen verhindern in der Regel den Anspruch der bestmöglichen Integration.

▪ **Weitestgehende IT-Abdeckung** aller Wertschöpfungsprozesse und Unterstützung. Auch hier geht es darum, Prozessabläufe ohne Medienbrüche sicherzustellen und damit die Basis für Schnelligkeit und Vollautomatisierung zu schaffen. Erfolg haben vor allem die Interne-Unternehmen, die auf die Integration im bestehenden Back-Office verzichtet haben und von der Kundenschnittstelle bis hin zur Produktion und Logistik eine komplett neue System-Architektur entwickelt haben.

Abbildung 3-26: *Komplexitätstreiber der Internet-IT-Architektur*

Quelle: Booz 2000, S. 158

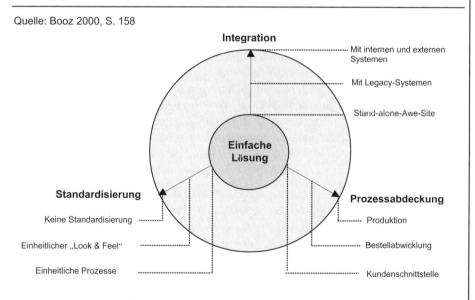

Alle drei Elemente entwickeln sich schnell zu Komplexitätstreibern, wenn sie missachtet werden. Abbildung 3-26 zeigt diesen Zusammenhang auf. Je weiter die erforderliche IT-Architektur auf den drei Achsen nach außen gezogen wird, umso mehr steigen die Anforderungen an die Umsetzung, was wiederum höhere Investments erfordert.

Diese Anforderungen werden vor allem vom Markt und Geschäftssystem diktiert und treiben die Komplexität. Aufgrund der hohen Realtime-Anforderungen ist bei digitalisierten Produkten (z.B. E-Books, Downloads etc.) auf jeden Fall eine Back-Office-Integration erforderlich. Bei klassischen Produkten (z.B. Textil, Möbel etc.) sind diese Anforderungen aufgrund der zeitverzögerten Auslieferungen geringer. Allerdings steigen auch hier die Schnelligkeitsanforderungen der Kunden, so dass heutzutage mindestens eine 48-Stunden-Belieferung sicherzustellen ist. Mehr Erfolg haben die noch schnelleren Online-Händler mit einer 24-Stunden-Belieferung, was dann aber auch in jedem Fall eine Back-Office-Integration erfordert.

3.6.4 Automatisierung

Die sofortige Datenübertragung aller anfallenden Daten des Verkaufprozesses erlaubt eine zeitgleiche Benutzer- und Bedürfnisanalyse, die Anhaltspunkte über Probleme bei der Durchführung einer Transaktion geben kann (vgl. Kollmann 2007, S. 169). Dieses spricht dafür, die umgehende Datenübertragung an möglichst vielen Stellen durch nutzerübergreifende Automatisierungen zu ermöglichen. Diese unterstützt nicht nur den reinen Abverkauf auf Unternehmensseite, sondern vereinfacht ebenfalls den Kaufvorgang auf Kundenseite. Amazon ist bestes Beispiel dafür, wie durch Automatisierung auch die wahrnehmbare Servicequalität steigen kann. So reduziert der „1-Klick-Kauf" den Aufwand des Kunden erheblich, vor allem, weil die Lieferadresse nicht noch einmal eingegeben werden muss und damit auch ein Log-In durch Cookie-Nutzung sowie eine Abfrage der Zahlungsdaten entfällt. Anhand der Aktivierung des „1-Klick-Buttons" kann der Internet-User alle Einzelschritte, die normalerweise im Kaufprozess üblich sind, für alle zukünftigen Einkäufe umgehen. Dadurch wird der Einkauf aus Kundensicht erheblich vereinfacht und beschleunigt, wodurch der Online-Händler wiederum das Risiko minimieren kann, den Kunden durch Hindernisse im Verkaufsprozess vom Kauf abzuhalten (vgl. Kollmann 2007, S. 169).

Aber nicht nur der zeitliche und personelle Aufwand lässt sich durch Automatisierung verringern, sondern es können zugleich auch Qualitätsvorteile durch Fehlervermeidung realisiert werden. Durch die effiziente Abwicklung der Transaktionen lässt sich außerdem der Verkauf steigern, obwohl die Verkaufsabteilung entlastet wird. Dieses setzt aber eine Standardisierung der Transaktionen voraus, so dass diese unabhängig von Zeitpunkt und Anzahl professionell gemanagt werden können sowie ein größeres Transaktionsvolumen erlauben, ohne dass die Verkaufskosten steigen. Dabei handelt es sich um typische Skaleneffekte („Economies-of-Scale"). Voraussetzung für die Realisierung derartiger Skaleneffekte ist jedoch, dass die Transaktionen so effizient wie möglich gestaltet sind. Dieses geht nur, wenn die Automatisierung alle standardisierbaren Aufgaben übernimmt. Dadurch wird es möglich, Informationen (z.B. Online-Beratung) zeitnah für den Internet-User anzubieten, wodurch der Absatz gefördert wird. Damit ist dann das wesentliche Ziel, das mit der Automatisierung des Verkaufsprozesses und seiner Teilprozesse (z.B. Informationssuche, Bestellvorgang, Bezahlung, Produktauslieferung) verfolgt wird, erreicht (vgl. Kollmann 2007, S. 170).

Buch.de nutzt z.B. die Automatisierung auch weitgehend im Rahmen der Verkaufs-förderung. So wurde in 2007 ein E-Mail-System eingeführt, mit dem der Workflow und die Benutzerfreundlichkeit bei der Erstellung von Mailings effektiver gestaltet werden kann. Dieses E-Mail-System wurde in das Warenwirtschaftssystem und die Online-Shops integriert. Dabei ist es möglich, dass durch die Eingabe eines kurzen Artikelcodes die Newsletter-Redakteure die gesamten Produktinformationen impor-tieren, indem diese aus dem jeweiligen E-Shop bzw. ERP-System direkt in die E-Mail gelangen. So werden Name und Beschreibung des Artikels, Bild, Preis sowie URL automatisch übernommen. Ein einheitliches Newsletter-Design, das einmalig einge-richtet wurde, stellt die Formatierung aller versendeten Newsletter sicher (vgl. Schwarz 2008, S. 43).

Abbildung 3-27: *Nichtkaufgründe im Online-Handel*

Quelle: Statistisches Bundesamt 2006; Lochmann 2007, S. 64

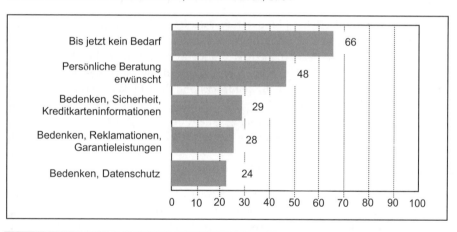

3.7 Security-Standard and -Reputation als Erfolgsfaktor Nr. 6

Die Automatisierung, Vereinfachung und Beschleunigung des Einkaufs ist mit gewis-sen Gefahren verbunden. Die Umgehung von Einzelschritten durch die einmalige Aktivierung des „1-Klick"-Buttons beispielsweise erleichtert auch den Missbrauch der

User-Accounts, wenn andere Personen Zugriff auf die fixierten Einstellungen haben. Derartige Gefahren und eine gewisse Sensibilisierung auf Kundenseite in Hinblick auf die „Tücken des Einkaufs im Internet" (Fründt 2008, S. 55) beeinflussen maßgeblich die Risikowahrnehmung der Internet-User und damit das Sicherheitsimage des Online-Händlers. Angesichts der Anonymität im Internet sowie der weltweiten Zugriffsmöglichkeit fragen sich insbesondere bei (noch) nicht so bekannten Anbietern immer mehr Kunden, ob der Anbieter seriös ist. Das Sicherheitsimage des Online-Händlers wird damit immer mehr zu einem zentralen Erfolgsfaktor. Dieses wird maßgeblich von der aktuellen Risikowahrnehmung der Kunden sowie deren Einschätzung in Hinblick auf, Bezahlsicherheit und -flexibilität, Datenschutz sowie Rechts- und AGB-Sicherheit bestimmt (vgl. Ludowig 2007, S. 31). Eine Umfrage des Statistischen Bundesamtes, bei der die Nichtkäufer im Internet nach ihren Nichtkaufgründen gefragt wurden, bestätigen die genannten Punkte. Diese machen neben dem bisher noch nicht wahrgenommenen Bedarf sowie dem Mangel an persönlicher Beratung die wichtigsten Nichtkaufgründe aus (vgl. Abb. 3-27).

3.7.1 Risikowahrnehmung im Online-Handel

Eine Vielzahl unterschiedlicher Einflussgrößen wirkt auf das wahrgenommene Risiko bei Internet-Käufen. Neben den produktbezogenen Einflussgrößen wirken dabei personenbezogene Einflussgrößen, die je nach Kundentyp sehr unterschiedlich ausfallen und wirken, sowie situationsbezogene Einflussgrößen, die sich aus dem Verwendungszweck, zeitlichen Rahmen (z.B. Zeitdruck) und dem Einkaufsmodus (z.B. Kauf im hybriden Online-Handel) ergeben. Diese Einflussgrößen sind eng miteinander verknüpft und beeinflussen sich gegenseitig. Allerdings kann das daraus resultierende wahrgenommene Risiko völlig unterschiedlich ausfallen, je nachdem wie stark jeweils das funktionale, finanzielle, persönliche oder zeitliche Risiko wirkt (vgl. Kollmann 2007, S. 84). Dieser Zusammenhang ist in Abbildung 3-28 dargestellt:

- **Funktionales Risiko** wird beim Online-Kauf wahrgenommen, da weder Qualität noch Funktionalität eines Produktes physisch überprüfbar sind. Die einzige Möglichkeit des Online-Händlers, diesem spezifischen Informationsdefizit seiner Kunden entgegenzuwirken, besteht in der Art des Angebotes (z.B. Markenware), Zusicherung von Rechten (z.B. Umtauschmöglichkeit) sowie in der Stärkung seiner eigenen Reputation (z.B. PR-Arbeit).

- **Finanzielles Risiko** besteht aus Kundensicht für den Fall der Rücksendung bzw. Reklamation von Waren oder in Hinblick auf Datenmissbrauch während der Übertragung von Kreditkartennummern, obwohl mittlerweile ausgeklügelte Verfahren zur Erhöhung der Sicherheit existieren. Hier kann der Online-Händler entgegenwirken, indem er großzügige AGB herausstellt sowie alternative Zahlungsmöglichkeiten anbietet (z.B. Bankeinzug).

▓ **Persönliches Risiko** sehen die Internet-User vor allem in Hinblick auf den Daten-missbrauch bei persönlichen Angaben, die Kunden bei Transaktionen machen müssen. Dabei stört es Kunden insbesondere, wenn unautorisierter Zugriff auf ver-trauliche Daten möglich wird (z.B. Herausgabe der E-Mail-Adresse). Oberste Prio-rität müssen Online-Händler deswegen der Wahrung der Privatsphäre sowie Ge-währleistung der Anonymität ihrer Kunden einräumen.

▓ **Zeitliches Risiko** sehen Kunden im Falle ausufernder Lieferzeiten, insbesondere wenn bei Geschenkkäufen Termine eingehalten werden müssen. Nicht selten kommt es bei Auftragsspitzen vor Weihnachten zu längeren Lieferzeiten als erwar-tet, woraus Stressfaktoren entstehen können. Hier muss der Online-Händler durch flexible Kapazitätsplanung entgegenwirken. Aber auch das zeitliche Risiko im Rahmen von Reklamations- und Umtauschaktivitäten darf nicht unterschätzt wer-den, insbesondere wenn Kunden gezwungen werden, sich mit schlecht erreichba-ren Call-Centern in Verbindung setzen zu müssen (z.B. Telekom) oder längere Dis-tanzen bis zur nächsten Postfiliale zurücklegen müssen. Die Kosten der Rücksen-dung beinhalten dabei zusätzliche finanzielle Risiken.

Abbildung 3-28: Einflussgrößen auf das wahrgenommene Risiko bei Online-Käufen

---

Quelle: Kollmann 2007, S. 83

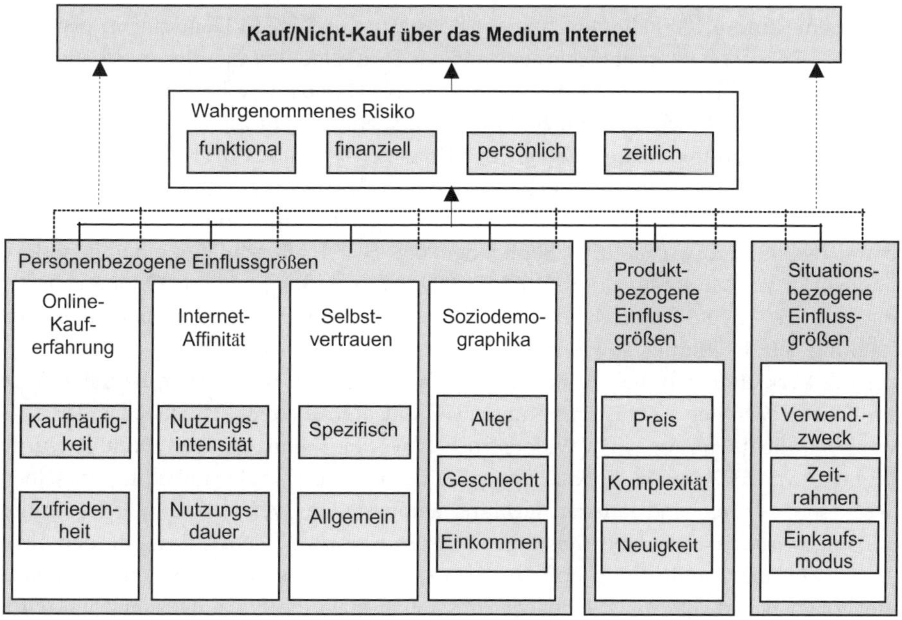

153

Empirische Studien zeigen, dass das finanzielle Risiko den stärksten Einfluss auf die Kaufentscheidung hat. Den größten Einfluss auf die Wahrnehmung des Risikos haben Kaufhäufigkeit, Zufriedenheit sowie das spezifische Selbstvertrauen. Insofern sollten Online-Händler keine Möglichkeit ungenutzt lassen, die Kundenzufriedenheit zu maximieren (vgl. Kollmann 2007, S. 85).

3.7.2 Bezahlsicherheit und -flexibilität

„Die Betrugsfälle bei Geldgeschäften nehmen dramatisch zu" (Billard/Borst/Johann/ Körner 2008, S. 117) und „Boomzeit für Internet-Kriminelle" (WZ 2008, S. 5). Auf der einen Seite steigt die Zahl der Überweisungen vom heimischen PC, da sie bequem und schnell sind. Wie aus Abbildung 3-29 zu entnehmen ist, sind bereits über 42% der Girokonten online. Bereits 2006 überwiesen die Bundesbürger rund 1,8 Milliarden Mal Geld per Internet, was in 2009 rund 2,4 Milliarden Mal der Fall gewesen sein dürfte. Auf der anderen Seite ist es für Kriminelle immer verlockender, Straftaten von zu Hause aus zu begehen. So gelten als gängigste „Abzocker-Tricks" die „Phishing-Mail", das „trojanische Pferd", der „Keylogger", die gefälschte „Pharming-Web-Seite und der „Man in the Middle-Angriff", hinter denen sich unerlaubte und häufig unerkannte Fälschungen, Anschläge und Manipulationen verbergen (vgl. Focus 4/2008, S. 123). Am häufigsten verbreitet ist das Phishing, also der Versuch, über eine gefälschte Internet-Seite oder massenhaft verschickte E-Mails an Daten des Internet-Nutzers zu gelangen. Rund 4.100 Fälle von Internet-Betrug hat es 2007 in Deutschland gegeben. Global schätzt der Internet-Sicherheitsanbieter Symantec den möglichen Schaden auf rund sieben Milliarden $ (vgl. WZ 2008, S. 5). „2008 haben die Banken und Verbraucher aber offensichtlich die nötigen Abwehrmaßnahmen getroffen, weshalb sich auch nach aktuell veröffentlichten Zahlen des Branchenverbandes BITKOM erstmals seit Jahren ein deutlicher Rückgang des so genannten Phishings abzeichnet. Statistisch ist sogar von einer Halbierung der Fallzahlen auszugehen. Tipps gibt es im Internet z.B. bei www.bitkom.org (vgl. RP 3. September 2008, S. B1). Oft schützen schon komplexe Passwörter vor Missbrauch (vgl. WAMS 2009, Nr. 5, S. 51). Etablierte Online-Händler bieten in der Regel unterschiedliche Zahlungsarten an. Standard sind Bankeinzug, Zahlung auf Rechnung sowie Kreditkartenzahlung. Kleinere Online-Händler oder private Verkäufer (z.B. bei Online-Auktionen) lassen sich nicht selten bestellte Ware im Voraus bezahlen. Das ist aus Kundensicht insofern bedenklich, als dass der Zahlung bei Nichtlieferung nicht widersprochen werden kann, da aktiv bezahlt wurde (vgl. WAMS 2007 Nr. 49, S. 55). Hier sollte der Online-Händler unbedingt in seinen AGB eine entsprechend kulante Regelung herausstellen, wenn er auf Vorauszahlungen angewiesen ist. Bei Überweisungen passiert es immer wieder, dass Kunden nicht genug Zeit bis zur Buchung auf das Konto des Händlers oder privaten Verkäufers eingeplant haben oder im Weihnachtsstress auch mal eine Buchung übersehen wird. Diesbezüglich bietet es sich an, den Geldeingang per E-Mail zu bestätigen oder entsprechende Versandinformationen zu verschicken. Auch sollten Kunden die Möglichkeit haben, beim Online-Händler jederzeit in Hinblick auf ihre Zahlungen nachfragen oder nachhaken zu können.

Abbildung 3-29: *Online-Girokonten in Deutschland*

Quelle: Deutsche Bundesbank/ DPA 2010

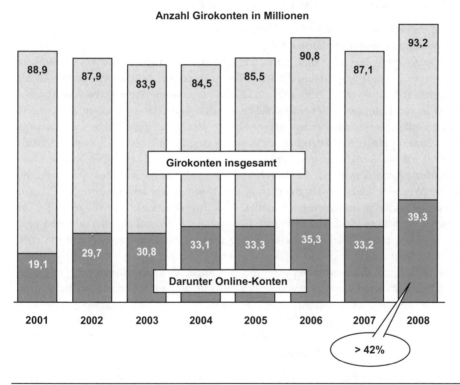

In Hinblick auf Kreditkartenzahlungen befürchten Kunden, dass es Sicherheitslücken gibt und Hacker bei Informationsübertragung Kreditkartennummern lesen und missbrauchen können. Solche Vorfälle können sehr teuer für den Internet-Käufer werden. Experten raten Online-Kunden deswegen, stets darauf zu achten, dass relevante Zahlungsinformationen ausschließlich verschlüsselt übertragen werden. Dabei werden alle Angaben mithilfe eines geheimen Schlüssels für die Übertragung unlesbar gemacht und erst wieder vom Online-Händler übersetzt. Immer mehr Käufer achten darauf, dass aus dem http:// in der Internet-Adresse ein https:// wird, wobei das „s" für „secure" steht. Auch wird den Internet-Usern empfohlen, auf das kleine Schlosssymbol rechts unten im Fenster zu achten. Mit Abstand am sichersten ist und bleibt allerdings für die Online-Kunden die Zahlung per Lastschrifteinzug, da sie das Geld hier innerhalb von sechs Wochen von ihrer Bank zurückholen lassen können (vgl. SZ 2007, Nr. 282, S. 31).Bei den Zahlungsarten Giropay, Firstgate oder Paypal wird das Geld fast in Echtzeit gutgeschrieben, womit die Ware dann umgehend bezahlt ist und verschickt werden kann. Diese Zahlungssysteme haben sich mittlerweile etabliert und sind auch aus Kundensicht sicher, schnell und vertrauenswürdig.

3.7.3 Datensicherheit und -schutz

„Peinliche Panne bei Beate Uhse: Dem Erotikanbieter Beate Uhse ist offenbar eine pikante Datenpanne unterlaufen. Vertrauliche Kundendaten — darunter tausende E-Mail-Adressen — lagen frei im Internet für jedermann verfügbar, und das monatelang. Ein Journalist entdeckte zufällig die sensiblen Adressdaten. Mittlerweile ist der Zugriff gesperrt" (t-online vom 2. September 2008). Die unerlaubte Weitergabe von Kundendaten ist nicht nur rechtlich problematisch, sondern hinterlässt vor allem auch gravierende Vertrauensschäden. Vielen Internet-Usern war bisher gar nicht bewusst, dass sie beim Surfen permanent Daten hinterlassen. Bei einem ganz normalen Online-Einkauf werden z.B. neben Adresse und Bankverbindung in der Regel auch persönliche Daten registriert. Außerdem speichert das Online-Tracking Präferenzen der Nutzer für besuchte Websites und bevorzugte Waren. Die Kunden werden diesbezüglich zunehmend aufgeklärter und realisieren dabei, dass ihre Daten nicht löschbar sind. „Das Internet schläft nie. Zwar hat man zum Beispiel das Recht am eigenen Bild und kann kompromittierende Fotos löschen lassen. Doch was einmal im Internet ist, kann millionenfach kopiert werden und vielleicht erst in 20 Jahren wieder auftauchen" (Breitkopf 2008, S. E3). Datenschützer raten bereits, äußerst zurückhaltend mit der Dateneingabe ins Internet zu sein. „Alles was nicht im Internet ist, kann auch nicht missbraucht werden. Am besten sehr sparsam mit der Weitergabe persönlicher Informationen sein" (Breitkopf 2008, S. E3). Weiterhin raten Experten dazu, für jeden Zugang im Netz möglichst ein anderes Passwort zu benutzen und nicht den Namen der Freundin oder des Freundes zu verwenden.

Im Zuge der allgemeinen Verunsicherung sollten Online-Händler nicht den Kopf in den Sand stecken, sondern in die Offensive gehen und ihre Kunden aufklären. Sie können sich die Tipps der Datenschützer auch zu eigen machen und proaktiv an ihre Kunden weitergeben. Außerdem geht es darum, vertrauensbildende Maßnahmen zu nutzen und gesetzliche Vorschriften nicht nur zu beachten, sondern auch als Chance zu begreifen. So schreibt das Telemediengesetz (TMG) dem Online-Händler vor, seine Kunden über Art, Zweck und Umfang der Erhebung von persönlichen Daten zu unterrichten (§ 13 TMG). Er muss dem Internet-User auch mitteilen, wenn er z.B. seine Daten anderen Unternehmen zur Verfügung stellt. Dabei sollte die Handelsplattform eine derartige Datenunterrichtung gut sichtbar darstellen. Andernfalls besteht die Gefahr, dass der Kunde annimmt, das Online-Unternehmen gebe seine Adressen und Telefonnummern weiter und er erhalte z.B. unerwünschte Werbung (vgl. Ludowig

2007, S. 31). Transparenz, Offenheit, proaktive Initiativen, Aufklärung und Lernfähigkeit sind Attribute, die vor allem in dem sensiblen Bereich der Kundendaten zur Normalität des Online-Händlers gehören sollten.

3.7.4 Beachtung rechtlicher Rahmenbedingungen

Die rechtlichen Rahmenbedingungen des Online-Handels sollten Beachtung finden und nicht aufgrund von Missachtung Anlass dafür sein, das wahrgenommene Risiko des Internet-Einkaufs zu verstärken. So sind im Online-Handel die besonderen Bestimmungen des Fernabsatzrechtes zu berücksichtigen. Darüber hinaus bestehen bei Maßnahmen des Online-Marketings große Gefahren, gegen Bestimmungen des Urheber- und Wettbewerbsrechts, des Marken- und Datenschutzes sowie gegen fremde Persönlichkeitsrechte zu verstoßen. Abgesehen von kostenpflichtigen Abmahnungen kann es auch schnell zu weitergehenden Schadensersatzforderungen kommen. Beispielsweise bestehen bereits bei der Bereitstellung von Inhalten Haftungsrisiken in Hinblick auf urheberrechtlich geschützte Werke wie Texte, Musikstücke, Filme, Fotos, Pläne, Karten oder Tabellen. Diese sind nur mit Einwilligung zu verwenden. Darüber hinaus sind unzulässige Links zu vermeiden, z.B. zu Programmen, die den Kopierschutz entfernen oder umgehen bzw. fremde Marken unerlaubt verwenden. Zu beachten sind auch Werbebeschränkungen für bestimmte Produktgruppen (z.B. Arzneimittel und alkoholische Getränke) sowie spezielle standes- bzw. berufsrechtliche Einschränkungen (z.B. bei Apothekern, Optikern, Ärzten und Rechtsanwälten) (vgl. HMWVL 2007, S. 81).

Insbesondere im Zusammenhang mit dem E-Mail-Marketing gilt es, spezifische gesetzliche Regelungen zu beachten. Demnach gelten E-Mails, die zu Werbezwecken versendet werden, als unzumutbare Belästigung, soweit keine vorherige Einwilligung, d.h. vorherige Zustimmung, vorliegt. Zwar gibt es hierbei den Ausnahmefall, wenn z.B. E-Mail-Adressen gekauft wurden und der Kunde deren Nutzung zu Werbezwecken bei der Erhebung nicht widersprochen hat. Online-Händler sollten dabei allerdings mehr das wahrgenommene Risiko der Kunden im Auge behalten als vorrangig die Nutzung einer „Gesetzeslücke", zumal der Absender und der kommerzielle Zweck der E-Mail-Kommunikation stets klar erkennbar sein müssen. Demnach ist eine Tarnung als private E-Mail unzulässig, ebenso wie der Zugang zu Informationen nicht von der Preisgabe persönlicher Daten abhängig gemacht werden darf. Weiterhin besteht aus Datenschutzgründen eine Informationspflicht gegenüber dem Adressaten einer E-Mail, wenn persönliche Online-Verhaltensweisen mit Response-Tracking-Systemen aufgezeichnet werden (vgl. HMWVL 2007, S. 82). Wie im klassischen Handel bestehen auch in der virtuellen Welt weitgehende Informationspflichten bezüglich des Betreibers (Impressum), der Preisauszeichnungen sowie der Allgemeinen Geschäftsbedingungen (AGB).

3.7.5   AGB-Sicherheit

Mit der Internet-Entwicklung und der Verbreitung des Online-Handels kommt zunehmend die Frage nach der gesetzeskonformen Gestaltung der AGB in diesen neuen Handelskanälen auf. Wie die zu diesem Themenkreis eingebundene, auf diesem Gebiet spezialisierte ANWALTSKANZLEI HEINEMANN aus Magdeburg ausführt, liegen AGB im Sinne der gesetzlichen Vorschriften vor, wenn es sich um für eine Vielzahl von Verträgen vorformulierte Regelungen handelt, die dem einen vom anderen Vertragspartner gestellt werden (§ 305 Abs. 1 S. 1 BGB). Allgemeine Geschäftsbedingungen können für Internet-Anbieter also als spezifische, vorformulierte Vertragsbedingungen definiert werden, die in einer Vielzahl von Fällen bei Vertragsabschluss der anderen Partei vorgelegt werden. Dabei ist gleichgültig, ob die AGB ein gesonderter Bestandteil eines Vertrages sind oder in die Vertragsurkunde selbst aufgenommen werden. Darüber hinaus ist irrelevant, welchen Umfang die AGB haben und in welcher Schriftart sie verfasst sind. Keine AGB liegen vor, wenn im Einzelfall ausgehandelte, individuelle Vertragsbedingungen vereinbart werden.

Vielen Online-Händlern sind die Tragweite falscher- und unspezifischer AGB und das daraus resultierende Konfliktpotenzial nicht bewusst. So werden die AGB gemäß § 305 Abs. 2 BGB nur dann Bestandteil eines Vertrages, wenn der Verwender bei Vertragsschluss auf sie hinweist. Darüber hinaus muss die Möglichkeit der zumutbaren Kenntnisnahme des Inhalts der AGB bestehen und die andere Vertragspartei mit der Geltung der AGB einverstanden sein. Dabei reicht ein pauschales Einverständnis über die Einbeziehung der AGB in den Vertrag aus. Allerdings werden so genannte überraschende Klauseln gemäß § 305c Abs. 1 BGB in keinem Fall Vertragsbestandteil. Überraschende Klauseln liegen vor, wenn sie so ungewöhnlich sind, dass der Vertragspartner des Verwenders nicht mit ihnen zu rechnen braucht. Die Überraschungswirkung kann sich dabei auch aus dem äußeren Erscheinungsbild des Vertrages ergeben. Als überraschend wäre z.B. eine Klausel zu bewerten, wonach der Käufer eines Fotoapparates auch verpflichtet sein soll, die aufgenommenen Bilder beim Händler entwickeln zu lassen.

Die Verwendung von AGB dient regelmäßig der Abwandlung gesetzlicher Regelungen, um mögliche Unzulänglichkeiten auszugleichen. AGB bezwecken in der Regel eine Rationalisierung, Ergänzung und Risikoverlagerung. Sind keine AGB vereinbart, gelten die allgemeinen Regeln, z.B. des BGB oder HGB. Dies kann für den Internet-Anbieter u.U. nachteilig sein. Andererseits können AGB ein starkes Machtinstrument sein, durch das ein Vertragspartner, also in der Regel der Online-Kunde, stark benachteiligt werden kann. Deswegen hat der Gesetzgeber mit den §§ 307 – 309 BGB einen gesetzlichen Rahmen vorgegeben, in dem sich die anbieterspezifischen Regelungen ihrem Inhalt nach zu bewegen haben. Damit soll sichergestellt werden, dass AGB den Vertragspartner nicht unangemessen benachteiligen. Danach wäre z.B. eine Klausel, wonach bei einem Kauf neu hergestellter Sachen die Gewährleistungsrechte vollständig ausgeschlossen sein sollen, wegen des Verstoßes gegen das spezielle Klauselverbot des § 309 Nr. 8 b) aa) BGB unwirksam. Sind AGB-Klauseln überraschend oder verstoßen sie gegen den gesetzlichen Rahmen in §§ 307 – 309 BGB, hat dies die Unwirksamkeit der betreffenden Klauseln zur Folge. Der Inhalt des Vertrages richtet sich insoweit dann nach den allgemeinen gesetzlichen Vorschriften (§ 306 Abs. 2 BGB).

Bei der Verwendung von AGB im Internet ist insbesondere zu berücksichtigen, dass dem Kunden gemäß § 312e Abs. 1 S. 1 Nr. 4 BGB die

- Möglichkeit des Abrufs und die

- Möglichkeit des Speicherns in wiedergabefähiger Form, z.B. pdf-Datei,

zu verschaffen ist. Zudem ist, entsprechend dem allgemein geltenden Transparenzerfordernis, auf eine übersichtliche und sinnvolle Gliederung Wert zu legen. Sichergestellt werden muss auch, dass die AGB leicht, d.h. durch wenige Klicks, erreichbar sind. Nur so kann von einer „zumutbaren Kenntnisnahme" gesprochen werden. Dem dürfte entsprochen sein, wenn die AGB durch maximal 2 Klicks erreicht werden können, wie der BGH zur vergleichbaren Frage der leichten Erreichbarkeit der Anbieterkennzeichnung („Impressum") mit seinem Urteil vom 20. Juli 2006 (I ZR 228/03) entschieden hat.

Um Zweifel über die Einbeziehung von AGB zu vermeiden, sollte ein Hinweis auf die AGB oder die ganzen AGB vor Abgabe der Vertragserklärung des Kunden (Bestellung) erscheinen. Am besten wird die Genehmigung der AGB in einem gesonderten Fenster verlangt, wobei technisch dann nur bei Betätigung des Bestätigungsbuttons mit der Menüführung fortgefahren werden kann. Durch die Erfüllung der Anforderungen von § 312e Abs. 1 S. 1 Nr. 4 BGB genügt der Verwender regelmäßig zugleich seinen Obliegenheiten aus § 305 Abs. 2 BGB.

Die AGB im Online-Handel sollten zweckmäßigerweise insbesondere drei Aspekte ausdrücklich regeln, und zwar den Transport, die Versandkosten sowie die Bezahlung:

- **Transport:** Die Beschädigung von Waren auf dem Transportweg zum Verbraucher („B2C") geht zu Lasten des Internet-Anbieters (§ 474 Abs. 2 BGB). Deswegen sind Transportversicherungen anzuraten. Dafür anfallende Kosten dürfen dem Kaufpreis nicht hinzu geschlagen werden. Eine Berechnung als „Servicepauschale" o.ä. dürfte aufgrund mangelnder Transparenz für den Verbraucher gemäß § 307 BGB unwirksam sein.

- **Versandkosten:** Im Distanz-Handel und damit auch im Online-Handel können dem Kunden die Versandkosten auferlegt werden, wobei ab einem bestimmten Bestellwert üblicherweise das Unternehmen die Versandkosten übernimmt; so z.B. bei Amazon ab € 20,- Kaufsumme. Gängig ist es, eine zusätzliche Versandkostenpauschale bei Expressversand zu berechnen. Für Fälle der Ausübung des Widerrufsrechts des Verbrauchers ist es nach Maßgabe von § 357 Abs. 2 S. 3 BGB möglich, dem Verbraucher die Kosten der Rücksendung aufzuerlegen.

■ **Bezahlung:** Kunden werden im Online-Handel verschiedene Bezahlmöglichkeiten zur Verfügung gestellt wie z.B. Kreditkarte, Rechnung oder Vorkasse. Bei Zahlungsverzug werden dem Kunden gewöhnlich Zinsen berechnet. Übersteigen diese den gesetzlichen Zinssatz, ist § 309 Nr. 5 BGB zu beachten.

3.8 Supplement- and Support-Channel-Strategy als Erfolgsfaktor Nr. 7

Im Internet auf Produktsuche gehen, Angebote und Preise vergleichen, per Handy bestellen oder beim nächsten Einkaufsbummel in der City im Geschäft kaufen: Ein solches Konsumentenverhalten ist mittlerweile für viele Verbraucher zur Selbstverständlichkeit geworden. Das Internet beeinflusst mehr denn je als Informationsmedium das herkömmliche Informationsverhalten und ist damit zu einem zentralen Bestandteil der zunehmend durch Multi-Channel-Strategien gekennzeichneten Handelswelt geworden. Dementsprechend darf nicht verwundern, dass mehr als 60 Prozent aller Internet-Umsätze auf Multi-Channel-Händler entfallen. Diesbezüglich lässt sich eindeutig sagen, dass Multi-Channel-Retailer Kundenbedürfnisse besser erfüllen können und dem Kunden einen höheren Gesamtnutzen bieten als „Pure-Internet"-Händler (vgl. Zaharia 2006, S. 2):

■ Den geänderten Kundenbedürfnissen wird mit Multi-Channel-Handel Rechnung getragen. Den Kunden wird eine Vielzahl von alternativen Kontaktpunkten und damit Möglichkeiten der Bedürfnisbefriedigung geboten. Der sich zunehmend multioptional verhaltende Kunde hat damit an verschiedenen Orten zu verschiedenen Zeiten die Möglichkeit zur unterschiedlichen Bedürfnisbefriedigung. Er kann, je nachdem welche Bedürfnisse im Vordergrund stehen, zwischen convenience-, erlebnis- oder preisorientierten Einkaufsstätten wählen. Multi-Channel-Retailing kommt den nach unterschiedlichen Bedürfnissituationen variierenden Anforderungen der Kunden an Einkaufsstätten entgegen.

■ Den Kunden wird mit Multi-Channel-Retailing ein höherer Gesamtnutzen geboten, als es ein Single-Channel-Händler kann. So können die Kunden verschiedene Kanäle im Rahmen ihres Einkaufsprozesses kombinieren, wodurch sie mehr Auswahl und Kontrolle über den Prozess erhalten. Je nach Kaufphase und den dabei relevanten Bedürfnissen, wählen und nutzen die Kunden den am besten geeigneten Kanal. Dieses versetzt wiederum das Multi-Channel-Handelsunternehmen in die Lage, die Kanäle im Sinne eines besseren Kundeninteraktionsprozesses zu gestalten, wodurch zusätzliche Umsatzpotenziale erschlossen werden können. So wird dem Online-Kanal eine zentrale Rolle als Informationsquelle für die Kaufanbahnung zugesprochen.

Der Online-Händler hat durch das Angebot von zusätzlichen Supplement- oder Support-Channels die Möglichkeit, seine Kunden erheblich besser kennenzulernen und wertorientierte Kundenbeziehungen aufzubauen. Er kann auch eine integrierte Multi-Channel-Strategie verfolgen und dabei das Kanalwahlverhalten der Kunden aktiv beeinflussen, wenn sich damit die Profitabilität der Kunden steigern lässt. Vor allem der wahrnehmbare Nutzen der Vertriebskanäle beeinflusst das Kanalwahlverhalten der Kunden. Sie werden mit hoher Wahrscheinlichkeit den Kanal wählen, der ihnen den höchsten Nutzen stiftet. Dieser Nutzen ergibt sich aus der wahrnehmbaren Qualität eines Kanals, der empfundenen Convenience, dem dort wahrgenommenen Risiko sowie dem mit dem Kanal assoziierten Preis bzw. den damit verbundenen Beschaffungskosten. Dabei ist zu berücksichtigen, dass die Vertriebskanäle je nach Phase des Kaufprozesses verschiedene Aufgaben erfüllen können, wenn man z.B. zwischen Informations-, Kauf- und Produktnutzungsphase unterscheidet (vgl. Gensler, Böhm 2006, S. 31). Diesbezüglich sind jedoch drei verschiedene Grundtypen von Kunden zu unterscheiden. Der erste Typ nutzt für den gesamten Kaufprozess grundsätzlich immer denselben Kanal, z.B. den stationären. Der zweite Typ wickelt zwar seinen kompletten Kaufprozess über einen Kanal ab, wechselt aber in Abhängigkeit von den genannten Einflussfaktoren den Kanal unter bestimmten Voraussetzungen. Der Typ drei schließlich nutzt während des Kaufprozesses grundsätzlich mehrere Kanäle (vgl. Schröder 2005, S. 64). Für den Online-Händler ist deshalb wichtig zu erfahren,

- welche Kunden wann welche Produkte in welchem Kanal kaufen,

- welche Kanäle die Kunden wann nutzen für welche Phase des Kaufes,

- wie die Kunden ihr Budget auf die einzelnen Kanäle verteilen,

- was die Gründe für eine Kanalnutzung sind,

- welches Risiko die Kunden jeweils in den Kanälen wahrnehmen,

- wie die Kunden die Kanäle jeweils beurteilen und

- wie zufrieden die Kunden mit den einzelnen Leistungen der Kanäle sind.

Insgesamt lässt sich feststellen, dass 35 Prozent derjenigen Kunden, die sich beispielsweise im Online-Shop eines Händlers informieren, auch in dessen Geschäft kaufen. Dabei werden in 31 Prozent der Fälle dasselbe Produkt und dieselbe Marke eingekauft, in 4 Prozent der Fälle wechseln die Kunden auf ein anderes Produkt bzw. eine andere Marke. Bemerkenswert ist, dass 65 Prozent der Konsumenten allerdings nach der Informationsphase den Anbieter gewechselt und im Geschäft eines Mitbewerbers gekauft haben (vgl. Schröder 2005, S. 69). Den umgekehrten Fall, d.h. Informationseinholung stationär und Kauf online, praktizieren knapp 30 Prozent der Kunden. Dabei kaufen dann aber von allen Kunden weniger als 3 Prozent bei genau demselben Händler (vgl. Dach 2002a, S. 7).

Abbildung 3-30: *Multioptionales Kaufverhalten*

Quelle: Wegener 2004, S. 211

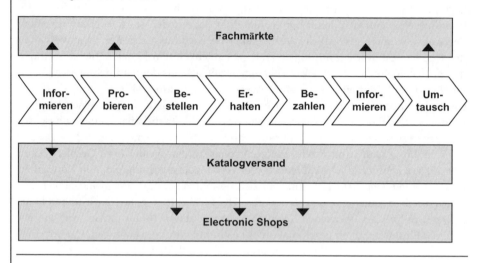

3.8.1 Channel-Hopping-Möglichkeit als Kundenmehrwert

Das Multi-Channel-Retailing fokussiert auf den multioptionalen Kunden, der inner-halb des Kaufprozesses zwischen den angebotenen Kanälen wechselt, also „Channel-Hopping" oder auch „Kanal-Zapping" betreibt. Die Absatzkanäle existieren nebenein-ander und ermöglichen dem multioptionalen Kunden die Befriedigung seiner viel-schichtigen Bedürfnisse. Sie versuchen – ähnlich wie in anderen Lebensbereichen – auch beim Einkaufen die Vorteile aller sich bietenden Optionen zu nutzen. Typisch für diese Kunden ist zum Beispiel der Start seines Kaufprozesses mit der Informationssu-che im Internet. Im stationären Shop wird dann das Produkt begutachtet und danach im Online-Kanal bestellt, bezahlt und der Verlauf der Auslieferung begutachtet (Or-der-Tracking). Ist die Ware beschädigt oder gefällt sie dem Kunden dann doch nicht, gibt er diese dann im stationären Shop zurück (vgl. Wegener 2004, S. 211). In Abbil-dung 3-30 ist dargestellt, wie ein derartiges multioptionales Kanalkaufverhalten aus-sehen kann. Wird den Kunden die Möglichkeit zum „Channel-Hopping" gegeben, dann wirkt sich diese erfahrungsgemäß positiv auf das Stammgeschäft aus (vgl. OC&C 2001, S.2):

■ **Multi-Channel-Kunden kaufen mehr**: Erfolgreiche Multi-Channel-Händler in den USA und in England setzen mit ihren Kunden 200-400 Prozent mehr um als mit den „Einkanal-Kunden". Eine bloße Kannibalisierung des Stammgeschäftes findet also nicht unbedingt statt, sondern eher eine deutliche Steigerung des „Customer

Value" mit diesen Kunden. Auch lassen sich im stark wachsenden Online-Markt besser Neukunden gewinnen.

- **Multi-Channel-Kunden sind loyaler**: Mit der gestiegenen Präsenz eines Händlers sind die Wünsche der Kunden jederzeit und überall erreichbar. Dadurch steigt die Kundenbindung und Kundenzufriedenheit. Der persönliche Kontakt zum Kunden reduziert die Wechselbereitschaft zu Wettbewerbern. Intensives Customer-Relationship-Management nutzt Informationen über die Kundenpräferenzen für maßgeschneiderte Angebote.

Egal, in welchen Fällen die Kunden in welchem Ausmaß die verschiedenen Kanäle nutzen, so kann unbestritten festgehalten werden, dass ein „Channel-Hopping" der Kunden tatsächlich stattfindet, was insbesondere den convenienceorientierten Kunden auszeichnet. Ein Konsument kann z.B. in einem gedruckten Katalog auf ein Produkt aufmerksam werden und beschafft sich dann über das Internet weitere Informationen. Es ist auch denkbar, dass er anschließend das Geschäft des Händlers aufsucht, um das gewünschte Produkt zu bestellen. Ebenfalls kann der Fall auftreten, dass der Kunde das Produkt im Internet bestellt und per Post nach Hause zugestellt bekommt.

Geht er allerdings danach in die Filiale, um sein Produkt zu reklamieren oder umzutauschen, kann es im Falle nicht integrierter Kanäle leicht vorkommen, dass der Umtausch des online bestellten Produktes im Geschäft gar nicht möglich ist. Mangelnde Kundeninformationen und eine unzureichende Integration der Warenwirtschaftssysteme innerhalb der verschiedenen Absatzkanäle lassen ein derartiges Szenario als nicht unwahrscheinlich erscheinen. In solchen Fällen ist es nicht möglich, auf den Kunden als Channel-Hopper einzugehen (vgl. Abb. 3-31). Weitere Problemfälle sind dabei vorprogrammiert, z.B. wenn die Kunden in den verschiedenen Kanälen des Händlers unterschiedliche Sortimente vorfinden. Bei einer Multi-Channel-Strategie besteht dabei die große Gefahr, dass ein Kunde seine negativen Erfahrungen auf die übrigen Absatzkanäle überträgt.

Angesichts der skizzierten Problematik muss erstaunen, dass bei den meisten Multi-Channel-Unternehmen ein konsistentes Zusammenwirken der Kanäle nicht stattfindet. Nur ein geringer Teil der Händler ist auf das „Channel-Hopping" eingestellt, obwohl Kunden diese Art des Kanalverhaltens bevorzugen. Konsumenten, die z.B. stark nachgefragte Aktionsartikel in einer Tchibo-Filiale nicht erhalten, versuchen in den meisten Fällen eine Bestellung per Telefon oder Internet. Auch haben Online-Käufer häufig noch telefonische Anfragen, die sie gerne persönlich geklärt haben möchten. Besonders herausfordernd für viele Multi-Channel-Unternehmen sind Reklamationen in anderen Kanälen. Auf eine solche Situation sind nur wenige Unternehmen wirklich eingestellt. Liegt dann die Kontrolle nicht in der Obhut des eigenen Unternehmens und sind externe Partner eingebunden, dann entpuppt sich dieser Fall als doppelt problematisch. Der Mobilfunkkunde von D2 z.B. wird sich wahrscheinlich auch dann bei Vodafone beschweren, wenn er seinen Vertrag bei einem unabhängigen Provider abgeschlossen hat (vgl. Schneider 2001, S. 174 ff.).

Abbildung 3-31: *Channel-Hopping-Möglichkeit*

Quelle: In Anlehnung an Ahlert/Hesse/Jullens/Smend 2003, S. 12 ff.

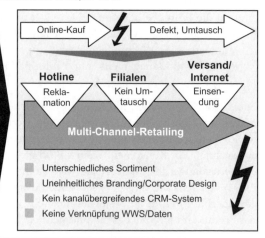

Sollte es daher Zielsetzung des Handelsunternehmens sein, separierte, nicht verknüpfte Absatzkanäle aufzubauen und dabei kanalspezifische Sortimente anzubieten, dann sollten diese nicht unter einer einheitlichen Markierung gegenüber dem Kunden präsentiert werden (vgl. Ahlert/Hesse/Jullens/Smend 2003, S. 11 ff.). Damit wird dann aber auch die Chance für den Online-Händler hinfällig, durch Supplement- oder Support-Channels vom Channel-Hopping der Kunden zu profitieren. Andererseits bestehen verschiedene Optionen für eine Multi-Channel-Strategie. So muss nicht in jedem Fall gleich ein integriertes Multi-Channel-System aufgebaut werden, in dem die verschiedenen Kanäle gleichberechtigt nebeneinander stehen. Es ist auch denkbar, dass die zusätzlichen Kanäle jeweils unterschiedliche Rollen einnehmen. Für Pure-Online-Händler ist es durchaus sinnvoll, dass der Internet-Kanal (zunächst) zum „Lead-Channel" wird und die Markenhoheit über alle Kanäle hinweg besitzt, die sich dann dem Online-Kanal unterordnen und diesen arrondieren. Dabei kann der Internet-Kanal als Lead-Channel durchaus dominieren, wobei der stationäre Kanal dann überwiegend Supportfunktion für das Online-Geschäft hat und sein Umsatzanteil deutlich unter 10 Prozent liegen kann.

3.8.2 Internet als Lead-Channel mit stationärem Zusatzkanal

Historisch bedingt ist es beinahe die Regel, dass es bei den meisten Multi-Channel-Unternehmen ein Ungleichgewicht in Hinblick auf die Bedeutung der einzelnen Kanäle gibt. Daraus darf aber in keinem Fall eine auseinanderdriftende Qualität der jeweiligen Kanalgestaltung resultieren. Die Kunden realisieren nur ein einziges Markenversprechen und bewerten alle Kanäle nach gleichem Maßstab. Sie empfinden nur dann ein konsistentes Bild, wenn es dem Multi-Channel-Unternehmen gelingt, ein konsistentes Markenversprechen über alle Kanäle hinweg einzulösen (vgl. Wegener 2004, S. 216).

Wird eine nationale Abdeckung mit einem stationären Kanal, für die erfahrungsgemäß mindestens 200 Filialen in Deutschland erforderlich sind, nicht angestrebt, dann gilt es, die genaue Rolle des stationären Zusatzkanals zu definieren und diese den Kunden entsprechend zu kommunizieren. Dabei sind folgende Rollen für einen stationären Zusatzkanal denkbar:

- **Abhol- und Servicestationen:** Es geht um ein Serviceangebot an die Kunden, physischen Kontakt mit dem Anbieter und seinen Produkten bekommen zu können, wofür aber eine gewisse Fahrzeit in Kauf genommen werden muss. Dabei steht nicht die Vermittlung eines Kauferlebnisses im Vordergrund, sondern die Möglichkeit für die Kunden, Waren physisch abholen, Reparaturfragen oder Reklamationen abklären oder Produkte retournieren zu können. Es handelt sich weniger um stationäre Geschäfte als vielmehr um „Niederlassungen" oder „Repräsentanzen", für die ein Netz von ca. 30-50 Stationen in Deutschland ausreichen dürfte. Diese benötigen keine Top-Standortqualität (z.B. 1-A-Lagen), sondern können durchaus in Gewerbegebieten angesiedelt sein. Größter Fehler, der von Multi-Channel-Händlern bei dieser Supplement-Channel-Rolle gemacht werden kann, ist das Eröffnen von Flagship-Stores in kaum bezahlbaren 1-A-Standortlagen sowie das Versäumnis, die „reduzierte" Standortrolle gegenüber den Kunden klar und konsequent zu kommunizieren (z.B. Buchclubs in 1-A-Lagen).

- **Show-Rooms:** Den Kunden wird die Möglichkeit gegeben, ihr Produkt „live" zu erleben, um ihnen das funktionale Risiko, nämlich Qualität und Funktionalität eines Produktes physisch nicht überprüfen zu können, zu nehmen. Auch hier muss nicht unbedingt eine persönliche Kaufmöglichkeit bestehen, da der Kauf jederzeit online erfolgen kann, allerdings sollte die Installation von bedienungsfreundlichen Terminals erwogen werden, um Kaufimpulse „vor Ort" ausnutzen zu können. Auch für derartige „Show-Rooms", die mit Abhol- und Servicestationen kombiniert werden können, reicht ein Netz aus ca. 30-50 Stationen in Deutschland aus, ebenfalls ohne Anspruch auf Top-Standortqualität.

Der Misserfolg der „stationären Versuche" von Neckermann und Quelle ist sicherlich auch darauf zurückzuführen, dass es versäumt wurde, die genaue Rolle der stationären „Versender"-Geschäfte zu definieren und klar an die Kunden zu kommunizieren. Wenn der Name des Versenders als Store-Brand für ein stationäres Geschäft in 1-A-Lage verwendet wird, weckt das Einkaufserwartungen, die nicht erfüllbar sind und verursacht Mietkosten, die aufgrund der mangelhaften Shop-Attraction niemals verdient werden können.

3.8.3　Integriertes Multi-Channel-System

Im Gegensatz zum Ansatz „Lead-Channel-Internet mit stationärem Zusatzkanal" müssen im Multi-Channel-Handel die betriebenen Online- und Offline-Kanäle Verkäufe bzw. echte Transaktionen ermöglichen und dabei das Ziel einer möglichst großen Reichweite und Abdeckung in beiden Kanälen verfolgen. Dementsprechend hoch ist auch der Verkaufsanteil des stationären Filialgeschäftes, das in diesem Fall mehr als die Hälfte zum Umsatz beisteuern sollte. Rechtlich gesehen stellen alle Kanäle damit die verbindliche Spezifizierung der Güterübertragung hinsichtlich Menge, Preis, Zahlungsbedingungen, Lieferung, Garantieleistungen etc. dar. Liegt allerdings „nur" kataloggestütztes Versandgeschäft in Kombination mit stationärem Filialgeschäft vor, nicht aber ein Internet-Shop, dann handelt es sich nicht um Multi-Channel-Handel, sondern traditionellen Mehrkanal-Handel (wie z.B. bei SOR-Rusche). Erst durch das Internet wurde der klasische Mehrkanalhandel durch den Multi-Channel-Handel abgelöst. Multi-Channel-Handel bezeichnet dabei die relativ neue und innovative Verknüpfung von stationärem Geschäft und Online-Handel plus möglicherweise zusätzlich kataloggestütztem Versand.

Nach vorliegender Definition des Multi-Channel-Handels sind z.B. Karstadt Warenhaus GmbH mit Karstadt.de, oder Tchibo GmbH mit Tchibo.de typische Multi-Channel-Handelsunternehmen. Dieses gilt nicht für die Thalia Holding GmbH (als 75 Prozent-Tochterunternehmen der Douglas-Holding AG) und buch.de, einer 35,2 Prozent-Konzernbeteiligung der Thalia-Gruppe. Bloße Beteiligungen oder unabhängige Schwesterunternehmen in einem Konzernverbund rechtfertigen nicht den Begriff Multi-Channel-Handel. Beide Kanäle müssen operativ vom gleichen Unternehmen betrieben werden, was die unternehmerische Führung im Falle eines Joint-Ventures mit einschließt. Bogner-Homeshopping, der jeweils als 50 Prozent-Beteiligung sowohl von Bogner, als auch von der Primondo-Gruppe/Quelle betrieben wird, kann demgegenüber durchaus als Teil eines Bogner-Multi-Channel-Systems angesehen werden, da von Bogner aus ein Teil der operativen Führung in Personalunion gestellt wird. Namensgleichheit muss nicht unbedingt gegeben sein, d.h. die Kanäle des Multi-Channel-Handels können durchaus unterschiedlich markiert sein, auch wenn dieses suboptimal ist. Reine Kommunikationskanäle, die keine Transaktionen zulassen, stellen keinen Absatzkanal in diesem Sinne dar und sind somit nicht die zweite „Verkaufssäule". eines Multi-Channel-Handelsunternehmens (vgl. Bohlmann 2007, S. 21). Die Festlegung, welche Kanäle ein Handelsunternehmen überhaupt bedienen soll, erfolgt am besten anhand einer Multi-Channel-Matrix, in der alle Geschäftsbereiche und Absatzkanäle des betreffenden Unternehmens aufgeführt werden. Diese Matrix hilft dabei, eine Multi-Channel-Strategie zu visualisieren. In Abbildung 3-33 ist beispielhaft ein Bekleidungshandelsunternehmen dargestellt, das über fünf Sparten verfügt. Daraus ergeben sich vielfältige Multi-Channel-Beziehungen z.B. zwischen Filialen, Katalogen und Internet. Weiterhin sind auch innerhalb eines Handelsunternehmens horizontale Beziehungen zwischen den verschiedenen Sparten möglich, die bei der Gestaltung der Kanäle berücksichtigt werden müssen (vgl. Schneider 2002, S. 39

ff.). Nachdem Art und Anzahl der Absatzkanäle anhand der Multi-Channel-Matrix festgelegt wurden, geht es darum, die Handlungsoptionen für den Multi-Channel-Händler auszuloten. Die Potenziale einer systematischen Ausweitung und Abstimmung der Kanäle sind jedoch kaum zeitgleich zu erschließen. Stattdessen ist von einem zeitaufwändigen Integrationsprozess auszugehen, wie sich am Beispiel der meisten existierenden „echten" Multi-Channel-Händler nachweisen lässt.

Abbildung 3-33: *Multi-Channel-Matrix am Beispiel eines Bekleidungshändlers*

Quelle: In Anlehnung an Schneider 2002, S. 40

	Sparte A Basics	Sparte B Junge Mode	Sparte C Designer-Mode	Sparte D Discount	Sparte E Heim-Textilien
Stationäre Kanäle					
–Filialen	X	X		X	X
–Shop-in-Store				X	
Versandkanäle					
–Print-Katalog			X		
–Internet-Katalog	X	X	X		
–Telefonverkauf		X	X		
Werbekontakte					
–Beilagen/Prospekte	X	X		X	X
–Anzeigen				X	X
–Radio	X				
–Website	X	X		X	X

„Echte" Multi-Channel-Systeme liegen vor, wenn die Kanäle gleichberechtigt nebeneinander stehen und die „gewachsenen" Steuerungssysteme der Einzelkanäle synchronisiert werden. Unter der Voraussetzung gegebener finanzieller Mittel und entsprechender Kunden- und Produktstruktur lässt sich generell davon ausgehen, dass eine durchgängige Präsenz auf möglichst vielen sowie möglichst integrierten Kanälen dabei am vorteilhaftesten ist. In der Medienbranche spricht man von einer so genannten „Cross-Property"-Vermarktung der Inhalte. Martha Steward und Oprah Winfrey haben in den USA z.B. Lifestyle-Marken aufgebaut, die über alle Medien und Shopping-Kanäle agieren, also auch über Fernsehen, Radio, Zeitschriften, Bücher und Internet (vgl. Schneider 2001, S. 177). Auch wenn vordergründig Kosten und Komplexität steigen, sollte ein Unternehmen sich heute für möglichst viele Kanäle entscheiden, da die Kunden mittlerweile eine ubiquitäre Erreichbarkeit und damit durchgängige Präsenz des Unternehmens erwarten. Damit verbunden ist eine einheitliche und konsistente Erfahrbarkeit des Leistungsversprechens für die Kunden über alle für ihn relevanten Kanäle und Kontaktpunkte hinweg. Der vollintegrierte Ansatz für ein Multi-Channel-System geht dabei mit einer vollständigen Koordination und Abstimmung der Kanäle untereinander einher. Die Kanäle sind praktisch voneinander abhängig und betreiben eine einheitliche Preis- und Markenpolitik. Erfolgsrechnungen erfolgen hier weniger kanalspezifisch als kundenspezifisch. Da Aufgaben und Rollen klar abgegrenzt sind, kommt es nicht zu einer Konkurrenzsituation und damit auch nicht zu Konflikten. Warenwirtschafts- und Informationssysteme arbeiten kanalübergreifend und stellen allen Kanälen die gleichen Daten zur Verfügung (vgl. Schobesberger 2007, S. 35ff.). Diese Form des Multi-Channel-Handels verspricht die potenziell größte Ausschöpfung von Synergien und Cross-Selling-Potenzialen, wird jedoch von den deutschen Multi-Channel-Händlern noch nicht konsequent betrieben (vgl. Heinemann 2008g, S. 156 ff.). Hier werden die Prozesse und Funktionen zwischen den Kanälen bisher nicht besonders intensiv integriert. In der Regel liegen Verknüpfungen nur in Form kommunikativer oder informativer Verbindungen vor. Aktionen werden häufig nicht kanalübergreifend abgestimmt Insbesondere in der Warenwirtschaft werden Verknüpfungen der Warenprozesse wie z.B. Retourenabwicklung oder Verfügbarkeitsprüfungen für unterschiedliche Kanäle selten umgesetzt. Hauptgrund dafür ist sicherlich die Komplexität der damit verbundenen Back-End-Prozesse. Nur im Falle von Kundenkarten ist häufig ein durchgängig kanalübergreifender Einsatz zu beobachten (vgl. Zentes/Schramm-Klein 2006, S. 9).

Insgesamt lässt sich jedoch die Tendenz erkennen, zumindest Marketing-Mix-Konzepte im Multi-Channel-Handel zu vereinheitlichen. So zeigen sich Bestrebungen, die Markierung der Kanäle zu harmonisieren, indem die Varianten der Retail-Brands reduziert werden. Während im LEH dieser Ansatz auch konsequent auf alle Betriebstypen des stationären Geschäfts übertragen wird, wie die Beispiele AVA und Marktkauf sowie Rewe bzw. Toom zeigen, lassen sich im Textilbereich auch gegenteilige Tendenzen erkennen (vgl. Zentes/Schramm-Klein, 2006, S. 9). Hier sind separierte Konzepte anzutreffen, mit denen anhand einer differenzierten Gestaltung der Retail-Brand unterschiedliche Zielgruppen angesprochen werden sollen, z.B. bei den Versendern Otto-Group und Quelle.

Im deutschen Textilhandel ist ein Trend zu integrierten Systemen, in denen mit einer einheitlichen Retail-Brand fast durchgängig ähnliche Konzepte der Sortiments- und Preispolitik realisiert werden sollen, durchaus erkennbar. Unterschiede gibt es aber in der Sortimentsbreite bzw. -tiefe zwischen den Kanälen aus Gründen einer grundsätzlich unterschiedlichen Sortimentsfindungslogik. Auch werden häufig im Internet-Kanal Zusatzsortimente aus anderen Warengruppen angeboten, die der Kunde in den stationären Kanälen nicht antrifft. In der Regel sind die Online-Sortimente aber doch deutlich eingeschränkter als im stationären Geschäft, trotz der eigentlich „unbegrenzten Regalkapazität". Unterschiede sind auch nicht selten in der Preispolitik zu erkennen, was auf unterschiedliche Preisaktionen zurückzuführen ist. Hauptgrund dafür ist ein immer noch recht häufig verbreitetes „Mauerblümchen-Dasein" des Internet-Kanals, der oft (noch) nicht als vollwertiger Kanal eingestuft wird und deswegen nicht selten separat oder outgesourct betrieben wird. Bei den Preisdifferenzen, die auch durch Versandkosten zustande kommen können, gibt es in der Regel aber keine Probleme auf Kundenseite. Sind die Preisdifferenzen aber zu groß, wie häufig in der Unterhaltungsbranche zu beobachten ist, kommt es zu Vertrauensverlust und Unzufriedenheit bei den Kunden, wie empirische Untersuchungen zeigen (vgl. Zentes/ Schramm-Klein, 2006, S. 9).

3.8.4 Kanaleigenschaften im Vergleich

Für den Vergleich zwischen „Offline" und „Online" soll der Fokus auf Unterhaltung, soziale Interaktion, Sicherheit, Kontaktpunkte, Auswahl, Informationsmöglichkeit(en) und Fulfillment (Zeiteinsatz und Kosten) gelegt werden. In Abbildung 3-34 werden die Vorteile bzw. der Nutzen im Sinne einer „relativen Attraktivität" der unterschiedlichen Handelsformen gegenübergestellt (vgl. Schobesberger 2007, S. 23):

Abbildung 3-34: *Attraktivität Offline versus Online*

Quelle: In Anlehnung an Schobesberger 2007, S. 23

Dimensionen	Geschäft	Katalog	Internet-Shop
Unterhaltung	mittel bis hoch	niedrig	mittel bis hoch
soziale Interaktion	hoch	niedrig	niedrig
persönliche Sicherheit	hoch	mittel	gering bis mittel
Datensicherheit	mittel bis hoch	mittel	niedrig bis mittel
Kontaktpunkte/Möglichkeiten der Bestellabgabe	wenig	überall	viele
Lieferzeit	sofort	Tage	Tage
Sortimentsauswahl	niedrig bis hoch	begrenzt	mittel bis hoch
Informationsangebot - Quantität - Qualität	mittel hoch	mittel mittel	hoch hoch
Zeiteinsatz beim Einkauf	hoch	niedrig	niedrig
Lieferkosten	niedrig	hoch	hoch

▪ Die **Unterhaltung** ist in Geschäften aufgrund der persönlichen Komponente sowie der vielfältigen Inszenierungsmöglichkeiten höher als mit Katalogen. Die vielfältigen Animationsmöglichkeiten im Internet-Shop lassen diesen ebenfalls als relativ unterhaltsam erscheinen. Experten bestätigen aber, dass die „reale" Einkaufswelt im stationären Kanal aufgrund der multisensualen Sinnesansprache (z.B. Einkaufsatmosphäre oder Ladengestaltung) der virtuellen Einkaufswelt im Distanzhandel überlegen ist.

▪ **Soziale Interaktion** findet bei Katalog- und Internet-Shop praktisch nicht statt, ist hier also niedrig im Gegensatz zum Geschäft, das persönliche Kontakte ermöglicht.

▪ **Persönliche Sicherheit** ist nach allgemeiner Meinung in einem stationären Kanal eher gegeben als beim Kauf in einem Distanzkanal, da die Kunden die Produkte vor Kauf begutachten, anfassen und probieren können. Darüber hinaus haben sie die Möglichkeit zur Barzahlung, können die Ware sofort mitnehmen und verfügen hier über bessere und einfachere Reklamationsmöglichkeiten.

▪ Auch die **Datensicherheit** ist beim Kauf in einem stationären Kanal eher gegeben, da der Kunde hier auf Wunsch anonym bleiben kann. Dagegen müssen im Distanzhandel zahlreiche individuelle Daten erfasst werden, wodurch beim Kunden auch Angst vor dem „gläsernen Kunden" entsteht. Aus Kundensicht besteht auch das Risiko, dass der Anbieter Daten an Dritte weitergibt.

▪ Während die **Kontaktpunkte** in stationären Kanälen aufgrund der limitierten Zahl fixer Standorte begrenzt ist, gilt diese Restriktion für den Distanzhandel nicht. Es ist davon auszugehen, dass die räumliche Nähe und dadurch auch die Erreichbarkeit der Distanzkanäle weitaus höher ist als bei stationärem Einkauf.

▪ **Lieferzeiten** hat der Kunde im Geschäft in der Regel nicht, wenn die Ware vorrätig ist und er diese sofort mitnehmen kann. Dagegen ist Distanzhandel ohne Lieferzeit praktisch nicht möglich, da immer eine Zeitspanne zwischen Bestellung und Lieferung liegt. Lediglich bei E-Büchern und digitalen Produkten kann es eine Sofortlieferung via Internet geben.

▪ Hinsichtlich der **Auswahl** kann es im Online-Shop eventuell ein breiteres bzw. tieferes Angebot geben aufgrund der fehlenden räumlichen Restriktionen (z.B. Präsentations- und Lagerfläche). Auf der anderen Seite kommt es aber vor, dass Waren mit geringer Handelsspanne nicht angeboten werden. Tendenziell ist die Auswahl im Geschäft und Internet-Shop höher als im Katalog.

▪ Die **Informationsmöglichkeiten** sind zu differenzieren. Während der Kunde im stationären Kanal vor dem Kauf begutachten, anfassen und probieren sowie „multisensual" erleben kann, geht das im Distanzhandel nicht. Ebenso kann jederzeit auf das Verkaufspersonal als Informationsquelle zurückgegriffen werden. Auch dienen hier Schaufenster als wichtige Informationsquelle. Dagegen ist der Kunde im nichtstationären Handel auf bildliche Darstellung sowie textliche Produktbeschreibung angewiesen. Andererseits kann er mittels Brief, Telefon und E-Mail eine personalisierte Information einholen oder durchaus per Telefon auch direkt Kontakt zum Verkaufspersonal aufnehmen (z.B. Call-Back-Option oder Call-Now-

Option). Außerdem ist die „interaktive" Informationsmöglichkeit, ausführliche Produktinformationen einzuholen, unangefochtener Vorteil beim Online-Kauf.

▪ Der **Zeiteinsatz** ist eng verbunden mit dem Thema Raumüberbrückung. Wenn der Kunde ein stationäres Geschäft aufsucht, ist der Zeitaufwand in der Regel hoch, wenn es sich nicht gerade um einen Nahversorgerstandort in unmittelbarer Nähe handelt. Diese „Überbrückungszeit" entfällt in den Distanzhandels-Kanälen, wird dann aber mit höheren Lieferzeiten erkauft.

▪ Die **Kosten**, die mit dem Kaufvorgang verbunden sein können und sich nicht auf den Produktpreis beziehen, sind vielfältig und in jeder Phase des Kaufprozesses wirksam. Dabei handelt es sich um die so genannten Transaktionskosten wie z.B. Reisekosten, Liefer- bzw. Versandkosten, Kosten für Transportverpackungen, Beschwerdekosten, Rückgabekosten bei Nichtgefallen oder Opportunitätskosten (z.B. Nutzen- und Zeitentgang). Diese Kosten sind zusammenfassend in Abbildung 3-35 dargestellt.

Abbildung 3-35:   *Online- und Offline-Beschaffungskosten beim Kauf im Vergleich*

Quelle: Bohlmann 2007, S. 39 in Anlehnung an Schröder 2005, S. 13

Kosten beim Kauf im…	
stationären Einzelhandel	**Online-Shop**
• Fahrtkosten / Anbahnungskosten • Zeit (Opportunitätskosten) • Kosten des Transportmittels	• Anbahnungskosten • Zeit (Opportunitätskosten) • Kosten der Internet-Verbindung
Kosten für Transportverpackung • einmalige Verwendung • mehrmalige Verwendung	Lieferkosten, z.B. abhängig von: • Bestellung • Warengruppenart • Produktanzahl • Transportverpackung • Lieferzeit • Liefergebiet • Zahlungsart
Kosten der Beschwerdeführung / Kontrollkosten (entfallen soweit Beschwerden durch Kontrollen vor Abschluss des Kaufvorgangs Mängel erkennen und beseitigen lassen)	Beschwerdekosten bei mangelhafter Lieferung / Kontrollkosten • Zeit (Opportunitätskosten) • Kosten der Internet-Verbindung • sonstige Kosten bei mangelhafter Lieferung • Nutzenentgang • Kosten für Ersatzprodukte
Rückgabekosten bei Nichtgefallen der Ware: Fahrtkosten, falls Ware bereits mitgenommen — im übrigen keine	Rückgabekosten bei Nichtgefallen der Ware: regelmäßige Kosten bei Anwendung des Wiederrufsrechtes können vertraglich auferlegt werden bei einer Bestellung bis 40 Euro (§357 Abs. 2 BGB)

Neben den skizzierten Merkmalen, anhand derer die Kanäle verglichen werden können, wird auch noch Convenience und Bezahlung genannt. Zum Conveniencegrad der beiden Kanäle kann jedoch keine allgemeingültige Aussage getroffen werden, da nicht zu bestimmen ist, in welcher Situation welche Person welche Aspekte als wichtig erachtet. Es ist durchaus möglich, dass verschiedene Effekte je nach Kanal gegenläufig sind, wie z.B. die Sofort-Bestellmöglichkeit im Internet versus Nichtsofortverfügbarkeit der Ware. Auch zur Bezahlung ist es schwer möglich, allgemeingültige Schlussfolgerungen zu ziehen. Zwar ist im stationären Verkauf die Barzahlung relativ gängig, jedoch nimmt die Kreditkartenzahlung, die für Online-Kauf typisch ist, auch in Geschäften zu. Im Gegensatz zum Ladengeschäft sind im Online-Handel eine Rechnungsregel und auch die Zahlung per Nachnahme häufig anzutreffen, was angesichts des potenziellen Datenmissbrauchs eine für den Kunden angenehmere Art der Zahlung sein dürfte. Alles in allem lassen sich jedoch die mit der Zahlung verbundenen Aspekte dem eben schon aufgeführten Sicherheitsmerkmal zuordnen (vgl. Bohlmann 2007, S. 43-45).

3.9 Sourcing-Concept and Strategic-Alliances als Erfolgsfaktor Nr. 8

Das Sourcing, das als „Gesamtheit aller auf die Beschaffungsmärkte gerichteten Aktivitäten von Organisationen mit dem Ziel ihrer Beeinflussung" (vgl. Liebmann/Zentes 2001, S. 709 ff.) definiert werden kann, hat sich zu einem wesentlichen Erfolgsfaktor für Online-Händler entwickelt. Entsprechend der traditionellen Handelsweisheit, wonach „der Gewinn im Einkauf liegt", verfolgt Sourcing vordergründig kundengerichtete, lieferantengerichtete und wettbewerbergerichtete Ziele:

- **Kundengerichtete Ziele** umfassen die Sicherstellung der Versorgung der Kunden. In Hinblick auf das gestiegene Anspruchsniveau der Konsumenten gilt es Lösungen zu finden, um diesem Anspruchsdenken gerecht werden zu können. Dabei rückt die ausschließliche Beurteilung von Lieferanten nach Preis- und Produktqualitätskriterien zunehmend in den Hintergrund bzw. muss um zusätzliche Aspekte erweitert werden.

- **Lieferantengerichtete Ziele** sind darauf ausgerichtet, auf Basis stabiler Lieferantenbeziehungen über Mengeneffekte und stabile Vertrauenspositionen eine Konditionenverbesserung im Zeitablauf anzustreben. Dabei geht es vor allem auch um die Innovationsfähigkeit der Lieferanten. Lieferantenbezogene Aspekte gewinnen auch angesichts der ECR-Thematik („Efficient Consumer Response") zunehmend an Bedeutung. In diesem Zusammenhang geht es nicht mehr nur um eine optimale Abwicklung der Beschaffung von Produkten, sondern vielmehr auch um den partnerschaftlichen Aufbau eines effizienten Versorgungssystems. Die ECR-

Bestrebungen führen dabei zu einer deutlichen Verringerung der Lieferantenzahl, wodurch die Abhängigkeit von den Lieferanten steigen kann.

■ **Wettbewerbsgerichtete Ziele** stellen auf eine konkurrierende Abgrenzung ab, die bis zum Abschluss von Ausschließlichkeitsverträgen führen kann. Entscheidend dafür ist aber die Wettbewerbsposition des Handelsunternehmens. Können nämlich Unternehmen aufgrund ihrer Größe alleine keinen nennenswerten Einfluss auf die Einkaufskonditionen ihrer Lieferanten nehmen, sollte eher über eine kooperative Beschaffung nachgedacht werden.

Sourcing ist nicht generell anwendbar und wird durch die Sortimentsstrategie maßgeblich vorbestimmt. Ist ein Bekleidungshändler gezwungen, aufgrund von Pull-Wirkungen starke Marken (z.B. Boss, Adidas und Puma) im Sortiment führen zu müssen, sind Lieferanten-, Beschaffungs- und Verhandlungsmanagement aus Handelssicht kaum beeinflussbar. Dieses trifft für Zweit- und Drittmarken sowie Eigenmarkenlieferanten jedoch nicht zu. Hier findet vorrangig das Sourcing Anwendung. Da der größte Sortimentsanteil im Bekleidungshandel auf nicht markierte Ware oder Produkte mit Eigenlabels entfällt, spielt das Sourcing hier eine große Rolle (vgl. Albaum 2003, S. 7).

Bei der Systematisierung der Sourcing-Strategien kann eine Sourcing-Toolbox herangezogen werden, die in Abbildung 3-36 dargestellt ist (vgl. Liebmann/Zentes 2001, S. 712 ff.). Wie aus der Abbildung zu entnehmen ist, bestehen die Sourcing-Strategien aus sechs Teilstrategien, die sich jeweils auf eine bestimmte Dimension beziehen. In Bezug auf die Dimension „Beschaffungssortiment" steht der Sortimentsumfang im Vordergrund, der entweder eng („Narrow Sourcing") oder breit („Wide Sourcing") sein kann. Bei der Dimension „Beschaffungsobjekt" geht es darum, ob der Bekleidungshändler versucht, aktiv Einfluss auf die Produktgestaltung des Herstellers zu nehmen („Active Sourcing") oder aber nicht („Passive Sourcing"). Bezüglich der Dimension „Lieferant" bestimmt die Anzahl der Lieferanten die zu wählende Strategievariante. Existiert nur ein Lieferant als Quasi-Monopolist, über den nur ein bestimmtes Produkt bezogen werden kann (z.B. starke Markenartikler), dann spricht man von „Sole Sourcing". Demgegenüber liegt „Single Sourcing" vor, wenn aufgrund freiwilliger Entscheidung der Bezug der Ware nur von einem Lieferanten erfolgt. Handelt es sich um zwei Lieferanten, spricht man von „Dual Sourcing", während bei vielen Lieferanten von „Multiple Sourcing" gesprochen wird. In Bezug auf die Dimension "Beschaffungszeit" wird festgelegt, inwieweit Zeitpunkt der Beschaffung und des Abverkaufes auseinander liegen sollen, wobei zwischen bedarfsnaher Beschaffung („Stockless") und bedarfsferner Beschaffung („Stock") im Extremfall unterschieden wird. Die Teilstrategie "Beschaffungssubjekt" unterscheidet zwischen einer Alleinstellung („individuell") und einem kooperativen Vorgehen („Cooperative"). Im Rahmen des Aspektes „Beschaffungsareal" geht es schließlich um die internationale Ausdehnung der Beschaffungsmärkte, die entweder „local", „domestic" oder „global" sein kann (vgl. Liebmann/Zentes 2001, S. 712 ff.).

Abbildung 3-36: Sourcing-Toolbox

Quelle: Liebmann/Zentes 2001, S. 712; *Arnold*, 1998, S. 247

Beschaffungssortiment	Wide		Narrow	
Beschaffungsobjekt	Passiv		Active	
Lieferant	Sole	Single	Dual	Multiple
Beschaffungszeit	Stock	Stock Reduced		Stockless
Beschaffungssubjekt	Individual		Cooperative	
Beschaffungsareal	Local	Domestic		Global

Welche dieser Sourcing-Strategien sinnvoller ist, muss einer eingehenden Prüfung unterzogen werden. So kann ein international tätiges Unternehmen bei Konzentration auf ein oder zwei Lieferanten seine Nachfragemacht dazu benutzen, beim Lieferanten Preisvorteile durchzusetzen. Andererseits kann dies jedoch dazu führen, dass die eigene Liefersicherheit bei einem Ausfall des Vorlieferanten (z.B. bei einem Streik) Schaden nimmt. Der Aufbau von Partnerschaften ist jedoch wiederum mit einem Multiple Sourcing nicht möglich (vgl. Zentes/Swoboda/Morschett 2004, S. 341 f.). Unabhängig von der gewählten Sourcing-Strategie ist ein ungelöstes Kernproblem der internationalen Beschaffung bislang, dass ein ganzheitliches Konzept fehlt, mit dem die zahlreichen Aspekte der komplexen Beschaffungsrealität abgebildet werden können. Neuere Ansätze des Multi-Channel-Sourcing versuchen deshalb, eine ganzheitliche Betrachtungsweise der internationalen Beschaffung sicherzustellen und die relevanten Stellhebel aufzuzeigen, durch die das unternehmensspezifische Mehrkanal-Beschaffungssystem gesteuert werden kann (vgl. Rudolph/Loos 2006, S. 726 ff.).

In Bezug auf die Besonderheiten des Geschäftssystems „Online-Handel" erhält das Sourcing jedoch eine zusätzliche Dimensionen, da es angesichts der Einbindung in das „World Wide Web" quasi zwangsweise auch aus der globalen Perspektive, also unter dem Aspekt des „Global Sourcing" beleuchtet werden sollte. Untrennbar mit dem Global Sourcing sind dabei die neuen Formen des „E-Sourcing" verbunden, bei dem es u.a. um die Integration von E-Procurement-Systemen im Rahmen Global Sourcing geht.

Weiterhin hat das „Outsourcing", also die Auslagerung von Unternehmensaufgaben an Drittunternehmen, im Online-Handel herausragende Bedeutung erlangt. Kaum ein Online-Händler kann mittlerweile auf die Dienste von Fulfillment-Anbietern verzichten. Aus den Begriffen Outsourcing und Crowd wurde mit „Crowdsourcing" eine erst 2006 geprägte Wortneubildung geboren. Crowdsourcing setzt auf die Verlagerung von Unternehmensfunktionen auf die Kunden, die „Intelligenz und die Arbeitskraft einer Masse von Freizeitarbeitern"(Unterberg 2008, S. 210) im Internet. Das Crowd-sourcing wird vorrangig in der Mass-Customization und Open-Innovation praktiziert, findet sich aber auch in den Self-Service-Funktionalitäten sowie im Consumer-Generated-Advertising wieder.

3.9.1   Global Sourcing

Ein wesentlicher Push-Faktor für die Globalisierung der Beschaffungsmärkte liegt eindeutig in der Total-Cost-orientierten Betrachtung, die sich in Form von vertikalen Wertschöpfungspartnerschaften mit Herstellern wiederfindet. Dabei wird über moderne Supply-Konzepte und neuere Logistikkonzepte eine unternehmensübergreifende Optimierung realisiert, die mit einer Erzielung von Effizienzgewinnen über die gesamte Wertschöpfungskette hinweg einhergeht (vgl. Zentes/Hilt/Domma 2007, S. 56). „Global Sourcing lässt sich als eine Strategie kennzeichnen, die durch eine systematische Ausdehnung der Beschaffung auf weltweite Beschaffungsquellen gekennzeichnet ist und als aktive, strategisch geleitete Unternehmenspolitik, die dazu beiträgt, in bisher nicht bearbeiteten Zielmärkten strategische Brückenköpfe zu bilden" (Zentes/Swoboda 2001, S. 183). Damit trägt Global Sourcing zur Realisierung von vier Beschaffungszielen (vgl. Abb. 3-37) bei, nämlich der Innovationsfähigkeit, vertikalen Verbundeffekten, der Integrationsfähigkeit sowie horizontalen Verbundeffekten (vgl. Zentes/Swoboda/Morschett 2004, S. 319).

Zur Innovationsfähigkeit des Online-Händlers kann Global Sourcing beitragen, indem neue ausländische Bezugsquellen die Einführung neuer, noch nicht bekannter Produkte ermöglicht (z.B. Killer-Produkte). Vertikale Verbundeffekte oder auch Lieferpotenziale kann Global Sourcing durch eine engere Zusammenarbeit mit internationalen Lieferanten sicherstellen. Dabei kann es sich z.B. um Logistikeffekte oder Informationseffekte handeln, bei denen die Nähe zu Kunden oder das eigene Know-how genutzt werden, um Lieferanten in der Neuproduktentwicklung zu helfen. Eng mit vertikalen Verbundeffekten ist die Integrationsfähigkeit von Produkten oder Materialien verbunden, z.B. im Rahmen der Produktlinien- oder Sortimentspolitik. Ein eigenes akquisitorisches Potenzial kann demnach nur dann entstehen, wenn Produkte zu einem aus Kundensicht attraktiven Sortiment verknüpft werden. Aber auch physische Integrationsvorteile sind denkbar, z.B. durch Einsparung von Transaktionskosten. Horizontale Verbundeffekte ergeben sich aus einer verbesserten Abstimmung von Unternehmen auf gleicher Markt- oder Wertschöpfungsstufe. Typisches Beispiel hierfür sind Einkaufskooperationen, die eine institutionelle Erscheinungsform zur Realisierung horizontaler Verbundeffekte darstellen und vor allem bei der Erschließung internationaler Beschaffungsmärkte eine herausragende Rolle spielen.

Abbildung 3-37: Beschaffungsziele des Global Sourcing

Quelle: Zentes/Swoboda/Morschett 2004, S. 319; Arnold 1997, S. 66

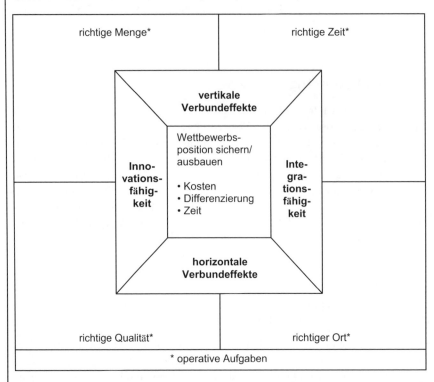

Zunehmend zeichnet sich ein Trend zu zwei Ansätzen im Rahmen des Global Sourcing ab, die auch für den Online-Handel von großer Relevanz sind (vgl. Zentes/Hilt/Domma 2007, S. 85):

- **Low-Cost-Country-Sourcing:** Sehr niedrige Lohnkosten sind Haupttreiber einer Verlagerung der Beschaffung aus Ländern wie vor allem China, Indien, Taiwan, Korea, Pakistan, Brasilien, Vietnam, Marokko, Algerien, Ägypten, Thailand und Bangladesh. Diese Länder werden deshalb auch als Low-Cost-Countries (LCC) definiert, aus denen im Rahmen des Low-Cost-Country-Sourcing (vgl. Zentes/Hilt/Domma 2007, S. 85) dann die Ware bezogen wird. Gleichzeitig können auch Vorteile bei den Energie- sowie Kapital- oder administrativen Kosten für die Entscheidung für ein LCC mitentscheidend sein. Während allerdings die LCCs eine entscheidende Rolle in Hinblick auf Preis-Leistungs-Verhältnis, niedrige Einstandspreise sowie niedrige Gesamtbeschaffungskosten spielen, liegen die Vorteile einer Beschaffung in Non-LCCs insbesondere in besseren Serviceleistungen der Lieferanten, der höheren Qualität der Produkte sowie der deutlich kürzeren Beschaffungszeiten (vgl. Zentes/Hilt/Domma 2007, S. 85). Die Dominanz von LCCs in kostenorientierten Aspekten in Verbindung mit dem weiter zunehmenden Kostendruck im Handel, verleiht der Beschaffung in LCCs zu dauerhaftem Charakter. Es muss davon ausgegangen werden, dass Bekleidungshändler ihre Beschaffungsaktivitäten noch verstärkt geographisch distribuieren, um alle Beschaffungsvorteile zu nutzen (vgl. Zentes/Hilt/Domma 2007, S. 85).

■ **Speed-Sourcing:** Trotz des dargestellten Trends des LCC-Sourcing werden auch geographisch nahe Beschaffungsregionen ihre Bedeutung zukünftig beibehalten oder sogar vergrößern. Zentrale Erfolgsfaktoren im Online-Handel sind nun einmal die schnelle Reaktion auf Veränderungen, die Kollektionszahl pro Saison, die schnelle Identifikation und Umsetzung von Trends sowie die möglichst zeitnahe Beschaffung und Belieferung. Aus China beispielsweise lässt sich eine beschleunigte Lieferung nur über den relativ teuren Luftweg bewerkstelligen, wodurch die Arbeitskostenvorteile schnell überkompensiert werden können. Der Konflikt zwischen „Kosten und Zeit" findet sich vor allem im Online-Fashion-Handel bei modischer Ware. Dieses führt zu einer Bedeutungszunahme von Beschaffungsregionen, die sich durch räumliche Nähe auszeichnen und über kurze Strecken die Lieferzeiten reduzieren. Im Rahmen dieses so genannten Speed-Sourcing (vgl. Zentes/Hilt/Domma 2007, S. 85 ff.) bestimmt die Geschwindigkeit nicht nur die Länderauswahl, sondern ebenfalls die Lieferantenselektion. Sie dominiert zunehmend die Anforderungen an Umfang und Intensität des Informationsaustausches, der immer mehr elektronisch per EDI oder Internet erfolgt. Große Bedeutung kommt diesbezüglich ebenfalls den modernen Supply-Chain-Konzepten (z.B. VMI oder Quick Response) zu.

Zusammenfassend kann festgehalten werden, dass die Auswahl von Beschaffungsmärkten zunehmend bei modischer Ware nach regionaler Nähe und Lieferschnelligkeit erfolgt, während sie bei „zeitunkritischer" Standardware (z.B. Basics) weiterhin auf LCCs gesetzt wird.

3.9.2   E-Sourcing

Weitere Möglichkeiten im Bereich der Beschaffung bietet das Thema „E-Sourcing", das sich hervorragend in das Geschäftssystem des Online-Handels einfügt. Zugrunde liegt die Tatsache, dass die Beschaffung im Online-Handel größtenteils durch die Prozesskosten belastet wird. Kostensenkungsmaßnahmen können daher Maßnahmen zur Vereinfachung dieser Prozesse sein. Durch die Integration von E-Procurement-Systemen ist es möglich, die Prozesse effektiver und gleichermaßen effizient zu gestalten. Dabei ist eine ausführliche Analyse der Prozesse und ihrer Kosten die Grundvoraussetzung. Unter E-Sourcing können alle Maßnahmen bzw. Aktivitäten eines Unternehmens verstanden werden, die webbasierte Einkaufs-Tools in Anspruch nehmen mit dem Ziel, die Effizienz und Effektivität zu verbessern (vgl. Booz 2003, S. 3).

Abbildung 3-38: *Formen des E-Sourcing*

Quelle: Booz 2003, S. 3

Electronic Catalogs	Bidding	English auction	Reverse Auction	Market Exchange
• Supplier establish custom catalogs for buyers • Buyers work with pre-established supplier catalogs and prices to procure materials and services • See box below for catalog options	• RFQ is sent electronically to different suppliers on as a needed basis • RFQ responses are received and evaluated electronically	• Auction initiated by one seller • Seller wants to sell surplus capacity/ production • Price rises during auction • Price paid is dependent on bids of other buyers • Last bid known to all	• Auction initiated by one buyer • Buyer specifies demand and sends RFQ with time limit to multiple suppliers • Suppliers submit price quotes and are able to view other quotes submitted (sanitized). Furthermore, they are able to reduce price quotes during auction • Price drops during auction • Last bid known to all	• Perfect electronic marketplace where multiple buyers and sellers can meet and exchange goods (and services) at spot price • Market clearing price depends on supply/demand balance

DEGREE OF INTERACTION

ELECTRONIC CATALOG OPTIONS

Static Product Catalog	Static Configurable Product Catalog	Dynamic Product Catalog
• Catalog content is static and has to be updated on a regular basis by vendor • Predeterminded price agreed upon by seller and buyer • Content from multiple vendor(s) is integrated into one database and can be searched and compared • Ideally, business unit-specific views can be defined	• Catalog content is static and has to be updated on a regular basis by vendor • Predetermined price agreed upon by seller and buyer • Content from multiple vendor(s) is integrated into one database and can be searched and compared • Ideally, business unit-specific views can be defined • Product can be configured along a set of pre-defined criteria (e.g., IT Hardware)	• Catalog content from multiple vendor(s) is generated at the same moment as the user accesses the catalog • Price dependent on availability of product/service

---

Wie Abbildung 3-38 zeigt, kann E-Sourcing in unterschiedlichster Form in Erscheinung treten. Entweder geht es um die Nutzung so genannter E-Kataloge, in denen Lieferanten ihre Produkte präsentieren und die je nach Statik und Konfigurationsmöglichkeit in unterschiedlicher Form auftreten können. Diese Form des E-Sourcing hat einen relativ geringen Interaktionsgrad, der z.B. steigt, wenn via Internet gezielt Angebote eingeholt werden (Bidding bzw. Tender). So können kleinere Unternehmen, die nicht unbedingt über das notwendige Marktwissen und Know-how verfügen, beispielsweise ohne großen Aufwand über internetbasierende Procurement-Plattformen Aufträge an fähige Hersteller vergeben. In den letzten Jahren haben sich einige Systeme etabliert. Größere Bekleidungsunternehmen können über eingerichtete Plattformen ihre geplanten Artikel den weltweit verteilten Lieferanten präsentieren und dabei die notwendigen Informationen liefern.

Die interessanteste Variante ist hierbei eine Art Lieferantenauktion. Über die eingerichtete Plattform können die Unternehmen bestimmte oder alle Lieferanten zum

Bieten einladen. Dabei sind entweder Englische Auktionen möglich, die von der Verkäuferseite initiiert werden, oder Reverse Auktionen, die von Käuferseite aus durchgeführt werden. Neben den Auktionen besteht auch die Möglichkeit, über verschiedene Tools Informationen über Lieferanten zu erhalten und diese somit zu bewerten. Alles in allem bietet E-Procurement ein breites Anwendungsfeld, das jedoch bisher erst von wenigen Bekleidungsunternehmen genutzt wird.

Abbildung 3-39: Vorteile des E-Sourcing

Quelle: Booz 2003, S. 4

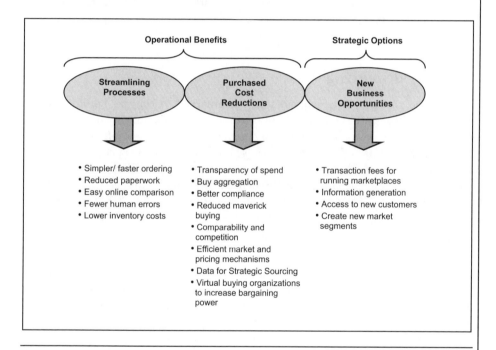

Der virtuelle Marktplatz bietet entscheidende Vorteile auf Beschaffungsseite. Kalkuliert man zu den Geboten lieferanten- bzw. länderspezifische Fakten hinzu, lassen sich alle Angebote vergleichen. Die Prozesse sind für alle transparent, womit eine extreme Konkurrenzsituation zwischen den Lieferanten geschaffen wird. E-Sourcing spart dem Beschaffungsmanagement auf diese Art nicht nur Zeit, sondern auch Kosten. Diese Mechanismen greifen jedoch nur, wenn eine entsprechende leistungsfähige E-Sourcing-Plattform in Form eines elektronischen Marktplatzes tatsächlich nutzbar ist. Dabei ist entscheidend, ob es sich um handels- bzw. käufergetriebene, industrie- bzw. verkäufergetriebene sowie neutrale Tauschsysteme handelt. In diesem Zusammenhang ist auch die Wahl eines geeigneten Providers eine wichtige Entscheidung. Dieser kann schnell einen Wissensvorsprung erwerben, den er als aktiver Marktteilnehmer für sein eigenes Angebot- und Nachfrageverhalten gewinnbringend einsetzen kann (vgl. Bergauer/Wierlemann 2008, S. 13). Die wesentlichen Vorteile des E-Sourcing sind in Abbildung 3-39 dargestellt. Demnach kann E-Sourcing u.a. die Transaktionskosten senken und den Orderprozess beschleunigen. Zudem steht eine erheblich größere Auswahl an Lieferanten zur Verfügung. Auch wenn die Vorteile für das E-Sourcing offensichtlich sind, so ist dieses nicht ohne Risiken. Erfahrungsgemäß kommt es im Rahmen von E-Sourcing-Projekten immer noch zu Schwierigkeiten im Zusammen-hang mit Sicherheitsaspekten, unvorhergesehenen Kosten sowie Schwierigkeiten in der neuen Käufer-Verkäufer-Beziehung. Außerdem darf nicht vernachlässigt werden, dass E-Sourcing zu erheblichen Veränderungen führt und hohe Anforderungen an ein professionelles Change-Management stellt.

3.9.3 Outsourcing

Erfolgreiche „Internet-Unternehmen sind heute nackt (…) Um das herum, was ein Internet-Händler am besten kann, baut er ein Business-Netz mit Partnern, die ihrer-seits das tun, was sie am besten können. Zum zweiten gilt es, die Kraft der Selbstorga-nisation für das Unternehmen zu nutzen, sowohl innerhalb wie auch außerhalb (…) Dabei werden Unternehmen auf vielen Ebenen weniger hierarchisch (…) Durch Out-sourcing und Zusammenarbeit mit Kunden und Anspruchsgruppen gelangen Inter-net-Unternehmen auf eine neue Ebene des Fortschritts" (Tapscott 2008, S. 14). So stellt sich für jede einzelne Aktivität der Wertekette eines Online-Händlers mittlerweile die Frage nach der zweckmäßigen Transaktionsform.

Der Online-Handel steht dabei aktuell der Situation gegenüber, dass für nahezu alle Aktivitäten der Wertekette professionelle Fulfillment-Dienstleister zur Verfügung stehen, die oftmals Leistungen nicht nur besser, sondern auch kostengünstiger als in Eigenregie erfüllen können. Inzwischen können Online-Händler auf Standardangebote von spezialisierten Fulfillment-Anbietern zurückgreifen, von denen die komplette Bandbreite vom reinen Transport bis hin zum Full-Service angeboten wird. Diese wickeln auch weitere operative Aufgaben wie z.B. die Auftragsabwicklung, das Inkas-so oder das Retourenmanagement ab. Abbildung 3-40 zeigt z.B. das Leistungsspekt-rum der DHL-Fulfillment GmbH. Derartige Fulfillment-Anbieter ermöglichen durch die Abgabe eines verbindlichen Angebotes, die zu erwartenden operativen Kosten exakt abzuschätzen und für eine Business-Planung verwenden zu können.

Abbildung 3-40:   *Leistungsspektrum der DHL-Fulfillment GmbH*

Quelle: HMWVL 2007, S. 47

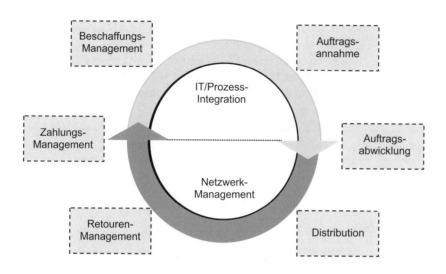

Gängig ist vor allem die Auslagerung bestimmter Aktivitäten an Logistikdienstleister (vgl. Zentes/Swoboda/Morschett 2004, S. 185). So werden mittlerweile die europäischen Logistikströme von Logistikdienstleistern dominiert. Wesentlicher Treiber dieser Entwicklung ist zweifelsohne die Internationalisierung i.S. einer verstärkten Cross-Border-Wertschöpfung und die Forcierung von Auslandsmärkten. Weiterhin hat die Tendenz zur Fokussierung auf Kernkompetenzen auch Auslagerung von „Randaktivitäten zur Folge" und auch das Internet mit der Entwicklung neuer Informations- und Kommunikationstechnologien ist wesentlich an dieser Entwicklung beteiligt (vgl. Zentes/Swoboda/Morschett 2004, S. 496).

Vor allem im Online-Handel übernehmen Logistikdienstleister wichtige Aufgaben bei der Optimierung der Supply-Chain. Von ihnen wird erwartet, dass sie die logistischen Aufgaben nicht nur kostengünstiger, sondern vor allem auch schneller realisieren. Dabei darf allerdings nicht übersehen werden, dass mit dem Outsourcing nicht nur Vorteile, sondern auch gravierende Nachteile verbunden sein können. Diese betreffen neben potenziellen Schnittstellenproblemen vor allem Abhängigkeiten sowie eine mangelnde Kontrolle bei differenzierenden Prozessen (z.B. letzter Käuferkontakt bei Zustellung durch Sub-Zusteller). Die Outsourcing-Entscheidung muss insofern sauber vorbereitet werden mit einer detaillierten Definition der erfolgskritischen Servicelevels. In Abbildung 3-41 ist die Outsourcing-Entscheidung in der Logistik dargestellt.

Diese hängt eng mit der Frage zusammen, inwieweit die Logistik eine Kernkompetenz des Unterehmens darstellt. Diese ist um so höher zu gewichten, je austauschbarer die angebotenen Sortimente und Produkte sind. Insofern ist die Outsourcing-Entscheidung anhängig vom Differenzierungspotenzial der logistischen Prozesse.

In der Konsumgüterwirtschaft haben sich beispielsweise die Form der Zusammenarbeit und damit die Art der Arbeitsteilung zwischen Industrie- und Handelsunternehmen grundsätzlich verändert, womit aber nicht immer nur Outsorcing-, sondern auch Insourcing-Entscheidungen verbunden sein können. Die Wahl zwischen „make or buy" bzw. Eigenleistung oder Fremdbezug der Leistung kann sich demzufolge auch durchaus auf die (Re-)Integration von Leistungen beziehen (Insourcing).

Abbildung 3-41: *Logistik-Outsourcing-Entscheidung im Online-Handel*

Quelle: Zentes/Swoboda/Morschett 2004, S. 498

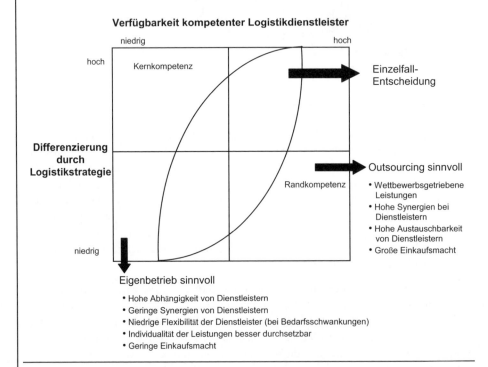

3.9.4   Strategische und virtuelle Partnerschaften

Während früher lediglich Beziehungen zu Endkunden gepflegt wurden, sind strategische Partnerschaften für alle Funktionen im Online-Handel mittlerweile unerlässlich geworden. In der schnelllebigen Internet-Branche stellen intensiv gepflegte Beziehungsnetze heutzutage einen zentralen Wettbewerbsvorteil dar. Diese ermöglichen es, einfacher und schneller an Informationen zu gelangen und diese dann effizienter zu nutzen. Das „Networking" ist zu einem bedeutenden Faktor des Online-Handels geworden und gründet sich erfahrungsgemäß auf Zuverlässigkeit, Vertrauen, Fairness sowie beidseitigen Nutzen (vgl. Heinemann/Puhlmann, 1999, S. 312 ff.).

Aufgrund der internationalen Verflechtung des Online-Handels ist es wichtig, das fachliche Wissen ständig zu aktualisieren sowie Verständnis für Partner aus anderen Ländern aufzubringen. Dazu gehören beispielsweise die Verhandlungsführung mit Geschäftspartnern unterschiedlicher Hierarchiestufen sowie deren kulturelle Herkunft. Hierfür ist nicht nur ein Mindestmaß an Einfühlungsvermögen auf der Sachebene erforderlich. Gefragt sind dabei vor allem auch interkulturelle und soziale Kompetenzen. Insofern verwundert es nicht, dass das interkulturelle Management auch in der Ausbildung des Managementnachwuchses im Handel zunehmend an Bedeutung gewinnt.

Da jedes Unternehmen innerhalb der Wertschöpfungskette eigene Strategien verfolgt, ist im Rahmen des Beziehungsmanagements ein Mindestmaß an Transparenz erforderlich, um den gesamten Supply-Chain-Prozess zu optimieren (vgl. Heinemann/ Puhlmann, 1999, S. 312 ff.). Dieses betrifft auch das Produkt. Dabei geht es nicht nur um die Gestaltung und Qualität des Produkts, sondern ebenfalls um die endgültigen Preise. Dazu müssen die Unternehmen ihre Unternehmensgrenzen gegenüber ihren Partnern öffnen und eine gewisse Transparenz ihrer Geschäftsabläufe sicherstellen. Kennen die Lieferanten die Prozesse der Unternehmen im Detail, ist es für sie einfacher, ihre eigenen Abläufe dementsprechend effizienter auszurichten.

Der Gedanke strategischer Partnerschaften ist nicht neu. So gründete z.B. die Firma Willy Bogner bereits im Jahr 1985 die Interessensgemeinschaft „Dialog Textil". Hierbei trifft ein Kreis von Unternehmen aus allen Bereichen der textilen Kette zusammen. Rund 140 Mitglieder kommen aus acht europäischen Ländern und befassen sich hauptsächlich mit den Themen Qualitätssicherung, Ökologie im Arbeitsprozess und Verbesserung der Kommunikationsbedingungen innerhalb der Supply-Chain. Durch den „Dialog Textil" können aktuelle Probleme in kurzer Zeit gelöst und zum Abschluss gebracht werden. Beim Thema Produktqualität, aber auch anderen Anliegen ist es möglich, allein durch die Kenntnisse der Probleme anderer Unternehmen innerhalb der eigenen textilen Kette rechtzeitig Einfluss auf Entscheidungen zu nehmen.

Aktuelle Beispiele für eine vertikale Partnerschaft auf Lieferantenseite im Online-Handel sind Amazon und Libri. Libri ist Lieferant von Amazon und praktiziert mit ihm als Distributor eine strategische Partnerschaft, so z.B. auch Electronic-Partner mit buch.de (www.buch.de). Für die Nutzer des Online-Kanals von Electronic Partner ist beispielsweise nicht ersichtlich, dass die kompletten Buchsortimente in Dienstleistung von buch.de bearbeitet werden. Daneben betreibt buch.de als Dienstleister auch den Internet-Kanal von Thalia (www.thalia.de) als Fulfillment-Partner.

Eine spezielle Form der strategischen Partnerschaft im Online-Handel betrifft die „virtuelle Partnerschaft". Hintergrund dabei ist die Überlegung, sich als Online-Händler einer breiteren Öffentlichkeit bemerkbar zu machen, da eine überregionale oder gar internationale Präsenz sowie Beachtung im Internet nicht einfach zu finden ist. Mit dem virtuellen Zusammenschluss liegt eine Möglichkeit vor, die kritische Größe zu überwinden und sich dadurch bei potenziellen Kunden bemerkbar zu machen. Sollte es dabei außerdem gelingen, mit Hilfe einer virtuellen Partnerschaft einen Mehrwert wie „geprüfte Qualität" oder „24-Stunden-Service" anzubieten, kann ein weiterer strategischer Vorteil generiert werden (vgl. HMWVL 2007, S. 69). In Abbildung 3-42 sind die Vorteile der virtuellen Kooperation dargestellt.

Abbildung 3-42: *Vorteile der virtuellen Partnerschaft*

Quelle: HMWVL 2007, S. 69

Vorteile einer virtuellen Partnerschaft

Erschließung neuer Kundengruppen

Zielgruppenspezifische Ansprache

Mehrwert für Kunden durch Synergien

Kostenteilung

Zentrale Site-Promotion

Standardisierte Webauftritte

Skaleneffekte

Typische Formen von virtuellen Partnerschaften im Netz sind virtuelle Consolidator wie Portale, Virtuelle Shopping-Malls oder Produktfinder (vgl. HMWVL 2007, S. 70):

▪ **Portale** stellen zweifelsohne die bekannteste Form von virtuellen Kooperationen dar. Diese werden oft auch von Verbänden, Wirtschaftsförderern oder in Eigenregie betrieben und zielen darauf ab, dem Internet-User für seine Anliegen Orientierung und Hilfestellung zu geben. Es geht darum, die gewünschten Angebote oder Informationen schnell und zuverlässig bereitzustellen. Dabei binden Portale häufig auch Partnerunternehmen mit ein, denen damit eine attraktive Plattform mit hoher Besucherfrequenz geboten wird. Sie können in Form eines General Interest Portal vorkommen, die dann Internet-Usern als Einstiegsseite ins Internet dienen und über eine breite Ausrichtung hohe Reichweiten erzielen. Beispiel für derartige Portale sind t-online.de, yahoo.de, web.de oder spiegel.de.

- **Virtuelle Shopping-Malls** bündeln das Angebot an Waren und Services unter einer Web-Präsenz, unterstützen also den aktiven Verkauf (E-Commerce). Oftmals integrieren Portale auch Marktplätze oder umgekehrt werden auf Marktplätzen auch Produktangebote durch Content ergänzt, so dass die Unterschiede gegenüber den Kunden häufig verwischen. Insbesondere für kleinere Online-Händler haben virtuelle Marktplätze den Vorteil, dass eigene Angebote im Verbund stärker wahrgenommen werden. Demgegenüber profitieren größere Internet-Anbieter gerne vom „Traffic" attraktiver Shopping-Malls. In Abbildung 3-43 ist der wesentliche Unterschied zwischen Portalen und Shopping-Malls dargestellt. Auch eBay hat sich mittlerweile als Marktplatz für gewerbliche Anbieter im B2C-Online-Handel etabliert. Hier kann die Auktionsplattform flexibel vom ergänzenden Vertriebsweg für spezielle Angebote (z.B. Altwarenvermarktung) bis hin zum globalen Hauptabsatzkanal (in über 30 Ländern) genutzt werden.

- **Pangora oder Produktsuchmaschinen** helfen Online-Anbietern, dass ihre Angebote gefunden werden. Die Kooperation erfolgt zwischen dem Technologieanbieter Pangora, bekannten Portalbetreibern (z.B. aol.de, gmx.de web.de, t-online.de oder bild.de), Shopsoftware- und Mietshopanbietern (z.B. 1&1/ 1und1.de, epages.de oder strato.de) sowie Online-Shops. Dabei werden die Produktdaten außerdem an den Google-Produktfinder Froogle übertragen. Während die Portale den Pangora-Produktfinder in ihr Angebot einbinden, übermitteln die angeschlossenen Online-Shops ihre Produktdaten an das System von Pangora (vgl. HMWVL 2007, S. 69ff.).

Abbildung 3-43: *Portale und Virtuelle Marktplätze*

Quelle: HMWVL 2007, S. 70

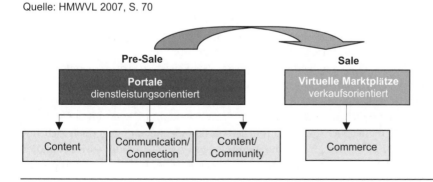

---

4 Best Practices im New Online-Retailing

4.1 Erfolgsbeispiele im New Online-Retailing

Online-Händler sind differenziert danach zu bewerten, welche Online-Handelsform vorliegt. Die Erfolgsbeispiele für den Online-Handel sind höchst unterschiedlich, je nachdem, ob ein Pure-Online-Handel vorliegt oder aber ob Multi-Channel-Handel, hybrider Online-Handel oder vertikalisierter Online-Handel betrieben wird. Die folgenden Best Practices wurden durch Online-Recherchen u.a. im Rahmen des englischsprachigen Master-Projektes „Benchmarking of International Online-Retailers" (Master-Project 2009), das im Wintersemester 2009/2010 an der Hochschule Niederrhein unter Betreuung des Autors durchgeführt wurde, identifiziert. Die Daten, Zahlen und Fakten dazu wurden größtenteils den aktuellen Geschäftsberichten aus 2009 oder Informationen auf den Websites und aus der Presse entnommen.

4.1.1 Best Practices im Pure-Online-Handel

Von reinen Online-Händlern, so genannten „Pure-Playern", kann nur gesprochen werden, wenn als Supplement-Channel allenfalls ein Abhollager betrieben wird. Die Abgrenzung zu den kombinierten Distanzhändlern ist insofern nicht ganz einfach, als dass Pure-Online-Händler nicht selten auch Direktmarketingmaßnahmen auf postalischem Wege in Papierform durchführen. Dabei handelt es sich aber in der Regel um Angebote mit kurzer Laufzeit (maximal zwei Wochen), während der Hauptkatalog eines Versandhändlers gewöhnlich ein halbes Jahr Laufzeit hat. Weiterhin gehen immer mehr ursprüngliche Pure-Online-Händler dazu über, in Form von Portalen kooperativen Online-Handel zu betreiben. Amazon beispielsweise arbeitet bereits mit 1,2 Millionen kleineren Händlern zusammen, die mehr ein Drittel des Amazon-Umsatzes auf sich vereinen. Die Best Practices in der Kategorie Pure-Online-Händler ergeben sich aus der bestmöglichen Umsetzung der 8 S-Erfolgsfaktoren, die sie auf der anderen Seite aber auch maßgeblich mit bestimmt haben. Diesbezüglich entpuppen sich mit Zappos, Asos, Net-A-Porter, Yoox und Vente Priveé vor allem Online-Modehändler als Erfolgsbeispiele. Bei Vente Privée handelt es sich darüber hinaus um einen prominenten Vertreter der Club-Shops, die derzeit die größten Zuwachsraten im Pure-Online-Handel aufweisen. Die folgenden Best Practices wurden praktisch erst nach dem Hype der „New Economy" als „Unternehmen der zweiten Stunde" aus der Taufe gehoben oder gerade gegründet, als die Internet-Blase in 2000 platzte. Sie standen dadurch bei den Kapitalgebern und deren „Cash-Burn"-Erfahrungen unter erheblich stärkerer Kontrolle als die vielen „verbannten Start-Ups der ersten Stunde":

▨ **Asos** (www.asos.com) wurde in 2000 als Internet-Fashion-Store in London gegründet und hat sich mittlerweile zu einem der am schnellsten wachsenden Pure-Online-Fashion-Händler entwickelt mit einem Umsatz von 165 Millionen £ in 2008/2009 (+104 Prozent), einem Ergebnis vor Steuern von mindestens 17 Millionen £ (> +104 Prozent) in dem am 31. März 2009 zu Ende gegangenen Geschäftsjahr 2008/2009. Für 2009/2010 sind auf Basis der ersten 42 Wochen des Jahres rund 230 Millionen £ Umsatz zu erwarten. Die Kernzielgruppe ist zwischen 16 und 34 Jahren alt, wobei neben eigenen Labels auch alle relevanten High-Street-Marken im Bereich HAKA und DOB vertrieben werden. Asos setzt auf Schnelligkeit in den Systemen und schlägt den Lagerbestand alle acht Wochen komplett um (vgl. TW 2007, Nr. 44, S. 41). Die jederzeit verfügbaren 5.000 Artikel, die neben Mode auch Schmuck, Kosmetik und Accessoires umfassen, können bis ins Detail von den Internet-Usern hochgezoomt werden. Außerdem kann jedes Teil in verschiedenen Farben konfiguriert und als Bild per E-Mail an Freunde weitergeleitet werden. Neben der exzellenten Shop-Attraction sieht das Marketingkonzept die wöchentliche Versendung eines Newsletters sowie ein hochwertiges Modemagazin vor, mit dem neue Kunden gewonnen werden sollen. Als Erfolgsrezept verfolgt Asos neben der Markenstrategie auch ein ausgeklügeltes One-to-One-Marketing sowie ein konsequent auf Durchlaufzeitenreduzierung ausgerichtetes Fulfilment. Damit ist Asos zum größten unabhängigen Online-Fashion-Store in Großbritannien avanciert mit über 6,9 Millionen Besuchern pro Monat, über 2,9 Millionen registrierten Usern sowie mehr als 1,2 Mio. aktiven Kunden. Außerdem ist Asos mehrfach ausgezeichnet worden, z.B. mit dem „Drapers E-Tailor" des Jahres 2006, dem „Retail-Week-Online-Retailer" des Jahres 2007 sowie dem „Business XL Company" des Jahres 2007 (vgl. Project Master 2008, S. 120). Insgesamt setzt auch Asos nahezu alle S-Erfolgsfaktoren bis auf Supplement-Channels um, setzt dabei aber zusätzlich die modische Ausrichtung gezielt als Target-Instrument ein.

▨ **Zappos** (www.zappos.com) wurde 1999 in San Francisco von Nick Swinmurn zunächst als Online-Händler für Schuhe gegründet. In 2000 übernahm Tony Hsieh, der die Gründung als Berater und Investor begleitet hatte, die Leitung von Zappos (zapatos = spanisches Wort für Schuhe) als CEO. Geschäftsidee war es, eine Website mit dem besten Schuhsortiment in Hinblick auf Marken, Style, Farben und Passformen anzubieten und damit den Kunden einen einzigartigen Mehrwert zu bieten. Mittlerweile ist Zappos nicht nur „No. 1 online footwear retailer" und „category killer" bei Schuhen, sondern bietet auch Mode- und Lifestylesortimente an. Außerdem arbeitet Zappos im achten Jahr seit Gründung profitabel. Ziel von Zappos ist es, wesentlich am Internet-Boom der nächsten Jahre teilhaben zu wollen. Zugrunde liegt die Vision, dass in nicht allzu ferner Zukunft 30 Prozent aller Einzelhandelskäufe in den USA online erfolgen werden. Der Schlüssel des enormen

Erfolges von Zappos, der in dem Umsatzwachstum von 1,6 Millionen $ in 2000 auf 370 Millionen $ in 2005 sowie knapp 1,2 Milliarden $ in 2009 zum Ausdruck kommt, liegt in der konsequenten Umsetzung nahezu aller 8 S-Erfolgsfaktoren. So realisiert Zappos eine enorme Shop-Attraction über die klare Kommunikation seines USP und Kundenmehrwertes („Hassle-free Online Shoe Shopping", „Best Selection in Shoes"). Dabei werden „alle Register des Social-Targeting und -Societing" gezogen in Hinblick auf eigene Communities und der direkten Verlinkung mit YouTube. Zielsetzung ist es, der weltweite „Online Service Leader" zu werden („Deliver WOW through service", „365-day return policy","return free", „24-hour customer service"). Weiterhin ist Geschäftsprinzip, der schnellste Online-Händler in Hinblick auf Selbstbedienung („Our Website is easy to use"), Belieferung („Overnight Shipping") und Sortimentsaktualität („Daily Shoe Digest", „New Styles" etc.) zu sein. Dabei wird auch das Prinzip „Schnelligkeit schlägt Perfektion" verfolgt. So weist die Zappos-Website mit 0,879 Sekunden die schnellste Ladezeit aller Top-50 Online-Händler in den USA auf. Weiterhin perfektioniert Zappos in Ansprache und Auswahlmöglichkeit den Personalisierungsgedanken, wobei die stark penetrierte „Shopping Card" im CRM hilft. Dementsprechend wird eine „Long-Term Customer-Retention Strategy" verfolgt. Aber auch alle System- und Supply-Chain-Abläufe werden permanent perfektioniert und auf höchstmögliche Durchlaufzeitenreduzierung getrimmt. In Hinblick auf die „Security Reputation" wird das wahrgenommene Risiko durch ständig abrufbare „Echtzeit-Videos" mit Testimonials und Kunden sowie aktuellen Fotos von Mitarbeiter-Teams und Unternehmenseinrichtungen soweit wie möglich reduziert. Zusätzlich wird bereits auf der Homepage auf die stark ethisch geprägten Unternehmensgrundsätze hingewiesen. Schließlich wird über ausgeprägtes Sourcing die vertikale Umsetzung der einzigartigen Sortimentsideen erreicht und durch konsequentes Outsourcing in den Supply-Chain-Funktionen höchstmögliche Flexibilität und Kostenreduzierung realisiert. Außerdem werden über Affiliates umfassend virtuelle Partnerschaften praktiziert. Im Herbst 2009 wurde Zappos für 850 Mio. $ von Amazon übernommen.

Net-A-Porter (www.net-a-porter.com) wurde in 2000 von der Mode-Journalistin Natalie Massenet in London gegründet. Net-A-Porter ist klar im Premium-Fashion-Segment für DOB positioniert. Der Umsatz betrug in 2009 ca. 120 Millionen £, was einem Plus von rund 50 Prozent zum Vorjahr entspricht. Damit ist Net-A-Porter eines der am schnellsten wachsenden Privatunternehmen in Großbritannien, das in 2006 immerhin in der Sunday Times Platz 42 der „Fast Track 100" einnahm. Die EBIT-Marge konnte trotz dieses forcierten Wachstums auf annähernd 12 Prozent ausgebaut werden. Dieses dürfte auch das Übernahmeangebot des schweizer Luxuswarenabieters Richemont in Höhe von 350 Millionen £ rechtfertigen. Basis des Erfolges ist eindeutig das Attraction- und Target-Marketing von Net-A-Porter, das mit NOTES ein eigenes Modemagazin einsetzt und damit zweimal im Jahr die Lifestylephilosophie transportiert. Das NOTES-Magazin wird deutlich auf der Homepage herausgestellt und kann auch dort eingesehen werden. Außerdem wird der Content auf den Websites wöchentlich aktualisiert, wodurch erhebliche Frequenz generiert wird. Der Content, der sich auf höchstem Niveau bewegt, spielt eine entscheidende Rolle im Vermarktungskonzept. Neben Interviews mit Top-Modedesignern und Trendberichten werden auch aktuelle Lifestylethemen aufgegriffen und neuste Modetrends aufgezeigt („Whats New"). Das Sortiment repräsentiert Luxus-Modelabels aus London, Paris, Mailand, New York und Los Angeles wie z.B. Roland Mouret, Corto Moltedo, Vera Wang, Issa, Jovovich Hawk und Burberry. Die hochwertigen Bekleidungsstücke können jeweils in einer 3D-Animation und mit Zoomfunktion detailgetreu angeschaut werden, wobei die Internet-User zum Anprobieren aufgefordert werden („try it on at home, if it doesn't fit, return it for free"). Dabei werden auch Empfehlungen gegeben, wie und zu welchen Anlässen welche Kleidungsstücke am besten zu tragen sind, z.B. was man in Kalifornien im Winter trägt. Zentraler Erfolgsfaktor neben der Shop-Attraction und dem Kundenmehrwert ist vor allem das Social-Targeting im Luxussegment. So können im anspruchsvollen Premiumsegment jeden Monat über 3.000 Neukunden gewonnen werden. Im Durchschnitt geben die Kunden über 630 € pro Order aus. Zweifelsohne ist Net-A-Porter damit der Beweis gelungen, dass auch Premiumartikel über den Online-Handel erfolgreich verkäuflich sind. Zugleich ist Net-A-Porter der einzige Online-Luxus-Fashion-Händler, der globale Lieferfähigkeit besitzt und die entsprechenden Lieferformulare unter Einhaltung der internationalen Handelsvorschriften und Zollregularien auf der Homepage dazu anbietet. Ein Großteil des Umsatzes wird mittlerweile im Export erzielt, wobei gerade in den USA ein neues Distributions-Center eingeweiht wurde.

■ **Yoox** (www.yoox.com) erlöste als „Online-Boutique" im Startjahr 2000 rund 1 Millionen €, die bis Ende 2009 auf über 152 Millionen € gesteigert werden konnten (+ 50 Prozent). Seit 2004 arbeitet Yoox profitabel. Der 38-jährige Gründer und Chef des Mailänder Online-Retailers, Frederico Marchetti, bringt Erfahrungen als Investmentbanker und Consultant mit, die er nach seinem Wirtschaftsstudium gesammelt hat. Er betont immer wieder und fast „gebetsmühlenartig", dass Yoox als Dienstleistungsunternehmen „E-Service, E-Service, E-Service und nochmals E-Service" (vgl. WAMS 2008, Nr. 30, S. 37) groß schreibt. Dabei legt Yoox Wert auf freundliche Menschen im Call-Center, eine fehlerfreie Logistikkette sowie kostenlose und unkomplizierte Rückgabemöglichkeiten. Der Online-Shop ist als E-Flagship-Store konzipiert und weist sowohl 3D-Darstellung als auch Zoom-Funktionen für jedes Produkt auf. Außerdem wird auf Schnelligkeit beim Aufbau der Website sowie bei der Belieferung Wert gelegt und mit Lieferung in ein bis zwei Tagen geworben. Damit konnte Yoox mittlerweile 300.000 Kunden in 25 Ländern gewinnen. Das Sortiment besteht aus exklusiver Mode, die von 300 Lieferanten bezogen wird. Angeboten werden sowohl große Luxusmarken als auch Stücke von kleinen und relativ unbekannten Labels, die nur über Yoox bezogen werden können, wodurch ein wesentliches Alleinstellungsmerkmal in Bezug auf „Source" erzielt wird. Der Killer-Produkt-Charakter bezieht sich aber noch mehr auf den Sortimentskern, der aus Teilen der vergangenen Saison besteht, die über Yoox günstig bezogen werden können. Hinzu kommen einzelne aktuelle Killer-Produkte wie z.B. ein T-Shirt von Stella McCartney. Insgesamt stellt das Sortiment ein „Mix und Match" verschiedener Labels und Stile dar, um dem Trend Rechnung zu tragen, dass die Kunden nicht von Kopf bis Fuß in einer Marke herumlaufen wollen. Als weiteres Standbein werden derzeit Monomarken-Shops im Internet aufgebaut, die 20 bis 30 Prozent Umsatzanteil erreichen sollen. Um im Internet den Modehandel komplett abbilden zu können, soll außerdem ein virtuelles Kaufhaus mit eigenen Marken-Corners realisiert werden (vgl. WAMS 2008, Nr. 30, S. 37).

■ **Vente Privée** (www.venteprivee.com) ist es in den vergangenen sieben Jahren gelungen, mit dem Club-Shop-Konzept von Frankreich aus ein neues Geschäftsmodell und ein eigenständiges Marktsegment im E-Commerce zu etablieren. Vente Privée hat in 2009 einen europaweiten Umsatz von rund 680 Millionen € erzielt, arbeitet profitabel und peilt als Marktführer für 2010 die Umsatzmilliarde an. Das Unternehmen wurde 2001 in Paris von dem heutigen CEO Jacques-Antoine Granjon und sieben weiteren Partnern gegründet, die langjährig im Lagerabverkaufsgeschäft tätig waren. Aus dieser Erfahrung heraus stammt das Konzept, das es erlaubt, Überproduktionen und Restposten von bekannten Markenartikeln bei zeitlich begrenzten Verkäufen in einem Online-Club-Shop abzusetzen. Dabei wird die Lagerware des Markenherstellers schnell abgebaut, ohne sein Image zu schädigen oder den angestammten Verkaufskanal zu kannibalisieren. Die Website ging bereits in 2001 in Frankreich online, allerdings gelang erst nach mühsamen, kontinuierlichen Systemoptimierungen in 2004 der Durchbruch mit dem Verkauf einer bekannten Dessous-Marke. Das Konzept, das von den deutschen Anbietern BuyVip und Brands4Friends erfolgreich kopiert wird, sieht ständig wechselnde, zeitlich begrenzte Verkaufsaktionen mit verschiedenen Marken vor. Vente Privée organisiert täglich mehrere solcher Aktionen in direkter Zusammenarbeit mit den Markenherstellern. Zu den Online-Aktionen, die 2 bis 4 Tage dauern und bei denen die Ware 50 bis 70 Prozent unter dem üblichen Ladenpreis angeboten werden, haben nur eingeschriebene Mitglieder Zugang. Die kostenlose Mitgliedschaft ist unverbindlich und erfolgt über die Anwerbung durch ein bereits eingeschriebenes Mitglied, das den Newcomer einladen muss. Bei den angebotenen Markenartikeln handelt sich um Produkte aus den Bereichen Fashion, Accessoires, Spielzeug, Sportswear, Uhren, Haushaltswaren, High-Tech, Wein, Gartenmöbel und Autos. Diesbezüglich vereinen Fashion und Sportswear den größten Umsatzanteil auf sich. Kurz vor Verkaufsbeginn erhalten die Mitglieder eine Einladung per E-Mail zusammen mit einem Verkaufstrailer, der eine Vorschau auf die im Verkauf angebotenen Produkte gibt. Die Shopping-Events beginnen an Wochentagen morgens um 7 Uhr, am Wochenende um 9 Uhr und enden nach 2 bis 4 Tagen um Mitternacht. Die Kunden können alle Produkte retournieren und sich das Geld erstatten lassen. Das Konzept von Vente Privée ist ein Musterbeispiel für den ersten Erfolgsfaktor im New Online-Retailing, nämlich die Shop-Attraction und Selling-Proposition. So stellt die hoch attraktive und zugleich stark reduzierte Markenware ein hervorragendes Killer-Produkt dar, das mit einem Killer-Preis ausgezeichnet wird. Zugleich wird die Attraction-Wirkung durch das Closed-Shop-Prinzip noch verstärkt. Die Kundengewinnung erfolgt dabei effektiv und effizient über die bestehenden Mitglieder selbst. Damit wird der zweite Erfolgsfaktor im New Online-Retailing erfüllt, nämlich das Social-Targeting und Societing. Der enorme Erfolg von Vente Privée seit 2004 führte dazu, dass das Unternehmen im Juli 2007 zwanzig Prozent seiner Geschäftsanteile an das Venture-Capital-Unternehmen Summit Partners abgeben konnte. Dieses unterstützt den Club-Shop seitdem bei seinen internationalen Entwicklungsbestrebungen, und zwar mit Erfolg, wie die Zahlen beweisen. So hatte Vente Privée per Ende 2008 mehr als 7 Millionen Mitglieder innerhalb Europas, davon 3,5 Millionen aktive Kunden. Mehr als eine Million Unique Visits am Tag sowie 28 Millionen verkaufte Artikel in 2008 runden das Bild ab. Bei den Kampagnen, die sich im letzten Jahr auf 1.250 Verkaufsaktionen beliefen und in 2009 auf 1.800 ausgedehnt werden sollen, werden im Schnitt 250 unterschiedliche Produkte einer Marke präsentiert. Einzelne Aktionen können bis zu 450 Produkte umfassen, die jeweils eigens in Szene gesetzt werden. Vente Privée ist neben Frankreich mittlerweile auch in Deutschland, Spanien, Italien und Großbritannien erfolgreich tätig. Das Unternehmen wurde in 2008 unter die sechs internationalen Finalisten des „World Retail Award" in der Kategorie „e-tailer des Jahres" nominiert. Weiterhin wurde der CEO Jacques-Antoine Granjon in 2007 vom französischen Magazin „E-commerce" und seinen Lesern zum „Mann des Jahres im E-Commerce" gewählt sowie anlässlich der 50-Jahresfeier der FEVAD (französischer Verband des E-Commerce und Versandhandels) mit dem „Favor'i d'Honneur" als eine der wichtigsten Personen im Versandhandel in den letzten 50 Jahren ausgezeichnet. Die Website selbst erhielt den „Favor'i der Internetnutzer in der Kategorie Online-Shopping-Events". Vente Privée ist in Frankreich bereits zum drittgrößten Modeversender aufgestiegen. In Deutschland erzielte der Club-Shop in 2009 rund 42 Millionen € Umsatz, was einer Verdopplung der Erlöse gegenüber 2008 entspricht.

4.1.2 Best Practices im kooperierenden Online-Handel

Bei den kooperierenden Online-Händlern handelt es sich in der Regel um branchenbezogene Portale, die von Großhändlern, Verbundgruppen, Herstellern oder unabhängigen Institutionen betrieben werden. Immer häufiger kooperieren aber auch Online-Anbieter mit stationären Servicepartnern. Als Best Practices des kooperierenden Online-Handels können Amazon, Delticom, Hagebau und fahrrad.de angesehen werden:

- **Amazon** (www.amazon.com) gilt als das Pionierunternehmen des Online-Handels schlechthin. In 2009 konnte Amazon seinen Umsatz auf rund 24,5 Milliarden $ und damit um 28 Prozent steigern. Das gesamte über Amazon abgewickelte Handels-volumen hat bei rund 29,7 Milliarden $ gelegen. Der Netto-Gewinn stieg um 39 Prozent auf 902 Millionen $. Das Deutschlandgeschäft steuerte mehr als 10 Prozent zum Gesamtumsatz bei und erreichte in 2009 einen Umsatz von rund 1,8 Milliar-den € (Handelsvolumen insgesamt ca. 2,1 Milliarden €), womit Amazon offensicht-lich der größte Online-Händler in Deutschland gewesen sein dürfte. Der größte Teil des Umsatzwachstums ist mittlerweile auf „virtuelle Partnerschaften" zurück-zuführen. Amazon baut derzeit mit Hochdruck das Geschäftssystem zu einem ko-operierenden Internet-Portal aus. Jedes dritte Produkt, das Amazon verkauft, stammt bereits von den über 1,2 Millionen Online-Händlern, die ihre Ware über die Amazon-Website anbieten. Der Anteil der Buch- und Medienprodukte bewegt sich bei rund 50 Prozent (vgl. Amazon 2010). Dementsprechend fährt Amazon-CEO Jeff Bezoz seit zwei Jahren die Investitionen in neue Technologien hoch und hat in 2009 rund 1,2 Milliarden in neue Systeme investiert. Diese Investitionen die-nen vor allem dazu, Amazon zur universellen Einkaufsplattform zu entwickeln, auf der alle denkbaren Produkte zu finden sind. Bis auf die Supplement-Channels sind praktisch alle S-Erfolgsfaktoren „State-of-the-Art" umgesetzt. Der Erfolg von Amazon ist kein Zufall. Bereits die Amazon-Gründung in 1994 in Seattle und der Start als Online-Händler in 1995 beruht auf der Überlegung eines in der Finanz-welt erfahrenen Managers. Schon früh erkannte Jeff Bezoz, wie die enormen Inter-net-Potenziale zur Vermarktung von Produkten für ein Handelsgeschäft bestmög-lich zu nutzen sind und setzte in den Anfangsjahren konsequent auf den Verkauf von Büchern und Medienprodukten, die eher Skalen-Effekte über Land- und Sprachgrenzen hinaus ermöglichen, als andere Sortimente. Die Standortwahl der Läger orientiert sich in der Regel an der Standortlage großer Distributoren wie z.B. Ingram in den USA, der rund 400.000 Titel permanent vorhält, so dass Amazon nur für die gängigsten Produkte ein kleines Lager benötigt und weitgehend die Infrastruktur des Distributors nutzen kann. Diese Strategie zeigt sich auch in Deutschland in der Zusammenarbeit mit Libri als Distributor. Mit dem dabei prak-tizierten Single-Sourcing erhält Amazon aufgrund der Mengenbündelung außer-dem hohe Rabatte. Wesentlicher Grund für den durchschlagenden Markterfolg von Amazon ist die kompromisslose Kundenorientierung, der gezielte Aufbau von Fähigkeiten sowie die enormen Investitionen in Technik. Als wesentlicher Erfolgs-faktor von Amazon kann zweifelsohne die System- und Supply-Chain-Excellence und der hohe Automatisierungsgrad angesehen werden.

▪ **Etsy** (www.etsy.com) wird als Web-2.0-treues Portal beschrieben, bei dem hand-gemachte Produkte ver- und gekauft werden. Erst in 2005 gegründet, umspannt die Etsy-Community mittlerweile Käufer und Verkäufer aus 150 Ländern und ist damit ein echter „Born-Global". Die Etsy-Händler haben alleine im Dezember 2009 Rekordumsätze von 25,6 Millionen $ erzielt, was zur Steigerung des Jahresumsat-zes in 2009 von 88 Millionen $ auf 181 Millionen $ beitrug. Zugleich ist Etsy profi-tabel, gilt dabei jedoch als typischer Social-Commerce-Anbieter, der „nicht nur E-

Commerce mit ein bisschen Social-Gedöns drumherum, sondern vor allem sozialen (Lebens-) Raum, in dem auch verkauft, gefeilscht und gehandelt werden darf" (excitingcommerce 2010, S.1) anbietet. Rob Kalin, Gründer und aktueller CEO von Etsy, legt Wert auf „Social Commerce" statt „E-Commerce" („Killer-Feature"). Nach ihm hat E-Commerce in erster Linie mit Produkten, Social Commerce jedoch in erster Linie mit Menschen zu tun: „We are focused on our service: building the best tools and supporting this community. If we do this well, revenue will follow. Now that we are profitable, we can redouble our efforts here, and I'm really excited about this. Our success as a company follows your success as members" (excitingcommerce 2010, S. 1). Den User unterstützen viele sinnvolle Funktionen wie die Suche nach Produkten anhand einer vordefinierten Farbe, eines Materials, einer Kategorie oder eines Verkäufers. Damit erhalten zahllose und noch so kleine Nischenanbieter aus aller Welt in kooperativer Form die Möglichkeit, ihre Handwerksprodukte weltweit zu vermarkten. Etsy kann zweifelsohne als Paradebeispiel für erfolgreiches Social-Targeting und Societing im kooperierenden Online-Handel angesehen werden.

- **Delticom** (www.delti.com) gilt als Europas führender Online-Reifenhändler und wurde 1999 in Hannover gegründet. Das Unternehmen ist für Privat- und Geschäftskunden mit 106 Online-Shops in 35 Ländern aktiv. Angeboten wird ein beispiellos breites Sortiment („Killer-Category") aus Pkw-Reifen, Motorradreifen, Leicht-Lkw- und Lkw-Reifen, Busreifen, Spezialreifen, Komletträdern (vormontierte Reifen auf Felgen), ausgesuchten Pkw-Ersatzteilen und Zubehör, Motoröl und Batterien. Die Delticom-Kunden erhalten auf der unabhängigen Testplattform Reifentest.com eine neutrale Entscheidungshilfe, bevor sie aus mehr als 100 Reifenmarken und 25.000 Modellen den passenden Reifen auswählen können. Geliefert wird entweder direkt nach Hause oder an einen der weltweit mehr als 20.000 Servicepartner-Werkstätten, mit denen Delticom kooperiert. Die Partnerunternehmen werden aus dem Tankstellenbereich und/oder KfZ-Handwerk rekrutiert und stellen keine reinen Reifenhändler dar. Sie ermöglichen eine Direktlieferung von Reifen an ihre Adresse oder an eine andere gewünschte Lieferadresse zur Montage am Kundenfahrzeug. Über einen B2B-Online-Kanal verkauft Delticom auch Reifen an Großhändler im In- und Ausland. Mit 311,3 Millionen € Umsatz in 2009 (plus 20 Prozent gegenüber 2008) ist die Delticom AG Deutschlands größter Online-Reifenhändler. Das EBIT konnte um 78,8 Prozent auf 29,4 Millionen € gesteigert werden. Die Zahlen sind auch Ausdruck der erfolgreichen Internationalisierung. Zukünftiges Wachstum verspricht der Reifenhändler sich vor allem in Nordamerika. Auch die Kernländer Europas würden weiterhin genug Spielraum bieten, was die wachsende Zahl der Online-Käufer bestätige. Aktuell zählen rund 3,4 Millionen Reifenkäufer zu den Kunden der Hannoveraner (vgl. Delticom 2010).

Als Pionier des kooperierenden Online-Handels kann Libri angesehen werden. Libri hat seinen Handelskunden bereits in den Anfangsjahren des Internet eine E-Commerce-Plattform angeboten, die diese unter ihrem eigenen Namen oder im Co-

Branding als weiteren Absatzkanal nutzen können. In Abbildung 4-1 ist das Libri-Modell als Beispiel für ein Branchen-Portal dargestellt, wie es z.B. in ähnlicher Form auch von anderen Verbundgruppen betrieben wird.

Abbildung 4-1:   *Das Libri-Modell*

Quelle: In Anlehnung an H&P 2004

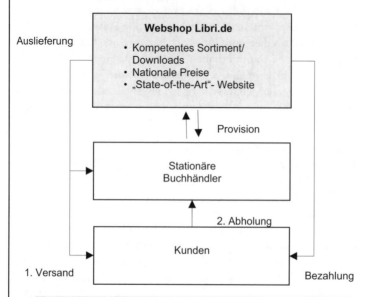

4.1.3 Best Practices im Multi-Channel-Handel

Multi-Channel-Systeme liegen vor, wenn Internet-Kanal und Stationärkanal sowie zusätzlich möglicherweise Versandhandelskanal gleichberechtigt nebeneinander stehen und die gewachsenen Steuerungssysteme der Einzelkanäle synchronisiert werden. Dieses äußert sich u.a. auch in nennenswerten Online-Umsatzanteilen und dabei in der Regel weit überdurchschnittlichen Zuwachsraten des Online-Geschäftes. Echte Multi-Channel-Konzepte sind jedoch fast nur im englischsprachigen Raum anzutreffen (vgl. OC&C 2005). Dabei können sechs „echte" Multi-Channel-Systeme identifiziert werden. Dabei erzielen die beschriebenen Multi-Channel-Händler in den letzten Jahren hohe Wachstumsraten auf Basis des CAGR (Cumulated Average Growth Rate), zwei von ihnen sogar über 30 Prozent nach CAGR. Bemerkenswert bei den gezeigten Erfolgsbeispielen ist, dass die „echten" Multi-Channel-Anbieter trotz ihres enormen Wachstums hochrentabel arbeiten. Ihre Konzepte zeigen einen hohen Integrationsgrad zwischen den Kanälen. Der „Customer-Proposition" zwischen den Kanälen ist annähernd identisch in Bezug auf Preispolitik, Kernsortimente und Servive-Levels. Obwohl Migrationen vom Print-Katalog zum Online-Shop stattfinden, arbeiten beide Kanäle mit hoher Komplementarität zusammen und ergänzen sich hervorragend. Dabei wächst der Online-Kanal deutlich schneller als die anderen Kanäle. Er ist in den Augen der Kunden eine kostengünstige und angenehme Bestellmöglichkeit. Die erfolgreichen Multi-Channel-Anbieter nutzen neben der hohen Integration die spezifischen Vorteile der unterschiedlichen Kanäle durch „maßgeschneiderte" Kanalangebote. Im Folgenden sollen ausgezeichnete Multi-Channel-Unternehmen kurz charakterisiert werden (vgl. Heinemann 2008g, S. 156ff.):

■ **NEXT** (www.next.co.uk) wurde mit der Übernahme der „Kendalls Rainwear Shops" 1981 als Einzelhandelsunternehmen für Damenbekleidung gegründet. Seit 1984 wird auch Herrenbekleidung angeboten. In 1988 erfolgte mit Next Directory der Start für das Katalog-Versandgeschäft, das dann 1999 durch den Internet-Shop ergänzt wurde. Next betreibt rund 500 Filialen im Stationärgeschäft und erzielte in 2009/2010 als Multi-Channel-Handelsunternehmen für „Bekleidung und Living" rund 3,4 Milliarden £ Umsatz bei einer Umsatzrendite von rund 15 Prozent vor Steuern (Operating Profit). NEXT Directory erzielt im abgelaufenen Geschäftsjahr rund 0.9 Milliarden £ Umsatz und damit rund 27 Prozent Geschäftsanteil, wozu der Online-Shop mehr als 70 Prozent beisteuerte. Mit über 20 Prozent Umsatzrendite (Operating Profit) ist Next Directory überdurchschnittlich profitabel. Next kennzeichnet einen hohen Integrationsgrad aller Kanäle mit extrem guter Channel-Abstimmung. Dieses äußert sich in einem konsistenten Produktangebot und einer harmonisierten Preisstrategie zwischen den Kanälen. Dabei ist auch eine Katalogseitensuche im Netz sowie die Bestellung, Abholung und Retoure in allen Filialen möglich. Zugleich werden die kanalspezifischen Möglichkeiten weitestgehend ausgenutzt. So findet sich jeweils in den Kanälen ein breiteres und wachsendes Produktangebot. Darüber hinaus werden hohe Servicelevels definiert. Bereits im Jahre 2000 wurde die Belieferung innerhalb von 24 Stunden als Standard gesetzt.

Der Katalog unterstützt die Kunden beim „browsing" und bei der Farbauswahl. Schließlich wird der Kundenservice aus Effizienzgründen verstärkt über Netz oder Filiale forciert.

■ **Top-Shop** (www.topshop.com) ist zu einem Synonym für junge britische Mode geworden. Das Unternehmen wurde 1964 gegründet, in 2002 von Philipp Green übernommen und ist Teil der Arcadia Group Ltd., zu der auch Dorothy Perkins sowie Burton gehören. Arcadia hat in 2009 rund 1,9 Milliarden £ Umsatz erzielt bei einer Umsatzrendite von rund 14 Prozent. Top-Shop betreibt mehr als 300 Geschäfte in Großbritannien sowie weitere 125 Outlets im Ausland. Topshop.com wurde im November 2006 relauncht und begann in 2007 mit der Internationalisierung. Mit täglichen Updates und über 3.000 Produkten zählt Topshop.com zu den größten Online-Händlern in Großbritannien. Nach Besucherzahl lag dieser bereits in 2007 mit 6,25 Prozent Marktanteil auf dem zweiten Platz aller UK-Websites, knapp hinter der Website von Next, die auf 7,94 Prozent Marktanteil kam. Topshop.com kommuniziert mit seinen Kunden über eine wöchentliche „Style-Notes"-Email, einem Magazin ähnlichen Reminder mit rund 350.000 Beziehern, zwei RSS feeds (der „Style Blog" und der „Daily Fix"), einem „Widget" sowie mit Video-Podcasts einschließlich 9 Londoner Modewochen-Catwalk-Filmen, die jeweils innerhalb von 24 Stunden nach den Shows veröffentlicht werden. Topshop spricht seine junge und dynamische Kundschaft somit zielgruppenadäquat an. Dabei ist das Layout attraktiv und zugleich einfach zu handhaben. Wenn ein Artikel nicht passt oder gefällt, kann er leicht retouniert werden, und zwar auch in die stationären Filialen. Studenten erhalten 10 Prozent Studentenrabatt bei Zahlung mit einer speziellen NUS-Kreditkarte. Topshop.com generiert auch dadurch "Online-Traffic", dass es ein ausgeprägtes "Social-Networking" betreibt. So wurden in 2008 ca. 5 Prozent aller Besuche des Online-Stores über dessen MySpace-Profil generiert, mehr als zweimal soviel wie von MSN- und Yahoo-Suchen zusammen. Kein anderer UK-Online-Retailer erreicht solche Werte. Der Erfolg ist Ergebnis eines ausgeprägten Social-Targeting und Societing.

■ **REI** (www.rei.com), die Recreational Equipment Inc., ist ein integrierter Multi-Channel-Händler für Sport und Fitness, der in 2008 rund 1,4 Milliarden $ Umsatz erzielt hat. Das „Operating Income" lag bei ca. 6 Prozent und wird in Form von „Patronage Refunds" zum Großteil an die Mitglieder bzw. Kunden ausgeschüttet. Ein kooperatives Beteiligungsmodell, das dem deutschen Genossenschaftsmodell ähnelt, schafft Anreize für eine Mitgliedschaft und damit Gewinnbeteiligung der Kunden. So wurden in 2008 über 64 Millionen $ als „Patronage Refunds" ausgeschüttet. Das Stationärgeschäft, das in 1938 gegründet wurde, besteht aus 105 Filialen in den USA mit einer durchschnittlichen VK-Fläche von ca. 1.500 qm aber auch Flagship-Stores mit über 10.000 qm. Dabei handelt es sich um multiple Betriebstypen mit klarer Konzentration auf die Zielgruppe. Seit 1996 gibt es den Online-Kanal, der die Katalogangebote ergänzt. Mindestens ein Drittel der Umsätze, also rund 500 Millionen $, dürften in 2008 online erzielt worden sein. In den Filialen sind auch Call-Center und Internet-Terminals installiert. Durch ein überzeugendes Service-Konzept wird eine exzellente Kundenbindung und -zufriedenheit erzielt. Neben dem Angebot von Sport-, Outdoor-, Lifestyle- u. Freizeitartikeln können die Kunden auch attraktive Events, Seminare, Reisen und Kurse buchen. Zum Service gehören auch umfangreiche Testmöglichkeiten (z.B. Kletterfelsen, Bike-Trail, Jogging-/Trekkingpfad, Kühlzone, Kanustrecke), großzügiger Umgang mit Reklamationen sowie kompetente Beratung. Durch eine konsequente Community-Umsetzung wird kontinuierlich die Kundenbindung gestärkt und die Kundenzufriedenheit erhöht.

- **The White Company** (www.thewhitecompany.com) wurde erst 1994 gegründet, zunächst als Versandhandelsunternehmen für lifestyle-orientiertes Wohnen. Nach Etablierung des Versandgeschäftes wurde 2001 der erste stationäre „Store" eröffnet. Erst 2004 wurde mit dem Internet-Verkauf gestartet, allerdings kompromisslos im innovativen „Flickable-Page"-Format. The White Company verfügt heute über 14 eigene Läden und 3 Concessions in Großbritannien sowie 2 Franchiseläden in Dubai. Die Distanzhandelskanäle versenden im Jahr 10 Kataloge zwischen 36 und 72 Seiten an 625.000 Stammkunden. Das Unternehmen gilt mit über 40 Prozent Jahreswachstum nach CAGR seit 1997 als einer der am schnellsten wachsenden Multi-Channel-Retailer in Großbritannien. In 2009 konnte ein Umsatz in Höhe von rund 80 Millionen £ erzielt werden, was einem zweistelligen Zuwachs gegenüber dem Vorjahr entspricht. Dabei legte der Online-Shop am stärksten zu und erzielte rund die Hälfte des Versandumsatzes, der insgesamt auf rund 50 Prozent Umsatzanteil kommt. Die „Operating Margin" liegt bei ca. acht Prozent. Auch „The White Company" zeichnet sich durch einen hohen Integrationsgrad und eine exzellente Harmonisierung der Kanäle aus. Die Kunden können nicht nur problemlos „Channel-Hopping" betreiben, sondern werden ebenfalls zur wechselnden Nutzung der verschiedenen Kanäle ermuntert. Dabei wird auf einen konstant guten Service auf allen Kanälen Wert gelegt, der durch ein permanentes „Cross-Channel-Service"-Monitoring sichergestellt wird. Die Unternehmensphilosophie schreibt fest, dass die Marke in gleicher Aufmachung und konsistent über alle Kanäle, die gleichen Markenwerte „Best Quality" und „Outstanding Value for Money" verkörpert.

- **Argos** (www.argos.co.uk), mit aktuell rund 4,3 Milliarden £ Umsatz größtes Standbein der Home Retail Group, die zu den führenden Elektronik, Haushalts- und Hartwarenanbietern in Großbritannien zählt, gilt zweifelsohne als der führende Multi-Channel-Händler. Die „Operating Margin" von Argos liegt mit über 8 Prozent deutlich über der Rendite deutscher Handelsunternehmen aus dem Segment. Zunächst als reiner Katalog-Versender in 1973 gegründet, wurde bis heute ein Filialnetz aus über 700 Ladenlokalen aufgebaut, die bis auf rund 800 multipliziert werden sollen. Rund 17 Millionen Haushalte in Großbritannien verfügen dauerhaft über einen Argos-Katalog, der ca. 17.000 Artikel aus dem Bereich Haushalt, Möbel und Elektronik beinhaltet. Sämtliche Artikel können auch online bestellt werden und sind zeitgleich in allen Filialen vorrätig. Die Internet-Bestellungen sind im abgelaufenen Geschäftsjahr um 50 Prozent auf 900 Millionen £ gewachsen und repräsentieren 21 Prozent des Argos-Umsatzes. Weitere 6 Prozent der Umsätze sind auf Katalogbestellung zurückzuführen. Bemerkenswert ist, dass über 10 Prozent der Umsätze Versandumsätze sind, die in den Filialen bestellt wurden, so dass rund ein Drittel aller Verkäufe bei Argos durch Kunden zustande kommt, die mehr als einen Absatzkanal benutzen. Das voll integrierte Multi-Channel-System stellt einen einzigartigen Wettbewerbsvorteil für Argos dar, abgesichert durch ein hochkomplexes Supply-Chain-System, das von Wettbewerbern nicht ohne weiteres kopierbar ist. Bemerkenswert ist die Steigerung von „Online Check & Reserve" um 50 Prozent. In Abbildung 4-2 ist die Multi-Channel-Netzwerkarchitektur von Argos dargestellt. Die Verknüpfung aller Kanäle und zentrale Verwaltung der Kundendaten erlaubt es, die Käufe der Kunden in allen Kanälen nachzuvollziehen. In Kombination mit der Kundenkarte können gezielte CRM-Anstöße gegeben werden. Ziel ist es, den Kunden das Einkaufen auf allen Kanälen so angenehm und einfach wie nur möglich zu machen. Gleiches gilt auch für die über 7 Millionen. Hauszustellungen pro Jahr, die Argos zum größten Non-Food-Zusteller in Großbritannien machen. Die Multi-Channel-Fähigkeiten von Argos werden dabei zunehmend auch von Homebase, dem zweiten Standbein der Home Retail Group, genutzt. Nicht ohne Grund wurde Argos Non Retail Weeks 2006 zum „Online-Retailer of the year" gewählt und war Gewinner des „Customer Service Initiative Award".

Abbildung 4-2:   *Multi-Channel-Netzwerkarchitektur von Argos*

Quelle: OC&C 2005

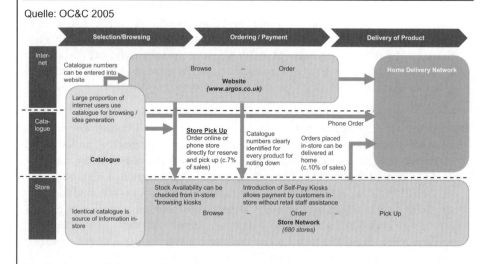

4.1.4 Best Practices im hybriden Online-Handel

Nahezu alle klassischen Versandhändler betreiben mittlerweile kombinierten Distanzhandel und stellen somit hybride Online-Händler dar. Während die großen deutschen Versender zwar erstaunliche Online-Anteile von bis zu 60 Prozent ausweisen, schaffen sie es aber nicht, trotz des offensichtlichen Online-Booms den Gesamtumsatz nennenswert zu steigern. Das aber zeichnet die Best Practices NBrown, JP Boden und Lands End aus, denen es gelingt, nicht mit dem Internet-Kanal das bisherige Versandgeschäft zu kannibalisieren, sondern zu beleben:

- **NBrown** (www.nbrown.co.uk) wurde bereits 1859 in Manchester zunächst als mobiler Händler gegründet und entwickelte sich über die Jahre zum Versandhandelsunternehmen für Bekleidung, bis dann in 2000 die Website gelauncht wurde. Im Geschäftsjahr 2009 wurden rund 662 Millionen £ Umatz erwirtschaftet, was einem Zuwachs von 8,4 Prozent entspricht. Der größte Teil des Zuwachses ist auf den Internet-Kanal zurückzuführen, der mit rund 272 Millionen £ um 21 Prozent zulegen konnte. Trotz dieses forcierten Wachstums konnte eine Umsatzrendite von knapp 14 Prozent (Profit before tax) erzielt werden (+18,3 Prozent). NBrown zeichnet sich durch ein exzellentes Customer-Database-Management aus, das für ausgeklügeltes Social-Targeting eingesetzt wird. Die klare Nischenpositionierung fokussiert die Sortimentsausrichtung auf bestimmte Alterssegmente und Stile, für die auch jeweils Spezialkataloge und separate Marken angeboten werden. Im Gegensatz zu vielen anderen Versendern gelingt es NBrown, das Internet-Wachstum nicht auf Kosten des Kataloggeschäftes zu forcieren, sondern in beiden Distanzhandelskanälen deutliche Zuwächse zu generieren.

- **JP Boden** (www.jpboden.com) wurde 1991 als Versandhandelsunternehmen in UK gegründet. Die Website wurde in 1999 gelauncht. Bei annähernd 30 Prozent CAGR seit Gründung des Internet-Kanals konnten in 2009 (geschätzt) rund 180 Millionen £ Umsatz bei über 15 Prozent Umsatzrendite (Operating Margin) erzielt werden. Im Geschäftsjahr 2008 wurden über 168 Millionen £ umgesetzt. Der Online-Kanal trägt rund zwei Drittel zum Gesamtumsatz bei und hat das Kataloggeschäftes bisher nicht kannibalisiert. JP Boden gilt als einer der erfolgreichsten Versandhändler in Großbritannien, die im Privatbesitz sind. Schlüsselfaktor ist die ultimative Kundenorientierung. Die Produkte sind auf die mittleren Zielgruppen in klassischem Stil ausgelegt. Die Katalogexpansion wird über Nischenkataloge sukzessive ausgebaut. Auch JP Boden gelingt es, das Internet-Wachstum nicht auf Kosten des Kataloggeschäftes zu forcieren, sondern in beiden Distanzhandelskanälen deutliche Zuwächse zu generieren.

- **Lands End** (www.landsend.com) wurde 1963 in Chicago gegründet und hat in 2009 über 3 Milliarden $ (geschätzt) umgesetzt, davon ca. 40 Prozent Internetanteil. Lands End gilt als führender Direktvermarkter für Casual-Bekleidung und ist bekannt für sein hervorragendes Preis-Leistungs-Verhältnis. Lands End ist aber auch ein Internet-Pionier, da es seine Website bereits in 1995 und damit im gleichen Gründungsjahr wie Amazon als erstes Internet-Unternehmen gelauncht hat. Gestartet mit 100 Produkten, wird heute im Netz das identische Komplettprogramm wie in den Katalogen angeboten. Die Strategie von Lands End zielt auf eine synergetische Wirkung und gegenseitige Befruchtung vom Katalog- und Internet-Geschäft ab, wofür identische Sortimente auf beiden Kanälen Voraussetzung sind. Die Website ist sehr bedienungsfreundlich aufgebaut und weist auf die aktuellen Kataloge hin. Außerdem werden die Serviceleistungen offensiv herausgestellt wie z.B. das jederzeitige Rückgaberecht der Produkte ohne Nennung von Gründen. Mit „My Virtual Model" war Lands End der erste Bekleidungshändler, der eine 3D-Animation auf seiner Website angeboten hat. Auch die heute recht verbreitete Idee des „My Personal Shopper" stammt von Lands End, genauso wie die Möglichkeit des „Shop with my Friend" (vgl. Zentes/Swoboda 2004, S. 409). In 2002 wurde Lands End vom Warenhausgiganten Sears Roebuck übernommen.

4.1.5 Best Practices im vertikalisierten Online-Handel

Der vertikalisierte Online-Handel kontrolliert den gesamten Wertschöpfungsprozess und ist im Hinblick auf Verfügbarkeit, Abwechslung, Inszenierung und Identifikation den traditionellen Handelsformen überlegen. Als neueste Vertreter des vertikalisierten Online-Handels gelten die Mass-Customization-Anbieter, die ihren Kunden Produkt-konfigurationen („Mass-Customization") oder Co-Design-Möglichkeiten („Open-Innovation") anbieten. Diese Online-Händler der „New Generation" stellen aufgrund des enormen Individualisierungs- sowie Personalisierungsgrades die Best Practices für vertikalen Online-Handel dar:

- **Maßhemden-Tailor-Store** (www.tailor-store.com): Die schwedische Firma Tailor Store hat innerhalb von drei Jahren mit Ihrem Online-Angebot an maßgeschneiderten Hemden zu bezahlbaren Preisen einen preisgekrönten Shop entwickelt, der seinen Online-Service mittlerweile in fünf Sprachen an Kunden in über 30 Ländern anbietet.

- **Drucksachen online — dieDruckerei.de** (www.diedruckerei.de): Dieser Online-Anbieter verkauft online Drucksachen, also zum Beispiel Flyer, Plakate, Broschüren, Kataloge, Briefpapier oder Visitenkarten. Diese Drucksachen werden dann im hochwertigen Offsetdruck oder demnächst auch im Digitaldruck produziert.

- **PC-Kombinationen AGANDO** (www.agando.de): Agando bietet komplett individuell konfigurierbare PC-Systeme/Notebooks. Der Kunde kann sich online sein Wunschsystem individuell zusammenstellen. Eine möglichst hohe Individualität soll den persönlichen Anforderungen und Präferenzen Rechnung tagen.

▓ **Schmuckkonfiguration – Juwelon** (www.juwelon.de): Bei Juwelon hat der Kunde die Möglichkeit, sich sein Schmuckstück im Stil eines Baukastensystems selbst zusammenzustellen. Er kann bei Material, Design und Steinbesatz unterschiedliche Varianten wählen. Alle Schmuckstücke werden den individuellen Kundengrößen angepasst.

▓ **T-Shirts frei gestalten – Spreadshirt** (www.spreadshirt.de): Erst 2002 von Studenten in Leipzig gegründet, beschäftigt die Gruppe heute fast 300 Mitarbeiter in Europa und Amerika. Anstatt auf Halde zu produzieren, entstehen die Produkte (u.a. Hemden, Tassen, Mützen) zunächst nur im Internet, wobei die Kunden ihre Motive in einem virtuellen Designstudio entwerfen und auf ihrer eigenen Homepage zum Kauf anbieten. Produziert wird erst nach Order.

▓ **Fotoprodukte und Bücher mit eigenen Motiven – Pixum.de** (www.pixum.de): Die Produktpalette von Pixum umfasst neben Kartendruck die Belichtung von digitalen Bildern als Foto, Fotoposter oder Fotokalender, individuelle Foto-Geschenkartikel als z.B. Tasse, Puzzle, T-Shirt und Stofftier. Pixum wurde im Oktober 2007 u.a. von Capital mit dem „Fast 50-Award" der 50 am schnellsten wachsenden Technologieunternehmen in Deutschland ausgezeichnet.

▓ **Factory121** (www.factory121.com): Der Internet-Anbieter aus der Schweiz bietet nach ästhetischen Gesichtspunkten individualisierte Uhren an. Die Teilnehmer des Interaktionsprozesses haben die Wahl zwischen 82 Uhrenmodellen, durch deren Zahl i.S. der Vorauswahl/Vorkonfiguration die Komplexität aus Kundensicht gesenkt wird. Mit Hilfe einer benutzerfreundlichen Konfiguration wählt der Kunde das Gehäuse, das Zifferblattdesign, das Uhrenarmband und die Farben nach seinem Geschmack aus. Alle Optionen können jederzeit geändert und verglichen werden, wobei in Echtzeit mit hervorragender 3D-Bildqualität gearbeitet wird.

▓ **LEGO Factory** (http://factory.lego.com): LEGO Factory ist ein hochentwickeltes Toolkit für Nutzerinnovationen und Co-Design („LEGO-Designer"). Es handelt sich um ein frei herunterladbares 3D-Modellprogramm, mit dem Nutzer zunächst von digitalen Kollektionen der Steine wählen können, um die eigenen Modelle dann zusammenzubauen. Dabei können Nutzer ihre eigenen LEGO-Modelle entwickeln, wobei die interaktive Software ihnen hilft, Ingenieurprobleme zu lösen und Basiselemente (z.B. Bausteine) in Neuentwicklungen zu kombinieren. Danach produziert die Fabrik die Steine, die für die neuen Modelle notwendig sind und sendet sie den Nutzern zu, die dann damit ihre Modelle zusammenbauen können. Kunden können auch die Steine kaufen, die für den Bau neuer Designs notwendig sind, und die auf der Website angeboten werden.

▓ **My Müsli** (www.mymuesli.com): Das Passauer Unternehmen wurde im April 2007 von drei Studenten gegründet und bietet die Möglichkeit sich aus über 70 verschiedenen Zutaten sein Müsli individuell im Internet zusammenzustellen.

MyMüsli wurde vergangenes Jahr mit mehreren Preisen ausgezeichnet, darunter u. a. mit dem Gründerpreis der Financial Times.

▓ **Personal Novel** (www.personalnovel.de): Dieser Online-Anbieter verkauft seit 2003 personalisierte Bücher in denen die Nutzer selber die Hauptrolle überneh- men, d.h. der Kunde kann den Romanfiguren, Orten oder Tieren eigene persönli- che Namen geben. 70 unterschiedliche Titel hat PersonalNovel mittlerweile im Programm.

▓ **Nike iD** (http://nikeid.nike.com): Bei Nike iD kann sich der Kunden online Schuhe, Taschen, Sportuhren konfigurieren. Modelle basieren auf den normal erhältlichen Serienmodellen und können in der Farbgebung sowie durch einen eigenen Schrift- zug vom Kunden individualisiert werden.

▓ **Cays** (www.cays.de): Bei Cays hat der Kunde die Möglichkeit sich eine Tasche aus LKW-Plane selbst zu gestalten. Er kann zwischen verschiedenen Taschentypen wählen und diese mit eigenem Foto versehen oder individuell mit verschiedenen Farben gestalten.

▓ **Julie&Grace** (www.julie-grace.de): In diesem Online-Shop kann man Armbänder, Halsketten und Ohrringe selbst zusammenstellen. Per Drag-and-Drop-Funktion lässt sich zwischen verschiedenen Verschlüssen, Perlen, Kettenlängen wählen. Auch Materialien und Farben können kombiniert werden. Es besteht die Möglich- keit, das eigene Design von anderen Usern bewerten zu lassen oder im öffentlichen Showroom zum Verkauf anzubieten.

▓ **Eterna** (http://hemden-meister.de): Der Hemdenhersteller Eterna bietet in seinem Online-Shop die Möglichkeit Maßhemden fertigen zu lassen. Kunden können sich ihr Wunschhemd nach dem Baukastenprinzip zusammenstellen: Sie können Man- schetten, Rumpflänge, Ärmellänge, Größen und Stoffe vielfältig kombinieren. Die Maßhemden sind in großer Auswahl an Farben und Dessins erhältlich.

4.2 Beispiele für erfolgreiches Online- Management

Im Internet-Management steht neben der fortlaufenden Optimierung der Front-Office- Funktionen im Marketing die Integration der Backend-Prozesse im Vordergrund (vgl. Heinemann 2008g, S. 162). Während es in den Front-Office-Funktionen um die Sicher- stellung eines „geschlossenen" Bildes gegenüber dem Kunden geht, stehen bei den Backend-Prozessen („Back-Office") die Optimierung der Abläufe unter Synergiege- sichtspunkten im Vordergrund. Primäre Ziele sind hier die Sicherstellung eines rei- bungslosen Geschäftsverkehrs und Kosteneinsparungen durch effiziente Prozesse sowie die Nutzung von Synergien im Kostenbereich (z.B. zentrale Disposition, Sortimentsentwicklung etc.). Je mehr bestehende Kanäle es dabei zu verknüpfen gilt, desto komplexer ist diese Aufgabenstellung.

4.2.1 Best Practices in den Front-Office-Funktionen

Im Folgenden sollen zunächst die Erfolgsbeispiele für Teilfunktionen im Front-Office dargestellt werden, die u.a. das ECC der Universität Köln auf seiner Homepage hervorhebt (vgl. www.ecc-handel.de), die in der Studie von OC&C aus dem Jahre 2005 herausgestellt werden und die in eigener Recherche identifiziert wurden (vgl. OC&C 2005/Heinemann 2008g, S. 153). Als Best Practices in den Front-Office-Funktionen gelten demnach The Gap, Comet, Tesco, Bogner-Homeshopping, Douglas und Tchibo, wenn auch mit völlig unterschiedlichen Ansätzen:

- **The Gap** (www.gap.com) wurde 1969 mit einem ersten Gap-Shop in San Franzisco gegründet und ist heute weltweit zweitgrößter Bekleidungseinzelhändler hinter Inditex. Zu Gap gehören auch die Marken Banana Republic, Old Navy sowie Piperlime. Der Internet-Verkauf wurde in 1999 mit BananaRepublic.com gestartet. In 2000 wurde der Internet-Kanal um Oldnavy.com und Gap.com erweitert. Unter Gap.com wird auch die Maternity-Kollektion vermarktet. Der Online-Handel erzielt knapp 6 Prozent Geschäftsanteil. Gap stellt in seinem Multi-Channel-Konzept kanalspezifische Kundenelemente heraus. Der Erfolg begründet sich hier auf das Verständnis der Zielgruppe in den unterschiedlichen Kanälen und die entsprechende Anpassung des Angebotes, z.B. mit dem Maternity Shop oder dem Online Sales. Darüber hinaus werden spezifische Anreize gegeben, andere Kanäle zu nutzen, z.B. in Form von Gutscheinen oder speziellen Preisen und Promotions.

- **Tesco** (www.tesco.com), größter Food-Retailer in Großbritannien und wohl rentabelster Lebensmitteleinzelhändler überhaupt, erzielt mittlerweile mehr als die Hälfte seines Umsatzes im Ausland mit Schwerpunkt Europa und Asien. Im Online-Handel startete Tesco.com nach 2 Testjahren offiziell in 1999 und hat sich zu einer Erfolgsstory entwickelt. Wie Abbildung 4-3 zu entnehmen ist, wurde der Online-Kanal systematisch und strategisch mit hohen Investitionen aufgebaut. Mittlerweile beträgt der Online-Geschäftsanteil fast 4 Prozent und übersteigt deutlich die des Gesamtkonzerns. Starke Säule des Online-Kanals ist das Non-Food-Sortiment, das mit den stationären Sortimenten harmonisiert wurde und aus mittlerweile 11.000 Artikeln besteht. Die Bestellungen können sowohl online als auch per Telefon oder in ausgewählten Filialen aufgegeben werden. Die Ware kann dabei optional nach Hause geliefert, oder in rund 200 Geschäften abgeholt werden. Dabei wird auf extrem kurze Durchlaufzeiten und hohe Servicelevels geachtet. Wesentliche Säule des Online-Erfolges ist das exzellente Kunden- und Datenmanagement von Tesco, bei dem der weit penetrierten Tesco-Clubcard eine Schlüsselrolle zukommt. Als dritter Kanal wurde in 2007 das Kataloggeschäft mit Tesco Direct etabliert.

Abbildung 4-3:   *Geschichte von Tesco.com*

Quelle: OC&C 2005

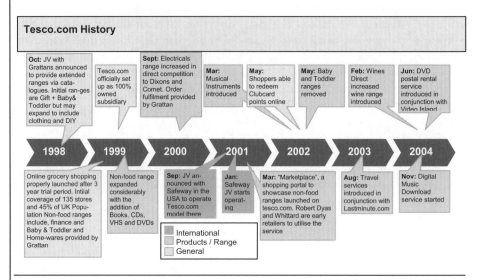

■ **Bogner-Homeshopping** (www.bogner-homeshopping.de) stellt eine hervorragende Ergänzung zu den 50 eigenen Lifestyle-Stores und ca. 1.600 Handelspartner-shops dar. Als eigenständiger Kanal wird Bogner-Homeshopping als Joint-Venture mit Primondo/Quelle betrieben. Mit dem Ziel der „Contentanreicherung" wurde ein Lifestyle-Magazinkatalog herausgebracht, der neueste Lifestyle-Infos vermittelt und detaillierte Produktbeschreibungen für Premiumprodukte liefert, für die es „auf allen Kanälen" eine Bestellmöglichkeit gibt. In enger Abstimmung mit dem Magazinkatalog werden exklusive Angebote auch im Online-Lifestyle-Shop mit 3-D-Animation dargestellt. Bogner gelingt es dabei z.B., auch DOB Damenjacken im Top-Premium-Segment über 8.000 € als „Renner" zu positionieren und kann insofern als hervorragendes Beispiel für einen „Lifestyle-Multi-Channel"-Ansatz angesehen werden, der auch von den Geschäftszahlen her zu einem großen Erfolg geworden ist. So trug der B2C-Distanzhandel unter Bogner-Homeshopping im abgelaufenen Geschäftsjahr mehr als ein Drittel zum Umsatz der Bogner-Gruppe bei.

■ **Douglas** (www.douglas.de), stärkste Sparte der Douglas-Holding AG und deutscher sowie europäischer Marktführer im Parfümeriemarkt, erzielt einen Online-

Umsatzanteil von rund 2 Prozent. Dem Online-Kunden steht zum einen das gesamte Sortiment an Duft- und Pflegeprodukten zur Verfügung. Ferner erfreut sich auch das Dessous- und Wäschesortiment im Online-Shop offensichtlich wachsender Beliebtheit, ebenso wie das Online-TV, das jeden Dienstag eine neue Folge des Douglas-TV ausstrahlt. Diese innovative Möglichkeit, die Vorzüge von speziellen Marken oder besonderen Produkten im Internet herauszustellen, soll weiter ausgebaut werden, wie im letzten Geschäftsbericht angemerkt wird. Der Internet-Kanal von Douglas zeichnet sich durch eine exzellente Kommunikation der Online-Marke aus. Erfolgsfaktoren sind hier die einheitliche Kommunikation der Markeninhalte über alle Kanäle und die Nutzung der verschiedensten Kommunikationselemente wie TV/Print, Online- und Direkt-Marketing. Hinzu kommt das exzellente Handling der Kundenkontakte im Online-Prozess, wie z.B. beim Lieferschein, der Rechnung oder der Verpackung. Damit gelingt es Douglas, das besondere stationäre Kauferlebnis auch auf den Internet-Kanal zu übertragen. Hinzu kommt das enorme Online-Vermarktungspotenzial, das die inzwischen mehr als 6 Millionen Inhaber der Douglas-Card ermöglichen.

- **Comet** (www.comet.co.uk) wurde 1933 in Hull gegründet und gehörte zwischen 1984 und 2003 zur Kingfisher-Gruppe. Das Unternehmen ist zweitgrößter Einzelhändler für Elektroartikel in Großbritannien und besitzt einen stark wachsenden Online-Kanal, der nach Besuchen auf Platz 1 aller „Elektro-Websites" steht. Neben über 250 stationären Filialen werden 15 logistische Zustellplattformen betrieben, über die 1,3 Millionen Haus-Zustellungen im Jahr erfolgen. Der Anteil des Online-Shops am Gesamtumsatz liegt bei annähernd 4 Prozent mit steigender Tendenz. Dabei schafft es Comet, sich online über exzellente Servicelevels gegenüber den Wettbewerbern zu differenzieren. Als einziger Elektro-Anbieter werden auch online optionale Installationen angeboten. Zudem wird eine klare „Preis-Botschaft" über den Internet-Kanal gegeben, indem Comet eine Preisgarantie im Vergleich zu den acht größten Online-Wettbewerbern gibt. Schließlich nutzt Comet den Internet-Kanal auch für Auktionen, über die Lagerverkäufe stattfinden. Fast 35 Prozent der Räumungsverkäufe werden bei Comet auf diese Weise abgewickelt.

- **Tchibo** (www.tchibo.de) steht nach Kundenzahlen in der Liste der Online-Händler in Deutschland auf Platz drei hinter eBay und Amazon. Für den Vertrieb seiner Produkte bedient sich Tchibo eines einzigartigen Verkaufssystems mit rund 20.000 nationalen und internationalen Outlets bzw. Depots. Verkauft wird außerdem über eigene Tchibo-Filialen, einem etablierten Katalogversand, via Call-Center sowie über den Tchibo-Online-Kanal, der rund 10 Prozent zum Gesamtumsatz beiträgt. Das Netzangebot ist deckungsgleich mit den Filialsortimenten. Zahlreiche Bilder auf der Startseite sollen Emotionen wecken, wobei das Internet nicht nur als Verkaufsinstrument dient, sondern ebenfalls als Kommunikationsinstrument. So wird „Jede Woche eine neue Welt" über das Netz beworben und zugleich zum Kauf angeboten. Aber auch neue Kunden sollen über das Internet gewonnen werden, da hier deutlich mehr männliche, jüngere sowie finanzstärkere Zielgruppen zu finden sind als in den Tchibo-Läden. Zur Neukundenakquisition kooperiert Tchibo auch mit horizontalen Portalen wie z.B. Yahoo und T-Online. Auch sind Tchibo-Produkte häufig in den Katalogen anderer Anbieter zu finden, die diese auf Provisionsbasis verkaufen (Cost-per-Order-Basis).

4.2.1 Best Practice in den Back-Office-Funktionen und Supply-Chains

Als hervorragendes Beispiel für das Management von Back-Office-Funktionen und Supply-Chain gilt die Hermes Warehousing Solutions GmbH. Der Hamburger Fulfillment-Anbieter, eine 100-prozentige Tochtergesellschaft der Otto-Group, ist auf Dienstleistungen für den europäischen Distanz- und Stationärhandel mit Geschäftskunden und Endverbrauchern spezialisiert. In mehreren eigenen Logistikzentren arbeiten rund 5.000 Mitarbeiter, die in ein bundesweites und globales Netzwerk weiterer Logistikstandorte eingebunden sind. Mit über 60 Millionen abgewickelten Bestellungen sowie 230 Millionen Warenbewegungen im Jahr, zählt das 2006 gegründete Unternehmen bereits zu den großen Playern in der Handelslogistik. Die Kernkompetenz der HWS ist es, ganzheitliche, zukunftsorientierte Multi-Channel-Lösungen zu entwickeln und umzusetzen. Das Unternehmen profitiert dabei stark von der zunehmenden Nutzung des Internets, die vor allem „traditionelle" stationäre Händler vor ungeahnte Herausforderungen stellt, wenn diese in den Internet- und Distanzhandel einsteigen möchten. Dabei gilt es, eine mittlerweile über zehnjährige Erfahrung der Pioniere aufzuholen und die schwerwiegenden Investitionsrisiken in die teure Infrastruktur weitestgehend zu vermeiden. Diesen Trend hat HWS frühzeitig erkannt. Der Fulfillment-Anbieter deckt mit seiner integrierten Multi-Channel-Logistik sämtliche Kanäle ab und managt die gesamte Prozesskette von der Beschaffung, Zollabwicklung und Wareneingangsprüfung über die Lagerung, Kommissionierung und Distribution bis hin zum Retourenmanagement. Aber auch die übergreifenden Dienstleistungen, wie Webshop-Erstellung, Bonitätsprüfung, Zahlungsabwicklung und Forderungsmanagement werden von der HWS angeboten. Die ständige Weiterentwicklung handelsnaher Dienstleistungen stellt HWS mit dem innovativen Service Mass-Customization unter Beweis. Das gesamte abzuwickelnde Sortiment umfasst mehr als 500.000 verschiedene Artikel – von Handys und Camcordern über Textilien und Schmuck bis hin zu Möbeln und Waschmaschinen.

Die Back-Office-Funktionen müssen dabei so organisiert sein, dass die verschiedenen Absatzkanäle von den Kunden nicht alternativ, sondern parallel genutzt werden können. Durch eine geschickte Verknüpfung wird nicht nur der Service für bestehende Kunden deutlich verbessert. Mit den neuen Angebotskanälen werden auch zusätzliche Kundengruppen erschlossen, die auf den bisherigen Wegen nicht erreicht wurden. So werden vielmals befürchtete Kannibalisierungseffekte vermieden und eine gegenseitige Befruchtung der Kanäle erreicht. Deshalb wird das Online-Geschäft zunehmend auch für den stationären Fachhandel als zweites Standbein interessant. Hinzu kommt, dass der Verbraucher inzwischen von seinem Stationärhändler gezielt eine Online-Präsenz erwartet und ihm auch nicht vermittelbar ist, warum der bereits vielfältig vorhandene Werbeauftritt nicht um einen Online-Shop ergänzt wird. Darüber hinaus bietet die Web-Filiale einen 24 Stunden geöffneten Shop, dessen Marketingeffekte nicht zu unterschätzen sind.

Bonprix hingegen hat genau die andere Richtung eingeschlagen. Aus dem Distanzhandel kommend, begann der Modeanbieter bereits 1999 sehr erfolgreich mit dem Einstieg ins Stationärgeschäft, das von HWS aus demselben Warenbestand versorgt wird wie das Katalog- und Online-Geschäft. Das Bonprix-Konzept betrachtet HWS innerhalb der Otto-Gruppe als Piloten für die Akquisition externer Kunden, die nicht aus dem Konzern kommen. Allerdings sind die Investitionshürde und das Risiko beim Schritt vom Web in den Stationärhandel wesentlich höher als beim umgekehrten Weg, so die Erfahrung der HWS.

Wenn die Absatzkanäle mit unterschiedlichen Sortimenten und Angeboten getrennt agieren und weder die Kundeninformationssysteme noch die Warenwirtschaftssysteme kanalübergreifend miteinander verknüpft sind, entsteht aus Kundensicht Chaos. Ein echter Mehrwert für den Kunden und den Händler stellt sich erst ein, wenn Channel-Hopping tatsächlich möglich ist. Hinzu kommt, dass der Handel in den meisten Sortimentsbereichen einem intensiven Preiswettbewerb ausgesetzt ist. Vor diesem Hintergrund müssen zusätzliche Synergien genutzt werden, wie sie sich beispielsweise aus der Abwicklung aus einem Bestand für Stationär- und Online-Handel ergeben. Deshalb gilt, dass je mehr Vertriebswege bedient werden, umso größer die Anforderungen an die Logistik sind. Nach HWS-Erfahrung stellen dabei der gezielte Einsatz von Technik und die Verzahnung betrieblicher Prozesse den Schlüssel zum Erfolg dar.

Channelübergreifendes System setzt durchlässige Kanäle voraus

Unabdingbare Voraussetzung für ein funktionierendes, channelübergreifendes System ist nach HWS-Erfahrung die volle Durchlässigkeit aller Kanäle. Dies betrifft sowohl die Produktinformation und den Kauf als auch die Zahlung, Lieferung und Rückgabe. Damit der Verbraucher sich in der Filiale über Produkte informieren sowie Waren bestellen und abholen kann, muss – wie beim Internet-Handel und Versandhandel – ein Kundenkonto eingerichtet werden, dessen Daten ständig verfügbar sind.

Zu den weiteren Anforderungen an die Multi-Channel-Logistik gehören die Disposition und Pflege von Beständen und die operative Einbindung der Filialen. Die großvolumigere Erstversorgung von Geschäften, zum Beispiel zum Verkaufsstart, wird bei HWS per Cross-Docking durchgeführt. Am Abgangsort wird die Ware direkt zu filialbezogenen Versandeinheiten gebündelt, die mit weiteren für dieselbe Filiale bestimmten Waren zu kompletten Sendungen zusammengestellt werden. Zusätzlich wird das gesamte Warensortiment für den Web-Shop und Nachbestellungen der Filialen in einem Lager vorgehalten, so dass auf Abruf Einzelteile für die jeweiligen Geschäfte kommissioniert werden können. In den Filialen liefert meist das Kassensystem die täglichen Abverkaufsdaten, die Basis für die Nachversorgung sind. Vor allem wegen der beschränkten Verkaufsfläche in den Geschäften ist nach HWS-Erfahrung eine punktgenaue Belieferung erforderlich.

Die Logistik für das kleinvolumige Sortiment wickelt HWS in Warenverteilzentren ab, in denen leistungsstarke Sortieranlagen für die Kommissionierung zur Verfügung stehen. Diese können nicht nur ein sehr hohes Auftragsvolumen, sondern auch saisonbedingte Peaks abwickeln. Großvolumige Artikel wie Schrankwände, Teppiche oder Waschmaschinen werden an Standorten gemanagt, die ebenfalls über sortimentsspezifische Aufbereitungsmöglichkeiten verfügen, so dass Durchlaufzeiten so kurz wie möglich gehalten werden. So wird nicht nur gewährleistet, dass der Endkunde seine Ware schnell erhält, sondern auch, dass die Ware im Retourenfall nach kurzer Zeit wieder in den verkaufsfähigen Bestand eingegliedert wird. Je großvolumiger die Waren sind, desto mehr menschliche Arbeitskraft ist gefragt. Wichtig ist es, die für das spezifische Kundensortiment optimale Mischung aus Effizienz und Flexibilität zu finden.

In derselben Anlage, in der die Artikel für den Web-Shop und die Filialnachbestellungen konzentriert sind, werden auch die Retouren geprüft, bei Bedarf bearbeitet und repariert, neu verpackt und in den Warenbestand integriert, so dass sie umgehend wieder in den Handel gelangen. Gerade bei Textilien ist es wichtig, sie schnell zu identifizieren und innerhalb des Vermarktungsfensters umgehend wieder in den Handel zu bringen, denn in der Regel sollen sie noch während der laufenden Saison verkauft werden, was bei mittlerweile bis zu zwölf Kollektionen pro Jahr eine logistische Herausforderung darstellt. Dabei darf es keine Rolle spielen, ob die Ware per Post zurückgeschickt oder im Geschäft abgegeben wird, die Filiale sozusagen als „Paketstation" fungiert. Es kommt auf Schnelligkeit, Transparenz und Serviceorientierung an, weswegen der Logistik eine Schlüsselstellung für den Erfolg eines Multi-Channel-Systems zukommt.

Von vernetztem Einkaufserlebnis profitieren Kunden und Händler

Mit der zunehmenden Zahl von Kanälen steigen erfahrungsgemäß die Ansprüche der Kunden, wie eine aktuelle Studie zeigt. Dabei haben sich die Verbraucher in den USA zu ihren Erwartungen an den Handel geäußert. Mehr als die Hälfte der Befragten wünschen sich beispielsweise, einen Artikel in einem Geschäft umtauschen zu können, egal, ob er per Katalog bestellt, online gekauft oder in einer Filiale erworben wurde. Die Untersuchung kommt außerdem zu dem Ergebnis, dass die Konsumenten ihre Erfahrungen aus dem Online-Shopping auf das Einkaufsverhalten im Geschäft übertragen. Von einem vernetzten Einkaufserlebnis profitiert nicht nur der Kunde, sondern auch der Handel. Denn die Nutzung verschiedener Absatzwege verspricht dem Unternehmen neben einer besseren Markenwahrnehmung eine Steigerung der Erträge, so die HWS-Erfahrung.

Best-Practice-Beispiel Hagebau

Hagebau (www.hagebau.de) konnte in 2008 trotz der allgemeinen Finanzkrise und der damit verbundenen wirtschaftlichen Verunsicherung den zentral fakturierten Umsatz um 3,5 Prozent auf 3,937 Mrd. € steigern und zugleich die Bonusausschüttungen erhöhen. Zu diesen Zahlen trug auch hagebau.de bei, die mit einer Beteiligung von 49,9Prozent and der baumarkt direkt GmbH & Co KG in Hamburg, einer Tochter der Otto Group in 2007, gegründet wurde und in 2009 bereits rund 200 Millionen € umsetzte. Im Sinne einer intensiven Leistungsvernetzung ist baumarkt direkt in umgekehrter Richtung auch Gesellschafter der hagebau und somit Kommanditist der Handelgesellschaft für Baustoffe mbH & Co. KG (Hagebau). Die baumarkt direkt, ist das führende DIY-Distanzhandelsunternehmen in Deutschland. Das Unternehmen wurde 2000 unter dem Namen OBI@OTTO als Joint Venture zwischen der Otto Group und OBI gegründet, jedoch Ende 2006 zu 100-Prozent von Otto Group übernommen. Die Grundidee des anschließend mit der hagebau in 2007 neu gegründeten Joint Ventures war es, die Chancen des Multi-Channel-Einzelhandels durch Bündelung der Synergiepotenziale von hagebau mit den ca. 300 stationären Bau- und Heimwerkermärkten mit denen des Distanzhandels zu nutzen. Somit vereint das Joint Venture die Kompetenz der hagebau im Bereich Do-it-yourself und Garten mit dem Bestell- und Lieferservice von OTTO, der weltgrößten Versandhausgruppe. Mit dem Start der Herbst-/Winter-Saison im Juli 2007 wurde sowohl der erste Katalog unter der Marke „hagebau direkt" veröffentlicht als auch der erste gemeinsame Online-Shop unter www.otto.de und www.hagebau.de live geschaltet. Der Hauptkatalog, der zweimal jährlich erscheint, bildet mit ca. 12.000 Artikeln einen Ausschnitt des Internet-Sortiments ab. Der erste Hauptkatalog 2009 des Joint Ventures erschien in einer Gesamtauflage von 4,6 Mio. Exemplaren. Im Stationärhandel wird der Hauptkatalog als aktives Verkaufsinstrument genutzt. Um den Abverkauf ausgewählter Saisonsortimente auf der Fläche gezielt zu unterstützen, wird der Hauptkatalog durch mehrere Spezialkataloge ergänzt. Parallel zur Printausgabe ist ebenfalls das erweiterte Online-Sortiment verfügbar, das eine noch umfangreichere Auswahl mit rund 20.000 Artikeln aus den Bereichen Heimwerken, Garten und Freizeit bietet. Die Verbraucher können zudem sämtliche Waren aus dem Katalog und Online-Shop im hagebaumarkt ordern, auf Wunsch direkt nach Hause. Die erfahrungsgemäß erfolgreichen Produkte im Versandhandel sind überwiegend groß, schwer und sperrig. Bei Bestellung und Anlieferung werden die Waren bis in die Wohnung des Kunden transportiert. Durch die Integration in die OTTO-Logistik und das eigene Call-Center wird eine telefonische Fachberatung sowie eine Retouren- und Reklamationsabwicklung sichergestellt. Weiterhin wird eine breite Palette an zusätzlichen Servicedienstleistungen wie z.B. 24-Stunden-Lieferservice, Lieferung nach Wunschtermin, Installations-, Aufbau- und Montageservice und Altgerätemitnahme, angeboten. Die Vorteile für den hagebaumarkt ergeben sich weiterhin aus einer permanenten Artikelbevorratung des Katalogsortiments durch die Logistik von baumarkt direkt, wodurch für den hagebaumarkt keine Lager-, Kapitalbindungs- und Handlings-Kosten entstehen. Ebenfalls können die hagebaumärkte kleinste Verpackungseinheiten bestellen, wodurch keine zusätzlichen Frachtkostenzuschläge berechnet werden und das häufige Problem der Liefer- und Mindestbestellmengen entfällt. Die Warenlieferungen erfolgen direkt an den hagebaumarkt oder an den Endkunden. Umsätze von Neukunden, welche über Online-Informationen in den Stationärhandel geführt werden oder das Angebot von neuartigen Sortimentserweiterungen können ebenfalls als zusätzliche Umsätze von den hagebaumärkten generiert werden (vgl. Baumgardt 2010, S. 265-278).

4.3 „Lessons Learned" - 20 Regeln für den neuen Online-Handel

Abschließend zum vierten Kapitel sollen in Anlehnung an die Checkliste des Engländers Robin Klein, der 20 Regeln für den Multi-Channel-Handel formuliert hat, ebenfalls 20 Regeln für den erfolgreichen Online-Handel der neuen Generation aufgezeigt werden, die die bisherigen Erkenntnisse „auf den Punkt" bringen (vgl. Versandhausberater 2005):

1. Seien Sie sich genau über den spezifischen Mehrwert Ihres Geschäftskonzeptes auf der Basis mindestens eines der vier Killer-Differenzierungsfaktoren für Ihre Kunden im Klaren und kommunizieren Sie diesen mit allen gegebenen Möglichkeiten!

2. Überlegen Sie genau, welche Form des Online-Handels in Hinblick auf die Historie Ihres Geschäftes, Ihrer Kernkompetenzen sowie Ihrer Potenziale am besten für Sie geeignet ist!

3. Entwickeln Sie einen realistischen Business-Plan mit fordernden, aber auch erreichbaren Langfristzielen sowie zielgenauer Investitionsplanung!

4. Beziehen Sie von Anfang an das CRM-Thema und dabei insbesondere die Kundengewinnung in Ihre Überlegungen mit ein!

5. Nutzen Sie alle nur denkbaren Möglichkeiten innerhalb und außerhalb des Web zur Bewerbung Ihrer URL!

6. Unterschätzen Sie nicht das Potenzial von Web-2.0-Communities, Contents und Linking Values!

7. Beziehen Sie Ihre Kunden soweit wie möglich interaktiv in die Wertschöpfung mit ein und betreiben Sie konsequentes „Crowdsourcing"!

8. Geben Sie Ihren Kunden das Gefühl, einzigartig zu sein, und behandeln Sie deswegen auch nicht alle Kunden gleich!

9. Achten Sie bei jeder Produkt- und Marketingentscheidung darauf, ob Sie Ihren E-Shop zu einem wirklich interessanten Ziel für Internet-User machen!

10. Zwingen Sie potenzielle Kunden nicht, bei Eintritt auf Ihre Website zu viele Angaben machen zu müssen und dadurch zu hoch empfundenen Barrieren gegenüberzustehen!

11. Geben Sie Ihren Website-Besuchern gute Gründe, Ihnen Namen, Adresse und e-Mail-Account zu nennen!

12. Folgen Sie dem Kontakt eines Erstbesuchers Ihrer Website wirklich rasch mit einem Direktmarketing-Follow-Up!

13. Stellen Sie höchstmögliche Serviceorientierung, Nutzerfreundlichkeit und Schnelligkeit in allen Abläufen sicher! Ermöglichen Sie dadurch eine kundenorientierte Rundumbearbeitung!

14. Sorgen Sie dafür, dass alle Mitarbeiter mit Begeisterung Ihren Online-Kanal optimieren wollen!

15. Überprüfen Sie, ob Ihre Lieferanten und Dienstleister die Anforderungen des Online-Handels verstehen bzw. ihnen gewachsen sind!

16. IT gehört an die erste Stelle aller Entscheidungsprozesse! Versuchen Sie deshalb, alle IT-, CRM- und Warenwirtschaftssysteme von Anfang an integriert zu entwickeln!

17. Reduzieren Sie die Durchlaufzeiten soweit wie möglich und stellen Sie eine maximal mögliche Automatisierung Ihrer Abläufe unter Vermeidung von Medienbrüchen sicher!

18. Nutzen Sie alle Möglichkeiten virtueller Partnerschaften und betreiben Sie professionelles Outsourcing!

19. Treffen Sie alle harten Entscheidungen mit Rücksicht darauf, welche Vor- und Nachteile diese für Ihre Kunden haben!

20. Unterschätzen Sie niemals das Kapital, das der professionelle Start in den Online-Handel erfordert!

5 Risk-Benefit und Transformation im Online-Handel

5.1 Risk-Benefit für den Pure-Online-Handel

Insbesondere gegenüber anderen Kanälen besitzt der Internet-Kanal als Verkaufsform spezifische Vor- und Nachteile sowie Chancen und Risiken. Betrachtet man die Merkmale des Handels über das Internet, empfiehlt sich eine zweigeteilte Betrachtung aus Handels- und Kundensicht. Dadurch wird vermieden, dass die Wertschöpfungskette vom Handelsunternehmen zum Konsumenten „abgeschnitten" betrachtet wird und dementsprechend nur ein Partner von der Transaktion entscheidend profitiert (vgl. Passenheim 2003, S. 99). In Abbildung 5-1 sind die Vor- und Nachteile des Absatzkanals Internet zunächst aus Handelsperspektive zusammenfassend dargestellt

---

Abbildung 5-1: *Risk-Benefit des Online-Absatzkanals aus Handelssicht*

Quelle: In Anlehnung an Passenheim 2003, S. 99

	Vorteile und Chancen	Nachteile und Risiken
Han-dels-sicht	• Globale Präsenz • Direkte Bestellannahme • Gewinnung von Kundendaten • One-to-One-Marketing • Cross-/Up-Selling • Long-Tail-Vermarktung	• Hoher technischer Aufwand • Kein schneller ROI • Wettbewerb auch mit bisher branchenfremden Anbietern • „Free-Rider"-Mentalität • Google-Abhängigkeit

---

5.1.1 Risk-Benefit aus Online-Handelssicht

Als zentrale **Vorteile und Chancen des Online-Handels aus Unternehmenssicht** gelten die globale Präsenz, direkte Bestellannahme, Gewinnung von Kundendaten, One-to-One-Marketingmöglichkeiten, Cross-/Up-Selling-Möglichkeiten sowie die Long-Tail-Vermarktung:

- **Globale Präsenz** des Internet ermöglicht dem Online-Händler Zugang zu neuen Zielgruppen und Märkten. Gleichzeitig werden durch den Online-Verkauf eine höhere Flexibilität und damit ein Wettbewerbsvorteil ermöglicht. Außerdem können Waren tagesgenau in das bestehende Sortiment aufgenommen und auch wieder herausgenommen werden. Weiterhin sind Querverweise zwischen den Produktgruppen möglich.

- **Direkte Bestellannahme** führt zur Verkürzung der Vertriebskette, bei der bisherige Funktionen auf den Kunden übertragen werden können. Resultat sind erhebliche Zeit- und Kostenvorteile, da manuelle Bearbeitungen oder Call-Center-Aktivitäten entfallen, wodurch sich wiederum höhere Margen für den Händler ergeben.

- **Gewinnung von Kundendaten** wird auf elektronischem Weg für den Händler in bisher unerreichter Qualität möglich, da das tatsächliche Such- und Kaufverhalten elektronisch nachvollzogen werden kann. Anhand der so gewonnen Kundendaten kann ein für den Kunden individualisiertes Angebotsprofil bis hin zur persönlichen Marketingstrategie entwickelt werden.

- **One-to-One-Marketing** wird aufgrund der vorliegenden Informationen über jeden einzelnen Kunden möglich, ohne dass dieses sich in Kostensteigerungen niederschlagen muss, da nahezu alle Prozessschritte bis hin zur E-Mail-Erstellung voll automatisiert werden können.

- **Cross-/Up-Selling** stellt die Möglichkeit dar, über das angebotene Produkt hinaus noch weitere Leistungen anzubieten. Es handelt sich dabei um eine aktive Absatzförderung, die entweder mit Angeboten anderer Anbieter (z.B. im Rahmen einer Kooperation) oder innerhalb des eigenen Sortimentes stattfinden. Am besten eignen sich dafür Komplementärprodukte (z.B. Parfüm und Duschgel).

- **Long-Tail-Vermarktung** beinhaltet den Verkauf umsatzschwacher Produkte oder Restsortimente, die nicht bis zum Saisonende verkauft werden konnten. Dahinter steht auch die Idee, für Nischenprodukte durch die Kumulation geografisch separierter Kundengruppen eine kritische Nachfrage erreichen zu können. Diese Art der Vermarktung ist allerdings nur zur Arrondierung bestehender Kernsortimente geeignet. In Hinblick auf die Long-Tail-Vermarktung und damit einhergehende Dimensionierung der Sortimente ist im Online-Handel eine „Renaissance der Randsortimente"(Ehrmann/Schmale 2008, S. 44) zu beobachten."Keine Listungsgebühren, geringe Regalkosten und effektive Suchmaschinen: Das Internet macht die Vermarktung umsatzschwacher Produkte und damit die Sortimentsnischen attraktiv" (Ehrmann/Schmale 2008, S. 44).

Als zentrale **Nachteile und Risiken des Online-Handels aus Unternehmenssicht** gelten der hohe technische Aufwand, der auch einen schnellen ROI verhindert, der Wettbewerb mit bisher branchenfremden Anbietern, die „Free-Rider"-Mentalität sowie die Google-Abhängigkeit auf Handelsseite:

▪ **Hoher technischer Aufwand** ergibt sich aus der häufig unterschätzten Notwendigkeit, eine spezifische informationstechnische Infrastruktur zu schaffen. Insbesondere die Umsetzung der technischen und medialen Systemvoraussetzungen bedeutet in der Regel hohe Anfangsinvestitionen, die allerdings z.T. durch Zusammenarbeit mit Fulfilment-Dienstleistern umgangen werden können.

▪ **Keine schnelle Amortisation** des eingesetzten Kapitals ist aufgrund der hohen Anfangsinvestitionen gegeben. Außerdem ist der Aufbau einer Kundenbasis mit erheblichen Anstrengungen verbunden, so dass der Umsatz sehr zeitverzögert generiert wird. Andererseits ist nach der längeren Anlaufphase aber auch ein nachhaltiger Skaleneffekt realisierbar.

▪ **Wettbewerb mit branchenfremden Anbietern** ergibt sich aus der räumlichen und zeitlichen Unbegrenztheit des Online-Kanals, der es anderen Anbietern ermöglicht, auch ohne großen Aufwand Fremdprodukte zu verkaufen. Außerdem verleitet das Internet bisherige Lieferanten dazu, direkt an die Kunden zu verkaufen und damit Disintermediation zu betreiben.

▪ **„Free-Rider"-Problematik** entsteht durch Kunden, die sich im stationären Handel beraten lassen und anschließend im Internet dem günstigsten Angebot hinterherjagen. Hier gilt es, durch intelligentes CRM die Kunden nachhaltig zu binden. Das Channel-Hopping spricht außerdem auch dafür, eine Multi-Channel-Lösung anzudenken.

▪ **Google-Abhängigkeit** hat für Internethändler „Akzeptanzzwang" (vgl. Kap. 1.2). Mittlerweile kommt kein Online-Händler mehr an der „Frequenzabschöpfung" in der Google-Suchmaschine vorbei. Unternehmen, die ihr Geschäftsmodell im Internet auf den Besucherstrom von Google aufgebaut haben, sind dadurch abhängig geworden (vgl. Schmidt 2008, S. 14).

5.1.2 Risk-Benefit aus Online-Kundensicht

Das Internet, als virtueller Begegnungsraum zwischen Anbieter und Nachfrager, weist Eigenschaften der Ort- und Zeitunabhängigkeit (Ubiquität) auf. Jeder Teilnehmer kann in Abhängigkeit von seiner technischen Infrastruktur und seinen Präferenzen diesen virtuellen Raum betreten, in ihm verbleiben und ihn auch wieder verlassen. Damit unterscheidet er sich grundlegend von anderen Märkten, in denen diese globale und augenblickliche Reichweite nicht möglich ist. Dieser und auch andere Vorteile haben sicherlich zur Diffusion des Internet beigetragen. In Abbildung 5-2 sind die Vor- und Nachteile des Absatzkanals Internet aus Kundenperspektive zusammenfassend dargestellt.

Als wesentliche **Vorteile und Chancen aus Kundensicht** entpuppen sich die Überallerhältlichkeit, die Unabhängigkeit von Ladenöffnungszeiten und Standorten, die größere Auswahl und Vergleichbarkeit an Produkten und Angeboten, die Markttransparenz, die individuellen Angebote, die Offenheit sowie die besseren Informationen:

Abbildung 5-2:   *Risk-Benefit des Online-Absatzkanals aus Kundensicht*

Quelle: In Anlehnung an Passenheim 2003, S. 99

	Vorteile und Chancen	**Nachteile und Risiken**
Kundensicht	• Anywhere- und Anytime-Verfügbarkeit • Unabhängigkeit von Öffnungszeiten • Größere Auswahl an Angeboten • Markttransparenz und Vergleichbarkeit an Produkten und Angeboten • Individuelle Angebote • Offenheit • Bessere Informationen	• Fehlender physischer Kontakt mit den Produkten • Fehlender sozialer Aspekt beim Einkauf • Mögliche Schwierigkeiten bei der Reklamation • Sicherheitsrisiko bei Zahlungsabwicklung • Mindestbestellwert und zusätzliche Kosten

---

■ **Anywhere- und Anytime-Verfügbarkeit** ergibt sich durch den Zugang zum weltweiten Netzt. Aufgrund der Internationalität des WWW hat der Kunde Zugang zu sämtlichen Anbietern weltweit und somit zu erheblich mehr alternativen Anbietern, als es stationär möglich wäre.

■ **Unabhängigkeit von Öffnungszeiten** ist durch die 24-Stunden-Bestellmöglichkeit sowie die Belieferung an jede gewünschte Adresse gegeben. Bisherige Erfahrungen zeigen, dass mittlerweile im Online-Handel bevorzugt abends und nachts geordert wird.

■ **Größere Auswahl** ergibt sich nicht nur durch den Zugang zum weltweiten Netz, sondern auch durch die fehlenden räumlichen und zeitlichen Grenzen auf Angebotsseite, die z.B. zur Long-Tail-Vermarktung führen.

■ **Markttransparenz** ist vollumfänglich durch die „Echtzeit"-Vergleichsmöglichkeit, Preisvergleich im elektronischen Absatz sowie die Suchmaschinen oder Software-Agenten, die nach Vorgabe der Nutzer die für ihn besten Angebote suchen, gegeben. Mit der insgesamt verbesserten Markttransparenz findet der Kunde ohne zusätzliche Transaktionskosten leicht das für ihn beste Angebot.

■ **Individuelle Angebote** sind unmittelbare Folge des One-to-One-Marketings. Mit der Produktindividualisierung geht der Trend zur interaktiven Wertschöpfung, also Mass-Customization und Open-Innovation einher. Weiterhin erlaubt die Technik eine Personalisierung der Kundenansprache.

■ **Offenheit und Transparenz** kennzeichnet das Internet-Zeitalter. Davon sind nicht nur die Kunden betroffen, sondern auch die Unternehmen, die gegenüber ihren Kunden nichts mehr verbergen können.

■ **Bessere Informationen** im Sinne der Verbindlichkeit ergibt sich sowohl aus der Transparenz als auch aus der Dokumentation. Das Internet ermöglicht es, bewegte Bilder und Töne zu übermitteln, wodurch es im Vergleich zum Versandhandel die Produktanschauung plastischer gestalten kann. Gleiches gilt für die immer häufiger anzutreffende 3D-Animation.

Trotz der vielfältigen technischen Möglichkeiten weist der Online-Kanal immer noch nicht zu unterschätzende **Nachteile und Risiken aus Kundensicht** auf. Diese ergeben sich aus den fehlenden Kontaktmöglichkeiten (physisch und sozial), Schwierigkeiten und Risiken bei Reklamation und Zahlung sowie möglichen finanziellen Risiken durch Mindestbestellwerte oder kriminelle Energie:

■ **Fehlender physischer Kontakt** erweist sich aus Kundensicht als entscheidender Nachteil. Dieser ist mit dem funktionalen Risiko verbunden, die Qualität und Funktionalität des Produktes nicht direkt prüfen zu können.

■ **Fehlender sozialer Kontakt**, der beim Einkauf im stationären Geschäft gegeben ist, erhöht im Distanzhandel aufgrund der damit einhergehenden Anonymität das wahrgenommene Risiko der Kunden. Technische Innovationen wie z.B. Kommunikationsplattformen, können daran nichts ändern. Dieses spricht für einen stationären Supplement-Channel oder zumindest für eine Call-Center-Option.

■ **Mögliche Schwierigkeiten bei der Reklamation** ergeben sich aus der relativen Anonymität, die mit Sorgen von Konsumenten bezüglich möglicher Schwierigkeiten beim Umtausch verbunden sind. Die Rücksendung der Waren und der damit verbundene Gang zur nächsten Postfiliale stellt außerdem ein zeitliches und finanzielles Risiko aus Kundensicht dar.

■ **Sicherheitsrisiken bei der Zahlungsabwicklung** verursachen latente Ängste bei den Kunden, die durch ansteigende Betrugsfälle im Zusammenhang mit Online-Überweisungen genährt werden und die von Online-Händlern unbedingt ernst genommen werden sollten.

■ **Mindestbestellwert und zusätzliche Kosten** aufgrund von Reklamationen, Rücksendungen und Reparaturen, sind ebenfalls ein „Dauerthema auf Kundenseite". Dieses resultiert nicht selten auch aus intransparenten oder nicht Internet-spezifisch ausgestalteten AGB. Es lässt sich nachweisen, dass etliche Online-Händler diese Thematik bisher vernachlässigt haben.

5.2 Risk-Benefit für den Multi-Channel-Handel

Der Aufbau eines neuen Vertriebsweges stellt für einen Einzelhändler eine Innovation dar und zwar sowohl in Bezug auf den einzelnen innovativen Vertriebskanal „Pure-Internet-Handel" als auch im Hinblick auf den Einstieg in den Multi-Channel-Handel. Neben zahlreichen Chancen einer derartigen Innovation können sich auch Spannungen, Konflikte und damit Risiken ergeben, die kontraproduktiv zu der ursprünglichen Idee einer zusätzlichen Umsatzquelle wirken. Betrachtet man die Chancen und Risiken des Multi-Channel-Handels, empfiehlt sich aus ähnlichen Gründen wie bei der Vorteilhaftigkeitsbetrachtung des reinen Online-Handels eine zweigeteilte Betrachtung aus Handels- und Kundensicht.

5.2.1 Risk-Benefit aus Multi-Channel-Handelssicht

In Abbildung 5-3 ist die Vorteilhaftigkeit bei Verwendung paralleler Absatzkanäle aus Handelsperspektive zusammengefasst. Als **Vorteile und Chancen aus Handelssicht** lassen sich Erhöhung der Konsumentenreichweite und der Marktabdeckung, Wirtschaftlichkeit, Risikoausgleich, Flexibilität, Kundentreue sowie Imagegewinn und Markenverjüngung nennen:

Abbildung 5-3:   *Risk-Benefit des Multi-Channel-Handels aus Handelssicht*

Quelle: In Anlehnung an Passenheim 2003, S. 124

	Vorteile und Chancen	**Nachteile und Risiken**
Handels-sicht	• **Erhöhung der Konsumentenreichweite** durch breitere Kanalstreuung • **Erhöhung der Marktabdeckung** durch die Erschließung neuer Kundengruppen und anderer Mediennutzer • **Wirtschaftlichkeit** durch die Nutzung von Synergiepotenzialen • **Risikoausgleich** durch die Vermeidung von Abhängigkeiten von bestimmten Medien • **Flexibilität** durch medienspezifische Reaktionen auf Marktentwicklungen • **Kundentreue** durch gestiegenes Image und medienübergreifende Aktivitäten • **Imagegewinn und Markenverjüngung** durch Absatzkanal-Innovation	• **Schwierigkeiten der Implementierung** durch mangelndes Problembewusstsein • **Kontrollverlust** durch die Einschränkung von Handlungsspielraum auf Grund steigender Komplexität in der Mediensteuerung • **Suboptimierung** durch gestiegene Aufgabenkomplexität • **Kannibalisierungeffekte** durch konkurrierende Absatzkanäle • **Konflikte** durch Konkurrenzsituationen in den verschiedenen Medien • **Sinkende Differenzierungspotenziale** durch Zunahme von Penetration und Standards

▣ **Erhöhung der Konsumentenreichweite** durch Angebote in mehreren, breiter gestreuten Absatzkanälen: Mit Konsumentenreichweite ist die Anzahl der aktuellen und potenziellen Kunden gemeint, die von einer Kombination aus verschiedenen Vertriebskanälen, über die Waren vertrieben werden, tatsächlich erreicht werden können. Kunden entscheiden sich bei der Kaufentscheidung für den Betriebstyp, der für den aktuellen Bedarf die Leistungserwartungen am besten erfüllen kann. Im Extremfall entscheidet sich der Kunde bei jedem Einkauf neu, welchen Betriebstyp bzw. Absatzkanal er in welchem Handelsunternehmen frequentiert. Dabei steigt die Auswahlwahrscheinlichkeit, wenn die Produkte über mehrere, die verschiedenen Erwartungen erfüllenden Betriebstypen und Kanäle angeboten werden. Die dadurch ansteigende Konsumentenreichweite eröffnet Handelsunternehmen die Chance, dass es bei unterschiedlichen Kaufanlässen ausgewählt wird. Multi-Channel-Systeme zielen folglich darauf ab, möglichst viel von der Konsumentenrente abzuschöpfen und unter Effizienzgesichtspunkten „aus möglichst vielen Rohren breit zu schießen" (vgl. Schobesberger 2007, S. 29).

■ **Erhöhung der Marktabdeckung** durch Erschließung neuer Kundengruppen: Durch den Einsatz einzelner Absatzkanäle erreichen die Anbieter häufig nur einen Bruchteil des anvisierten Marktes. Erst durch die Distribution in mehreren Absatzkanälen kann brachliegendes Marktpotenzial erschlossen werden. Damit verbessert sich auch die Möglichkeit, höhere Umsätze zu erzielen. Zum anderen tun sich mit neuen Kanälen wiederum auch neue Marktpotenziale auf, da andere Zielgruppen als bisher erschlossen werden können (vgl. Schobesberger 2007, S. 29). Durch abgestimmte Kommunikation kann der Kunde auf die unterschiedlichen Beschaffungskanäle und ihre spezifischen Vorteile hingewiesen werden. Ein Mitglied des Bertelsmann Buchclubs wird sowohl in Katalog und Filialen als auch bei der telefonischen Bestellung immer wieder auf die Möglichkeit eines Besuchs der Internet-Seite hingewiesen. Eine erhöhte Marktabdeckung, verbunden mit einer umfassenden Erschließung aller Marktpotenziale kann häufig die Hinzunahme eines weiteren Absatzkanals rechtfertigen (vgl. Ahlert, Hesse 2003, S. 18). Häufig wird auch der Einstieg in den Multi-Channel-Handel genutzt, um eine Internationalisierung vorzubereiten. Die WWW-Präsenz kann als „Speerspitze" in neue Länderregionen genutzt werden, wie z.B. Douglas erkannt hat oder auch die Versandhändler zunehmend praktizieren.

■ **Wirtschaftlichkeit** durch Realisierung von Synergiepotenzialen: Mit der Distribution über Mehrkanal-Systeme gehen nicht nur Effektivitätsüberlegungen einher. Es werden damit häufig auch Kostenziele verfolgt. Die Überlegung besteht darin, durch den Einsatz verschiedener, wertkettenergänzender Absatzkanäle die Wirtschaftlichkeit zu erhöhen. So kann ein kostenintensiver Außendienst durch Stützpunktsysteme und forciertes Direktmarketing via Internet entlastet werden, wodurch die Wirtschaftlichkeit steigt. Weitere Beispiele sind Synergieeffekte durch die Nutzung vorhandener Ressourcen, durch die laufende Kosten und notwendige Anfangsinvestitionen reduziert werden können. Die gemeinsame Nutzung eines Warenlagers durch verschiedene Kanäle gibt zum Beispiel die Möglichkeit, Kapazitäten besser auszulasten und Fixkosten zu relativieren. Über gute Voraussetzungen für Effizienzvorteile verfügen vor allem die traditionellen Versandhändler. In der forcierten, von vielen Versandhändlern betriebenen Substitution des klassischen Kataloggeschäftes durch den Internet-Kanal steckt häufig auch die Überlegung, Druck- und Katalogkosten des klassischen Versandgeschäftes senken zu können. Die Versandhändler beherrschen die hinter dem Online-Auftritt stehenden Geschäftsprozesse, da diese in der Regel identisch sind mit dem traditionellen Geschäftsmodell. Dies gilt auch für die Zentrallagerlogistik und das Management der Verpackungszentren. Mit dem Einstieg in den Online-Handel wird praktisch nur die Stückzahl „im Back-Office" erhöht, so dass die damit anfallenden Stückkosten zumindest teilweise von der bereits in Gang gesetzten Erfahrungskurve profitieren können. Dadurch kann gegenüber Wettbewerbern ein Kostenvorteil erzielt werden. Branchenfremde Händler und Neugründer sind damit im Vergleich zum Versandhandel erheblich benachteiligt (vgl. Krone 2004, S. 18 ff.). Die entsprechenden Infrastrukturdefizite in der „New Economy" waren wesentlicher Grund für das Scheitern vieler Internet-Newcomer. Mit der Beschaffungsabhängigkeit von den relativen teuren und damit auf die Margen drückenden Barsortimentern konnten viele der neu gegründeten Internet-Buchhändler ohne eigene Infrastruktur niemals schwarze Zahlen erreichen (z.B. BOL). Voraussetzung für die Erzielung von Effizienzvorteilen in Multi-Channel-Systemen ist aber in jedem Fall die Verknüpfung und Koordination der verschiedenen Kanäle.

■ **Risikoausgleich** durch die Vermeidung von Abhängigkeiten auf bestimmten Kanälen: In einzelnen Absatzkanälen können immer auch starke Anhängigkeiten von einzelnen Kundengruppen entstehen. In vielen Branchen hat sich der Marktzugang als Nadelöhr für Lieferanten erwiesen. Einkaufsmacht, Handelskonzentration und Abhängigkeit bedroht vor allem mittelständisch strukturierte Industrien, die über Multi-Channel-Handel und insbesondere den damit verbundenen Online-Vertrieb eine Möglichkeit zur Direktvermarktung erhalten. Viele Anbieter wie z.B. Gerry Weber nutzen diese Vertikalisierungschance, um sich aus der Abhängigkeit ihrer Vertriebspartner zu lösen. Für den Händler ergibt sich ein Risikoausgleich auch aus einer mit dem Einstieg in den Multi-Channel-Handel verbundenen Betriebstypen-Diversifikation. Das Betriebstypen-Portfolio lässt sich besser ausbalancieren, wodurch das Geschäftsrisiko auf eine breitere Basis gestellt wird.

■ **Flexibilität** durch kanalspezifische Reaktionen auf Marktentwicklungen: In Bezug auf die Internet-Nutzung lassen sich zum Beispiel Vorteile der Vertriebskanalkombination nennen, die so sonst nicht bestehen. Insbesondere als flexibel einsetzbares Informationsmedium hat das Internet vielfach eine wichtige, nicht zu ersetzende Rolle im Rahmen von Multi-Channel-Systemen eingenommen. Studien besagen, dass ca. 40 Prozent aller Verbraucher sich vor einem Kauf im stationären Handel im Internet informieren und dabei entscheidend beeinflussen lassen. Das Internet ermöglicht es den Handelsunternehmen, die Konsumenten gezielt, flexibel und aktuell anzusprechen und deren Bedürfnisse besser auszuloten. Unter Zuhilfenahme des Internets können sich Händler ihren wertvollsten Kunden widmen und damit die profitabelsten Kundenbeziehungen intensiv pflegen (vgl. Krone 2004, S. 15-16), wie z.B. von Bogner-Homeshopping praktiziert.

■ **Kundentreue** durch kanalübergreifende Aktivitäten: Multi-Channel-Handel eröffnet die enorme Chance, den Kunden durch personalisierte Produktangebote und kundengerechte Sortimentsgestaltung langfristig zu binden. Auf Basis der neuen Systeme können Handelsunternehmen über verschiedene Kanäle eine Fülle unterschiedlichster Informationen über ihre Kunden sammeln und gewinnbringend einsetzen. In Verbindung mit Kundenkartsystemen sind sämtliche Käufe eines Kunden kanalübergreifend nachvollziehbar und seine Kaufhistorie dokumentierbar. Damit lässt sich ein aussagefähiges Kaufverhaltensprofil des Kunden aufzeichnen, das u.a. über sein Suchverhalten Auskunft gibt und für persönliche Kauf-Empfehlungen genutzt werden kann (vgl. Krone 2004, S. 17). Hinzu kommt, dass Kunden, die permanent auf der Suche nach neuen Angeboten sind, Mehrfachangebote auf differenzierten Kanälen registrieren und in der Regel auch honorieren, wie z.B. Neckermann.de bestätigt.

■ **Imagegewinn und Markenverjüngung** durch Absatzkanal-Innovation: Unternehmen ohne Internet-Präsenz gelten mittlerweile als „veraltet". Die Mehrzahl der Konsumenten nutzt das Internet, um sich im Vorfeld ihres Kaufes über Produkte zu informieren. Eine Website kann dabei auch gut dazu genutzt werden, Imagewerbung zu betreiben. Viele Besucher schließen vom Internet-Auftritt auf das Unternehmen und bilden sich dabei eine gefestigte Meinung. Dieses gilt insbesondere für die jungen Käufergenerationen, die ohne Internet vielfach gar nicht mehr erreicht werden können. Wenn ein Unternehmen allerdings den Internet-Kanal als Marketinginstrument zur Imageverbesserung und Markenverjüngung nutzen will, darf es sich diesbezüglich nicht mit „halben Sachen" zufrieden geben. Mit schlechten Websites kann der Schuss dabei „schnell nach hinten losgehen". Dieses hat z.B. Karstadt erkannt und mit Karstadt.de in den letzten beiden Jahren eine regelrechte „Online-Offensive" gestartet.

Als **Nachteile und Risiken aus Handelssicht** können Implementierungsschwierigkeiten, Kontroll- bzw. Komplexitätsgefahren, Suboptimierung, Kannibalisierungseffekte, Konflikte, sowie sinkendes Differenzierungspotenzial genannt werden:

■ **Schwierigkeiten der Implementierung** von Online-Vertrieb durch mangelndes Problembewusstsein: Die Implementierung von Online-Vertriebskanälen in bestehende Filialsysteme bringt nicht selten erhebliche Schwierigkeiten mit sich. Für den stationären Handel besteht die Herausforderung dieses Modells insbesondere in der Koordination des neuen Absatzkanals mit den traditionellen Vertriebswegen. Dabei sollte berücksichtigt werden, dass der Internet-Kanal von den vorhandenen Kunden nicht nur zum Einkauf, sondern vor allem auch als Informationsmedium genutzt wird. Es macht wenig Sinn und birgt große Gefahren in sich, den neuen Kanal implementieren zu wollen, ihn aber dann nicht als gleichwertige Verkaufsform zu akzeptieren, zu pflegen und weiterzuentwickeln. So gehen Kunden, die im Internet bestellen, von einer extrem hohen Warenverfügbarkeit und einer vergleichsweise sehr schnellen Lieferfähigkeit aus. Gerade hier haben viele Probleme ihren Ursprung, da die Bestellvorgänge in vielen Unternehmen noch manuell oder über den stationären Handel ausgeführt werden, womit die Kundenerwartungen aber nicht erfüllbar sind und Unzufriedenheit vorprogrammiert ist. Nur eine Automatisierung des Bestellwesens „ohne Medienbrüche" ist in der Lage, die zeitlichen Erwartungen der Kunden zu erfüllen. Den Internet-Kanal als „Nebenkanal" anzusehen, nicht zu integrieren und den Kunden dabei das Gefühl zu geben, mit einem völlig neuen Anbieter statt mit dem Stammgeschäft zu kommunizieren, ist in vielen Unternehmen Grund für den schlechten Start des Online-Verkaufs (vgl. Krone 2004, S. 7-9), wie z.B. bei Mediamarkt in der Vergangenheit zu beobachten.

▪ **Kontrollverlust** durch die Einschränkung von Handlungsspielräumen auf Grund **steigender Komplexität** in der Kanalsteuerung: Ein Multi-Channel-Unternehmen ist nun einmal ein komplexes Gebilde, das nicht selten über lange Jahre hinweg gewachsen ist. Es ist daher schwer, allgemeine Regeln für die Identifikation und Realisierung von Potenzialen abzuleiten. Zwar können die verschiedenen Kanäle durch Aufgabenverteilung gewisse Wertschöpfungspotenziale realisieren, der steigende Koordinationsaufwand finanzieller und personeller Art ist jedoch erheblich. Der Start ins Multi-Channel-Retailing wird häufig auch dadurch erschwert, dass keine geeigneten Controllingsysteme vorliegen, wodurch die genauen Ergebniswirkungen der Kanäle insbesondere untereinander nicht transparent sind. Eng damit verbunden ist die Tatsache, dass sich mit der Einführung neuer Kanäle auch die Rangfolge der betrieblichen Ziele verschiebt. Als Auswirkung des Internet-Vertriebs zeichnet sich zum Beispiel ab, dass aus Kundensicht die jederzeitige Erreichbarkeit und die Möglichkeit, jederzeit zu bestellen und den Lieferstatus zu erfahren, an Bedeutung gewinnen. Die nachhaltigsten Veränderungen ergeben sich in den Bereichen Informationsfluss, Zeit, Geschwindigkeit und Effizienz. Außerdem ist davon auszugehen, dass mit der Implementierung eines Internet-Kanals die Qualifikationsanforderungen der Verkaufsmitarbeiter verändert werden. Die Vertriebsmitarbeiter müssen sich von der bisherigen „Value Communication" lösen, um eine Chance gegen die hohen Effizienz- und Servicepotenziale des Internet zu haben und aus Kundensicht wertvolle Beziehungs- und Dialogleistungen zu erbringen (vgl. Krone 2004, S. 14).

▪ **Suboptimierung** durch gestiegene Aufgabenkomplexität: In der Regel müssen die neuen Fähigkeiten für die neuen Geschäftsarten und -systeme erst noch gelernt werden, wodurch viele Multi-Channel-Händler gerade in der Anfangsphase vielfach überfordert sind. Die große Gefahr dabei ist, dass die Anlaufschwierigkeiten und Probleme durch den neuen Kanal zu viel Managementkapazität binden und vom Tagesgeschäft im traditionellen Geschäftsteil ablenken. Risiken bestehen häufig auch in der Suche nach allgemein gültigen Lösungen, die sich dann in allen Absatzkanälen anwenden lassen. Die Spezifika der Kanäle werden dabei außer Acht gelassen, wodurch sich die eigentlichen Vorteile des Multi-Channel-Systems nivellieren. Ferner können zusätzliche Kosten entstehen, wenn die Unterschiede der Kanäle zwar antizipiert werden, aber keine integrierten Lösungen gefunden wurden, was die Wirtschaftlichkeit des gesamten Gebildes gefährden kann (vgl. Schobesberger 2007, S. 33).

▪ **Kannibalisierungseffekte** durch konkurrierende Absatzkanäle: Durch neue Kanäle verlieren Stammkanäle an Bedeutung und damit an Umsatz. Wie stark solche Kannibalisierungseffekte wirken, hängt unter anderem von der Art des Produktes, der Zugänglichkeit der verschiedenen Kanäle sowie der Habitualisierung des Kaufprozesses auf Kundenseite ab. Untersuchungen über Kannibalisierung in Multi-Channel-Systemen kommen jedoch auch zum Ergebnis, dass Befürchtungen in diese Richtung häufig übertrieben sind und die Kanäle sich bei richtiger Ausgestaltung eher gegenseitig fördern können.

▪ **Konflikte** durch Konkurrenzsituation in den verschiedenen Kanälen: Werden z.B. die einzelnen Absatzkanäle als eigenverantwortliche Bereiche im Sinne eines Profit-Centers geführt, kann es zu erheblichen Konflikten zwischen den Kanälen kommen, die auf opportunistisches Verhalten der einzelnen Absatzkanäle zurückzuführen sind. Sind die Kanalverantwortlichen dann noch für ihren Kanal ergebnisverantwortlich tätig und ein Teil ihres Einkommens erfolgsabhängig gestaltet, ist der Konflikt vorprogrammiert. Wieso sollte der Filialleiter eines stationären Geschäftes seinen Kunden empfehlen, das Produkt doch besser online einzukaufen? Insofern benötigen Multi-Channel-Systeme auch geeignete Anreiz- und Kontrollsysteme, die weniger umsatz- und absatzabhängig gestaltet sind und so eine zielsetzungsgerechte Koordination ermöglichen (vgl. Ahlert/Hesse/Jullens/Smed 2003, S. 21 ff.). Die neuen Multi-Channel-Händler müssen sich insgesamt die grundlegende Frage stellen, welche Konfliktwirkungen sich aus der neuen Konstellation ergeben können und wie in der spezifischen Konfliktsituation zu agieren ist, sei es durch ein präventives Konfliktmanagement oder ein situatives Konfliktmanagement. Vor allem bei langfristigen Veränderungen sollten Konflikte bereits im Vorfeld vermieden werden, z.B. durch eine offene Kommunikation der Ziele sowie der angestrebten Prioritäten im neuen Distributionssystem. Missverständnisse lassen sich auch dadurch ausräumen, dass die Rollenverteilungen zwischen den Absatzkanälen klar und nachvollziehbar geklärt werden (vgl. Krone 2004, S. 11).

▪ **Sinkende Differenzierungspotenziale** durch Zunahme von Penetration und Standards: Es kommt vor, dass Handelsunternehmen die Leistungsunterschiede zwischen den Absatzkanälen anders interpretieren, als diese von den Kunden wahrgenommen werden. Je weniger Unterschiede allerdings zwischen den Kanälen hervorgehoben werden können, desto eher kannibalisieren sich die Absatzkanäle (vgl. Krone 2004, S. 9ff.). Zur Herausstellung der Unterschiede müssen die Besonderheiten des jeweiligen Absatzkanals verdeutlicht werden. Erkennbare Differenzierungsmerkmale liegen nur dann für den Konsumenten vor, wenn ihnen ein zusätzlicher Absatzkanal einen bedeutsamen Nutzen bzw. Vorteil bietet, den andere Kanäle nicht aufweisen (z.B. 24-Stunden-Verfügbarkeit). Weiterhin muss die angebotene Problemlösung von den Kunden als relevant und einzigartig angesehen werden. Auch sollten die Bedürfnisse in dem spezifischen Absatzkanal für den Kunden besser erfüllt werden als durch den Wettbewerber (z.B. Lieferzeit). Allerdings besteht im Handel ein grundsätzliches Manko darin, dass eine vom Kunden wahrnehmbare Serviceleistung oder Profilierung nur von wenigen Handelsunternehmen erbracht wird. Zusätzlich wird eine Differenzierung durch einen neuen Online-Kanal und den damit verbundenen „First-Mover"-Vorteil immer schwieriger, denn je mehr Händler im Internet aktiv werden, desto geringer werden die Differenzierungspotenziale einzelner Angebote (vgl. Passenheim 2003, S. 125).

5.2.2 Risk-Benefit aus Multi-Channel-Kundensicht

Auch aus Kundensicht sind mehrere Chancen und Risiken zu beachten (vgl. Abb. 5-4). Dabei lassen sich als Chancen die Anpassung an Kundenbedürfnisse und der Risikoausgleich nennen:

Abbildung 5-4:   *Risk-Benefit des Multi-Channel-Handels aus Kundensicht*

Quelle: In Anlehnung an Passenheim 2003, S. 124

	Vorteile und Chancen	Nachteile und Risiken
Kunden sicht	• **Anpassung an Kundenbedürfnisse** durch gezielte Kommunikation in verschiedenen Medien • **Risikoausgleich** durch die Vermeidung von Abhängigkeiten von bestimmten Medien	• **Verwirrung beim Kunden** durch die Kommunikation der gleichen Leistung in verschiedenen Medien • **Unzufriedenheit** durch mangelnde Channel-Hopping-Möglichkeit

▪ **Anpassung an Kundenbedürfnisse** durch gezielte Distribution in verschiedenen Kanälen: In der Regel sind Kunden bereit und wünschen auch, bei einem ihnen bekannten Anbieter weitere Produkte zu erwerben, insbesondere wenn die bisherigen Erfahrungen gut waren. So erwägt der Kunde nach dem Kauf einer Spielkonsole vielleicht auch die passenden Spiele oder sogar ein Nachfolgemodell der Spielkonsole zu erwerben. Gleiches gilt für den PC-Kauf, dem sich der Erwerb von Software-Programmen anschließen kann. Neue „Storeless"-Kanäle versetzen den Kunden dabei in die Lage, auch ortsunabhängig und zu jeder Uhrzeit flexibel ordern zu können. Beispielsweise erzielt der Fernseh-Shop QVC nachts zwischen 1:00 und 2:00 Uhr seine höchsten Umsätze bei der Vorstellung seiner Neuangebote.

Dieses Kaufverhalten könnte in stationären Geschäften definitiv nicht befriedigt werden.

▪ **Risikoausgleich** durch Vermeidung von Abhängigkeiten auf bestimmte Kanäle: Die Standortproblematik im stationären Handel schafft insbesondere in strukturschwachen Regionen Versorgungsabhängigkeiten, die im Falle von Geschäftsschließungen zu katastrophalen Konsequenzen führen können. Hier schaffen zusätzliche Online-Einkaufsmöglichkeiten Abhilfe und reduzieren aus Kundensicht Versorgungsrisiken.

Als **Nachteile und Risiken des Multi-Channel-Retailing aus Kundensicht** lassen sich demgegenüber Verwirrung und Unzufriedenheit beim Kunden nennen:

▪ **Verwirrung beim Kunden** durch das Angebot unterschiedlicher Leistungen in verschiedenen Absatzkanälen oder mangelnde Channel-Hopping-Möglichkeiten. In Fällen, in denen an eine spezielle Kundengruppe unterschiedliche Leistungen über verschiedene Kanäle distribuiert werden, kann es außerdem zur Überforderung der Kunden kommen, wenn diese die Angebote und deren Vorteilhaftigkeit dann nicht mehr beurteilen können. Dabei sind nicht selten ungenaue Vorgaben für einzelne Absatzkanäle für die Verwirrung der Kunden verantwortlich (vgl. Schobesberger 2007, S. 32). Auch das unkoordinierte Nebeneinander von Absatzkanälen ist in der Regel Ursache für Desorientierung der Nutzer. So werden z.B. Sonderangebote nicht in allen Kanälen kommuniziert oder die Sortimentsgestaltung ist vollkommen unterschiedlich ausgerichtet, Produkte haben unterschiedliche Preise und das Corporate Design (z.B. Design, Schriftzug, Farbe, Position) fällt völlig unterschiedlich aus. Dadurch haben die Kunden ständig das Gefühl, es auch mit unterschiedlichen Unternehmen zu tun zu haben. Sie können dann nicht mehr beurteilen, welches Angebot für sie von Vorteil ist und sind dementsprechend überfordert. Bei den Konsumenten entsteht so ein Bild der Unprofessionalität und Unkoordiniertheit. Das kann letztlich auch zum Abwandern der Kunden und damit zu Umsatzeinbußen führen. Verbraucher betrachten Unternehmen trotz unterschiedlicher Kanäle als Einheit und reagieren auf Widersprüche überaus sensibel (vgl. Krone 2004, S. 12).

▪ **Unzufriedenheit** durch mangelnde Channel-Hopping-Möglichkeit: Haben Kunden keine Möglichkeit zum unbeschwerten Channel-Hopping, kann das Unternehmen auch nicht davon profitieren und sogar eher Imageschädigung davontragen. Folge ist eine nachhaltige Kundenunzufriedenheit, die sich nur noch schwer korrigieren lässt. Das Handelsunternehmen muss auf allen Kanälen seine kompletten Produkte und Services anbieten können, sonst verliert es an Glaubwürdigkeit (vgl. Krone 2004, S. 12).

5.3 Chancen für barrierefreien Online-Handel

Hand in Hand mit der zunehmenden Nutzung des Internet-Kanals nimmt die Forderung nach barrierefreiem Online-Einkauf in der aktuellen gesellschaftlichen Diskussion einen zunehmenden Stellenwert ein. Zudem erweist sich die betroffene Zielgruppe auch für die Unternehmen der Konsum- und Gebrauchsgüterindustrie als durchaus ökonomisch interessantes und zukünftig stark wachsendes Marktsegment (vgl. Ruland/Hardt/Heinemann 2007, S. 65).

5.3.1 Digitale Spaltung und rechtliche Situation

Die zunehmende Integration des Internets in die normalen Lebensabläufe, aber auch die Bedeutung für wirtschaftliche Prozesse und damit einhergehend die berufliche Tätigkeit lässt auf der anderen Seite die Befürchtung einer „digitalen Spaltung" der Gesellschaft aufkommen (vgl. BPB 2006). Personen, die aufgrund ihrer Lebensumstände, ihres Alters oder ihrer körperlichen und geistigen Konstitution von der Nutzung des Internets ausgeschlossen werden, könnten gravierende Nachteile erfahren und von entscheidenden Chancen zur Gestaltung ihres Lebens abgekoppelt werden. Aufgrund der demografischen Entwicklung der Bevölkerungsstruktur und der Wechselbeziehung zwischen Alter und Behinderung ist abzusehen, dass diese Problematik immer mehr an Bedeutung gewinnen wird. Aus dieser Überlegung ergibt sich die Forderung, die Nutzung des Internets für alle ohne große Hindernisse auszugestalten. Dieser Anspruch wird zusammengefasst unter dem Begriff „Barrierefreies Internet".

Rechtliche Situation

In Deutschland wird den Bedürfnissen von Menschen mit einer Behinderung oder Einschränkung von rechtlicher Seite her durch das „Gesetz zur Gleichstellung behinderter Menschen" (BGG) Rechnung getragen. Gesetzesziel ist die Vermeidung und Beseitigung von Benachteiligungen behinderter Menschen, sowie das Ermöglichen einer gleichberechtigten, selbst bestimmten Teilhabe am gesellschaftlichen Leben (vgl. Bundesrecht 2006). Details zur Umsetzung von barrierefreien Internet-Auftritten der Bundesbehörden und Wirtschaftsunternehmen in Deutschland regelt die „Verordnung zur Schaffung barrierefreier Informationstechnik nach dem „Behindertengleichstellungsgesetz" (vgl. BITV 2006). Unternehmen und Unternehmensverbände sind von dieser Rechtsverordnung ausgenommen, also gesetzlich nicht zur barrierefreien Umsetzung ihrer Internet-Präsentationen verpflichtet. Im Rahmen einer freiwilligen Selbstverpflichtung kann diese jedoch angegangen werden. Anders als in Deutschland werden Wirtschaftsunternehmen in den USA auf Basis der „Section 508 of the Rehabilitation Act" von jeglichen geschäftlichen Beziehungen mit den Bundesbehörden ausgeschlossen, sollten diese keine barrierefreie Informationstechnologie verwenden (vgl. Section 508, 2006; Ruland/Hardt/Heinemann 2007, S. 65).

5.3.2   Wirtschaftliche Bedeutung und technische Unterstützung

Neben den rechtlichen Rahmenbedingungen spielt für eine Einschätzung der wirtschaftlichen Bedeutung barrierefreier Internet-Technik die Größe der angesprochenen Zielgruppe eine entscheidende Rolle. Bei einer sorgfältigen Analyse stellt sich heraus, dass nicht nur behinderte Menschen, sondern zum Beispiel auch ältere Menschen sowie Nutzer mit einer Lernbehinderung oder einem Migrationshintergrund von einer barrierefreien Internet-Präsentation profitieren und damit im weitesten Sinne ebenfalls zur Zielgruppe zu rechnen sind. Aufgrund ihrer Immobilität und der hieraus resultierenden Einschränkung sind behinderte oder ältere Menschen eine besonders internetaffine und kaufkräftige Zielgruppe. Bietet ein Unternehmen für diese Nutzergruppen ein barrierefreies Angebot an, bedeutet dies neben der Akzeptanzsteigerung der Webseite und erhöhter Kundenloyalität einen zusätzlichen Imagegewinn in der Öffentlichkeit. Dies wiederum kann zu höheren Verkaufszahlen und somit einer Steigerung des Marktanteils führen. Die Größe dieser Zielgruppe kann leicht anhand zweier Zahlen erfasst werden. In der Europäischen Union gibt es ca. 38 Millionen Menschen mit Behinderung und 20 Prozent ihrer Bevölkerung sind über 60 Jahre alt. Obwohl Wirtschaftsunternehmen also große Vorteile durch eine barrierefreie Internet-Präsentation haben können, belegen die Ergebnisse einer Studie der INDECA GmbH im Januar 2006 deutlich, dass die Nutzung der Webseiten vieler Unternehmen „durch vielfältige technische Barrieren erschwert oder sogar verhindert", sowie „das wirtschaftliche Potenzial barrierefreier Technologien [...] nur unzureichend" ausgeschöpft wird (vgl. Indeca 2006). Der Hauptgrund für Unternehmen, der gegen die Einrichtung einer barrierefreien Internetpräsentation spricht, ist ein vermeintliches Mehr an Kosten. Laut einer Kosten- Nutzen- Analyse (vgl. Ruland/Hardt/Heinemann 2007, S. 66) belaufen sich die relativen Zusatzkosten auf Werte zwischen 0,04 und 1,56 Prozent falls der barrierefreie Auftritt bei Entwicklungsbeginn der Webseite mitkonzipiert wird. Diese Werte relativieren die Befürchtungen der Unternehmen und machen deutlich, dass durch die barrierefreie Umsetzung einer Webseite nur unwesentlich höhere Kosten entstehen (vgl. Ruland/Hardt/Heinemann 2007, S. 66).

Technische Unterstützung des barrierefreien Internetzugangs

Blinde oder stark sehgeschädigte Menschen benötigen zu einem vollständigen Informationserhalt die Möglichkeit einer variablen Schriftskalierung, verstärkte Kontraste und für alle nur visuell zu erfassenden Informationen (z.B. Bilder und Animationen) hinterlegte Alternativtexte. Gehörlose und hörbehinderte Menschen können durch den Einsatz von Gebärdensprachenvideos als Alternative zu geschriebenem Text unterstützt werden. Körperbehinderte Menschen können aufgrund ihres meist eingeschränkten Bewegungsradius Webseiten nur dann kontrolliert bedienen, wenn alle ansteuerbaren Seitenelemente logisch angeordnet und inhaltlich voneinander abgegrenzt werden, da unnötig viele Eingaben und Interaktionen für den Nutzer einen zusätzlichen Kraftaufwand bedeuten (vgl. Weist 2004, S.67). Barrierefreie Webangebote, die speziell auf die Bedürfnisse Lernbehinderter und geistig behinderter Menschen ausgerichtet sind, zeichnen sich in hohem Maße durch die Verwendung einfacher Sprache, den Einsatz von Symbolen und Grafiken und durch den Gebrauch von Farben als Orientierungshilfe zur Informationsvermittlung aus (vgl. Ruland/Hardt/ Heinemann 2007, S. 66).

5.4 Risiken nicht anforderungsgerechter AGB im Online-Handel

5.4.1 Neue Widerrufsbelehrung

Zum 11. Juni 2010 wurden die gesetzlichen Vorschriften zum Widerrufs- und Rückgaberecht neu geordnet. Für Online-Händler ist dies ein besonders wichtiges Datum, denn wer ab diesem Termin die aktuell gültige Widerrufsbelehrung noch verwendet, riskiert eine kostenpflichtige Abmahnung (vgl. Anwaltskanzlei Heinemann 2010, S. 1).

Die Musterwiderrufs- und die Musterrückgabebelehrung werden Bestandteil des EGBGB. Das amtliche Muster erhält damit Gesetzesrang. Für den Online-Händler führt dies zu mehr Rechtssicherheit. Verwendet dieser das neue Muster, so besteht keine Abmahngefahr. Die Gerichte sind an das gesetzliche Muster gebunden und können dies nicht mehr als wettbewerbswidrig einstufen (vgl. Anwaltskanzlei Heinemann 2010, S. 1).

Die Widerrufsfrist beträgt auch dann (nur) 14 Tage, wenn die ordnungsgemäße Widerrufsbelehrung dem Verbraucher erst unverzüglich nach Vertragsschluss in Textform mitgeteilt wird. Dies führt dazu, dass nunmehr auch bei Verkäufen über die Internet-Handelsplattform eBay und ähnliche Portale eine Widerrufs- bzw. Rückgabefrist von 14 Tagen eingeräumt werden kann. Bislang war dies nicht möglich. Das 14-tägige Widerrufsrecht erforderte eine Belehrung spätestens bei Vertragsschluss, die bei einem Kaufvertragsschluss bei eBay – der Händler weiß ja erst nach Ende der Auktion, wer sein Vertragspartner ist – aus technischen Gründen nicht möglich war. Spannend wird zu beobachten sein, was künftig als „unverzüglich" betrachtet werden wird. Die Gesetzesbegründung liefert hierfür jedenfalls einen ersten Anhaltspunkt. Dort heißt es, dass der Unternehmer die erste ihm zumutbare Möglichkeit ergreifen muss, um die Belehrung mitzuteilen. Von einer Verzögerung soll hingegen auszugehen sein, wenn der Händler nicht spätestens am Tag nach dem Vertragsschluss die Widerrufsbelehrung in Textform auf den Weg bringt (vgl. Anwaltskanzlei Heinemann 2010, S. 1).

Nach der Neuregelung genügt zudem eine unverzüglich nach Vertragsabschluss erfolgte Belehrung in Textform, um dem Unternehmer einen Anspruch auf Wertersatz wegen bestimmungsgemäßer Ingebrauchnahme zu verschaffen. Dafür war bislang auch eine Belehrung spätestens bei Vertragsschluss nötig, was insbesondere eBay-Händlern nicht möglich war (vgl. Anwaltskanzlei Heinemann 2010, S. 1).

Die gesetzlichen Änderungen führen dazu, dass alle bislang gültigen Widerrufsbelehrungen seit dem 11. Juni 2010 nicht mehr verwendet werden können. Online-Händler sollten sich daher auf die neue Rechtslage einstellen und ihre Belehrungen anpassen, zumal es eine Übergangsregelung nicht gibt. Besonders vorsichtig müssen alle Händler sein, die in der Vergangenheit bereits abgemahnt worden sind und eine strafbewehrte Unterlassungserklärung abgegeben haben. Denn durch die Änderung der Belehrung könnte ein Verstoß gegen die Unterlassungserklärung erfolgen. Dies hätte dann zur Folge, dass eine Vertragsstrafe fällig wird. Betroffene sollten daher in Erwägung ziehen, ihre Unterlassungserklärung mit Verweis auf die neue Rechtslage zu kündigen (vgl. Anwaltskanzlei Heinemann 2010, S. 1).

5.4.2 Kein Widerrufsrecht bei Produktindividualisierung

Bei Fernabsatzverträgen für Produkte, die nach Kundenspezifikationen angefertigt wurden oder eindeutig auf die persönlichen Bedürfnisse zugeschnitten sind, besteht kein Widerrufsrecht (§ 312d Abs. 4 Nr. 1 BGB). Dies wird von Anbietern entsprechender Produkte in den AGB häufig nicht bedacht und in den AGB nur pauschal formuliert, der Kunde habe ein Widerrufsrecht. Online-Händler, die individualisierte Produkte anbieten (z.B. Einzelfertigungen oder Mass-Customization) sollten deshalb besondere Regelungen in ihre AGB aufnehmen. Gleiches gilt für urheberrechtliche Regelungen, wenn Kunden z.B. eigene Design-Ideen verwirklichen können.

In Hinblick auf das Widerrufsrecht ist unbedingt zu berücksichtigen, dass Produkte, die nach einem so genannten Baukastensystem individuell nach Kundenwünschen zusammengestellt werden, von § 312d Abs. 4 Nr. 1 BGB nicht erfasst werden (z.B. Computer, Schmuck). Diesbezüglich kann auf das Urteil des BGH vom 19.03.2003, Az. VIII ZR 295/01, hingewiesen werden, welches das Widerrufsrecht bei Fernabsatzverträgen betrifft. Der die Rückabwicklung begehrende Kläger hatte ein Notebook nach seinen Wünschen ausstatten und mit Zusatzkomponenten versehen lassen, so dass der BGH davon ausging, dass das Notebook in der konkreten Zusammenstellung nur zufällig einen anderen Käufer finden könne. Gleichwohl sei das Widerrufsrecht des Klägers nicht nach § 3 Abs. 2 Nr. 1 FernAbsG (jetzt § 312d Abs. 4 Nr. 1 BGB) wegen Anfertigung der Ware nach Kundenspezifikation ausgeschlossen. Für den beklagten Händler habe, weil dieses aus Standardbauteilen zusammengesetzt worden sei, die ohne größeren Aufwand getrennt und anderweitig verwendet werden konnten, die Möglichkeit einer wirtschaftlich tragbaren Verwertung des Notebooks bestanden.

Deshalb war nach Ansicht des BGH der Schutzbereich von § 3 Abs. 2 Nr. 1 FernAbsG (jetzt § 312d Abs. 4 Nr. 1 BGB) nicht eröffnet.

Eine Studie, die im Rahmen eines Forschungsprojektes unter Betreuung des Autors im Jahre 2008 an der Hochschule Niederrhein durchgeführt wurde, untersucht am Beispiel von 14 ausgesuchten Mass-Customization-Internet-Anbietern, inwieweit den spezifischen Anforderungen an die AGB Rechnung getragen wird. Dabei wurden vor allem Rückgaberegelungen und Widerrufsrechte, aber auch Gewährleistungen, Retourenregelungen, Schutzrechteregelungen sowie Produkthaftungsregelungen im Mass-Customization untersucht. Bei den untersuchten Internet-Anbietern sind in der Regel die untersuchten rechtlichen Rahmenbedingungen im Rahmen der AGB geregelt. In wenigen Fällen sind die AGB unvollständig, in einem Fall fehlten sie ganz. Gewährleistung (§§ 437 BGB) und Produkthaftung sind in der Regel nach gesetzlichen Bestimmungen geregelt bzw. begrenzt. Ein Link zu den AGB ist auf jeder Seite integriert, teilweise existiert eine direkte Download-Funktion.

Einen empfehlenswerten Umfang von AGB eines Mass-Customization Anbieters im Internet zeigen die diesbezüglichen Best Practice-Anbieter:

- §1 Allgemeines, Geltungsbereich (§ 305 BGB)

- §2 Verantwortlichkeit für Online-Angebot

- §3 Vertragsschluss

- §4 Lieferung/Versand

- §5 Preise

- §6 Bezahlung

- §7 Eigentumsvorbehalt (§ 449, § 929, § 158 BGB)

- §8 Gewährleistung (§ 438 BGB)

- §9 Haftung/Haftungsbeschränkung (§ 309 BGB)

- §10 Widerrufsrecht (§ 312d BGB)

- §11 Schutzrechte/Urheberrechte (UrhG)

- §12 Technische und gestalterische Abweichungen

- §13 Datenschutz (BDSG)

- §14 Erfüllungsort, Gerichtsstand.

Neben diesen Best Practices gibt es aber immer noch Anbieter, bei denen überhaupt keine AGB zu finden sind. Dieses ist gerade deshalb besonders problematisch, weil gemäß § 312c BGB der Unternehmer dem Verbraucher bestimmte, in Verbindung mit Artikel 246 §§ 1 znd 2 EGBGB näher bezeichnete, Informationen zur Verfügung zu stellen hat. Die Urheberrechte sind nur von wenigen der führenden Mass-Customization-Anbietern im Internet beachtet worden, und zwar lediglich von Nike iD, Lego Factory und Pixum. Spreadshirt nutzt die Bestimmung „zur Regelung des Urheberrechts an geistigem Eigentum der Kunden" und bietet seinen Kunden die Möglichkeit, eine Lizenz über ihre selbst gestalteten Motive an Spreadshirt zu vergeben. Spreadshirt vertreibt dann dieses Motiv und der Kunde erhält eine Provision vom Umsatz des Motives.

5.5 Transformation und Perspektiven im Online-Handel

Das Internet schafft nicht nur Transparenz, sondern hat auch die Nutzer zu „mündigeren Kunden" gegenüber den Unternehmen gemacht: Neue Informations- und Interaktionsmöglichkeiten können nach individuellen Präferenzen in einem nahezu grenzlosen, weltweiten Beschaffungsmarkt genutzt werden (vgl. Haug 2010, S. 46). Hinzu kommt, dass Wettbewerbsveränderungen – zum Beispiel die Anzahl der Wettbewerber – viel schneller auftreten, als man es in der „Pre-Internet-Zeit" gewohnt war. Dieses führt zu einer Zunahme des Wettbewerbsdrucks, wozu auch die gesunkenen Fixkosten bei der Erschließung von Online-Potenzialen sowie das gestiegene Angebot an neuen Dienstleistungen wie z.B. Suchmaschinen beigetragen hat (vgl. Graf 2010, S. 342). Während viele Unternehmen es bisher gewohnt waren, höchstens „alle 5 Jahre" einen neuen Anbieter zu begrüßen, müssen sich jetzt im Internet insbesondere die B2C-Branchen „alle 5 Minuten" mit einem neuen Wettbewerber auseinandersetzen. Die Newcomer versuchen nun, die bisher geltenden USPs zu übertreffen und zum Beispiel schneller zu arbeiten, noch besser zu beraten und dem Kunden damit eine bessere Leistung zu bieten als die bisherigen Anbieter. Unternehmen, die ihr Leistungsniveau nicht anpassen, geraten automatisch ins Hintertreffen und scheiden damit faktisch aus dem Markt aus, weil ihre Produkte oder Dienstleistungen nicht mehr nachgefragt werden. Dabei ermöglichen die (Informations-)Intermediäre jederzeit und überall einen einfachen Vergleich von faktischer Leistung (z.B. Service oder Preis) und lassen damit Anbieter in unseren Suchfokus rücken, die bisher keine Rolle gespielt haben (vgl. Graf 2010, S. 344). Sie sorgen damit für ein enorm hohes Maß an Transparenz und vereinfachen so die Wahrnehmung neuer Anbieter, die sich durch das Übertreffen bisher geltender Bestleistungen in bestimmten Kategorien in eine bessere Position bringen. Die durch Markeninvestments und Kundenbindungsprogramme angestrebten Lock-In-Effekte an Produkte, Dienstleistungen oder Anbieter werden dadurch zunehmend ineffizienter, da sich Kunden vor allem aufgrund faktischer Leistungsvorteile entscheiden (vgl. ebenda). Dadurch wird es für Anbieter immer schwieriger, schlechte Leistungen online an die Kunden zu bringen. Unternehmen, die nicht in der Lage sind, ihre Leistungen dem Marktniveau anzupassen, werden schneller als bisher vom Markt verschwinden. Unternehmen, die in der Lage sind mit ihren Leistungen den Benchmark zu setzen, werden noch erfolgreicher sein als bisher. Auch bisher völlig unbekannte Unternehmen können binnen kurzer Zeit durch minimale Leistungsvorteile nahezu unbegrenzte Reichweiteneffekte erzielen. Ein Dilemma an diesen Effekten ist, dass sowohl Aufschwung als auch Abschwung durch sie gleichermaßen beschleunigt werden (vgl. Graf 2010, S. 345-346). Vor diesem Transparenzdilemma können sich die Unternehmen kaum schützen und es erscheint sinnvoller, die Regeln anzunehmen und die sich daraus ergebenden Chancen zu nutzen.

Wie kann es angesichts dieses Transparenzeffektes jedoch sein, dass kein deutscher Handelskonzern – vielleicht mit Ausnahme der Otto-Gruppe – ernsthaft online aufrüstet? Eine Erhebung der Hochschule Niederrhein unter den größten deutschen Einzelhandels-Filialisten deckt auf, dass die Mehrzahl noch keinen Online-Shop betreibt. Und selbst wenn solche Shops existieren, werden diese vorwiegend als „starrer" Online-Kanal genutzt, um entweder alte Ware zu verramschen oder magere Rumpfsortimente anzubieten. Viele der Angebote quälen die Online-Kunden zudem mit langen Ladezeiten, mangelnder Bedienungsfreundlichkeit („Usability") sowie fehlenden Funktionalitäten. Nur wenige der Online-Shops erreichen ein akzeptables Niveau, das allerdings bei Weitem nicht an das der in diesem Buch aufgezeigten internationalen Best Practices heranreicht. Und auch die so genannten Multi-Channel-Anbieter, die in der Kombination von Offline und Online ihren Kunden Channel-Hopping-Möglichkeiten bieten könnten und denen das größte Online-Potenzial beigemessen wird, tun dieses hierzulande bisher kaum. So sind im deutschen Handel kaum Multi-Channel-Konzepte anzutreffen, die losgelöst vom stationären Geschäft („Lead-Channel" bzw. Leitkanal) den Online-Shop wirklich als strategische Wachstumschance nutzen und zu einem gleichberechtigten Kanal ausbauen.

Kein Dax-Handelskonzern erreicht – sofern bei ihm eine stationäre Vertriebsschiene um einen Online-Shop ergänzt wird – nennenswerte Online-Anteile im zweistelligen Bereich. Diese strategische Ignoranz und kaum nachvollziehbare „Internet-Zurückhaltung" ist höchst bedenklich und müsste Analysten eigentlich Schweißperlen auf die Stirn treiben. Echte, voll integrierte Multi-Channel-Systeme inklusive Stationärgeschäft, in denen alle Kanäle gleichberechtigt betrieben und Internet-Anteile im hohen zweistelligen Bereich erreicht werden, finden sich praktisch nur im englischsprachigen Raum. Interessanterweise erwirtschaften diese Handelsunternehmen traumhafte Umsatzrenditen, die im deutschsprachigen Einzelhandel so nicht vorzufinden sind.

Die besten Konzepte der Multi-Channel-Händler zeigen einen hohen Integrationsgrad ihrer Absatzkanäle. Der empfundene Kundennutzen zwischen den Kanälen ist annähernd identisch in Bezug auf Preispolitik, Kernsortimente und Service-Levels. Zugleich werden die spezifischen Vorteile der unterschiedlichen Verkaufsformen herausgestellt, wie z.B. im Online-Kanal die modernen Instrumente des Web-2.0 (Kundenforen, Videos bzw. Podcasts etc.). Dabei wächst der „bewegte" Online-Kanal in der Regel deutlich schneller als die anderen Kanäle, in vielen Fällen mehr als 50 Prozent im Jahr. Diese Erfolgsbeispiele verdeutlichen, dass Faszination beim Einkauf nicht mehr nur ein rein „stationäres" Thema sein muss, wie viele Traditionshändler immer noch meinen.

Einprägsame und interaktive Erlebnisse können den Kunden heutzutage auch im E-Commerce und den anknüpfenden Communities geboten werden. Und wenn die Kunden demnächst im Internet im 3-D-Verfahren ihre Produkte aussuchen und über berührungsempfindliche Bildschirme bestellen können, dürfte hier sogar eine neue Dimension des Einkaufserlebnisses eingeläutet werden. Der typische Einwand deutscher Händler – „Die Investitionen sind nicht zu stemmen" – kann widerlegt werden. Die Online-Händler mit Web-Exzellenz sind „naked companies", also extrem schlanke Unternehmen, die keine eigene Infrastruktur aufbauen, sondern auf professionelle Fulfilment-Provider zurückgreifen. Die können es in der Regel besser und günstiger.

Vieles spricht dafür, dass die Online-Anteile der „New Economy" in den nächsten Jahren stärker als bisher steigen und sich damit erheblich auf die angestammten Bereiche der „Old Economy" auswirken werden. Denn alle Arten von Waren und Services haben sich mittlerweile als onlinefähig erwiesen. Und immer mehr Verbraucher informieren sich vor ihrem Kauf im Internet über die gewünschten Produkte. Mehr als 23 Prozent aller stationären Käufer tun dies bereits und springen dabei zwischen den verschiedenen Handelskanälen hin und her („Channel-Hopping"). Von dieser Wechselwirkung kann vor allem der „schwer gebeutelte" stationäre Einzelhandel profitieren. Denn die Gewinner im E-Commerce werden insbesondere Multi-Channel-Händler sein, die in der Kombination von Filialgeschäft und Online-Handel ihren Kunden das „Channel-Hopping" ermöglichen und ihnen dadurch einen echten Kundenmehrwert bieten können.

Vorsichtige Schätzungen gehen davon aus, dass bis 2015 voraussichtlich 40 Prozent aller stationären Einzelhandelskunden ihre Käufe im Netz vorbereiten werden. Angesichts dieser fortschreitenden „Revolution der Information" durch die immer stärkere kaufvorbereitende Nutzung des Internet muss um so mehr erstaunen, dass die Mehrzahl der stationären Einzelhändler in Deutschland den Online-Handel als Wachstumschance nicht nutzt. Denn schon alleine aufgrund der demographischen Entwicklung sollten die Handelsunternehmen schnellstens umdenken, um nicht schon bald abgehängt zu werden. So wachsen in den kommenden fünf bis acht Jahren die internetaffinen Zielgruppen der „Pre-Digitals" überproportional stark nach. Diese Menschen können sich zwar noch gut an eine Zeit ohne Internet erinnern, nutzen es aber zunehmend. Sie wachsen immer stärker in die älteren Zielgruppen der „Internet-Analphabeten" hinein, die noch nie im Internet waren. In die mittleren Altersgruppen der „Pre-Digitals" wächst wiederum die große Flut der „Digital Natives" herein, jene Menschen, die schon mit dem Web aufgewachsen sind. Mit ihrem primär internetbasierten Einkaufsverhalten dürfte diese Gruppe in den nächsten Jahren eine regelrechte „Revolution der Informationsgewinnung" auslösen. Es dauert schließlich nur noch ein paar Jahre, dann sind diese jungen Menschen geschäftsfähig. Der erste große Online-Händler, Amazon, wird 2010 gerade einmal 15 Jahre alt. Die derzeit noch deutlich jüngeren „Digital Natives", die mit diesem Angebot aufgewachsen sind, werden zunehmend diejenigen Händler abstrafen, die das Online-Zeitalter unverständlicher Weise bisher ignorieren. Dabei ist eines sicher: Das Wachstum im E-Commerce ist nicht mehr zu stoppen. Höheres Wachstum wäre möglich, wurden in Deutschland jedoch offensiver als bisher die Chancen des Internets genutzt.

Literaturverzeichnis

Accenture (Hrsg.) (2008): Mobile Web Watch 2008 – Das Web setzt zum Sprung auf das Handy an, Kronberg im Taunus, PDF-Download unter: http://www. accenture.com/Countries/Germany/Research_and_Insights/MobileWebWatch2008.htm (Stand 12.01.2009).

Ahlert, D. (1988): Marketing-Rechts-Management, Rechtsprobleme des Marketing und ihre kooperative Bewältigung durch Rechtsexperten und Marketingmanager in der Praxis industrieller Unternehmungen, Köln – Berlin – Bonn – München.

Ahlert, D.; Borchert, S. (2000): Prozessmanagement im vertikalen Marketing – Efficient Consumer Response (ECR) in Konsumgüternetzen, Berlin.

Ahlert, D. (2001a): Markenmanagement und Category Management in der Wertschöpfungskette – Zwei Seiten einer Medaille?, in: Ahlert, D.; Olbrich, R.; Schröder, H. (Hrsg.): Jahrbuch Handelsmanagement 2001, Vertikales Marketing und Markenführung im Zeichen von Category Management, Frankfurt am Main.

Ahlert, D. (2001b): Handelsunternehmen schlagen Brücken: Der Händler im Beziehungsnetz, in: Ahlert, D.; Becker, J.; Kenning, P.; Knackstedt, R. (Hrsg.): Unterlagen zur 5. Fachtagung „Handelsinformationssysteme 2001", Münster.

Ahlert, D. (2001c): Implikationen des Electronic Commerce für die Akteure in der Wertschöpfungskette, in: Ahlert, D.; Becker, J.; Kenning, P.; Schütte, R. (Hrsg.): Internet & Co. im Handel, Strategien, Geschäftsmodelle, Erfahrungen, Berlin, S. 1-26.

Ahlert, D.; Becker, J.; Kenning, P.; Schütte, R. (Hrsg.) (2001d): Internet & Co. im Handel; Strategien, Geschäftsmodelle, Erfahrungen, Berlin.

Ahlert, D.; Becker, J.; Knackstedt, R.; Wunderlich, M. (Hrsg.) (2002): Customer Relationship Management im Handel; Strategien – Konzepte – Erfahrungen, Berlin.

Ahlert, D.; Hesse, J. (2002): Relationship Management im Beziehungsnetz zwischen Hersteller, Händler und Verbraucher, in: Ahlert, D.; Becker, J., Knackstedt, R., Wunderlich, M. (Hrsg.): Customer Relationship Management im Handel; Strategien – Konzepte – Erfahrungen, Berlin, S. 3-22.

Ahlert, D.; Hesse, J.; Jullens, J.; Smend, P. (2003): Multikanalstrategien, Konzepte, Methoden und Erfahrungen, Wiesbaden

Ahlert, D.; Evanschitzky, H. (2006): Multi-Channel-Management im Spannungsfeld von Kundenzufriedenheit und Organisation, in: Thexis, Fachzeitschrift für Marketing 4/2006, S. 21-25.

Ahlert, D.; Große-Bölting, K.; Heinemann, G. (2008): Handelsmanagement in der Textilwirtschaft – Einzelhandel und Wertschöpfungspartnerschaften, Frankfurt.

Albers, S. (2000): Was verkauft sich im Internet? Produkte und Leistungen, in: Albers, S.; Clement, M.; Peters, K.; Skiera, B.: eCommerce – Einstiege, Strategie und Umsetzung im Unternehmen, 2. Aufl., Frankfurt am Main, S. 21-36.

Alby, T. (2008): Das mobile Web, München.

Amazon (2010): Form 10-K, in: Morningstar Dokument Research, annual report, January 29th, 2010.

Amor, D. (2000): Dynamic Commerce – Online-Auktionen – Handeln mit Waren und Dienstleistungen in der Neuen Wirtschaft, Bonn.

Anwaltskanzlei Heinemann (2010): Online-Händler aufgepasst: Neue Widerrufsbelehrung ab 11. Juni 2010, in: Newsletter ANWALTSKANZLEI HEINEMANN vom 25.05.2010, S. 1.

Apple (2010): Apple Reprots Second Quarter Results, April 20, 2010, www.apple.com/pr/library/2010/04/20results.html.

Armbruster, K.; Schober, F. (2002): Hybridstrategien im Multikanal-Vertrieb, in: WiSt, Heft 6, S. 347-350.

Arnold, U. (1998): Gobal Sourcing: Ein Konzept zur Neuorientierung des Supply Management von Unternehmen, in: Welge, M.K. (Hrsg.): Globales Management, Stuttgart, S. 49-71.

Arnold, U. (1997): Beschaffungsmanagement, 2. Aufl., Stuttgart.

Backhaus, K. (2009): Die Sigmoldfunktion digitaler Kohorten, in: Deutsche Fachpresse Aktuell, Letter 5-09, S. 11.

Backhaus, K.; Hoeren, T. (Hrsg.) (2007): Marken im Internet – Herausforderungen und rechtliche Grenzen für das Marketing, München.

Bähre, J. (2007): Erfolgreicher Multi-Channel-Handel, Vortrag auf dem Kongress Multi-Channel-Handel 2007 am 12./13. Juni in Köln.

Baumann, S. (2008): Customer Inc., in: absatzwirtschaft Sonderheft 2008, S. 111-114.

Baumgardt, M. (2010): Kooperative Online-Kanäle im Großhandel zur Kundenbindung – Online-Plattform der hagebau-/ZEUS-Verbundgruppe, in: Heinemann, G.; Haug, A. (Hrsg.), Web-Exzellenz imE-Commerce – Innovation und Transformation im Handel, Wiesbaden, S. 263-278.

Benjamin, R.; Wigand, R. (1995): Electronic Markets and Virtual Value Chains on the Information Superhighway, in: Sloan Management Review/ Winter 1995, Boston.

Bergauer, M.; Wierlemann, F. (2008): Einkauf – Die unterschätzte Macht, Frankfurt.

Bernauer, D. (2008): Mobile Internet – Grundlagen, Erfolgsfaktoren und Praxisbeispiele, Saarbrücken.

BGB (2008), Bürgerliches Gesetzbuch, 61. Auflage.

Billhardt, S.; Borst, S.; Johann, B.; Körner, A. (2008): Online-Banking? Aber sicher! In: Focus 4/2008, S. 117-121.

Billhardt, S.; Henke, M.; Holtkopf, N.; Waldenmaier, N.; Marth, M. (2008): Heimliche Entscheider, in: Focus 10/2008, S. 76-83.

Billen, P. (2004): Analyse des Internet-Nutzungsverhaltens – Wege zur Steigerung der Online-Kaufbereitschaft, in: Bauer, H. H.; Rösger, J.; Neumann, M. M. (Hrsg.): Konsumentenverhalten im Internet, S. 333-351.

BITKOM (2007): Der elektronische Handel boomt, Presseinformation vom 25. Januar 2007.

BITKOM (2008): Deutschland holt bei Breitband auf, Presseinformation vom 19. Mai 2007.

BITKOM (2008): Deutsche kaufen gern im Internet, Presseinformation vom 24. Januar 2008.

BITKOM; Goldmedia (Hrsg.) (2008): Goldmedia Mobile Life Report 2012 – Mobile Life in the 21st century – Status quo and outlook, Berlin, PDF-Download unter:

http://www.goldmedia.com/publikationen/bestellung-mobile-life-2012.html   (Stand 17.01.2009).

Bliemel, F.; Eggert, A.; Adolphs, K. (2000): Preispolitik im Electronic Commerce, in: Bliemel, F.; Fasott, G.; Theobald, A. (Hrsg.): Electronic Commerce - Herausforderungen – Anwendungen – Perspektiven, 3. Aufl., Wiesbaden 2000, S. 205-217.

Boersma, T. (2010): Warum Web-Exzellenz Schlüsselthema für erfolgreiche Händler ist - Wie das Internet den Handel revolutioniert, in: Heinemann, G.; Haug, A. (Hrsg.), Web-Exzellenz imE-Commerce – Innovation und Transformation im Handel, Wiesbaden, S.21-42.

Bohlmann, A. (2007): Multi-Channel-Retailing und Kaufbarrieren: Wie Kunden Kaufrisiken wahrnehmen und überwinden, Essen.

Bongartz, M. (2002): Marke und Markenführung im Kontext des Electronic Commerce, in: Meffert, H.; Burmann, C.; Koers, M. (Hrsg.), Markenmanagement, Grundfragen der identitätsorientierten Markenführung, Wiesbaden.

Bolz, N. (2008): Linking Value – der Mehrwert des 21. Jahrhunderts, in: Kaul, H.; Steinmann, C. (Hrsg.): Community Marketing – Wie Unternehmen in sozialen Netzwerken Werte schaffen, Stuttgart, S. 251-260.

Booz-Allen & Hamilton (Hrsg.) (2000): 10 Erfolgsfaktoren im e-business, Düsseldorf.

Booz-Allen & Hamilton (2003): E-Sourcing: 21st Century Purchasing, Viewpoint.

Borchert, S. (2001): Führung von Distributionsnetzwerken, in: Ahlert, D.; Creusen, U.; Ehrmann, T.; Olesch, G. (Hrsg.): Unternehmenskooperation und Netzwerkmanagement, Wiesbaden.

Breitkopf, T. (2008): Unsichtbare Spur im Netz, in: Rheinische Post vom 30. April 2008, S. E3).

Brochhagen, T.; Wimmeroth, U.: Geld verdienen mit Amazon, Data Becker, Düsseldorf.

BVH Bundesverband des Deutschen Versandhandels (2010): Versand-und Online-Handel 2009 (B2C), Hamburg

Bundesministerium für Wirtschaft und Technologie (2008): E-Commerce - 11. Faktenbericht 2008.

Burmann, C.; Wenske, V. (2006): Multi-Channel-Management bei Premiummarken, in: Thexis, Fachzeitschrift für Marketing 4/2006, S. 11-15.

Dach, C. (2002): Internet Shopping versus stationärer Handel; zum Einkaufsstätten-verhalten von Online-Shoppern, Köln.

Dahlheimer, P. (2007): Multi-Channel-Retailing am Beispiel Libri.de, Vortrag auf dem Kongress Multi-Channel-Handel 2007 am 12./13. Juni in Köln.

Delticom (2010): „Über uns", Informationen zum Unternehmen, www.delti.com

Denker, H. (2008): Suchmaschinen verstehen uns, in: WAMS Nr. 43 vom 26, Oktober 2008, S. 58.

Der Versandhandelsberater (2007): Sonderheft: Katalog und Onlineshop des Jahres 2007.

Der Spiegel (2008): Das Netz als Grundversorgung, Nr. 10, S. 170.

Der Spiegel (2009): Nackt unter Freunden, Nr. 10, S. 118-131.

Der Spiegel (2009): Die eVolution, Nr. 11, S. 102-103.

Deutsche Bank Card Services (2009): E-Commerce-Report 2009 – Trends im Kauf-Zahlverhalten des E-Commerce auf Basis realer Transaktionen.

Die Welt (2008): Jeder Deutsche surft im Schnitt täglich 58 Minuten im Internet, 4. August 2008, S. 4.

Diehl, S. (2002): Erlebnisorientiertes Internetmarketing. Analyse, Konzeption und Umsetzung von Internetshops aus verhaltenswissenschaftlicher Perspektive, Wiesbaden.

Donaghu, M.; Barff, R. (1990): „Nike just did it – international subcontracting and flexibilty in athletic footwear production", Regional Sudies, Vol. 24, No. 6, S. 537-552.

Droege&Comp. (2000): SPEED, Prozessbeschleunigung im Handel, Düsseldorf.

Droege&Comp. (2002): Fusionen und Integrationsprojekte erfolgreich umsetzen, Teil 1: Leitfaden für die operative Projektarbeit, Düsseldorf.

DSLWEB (2009): DSL WEB Special: DSL Marktreport – Der DSL Markt im 1. Quartal 2010, www.dslweb.de/dsl-marktuebersicht.php

Dworschak, M. (2007): Wer mit wem? In: Der Spiegel 52/2007, S. 132-134.

Easy2office (2008): Jeder 3. Deutsche betreibt Onlinebanking, www.easy2website.de, Info vom 7. Juni 2008.

Ebbers, D. (2003): Welche Daten können was im Category Management-Prozess? In: Schöder, H. (Hrsg.): Category Management: Aus der Praxis für die Praxis; Konzepte – Kooperationen – Erfahrungen, Frankfurt am Main, S. 141-156.

ECC-Handel (2007): EP:Netshop – Multi-Channel-Angebot der Verbundgruppe ElectronicPartner, www.ecc-handel.de.

ECC-Handel (2007): Tchibo – Gelungenes Multi-Channel-Marketing, www.ecc-handel.de.

Egan, J. (2003): Lean Thinking – Banish Waste and Create Wealth in Your Corporation, Sydney.

Ehrmann, T.; Schmale, H. (2008): Renaissance der Randsortimente, in: absatzwirtschaft 2/2008, S. 44-46.

Eickhoff, M. (1997): Erfolgsforschung im Bekleidungseinzelhandel, Frankfurt am Main.

Erlinger, M. (2008): E-Commerce – Der lange Weg zum Foto im Shop, in: TextilWirtschaft: Heft 39, 2008, S.52-53.

Evanschitzky, H. (2002): Das Verhältnis von neuen und traditionellen Absatzkanälen im Rahmen des Channel Management, in: Conrady, R.; Japersen, T.; Pepels, W. (Hrsg.):Online Marketing – Instrumente, Neuwied, Kriftel.

excitingcommerce (2010): Etsy 2009: Etsy verdoppelt Jahresumsatz auf 181 Mio. Dollar, in: http:/ecommerce.typepad.com/

Finsterbusch, S. (2009): Die Welt des Buches, in: FAZ Nr. 60 vom 12. März 2009, S. 22.

Fischer, T. E. (2010): Twitter – Whats happening? Herausforderungen des Microblogging für das Web-Marketing, in: Heinemann, G.; Haug, A. (Hrsg.), Web-Exzellenz imE-Commerce – Innovation und Transformation im Handel, Wiesbaden, S.135-158.

Focus (2008): „Aktienkurs ist mir egal", Heft 18/2008, S. 18-20.

Förster, A. (2003): Marketing & Trends, Ideen und Konzepte für Ihren Markterfolg, 1. Auflage, Wiesbaden.

Fösken, S. (2007): Web 2.0: Communitys setzen sich durch, in: absatzwirtschaft 9/ 2007, S. 114-117.

4managers (2008): Mass Customization. Massenhafte Kundenindividualität, Themen, Tipps und Trends für Manager, www.4managers.de/themen/ mass-sutomization.

Frankfurter Allgemeine Zeitung (2007): Web 2.0 beflügelt Online-Werbung, FAZ Nr. 186 vom 13. August 2007, S. 19.

Frankfurter Allgemeine Zeitung (2007): Das „Jesus-Phone" und sein graubärtiger Vater, FAZ Nr. 219 vom 20. September 2007, S. 20.

Frankfurter Allgemeine Zeitung (2007): Der Markt ist aufgewacht, FAZ Nr. 229 vom Oktober 2007, S. 23.

Frankfurter Allgemeine Zeitung (2007): Ausleseprozess ohne Tabu, FAZ Nr. 251 vom 29. Oktober 2007, S. 21.

Frankfurter Allgemeine Zeitung (2007): Amazon greift Deutschland an, FAZ Nr. 263 vom 12. November 2007, S. 21.

Frankfurter Allgemeine Zeitung (2008): Online-Werbemarkt erreicht fast 3 Milliarden Euro, Nr.17 vom 21. Januar 2008, S. 21.

Frankfurter Allgemeine Zeitung (2008): Der Online-Werbemarkt steht vor der Bereinigung, Nr. 29 vom 4. Februar 2008, S. 19.

Frankfurter Allgemeine Zeitung (2008): Amazons Umsatz übersteigt eine Milliarde Euro, Nr. 53 vom 3. März 2008, S. 21.

Frankfurter Allgemeine Zeitung (2008): Das RTL-Netzwerk „Wer-kennt-wen" wächst stürmisch, Nr.126 vom 2. Juni 2008, S. 21.

Frankfurter Allgemeine Zeitung (2008): „Internet-Einfluss größer als Marketing-Budgets", Nr.138 vom 16. Juni 2008, S. 19.

Frankfurter Allgemeine Zeitung (2008): Der lange Weg zum Massenmarkt, Nr.144 vom 23. Juni 2008, S. 21.

Frankfurter Allgemeine Zeitung (2008): Ebay für Zocker, Nr.156 vom 7. Juli 2008, S. 19.

Frankfurter Allgemeine Zeitung (2008): Google baut digitales Zeitungsarchiv auf, Nr. 212 vom 10. September 2008, S. 17.

Frankfurter Allgemeine Zeitung (2008): Kaufentscheidungen werden im Internet getroffen, Nr. 245 vom 20. Oktober 2008, S. 19.

Frankfurter Allgemeine Zeitung (2008): Internet überholt Fernsehen als Leitmedium, Nr. 281 vom 1. Dezember 2008, S. 19.

Frankfurter Allgemeine Zeitung (2008): Im Gespräch: Patrick Ohler und Fabian Jäger, Gründer des sozialen Netzwerkes Wer-kennt-wen, Nr. 299 vom 22. Dezember 2008, S. 19.

Frankfurter Allgemeine Zeitung (2009): Die vernetzten Alten, Nr. 16 vom 20. Januar 2009, S. 17.

Frankfurter Allgemeine Zeitung (2009): Präsident 2.0, Nr. 16 vom 20. Januar 2009, S. 3.

Frankfurter Allgemeine Zeitung (2009): Die neue Welt des Buches, Nr. 60 vom 12. März 2009, S. 22.

Frankfurter Allgemeine Zeitung (2009): Jeder dritte Breitband-Kunde wählt das Fernsehkabel, Nr. 70 vom 24. März 2009, S. 15.

Frankfurter Allgemeine Zeitung (2009): Das Internet der nächsten Generation, Nr. 103 vom 5. Mai 2009, S. 117.

Frankfurter Allgemeine Zeitung (2009): Wachablösung im Internet, Nr. 125 vom 2. Juni 2009, S. 20.

Frankfurter Allgemeine Zeitung (2009): „Umsatz liegt nicht im Fokus", Nr. 138 vom 18. Juni 2009, S. 16.

Frankfurter Allgemeine Zeitung (2009): 734 Millionen nutzen soziale Netzwerke, Nr. 154 vom 7. Juli 2009, S. 15.

Frankfurter Allgemeine Zeitung (2009): Deutsche Breitbandstrategie hinkt hinterher, Nr. 295 vom 19. Dezember 2009, S. 14

Fraunhofer Gesellschaft (2008): Delphi `98. Befragung zur globalen Entwicklung von Wissenschaft und Technik, Fraunhofer Institute für Systemtechnik und Innovationsforschung (ISI), www.isi.fhg.de/publ/downloads/isi98b07/delphi98-daten.pdf, Karlsruhe.

Fredrich, S. (2008): Preisvergleich beim Online-Kauf, in: Rheinische Post vom 25. März 2008, S. D6).

Fredrich, S. (2008): WWW.Das-Netz-wird-15.com. in: Rheinische Post vom 30. April 2008, S. A7).

Fredrich, S. (2008): Das mobile Supernetz kommt, in: Rheinische Post vom 19. Juni 2008, S. B3).

Fredrich, S. (2008): Internet: Oft ohne Leitung, in: Rheinische Post vom 1. Juli 2008, S. C3).

Fredrich, S. (2008): Schnelles Internet für alle, in: Rheinische Post vom 1. Juli 2008, S. C2).

Fredrich, S. (2009): Cebit: Das Internet wird mobil, in: Rheinische Post vom 3. März 2009, S. B2).

Fredrich, S. (2008): Jobmotor Internet-Wirtschaft, in: Rheinische Post vom 17. September 2008, S. C3).

Fritz, W. (2004): Internet-Marketing und Electronic Commerce; Grundlagen - Rahmenbedingungen – Instrumente, 3. Aufl., Wiesbaden.

Fritz, W. (2001): Internet-Marketing und Electronic Commerce; Grundlagen - Rahmenbedingungen – Instrumente, 2. Aufl., Wiesbaden.

Foscht, T.; Swoboda, B. (2004): Käuferverhalten – Grundlagen, Perspektiven, Anwendungen, Wiesbaden.

Fründt, S. (2008): Überleben im digitalen Niemandsland, in: Welt am Sonntag Nr. 4 vom 27. Januar 2008, S. 26.

Fuchslocher, H.; Hochheimer, H. (2001): Fashion online – Käuferverhalten, Mode und neue Medien, Wiesbaden

Gensler, S.; Böhm, M. (2006): Kanalwahlverhalten von Kunden in einem Multikanalumfeld, in: Thexis, Fachzeitschrift für Marketing 4/2006, S. 31-36.

Giersberg, G. (2007): Ein kurzer Rausch und 30 Jahre Leiden, FAZ vom 30. Juni 2007, S. 18.

Giersberg, G. (2008): Der zweite Aufschwung, in: FAZ Nr. 6 vom 8. Januar 2008, S. 15.

Gömann, S., Münchow, M.-M. (2004): Handel im Wandel – Vom Target zum Attraction Marketing. Oder: Was ist das Erfolgsgeheimnis von IKEA, H&M, Aldi, Ebay & Co.? in: Riekhoff, H.-C.: Retail Business in Deutschland; Perspektiven, Strategien, Erfolgsmuster, Wiesbaden, S. 197-218.

Graf. A. (2010): Das Transparenzdilemma im Internet – Wie internetökonomische Effekte den Wettbewerb in Zukunft verändern, in: Heinemann, G.; Haug, A. (Hrsg.), Web-Exzellenz imE-Commerce – Innovation und Transformation im Handel, Wiesbaden, S. 339-348.

Groeber, J. (2007): Praxisbeispiel USA: Multichannel Retailing at its best – The Apple Story, Vortrag auf dem Kongress Multi-Channel-Handel 2007 am 12./13. Juni in Köln.

Großweischede, M. (2001): Category Management im eRetailing – Konzeptionelle Grundlagen und Umsetzungsansätze am Beispiel der Lebensmittelbranche, in: Ahlert, D.; Olbrich, R.; Schröder, H. (Hrsg.): Jahrbuch zum Handelsmanagement 2001 - Vertikales Marketing und Markenführung im Zeichen von Category Management, Frankfurt am Main, S. 293-337.

Gruner + Jahr (Hrsg.) (2008a): G+J Branchenbild Telekommunikation, Hamburg.

Gruner + Jahr (Hrsg.) (2008b): G+J Branchenbild Online-Nutzung, Hamburg.

Güttler, W. (2003): Die Adaption des Electronic Commerce im deutschen Einzelhandel, Bayreuth.

Härting, N. (2000): Fernabsatzgesetz (FernAbsG), Kommentar.

Hamann, G.; Rohwetter, M. (2009): Gooogle weiß, wo du bist, in: DIE ZEIT Nr. 7 vom 5. Februar 2009, S. 19.

Handelsblatt (2008), Modekette C&A weiter auf Wachstumskurs, Nr. 80 vom 24. April 2008, S. 18.

Handelsblatt.com/newsticker (2008): Markt für Handy-Applikationen wächst rasant, vom 18.01.2010, S. 1.

Hartmann, M. (2006): Preismanagement im Handel, Wiesbaden.

Hartmann, R. (1992): Strategische Marketingplanung im Einzelhandel, Wiesbaden.

Haug, A.; Hildebrand, R. (2010): Innovationsmanagement im Digital Business - Wie Unternehmen sich neu erfinden können, in: Heinemann, G.; Haug, A. (Hrsg.), Web-Exzellenz imE-Commerce – Innovation und Transformation im Handel, Wiesbaden, S. 43-70.

Haug, K.; Küper, J. (2010): Das Potenzial von Kundenbeteiligung im Web-2.0-Online-Shop-Produktbewertungen als Kernfaktor des „Consumer-Generated-Marketing", in: Heinemann, G.; Haug, A. (Hrsg.), Web-Exzellenz imE-Commerce – Innovation und Transformation im Handel, Wiesbaden, S. 115-134.

Heinemann, G. (1989): Betriebstypenprofilierung und Erlebnishandel, Wiesbaden.

Heinemann, G. (1997): „Kooperative Effizienzstrategien im Absatzkanal – was der Handel bei ECR bedenken sollte", Thexis Ausgabe 4.97, S. 38-40, St. Gallen, Publikation des Forschungsinstitutes für Absatz und Handel an der Universität St. Gallen (HSG).

Heinemann, G.; Puhlmann, M (1999): Relationship-Management, in: Von der Heydt (Hrsg.)(1999): Efficient Consumer Response. Konzepte, Erfahrungen, Herausforderungen, Handbuch, München., S. 312-328.

Heinemann, G. (2008a): Verkauf auf allen Kanälen, in: Frankfurter Allgemeine Zeitung Nr. 47 vom 25. Februar 2008, S. 24.

Heinemann, G. (2008b): Multi-Channel-Handel – Erfolgsfaktoren und Best Practices, 1. Auflage, Gabler-Verlag, Wiesbaden.

Heinemann, G. (2008c): Erfolg im Multi-Channel-Handel, in: USP Nr. 2/2008, S. 26-27.

Heinemann, G. (2008d): Erfolgsfaktoren im Multi-Channel-Handel, in: DNH, Band 49, Heft 2/08, S. 28-31.

Heinemann, G. (2008e): Multi-Channel-Handel – Verkaufsform der Zukunft, in: Insights 8, BBDO Consulting, Düsseldorf, S. 44-51.

Heinemann, G.; Heinemann, R. (2008f): Anforderungsgerechte AGB im Online-Handel, der InternetHandel-Blog, 8. Juli 2008, www.hsid.de/internethandel.

Heinemann, G. (2008g): Multi-Channel-Handel – Erfolgsfaktoren und Best Practices, 2. Auflage, Gabler-Verlag, Wiesbaden.

Heinemann, G. (2008h): Multi-Channel-Retailing – Strategien im Handel, in: Kongressband 2008 des Bundesverbandes der Logistik (BVL).

Heinemann, G. (2010a): Aktuelle Entwicklungen und zukünftige Herausforderungen im E-Commerce - Was New-Online-Retailer auszeichnet, in: Heinemann, G.; Haug, A. (Hrsg.), Web-Exzellenz imE-Commerce – Innovation und Transformation im Handel, Wiesbaden.

Heinemann, G.; Haug, A. (Hrsg.) (2010): Web-Exzellenz imE-Commerce – Innovation und Transformation im Handel, Wiesbaden.

Heinemann, G. (2010b): Deutschland liegt beim Internet zurück, in: Rheinische Post vom 21. Januar 2010, S. C6.

Heinemann, G. (2010c): Einkaufen ohne Stress, in: Frankfurter Allgemeine Zeitung Nr. 101 vom 3. Mai 2010, S. 12.

Heinemann, G.; Vocke, R. (2010): Onlinekunden gucken in die Röhre, in:Der Handel 01/2010 S. 40-41.

Heitmeyer, C.; Naveenthirarajah, S. (2010): Online Customer Segmentation in Shopping-Clubs - Auf dem Weg zur ultimativen Kundenorientierung bei Brands4Friends, in: Heinemann, G.; Haug, A. (Hrsg.), Web-Exzellenz imE-Commerce – Innovation und Transformation im Handel, Wiesbaden, S. 71-92.

Hensen, H.-D.; Fuchs von Schmidt, A. (2006): AGB-Recht, Kommentar. §§ 305-310 BGB. Unterlassungsklagengesetz.

Hermes, V. (2010): So profitieren Sie vom Coupon-Boom, in: absatzwirtschaft 6/2010, S. 86-89.

Hermes, O. (2004): Survival Of The Fittest: Was Retail-Marken von der Evolution lernen können, in: Riekhoff, H.-C. (Hrsg.): Retail Business in Deutschland, Perspektiven, Strategien, Erfolgsmuster, Wiesbaden. S. 277ff.

Hertel J.; Zentes J.; Schramm-Klein H. (2005): Supply-Chain-Management und Warenwirtschaftssysteme im Handel, Berlin Heidelberg.

Heuzeroth, T (2010): Der mobile Alleskönner für die Reise, in: WAMS Nr. 16 vom 18. April 2010, S. 101.

Heuzeroth, T (2010a): Google greift zum Babelfish, in: WAMS Nr. 21 vom 23. Mai 2010, S. 30.

HMWVL - Hessisches Ministerium für Wirtschaft, Verkehr und Landesentwicklung (2007): Internet-Marketing nicht nur für kleine und mittlere Unternehmen.

Hippner, H.; Wilde, K.D. (2002): e-CRM: Personalisierung, Avatare, Konfiguratoren – Innovative Kundenbindung im Internet, Düsseldorf.

Höfling, M. (2009): Kundensuche mit Gezwitscher, in: Welt am Sonntag Nr. 49, S. 54.

Hornig, F.; Müller, M.U.; Weingarten, S. (2008): Die Daten-Sucht, in: Der Spiegel 33/2008, S. 80-92.

H&P (2004): Studien zum Multi-Channel-Handel, Viersen.

Hurth, J. (2002): Multi-Chanel-Marketing und E-Commerce – Zwischen Aktionismus und Mehrwert, in: Science Factory, Ausgabe 1/2002 (Januar), S. 7-16.

Hutzschenreuter, T. (2000): Electronic Competition; Branchendynamik durch Entrepreneurship im Internet, Wiesbaden.

HWS (2008): Project 2.008: Mass Customization - Einladungsschreiben der Hermes Warehousing Solutions GmbH zum 1. Workshop am 12.03.2008 in Frankfurt/ Main.

Initiativbanking (2009): Schnell zum guten Platz, in: Heft 4/2008, S. 8-10.

Internet World Business (2009): Mobiler Massenmarkt, Nr. 18/09 vom 31. August 2009, S. 26.

Jacobs, S. (2004): Jahrbuch 2004 Textil, Bekleidung, Handel, Hrsg.: Knecht, P., Berlin.

Jovanovic, L. (2008): Das Kabelgeflecht des Internets, in Rheinische Post vom 19. Februar 2008, S. A7).

Jüngling, T. (2008): Google beantwortet Fragen des Alltags, in: Welt am Sonntag Nr. 26 vom 29. Juni 2008, S. 62.

Jüngling, T. (2009): So scheitern Onlinebetrüger, in: Welt am Sonntag Nr. 5 vom 1. Februar 2009, S. 51.

Kantsperger, R.; Meyer, A. (2006): Qualitatives Benchmarking von Customer Interaction-Centern im Handel, in: Thexis, Fachzeitschrift für Marketing 4/2006, S. 26-30.

Kaul, H.; Steinmann, C. (Hrsg.) (2008): Community Marketing – Wie Unternehmen in sozialen Netzwerken Werte schaffen, Stuttgart.

Kaul, H. (2008): Integriertes Community Marketing – Kunden und Leistungspotenziale erfolgreich verknüpfen, in: Kaul, H.; Steinmann, C. (Hrsg.) (2008): Community Marketing – Wie Unternehmen in sozialen Netzwerken Werte schaffen, Stuttgart, S. 53-72.

Kaufmann-Scarborough, C.; Lonquist, J.D. (2002): E-Shopping in a Multiple Channel Environment, in: Journal of Consumer Marketing, 19. Jg., Heft 4, S. 333-350.

Klein, A. (2006): Webblogs im Unternehmenseinsatz – Grundlagen, Chancen & Risiken, Saarbrücken.

Klein, R. (2005): 20 Tipps für den erfolgreichen Multichannel-Handel, Blog von www.richshopping.de.

König, U. (2007): Comment on "Killer-Feature", in: cscw07.wordpress.com vom 5. Juli 2007.

Kollmann, T. (2004): E-Venture; Grundlagen der Unternehmensgründung in der Net Economy, Wiesbaden.

Kollmann, T. (2006): E-Entrepreneurship; Grundlagen der Unternehmensgründung in der Net Economy, 2. Aufl., Wiesbaden.

Kollmann, T. (2007): Online-Marketing; Grundlagen der Absatzpolitik in der Net Economy, Stuttgart 2007.

Kowalewsky, R. (2010): Neue Mobilfunkrevolution kommt, in: RP vom 13. April 2010, S. A7.

Kowalewsky, R. (2009): Bing soll Google herausfordern, in: RP vom 3. Juni 2009, S. C3.

KPMG (2004): Banking Beyond Borders.

KPMG (2005): Trends im Handel 2005, Ein Ausblick für die Branchen Food, Fashion & Foodware.

Krone, B. (2004): Alter Wein in neuen Schläuchen, Chancen und Risiken des Multi-Channel-Retailing, Gelsenkirchen.

Kuhnes, H. (2008): Boomzeit für Internet-Kriminelle, in: WZ vom 25. November, S. 5.

Lammenett, E. (2006): Praxiswissen Online-Marketing, Wiesbaden.

Lang, K.-O. (2007): Multi-Channel am Beispiel BOGNER Homeshopping, Vortrag auf dem Kongress Multi-Channel-Handel 2007 am 12./13. Juni in Köln.

Laue, L. (2004): Faustformel für Multichannel-Management, in: Merx, O., Bachem, C. (Hrsg.): Multichannel-Marketing-Handbuch, Berlin, S. 81-96.

Lebensmittel Zeitung (2007): Lidl verkauft Nonfood per Internet, 8. Juni 2007, S. 23

Lebensmittel Zeitung (2008): Bünting startet mit famila24 im Netz, 30.5.2008, S. 3.

Lehner F. (2002): Einführung und Motivation, in: Teichmann R.; Lehner F. (Hrsg.): Mobile Commerce – Strategien, Geschäftsmodelle, Fallstudien, Berlin, Heidelberg.

Liebmann, H.-P.; Zentes, J. (2001): Handelsmanagement, München.

Lightspeed Research (Hrsg.) (2008): Wählen Sie S für Shopping!, o.O., PDF: http://www.greenfieldscommunications.com/releases/08/080519_Lightspeed_ShopDE.pdf (Stand: 12.01.2009).

Lingenfelder, M. (2001): E-Commerce Substitution bestehender Vertriebslinien oder Zusatzumsatz im Spiegel einer empirischen Untersuchung, in: Diller, H. (Hrsg.): Der moderne Verbraucher - Neue Befunde zum Verbraucherverhalten, Nürnberg, S. 161-175.

Lippok, C. (2007): Schnelligkeit schlägt Perfektion, in: TextilWirtschaft 44/2007, S. 41).

Lochmann, J. (2007): E-Commerce in der Modeindustrie – Grundlagen, Strategien, Chancen, Risiken, Berlin.

Loevenich, P.; Lingenfelder, M. (2004): Kundensegmentierung im E-Commerce: Eine verhaltenswissenschaftliche Typisierung von Online-Käufern, in: Bauer,H.; Neumann, M.; Rösger, J. (Hrsg.)(2004): Konsumentenverhalten im Internet, München.

Ludowig, K. (2008): Kleines Schloss, große Wirkung, in: Süddeutsche Zeitung Nr. 282, vom 7. Dezember 2007, S. 31.

Lufthansa Exclusive (2009): Killer gesucht, Heft 03/09, S. 17-21.

Maiwaldt, J.-C. (2001): Strategische Herausforderung des Electronic Commerce für dezentrale Handelsunternehmen, in: Ahlert, D.; Becker, J.; Kenning, P.; Schütte, R. (Hrsg.): Internet & Co. Im Handel, Strategien, Geschäftsmodelle, Erfahrungen, Berlin, S. 181-191.

Master Project WS 2007/2008 (2008): Best Practices in B2C-Internet-Fashion-Retailing – Master 3rd Semester Students, Hochschule Niederrhein, Mönchengladbach.

McKinsey Marketing Practice (2000): Multi-Channel Marketing; Making "Bricks and Clicks" Stick.

Meffert, H.; Heinemann, G (1999): Operationalisierung des Imagetransfers, in: Meffert, H. (Hrsg): Marktorientierte Unternehmensführung im Wandel, Wiesbaden, S. 119-134.

Meffert, H. (2001): Neue Herausforderungen für das Marketing durch interaktive elektronische Medien – auf dem Wege zur Internet-Ökonomie, in: Ahlert, D.; Becker, J.; Kenning, P.; Schütte, R. (Hrsg.), Internet & Co. im Handel, Strategien, Geschäftsmodelle, Erfahrungen, Berlin.

Meffert, H.; Burmann, C.; Koers, M. (Hrsg.)(2002): Markenmanagement; Grundfragen der identitätsorientierten Markenführung, Wiesbaden.

Meyer, A.; Schneider, D. (2002): Loyalitätsprogramme im internationalen Vergleich, in: Ahlert, D.; Becker, J.; Knackstedt, R.; Wunderlich, M. (Hrsg.): Customer Relationship Management im Handel; Strategien – Konzepte – Erfahrungen, Berlin.

Meyer, K.-M. (2010): Wie können Entwickler von iPhone-Applikationen ihre Apps bewerben, Pressemitteilung iPhone-König vom 15. März 2010, www.iphone-koenig.de/wie-koennen.....

Merx, O.; Bachem, C. (Hrsg.) (2004): Multichannel-Marketing-Handbuch, Berlin.

Monitoring Report Deutschland Digital (2009): Der IKT-Standort im internationalen Vergleich, Bundesministerium für Wirtschaft und Technologie, Berlin

Müller, P. (2008): Telefongespräch und E-Mail vom 29. August 2008 mit dem VDA.

Müller-Hagedorn, L.; Zielke, S. (2000): Category Management, in: Albers, S; Hermann, A. (Hrsg.): Handbuch Produktmanagement, Wiesbaden, S. 359-382.

NETZWERTIG.COM (2008): iPhone: Die Macht der Applikationen und zehn empfehlenswerte Apps, www.netzwertig.com/2008/11/30/iphone-die-macht.....

OC&C Strategy Consultants (2001): Multichannel Retailing: Der deutsche Einzelhandel steht noch am Anfang, Düsseldorf.

OC&C Strategy Consultants (2005): Case Studies in Direct Business, Düsseldorf.

Olbrich, R.; Schröder, H. (Hrsg.)(2002): Jahrbuch zum Handelsmanagement 2002 – Electronic Retailing, Frankfurt am Main, S. 143-160.

Openstream (2007): www.openstream.ch, Die Zukunft gehört den kleinen Online-Händlern, News im Detail vom 12.06.2007.

Osterloh, M.; Frost, J. (2003): Prozessmanagement als Kernkompetenz – Wie Sie Business Reengineering strategisch nutzen können, 4. Aufl., Wiesbaden.

Passenheim, O. (2003): Multi-Channel-Retailing; Entwicklung eines adaptiven und innovativen Konzeptansatzes zur Integration des Internet als Absatzkanal im deutschen Lebensmitteleinzelhandel, München und Mering.

Patt, P.-J. (1988): Strategische Erfolgsfaktoren im Einzelhandel, Frankfurt am Main.

Peppers, D.; Rogers, M. (1997): Enterprise One to One: Tools for Competing in the Interactive Age, New York.

Peppers, D.; Rogers, M. (2004): Managing Customer Relationships: A Strategic Framework, New Jersey.

Pietzsch, D. (2007): Comment on "Killer-Feature", in: cscw07.wordpress.com vom 5. Juli 2007.

Piller, F.T. (2003): Mass Customization – Ein wettbewerbsstrategisches Konzept im Informationszeitalter, Wiesbaden.

Pols, A. (2008): Gespräch und E-Mail vom 8. August 2008 mit der BITKOM.

Proximity (Hrsg.) (2008): Mode-Unternehmen verschlafen digitale Trends, Hamburg, PDF: http://www.proximity.de/gsp/presse/pm_16072008_Studie_Online_FSC.pdf (Stand 19.01.2009).

Rasch, S.; Lintner, A. (2001): The Multichannel Consumer – The Need to Integrate Online and Offline Channels in Europe, München.

Rathgeber, H.J.; Weining, S. (2008): Virtuelle, personalisierte Produktpräsentation – Analyse des Angebots und der Auswirkungen auf das Kaufverhalten von Bekleidung, Diplomarbeit am Fachbereich Textil- und Bekleidungstechnik der Hochschule Niederrhein, Mönchengladbach.

Rayport, J.F.; Jaworski, B.J. (2002): Introduction to E-Commerce, New York.

Reichwald, R.; Piller, F. (2006): Interaktive Wertschöpfung – Open Innovation, Individualisierung und neue Formen der Arbeitsteilung, Wiesbaden.

Rheinische Post (2008): Neuer Rekord bei Betrugsfällen beim Online-Banking, 3. September 2008, S. B1.

Rheinische Post (2009): 50.000 Deutsche „zwitschern" schon, 21. Februar 2009, S. A6.

Riekhoff, H.-C. (Hrsg.)(2004): Retail Business in Deutschland; Perspektiven, Strategien, Erfolgsmuster, Wiesbaden.

Rudolph, T.; Busch, S.; Wagner, T. (2002): Kaufbarrieren im Online-Handel aus Kundensicht – Eine empirische Untersuchung der Kaufbarrieren bei Käufern und Nichtkäufern, in: Ahlert, D.; Olbrich, R.; Schröder, H. (Hrsg.): Jahrbuch zum Handelsmanagement 2002 – Electronic Retailing, Frankfurt am Main, S. 143-160.

Rudolph, T.; Loos, J. (2006): Internationalisierung der Beschaffung – Die zunehmende Bedeutung des Multi-Channel-Sourcing, in: Zentes, J. (Hrsg.), Handbuch Handel, Strategien – Perspektiven – Internationaler Wettbewerb, Wiesbaden 2006, S. 717 – 734.

Ruland, K.; Hardt, K.; Heinemann, G. (2007): Barrierefreies Internet für Textil und Bekleidung, in: Melliand 1-2 2007, S. 65-67.

Saarinen, T.; Tinnilä, M.; Tseng, A. (2006): Managing Business In A Multi-Channel-World, Success Factors for E-Business, Hershey.

Scharmacher, T. (2003): Multi Channel Retailing – Status Quo, Erfolgsfaktoren und Perspektiven, Köln.

Scheer et al. (2002): Das mobile Unternehmen, in: Silberer G.; Wohlfahrt J.; Wilhelm T. (Hrsg.): Mobile Commerce – Grundlagen, Geschäftsmodelle, Erfolgsfaktoren, Wiesbaden.

Scheudwed, C.; Holzner, M. (2002): Fremdes Terrain – Onlinehändler drängen in die reale Welt, in: Wirtschaftswoche Nr. 15, S. 92-95.

Schmedlitz, P.; Madlberger, M. (2002): Multi-Channel-Retailing Herausforderungen an die Logistik durch Hauszustellung, in: Ahlert, D.; Olbrich, R.; Schröder, H. (Hrsg.): Jahrbuch zum Handelsmanagement 2002 – Electronic Retailing, Frankfurt am Main, S. 143-160.

Schmidt, H. (2008): Die Lebensader des Internet, in: FAZ Nr. 209 vom 6. September 2008, S. 14.

Schmidt, H. (2008): Marketing 2.0, in: FAZ Nr. 275 vom 24. November 2008, S. 19.

Schmidt, H. (2009): Die digitale Revolution kam mit Verzögerung, in: FAZ Nr. 61 vom 13. März 2009, S. 15.

Schmidt, H. (2009): Das Internet der nächsten Generation, in: FAZ Nr. 103 vom 5. Mai 2009, S. 17.

Schmidt, H.; Winkelhage, J. (2009): Dem DSL-Markt geht die Puste aus, in: FAZ Nr. 82 vom 7. April 2009, S. 19.

Schmundt, H. (2008): Gedrängel im Nadelöhr, in: Der Spiegel 10/2008, S. 170.

Schnäbele, P. (1997): Mass Customized Marketing: Effiziente Individualisierung von Vermarktungsobjekten und -prozessen. Wiesbaden: Gabler 1997.

Schneider, D. (2001): Marketing 2.0 – Absatzstrategien für turbulente Zeiten, Wiesbaden.

Schneider, D. (2002): Multi-Kanal-Management: Der Kunde im Netzwerk der Handelsunternehmung, in: Ahlert, D.; Becker, J.; Knackstedt, R.; Wunderlich, M. (Hrsg.): Customer Relationship Management im Handel; Strategien – Konzepte – Erfahrungen, Berlin, S. 31-44.

Schnetkamp, G. (2001): Aktuelle und zukünftige Erfolgsfaktoren des Electronic Shopping, in: Ahlert, D.; Becker, J.; Kenning, P.; Schütte, R. (Hrsg.): Internet & Co. Im Handel; Strategien, Geschäftsmodelle, Erfahrungen, Berlin, S. 29-50.

Schobesberger, A. (2007): Multichannel-Retailing im Einzelhandel; Entwicklung, Motivation, Einflussfaktoren, Berlin.

Schögel, M. (2001): Multichannel Marketing – Erfolgreich in mehreren Vertriebswegen, Band IV der Reihe GfM-Manual, Zürich.

Schögel, M.; Schulten, M. (2006): Wertorientierte Kundensteuerung in Mehrkanalsystemen, in: Thexis, Fachzeitschrift für Marketing 4/2006, S. 37-42.

Schramm-Klein, H. (2003): Multi-Channel-Retailing, Verhaltenswissenschaftliche Analyse der Wirkung von Mehrkanalsystemen im Handel, Saarbrücken.

Schreyögg, G.; Koch, J. (2007): Grundlagen des Management, Basiswissen für Studium und Praxis, Wiesbaden.

Schröder, L. (2008): Das Buch der Zukunft ist digital, in: Rheinische Post vom 15. August 2008, S. A8.

Schröder, H.; Zimmermann, G. (2002): Lieferkosten-Modelle im Electronic Retailing – Eine Bestandsaufnahme aus der Sicht der Anbieter und der Nachfrager, in: Ahlert, D.; Olbrich, R.; Schröder, H. (2003): Multi-Channel-Management im Handel. Mehr Kanäle = Mehr Gewinn? Eine Einführung, Essen.

Schröder, H. (2005): Multichannel-Retailing; Marketing in Mehrkanalsystemen des Einzelhandels, Berlin.

Schröder, H.; Schettgen, G. (2006): Multi-Channel-Retailing und kundenbezogene Erfolgsrechnung, in: Thexis, Fachzeitschrift für Marketing 4/2006, S. 43-46.

Schrödter, J. (2003): Kundenbindung im Internet, Köln.

Schütte, R.; Vering O. (2004): Erfolgreiche Geschäftsprozesse durch standardisierte Warenwirtschaftssysteme – Marktanalyse, Produktübersicht, Auswahlprozess, 2. Auflage.

Schulz, U. (2006): Kriterien für die Präsentation von Informationselementen, www.bui.haw-hamburg.de, Juli 2006 (updated).

Schulz, U. (2006): Essentials für informative Websites, www.bui.haw-hamburg.de, August 2006 (updated).

Schulz, U. (2006): Kriterien für gute Navigation, www.bui.haw-hamburg.de, August 2006 (updated).

Schulz, U. (2006): Usability-Evaluation, www.bui.haw-hamburg.de, August 2006 (updated).

Schulz, U. (2006): Usability-Kriterien für „Silversurfer" (Senioren), www.bui.haw-hamburg.de, August 2006 (updated).

Schulz, U. (2006): Kriterien für Content Usability, www.bui.haw-hamburg.de, Oktober 2006 (updated).

Schulz, U. (2007): Web Usability, www.bui.haw-hamburg.de, Juli 2007 (updated).

Schulz, U. (2006): Kriterien für Suchmaschinen, www.bui.haw-hamburg.de, November 2007 (updated).

Schwarz, T. (2007): Leitfaden Online-Marketing, 28 innovative Praxisbeispiele, Waghäusel.

Schwarz, T. (2008): Praxistipps Dialog Marketing – vom Mailing bis zum Online-Marketing, Waghäusel.

Schwarz von Müller, M. (2007): AGB-Recht: Tipps und Taktik.

Seidel, H. (2009): Warenwelt ohne Aldi, in: WAMS Nr. 7 vom 15. Februar 2009, S. 30.

Seifert, D. (2002): Collaborative Planning Forecasting and Replenishment – Supply Chain der nächsten Generation, Bonn, Galileo Press GmbH.

Sieren, A. (2001): Multi Channel Retailing – Der Handel auf dem Weg zur konsumentenorientierten Organisation, in: Ahlert, D.; Becker, J.; Kenning, P.; Knackstedt, R. (Hrsg.): Handelsinformationssysteme 2001 – Unterlagen zur 5. Fachtagung, Münster, S. 3.1-3.11.

Simon, M.; Wetzenbacher, B. (2003): Erfolgreich verkaufen bei Amazon.de, Bonn.

Spehr, M.; Jörn, F. (2010): „Long Term Evolution" im Mobilfunk – Geduldsprobe für den mobilen Internetmenschen, in: FAZ Nr. 63 vom 16. März 2010, S. T1.

Steinmann, C.; Ramseier, T. (2008): Community und Marke: Die Bedeutung von Communities im postmodernen Markenmanagement, in: Kaul, H.; Steinmann, C. (Hrsg.): Community Marketing – Wie Unternehmen in sozialen Netzwerken Werte schaffen, Stuttgart, S. 33-51.

Tapscott, D. (2008): „Unternehmen sind heute nackt", Interview, in: Handelsblatt Nr. 181 vom 17. September 2008, S. 14).

Thelen, Kristin (2009): Eignung des Mobile-Shopping für Bekleidung, Studienarbeit an der Hochschule Niederrhein, Fachbereich Textil- und Bekleidungstechnik, Mönchengladbach.

Ticoll, D.; Tapscott, D. (2003): The Naked Corporation; How the Age of Transparancy Will Revolutionize Business: How the Age if Transparancy Will Revolutionize Business, New York.

Tuma, T. (2008): Stubser contra Gruschler, in: Der Spiegel 11/2008, S. 110-111.

Turowski K.; Pousttchi K. (2004): Mobile Commerce – Grundlagen und Techniken, Berlin, Heidelberg.

Unterberg, B. (2008): Consumer Generated Advertising; Konsumenten als Markenpartner in der Werbung, in: Kaul, H.; Steinmann, C. (Hrsg.) (2008): Community Marketing – Wie Unternehmen in sozialen Netzwerken Werte schaffen, Stuttgart, S. 203-216.

Van Baal, S.; Hudetz, K. (2006): Wechselwirkungen im Multi-Channel-Vertrieb, Empirische Ergebnisse und Erkenntnisse zum Konsumentenverhalten in Mehrkanalsystemen des Handels, Köln.

Van Baal, S.; Hudetz, K. (2008): Das Multi-Channel-Verhalten der Konsumenten, Ergebnisse einer empirischen Untersuchung zum Informations- und Kaufverhalten in Mehrkanalsystemen des Handels. Ausgewählte Studien des ECC Handel, Band 20, Köln.

Von der Heydt, A., (1998): Efficient Consumer Response (ECR); Basisstrategien und Grundtechniken, zentrale Erfolgsfaktoren sowie globaler Implementierungsplan, 3. Auflage, Frankfurt a. M. u.a.

Von der Heydt, A. (Hrsg.) (1999): Handbuch Efficient Consumer Response; Konzepte, Erfahrungen, Herausforderungen, München.

Waller, K.; Schönfelder, S. (2007): Bücher erfolgreich im Internet verkaufen, Berlin.

Walser, M. (2002): Multi Channel Commerce –Herausforderungen für Vertrieb und Marketing, in: Direkt Marketing, Heft 9, S. 52-58.

Warnholz, A. (2008): www.die-besten-seiten-für-urlauber.de, in: WAMS Nr. 38 vom 21. September 2008, S. 91.

Wegener, M. (2004): Erfolg durch kundenorientiertes Multichannel-Management, in: Riekhoff, H.-C.: Retail Business in Deutschland, Perspektiven, Strategien, Erfolgsmuster, Wiesbaden, S. 197-218.

Weist, D. (2004): Accessibility – Barrierefreies Internet, Hintergründe, Technik, Lösungen für Menschen mit Behinderungen, Berlin.

Welge, M.K. (Hrsg.) (1990): Globales Management, Stuttgart.

Welt Online (2010): Bilanz 2009 – Umsatz im Einzelhandel fällt hinter 2007 zurück, 2. Februar 2010, S. 1.

Welt am Sonntag (2008): Noch nie verkauften Online-Händler so viel wie dieses Jahr zu Weihnachten, Nr. 51 vom 21. Dezember 2008, S. 30.

Welt am Sonntag (2009): Wer sagt, die Leute kaufen nicht? Nr. 13 vom 29. März 2009, S. 71-72.

Wiecker M. (2002): Endgeräte für mobile Anwendungen, in: Gora, W.; Röther-Gerigk, S. (Hrsg.): Handbuch Mobile-Commerce – Technische Grundlagen, Marktchancen und Einsatzmöglichkeiten, Berlin, Heidelberg.

Wiesebach, S. (o.J.): Data Warehouse – Konzeption, technische Elemente, Nutzen und Kosten, www.mycgiserver.com.

Wieschowski, S. (2008): Um Mitternacht gibt es Schnäppchen, in: Welt am Sonntag Nr. 27 vom 6. Juli 2008, S. 47.

Wikipedia (2010): www.wikipdia.de, Applikationen, weitergeleitet von Anwendungsprogramm..

Wikipedia (2008): www.wikipdia.de, Blog, Tag und Wiki.

Wilhelm, S. (2009): Shoppen statt telefonieren, in: Online Handel 2/2010, S. 10-11.

Wilhelm, S. (2010): Onlinehandel in Zahlen –von Rekord zu Rekord, in: Online Handel 1/2010, S. 5.

Williams, A.D.; Tapscott, D. (2007): Wikinomics. Die Revolution im Netz, München.

Winckler, L. (2009): Google revolutioniert die E-Mail, in: Welt Kompakt vom 2. Juni 2009, S. 10-11.

Winkelhage, J. (2009): Das Endspiel um die Herrschaft im Mobilfunk ist eröffnet, in: FAZ Nr. 40 vom 17. Februar 2009, S. 19.

Wittkötter, M.; Steffen, M. (2002): Customer Value als Basis des CRM, in: Ahlert, D.; Becker, J.; Knackstedt, R.; Wunderlich, M. (Hrsg.)(2002): Customer Relationship Management im Handel; Strategien – Konzepte – Erfahrungen, Berlin, S. 73-83.

Womack, J. P.; Jones, D. T. (2003): Lean Thinking – Banish Waste and Create Wealth in Your Corporation, London.

Yan, R. (2007): Internet Retailing – Pricing, Product and Information Strategies, München.

Zaharia, S. (2005): Multi-Channel-Retailing und Kundenverhalten – Ein Beitrag zur Erklärung des Kundenverhaltens in Mehrkanalsystemen des Einzelhandels aus verhaltenswissenschaftlicher Sicht, Dissertation, Essen.

Zentes, J./Swoboda, B. (2001): Grundbegriffe des Marketing; Marktorientiertes globales Management-Wissen, Stuttgart.

Zentes, J.; Schramm-Klein, H. (2002): Multi-Channel-Retailing – Perspektiven, Optionen, Befunde, in: WiSt, Heft 8, S. 450-460.

Zentes, J.; Swoboda, B.; Morschett, D. (2004): Internationales Wertschöpfungsmanagement, München.

Zentes, J.; Swoboda, B.; Morschett, D. (Hrsg.) (2005): Kooperationen, Allianzen und Netzwerke; Grundlagen – Ansätze – Perspektiven, Wiesbaden.

Zentes, J.; Schramm-Klein, H. (2006): Status quo des Multi-Channel-Managements im deutschen Einzelhandel, in: Thexis, Fachzeitschrift für Marketing 4/2006, S. 6-10.

Zentes, J; Hilt, C.; Domma, P. (2007): Global Sourcing im Einzelhandel – Low Cost Sourcing – Direct Sourcing – Speed Sourcing, Frankfurt.

Zittrain, J. (2008): The Future of the Internet - And How to Stop It, New Haven & London.

Stichwortverzeichnis